방언소증 2

方言疏證

Fangyan Shuzheng

지은이 양웅(揚雄) 저(著), **곽박**(郭璞) 주(注), **대진**(戴震) 소증(疏證)

옮긴이 이연주(李妍周)는 강원대학교 중문과 교수로 연구 분야는 중국어 음운론, 중국언어사, 중국어 교육론이다.

옮긴이 이연승(李妍承)은 서울대학교 종교학과 조교수로, 연구 분야는 한대사상, 유교, 중국종교 등이다.

방언소증方言疏證 2

1판 1쇄 인쇄 2012년 10월 5일 **1판 1쇄 발행** 2012년 10월 10일

지은이 양웅 **주** 곽박 **소증** 대진 **옮긴이** 이연주 · 이연승 **펴낸이** 박성모 **펴낸곳** 소명출판
등록 제13-522호 **주소** 137-878 서울시 서초구 서초동 1621-18 (란빌딩 1층)
대표전화 (02) 585-7840 **팩시밀리** (02) 585-7848
이메일 somyong@korea.com **홈페이지** www.somyong.co.kr

ISBN 978-89-5626-759-3 94820 값 33,000원,
ISBN 978-89-5626-757-9 (전 3권)

이 번역도서는 2007년도 정부재원(교육인적자원부 학술연구조성사업비)으로 한국연구재단의 지원에 의하여 연구되었음.

방언소증 2

方言疏證

양웅 지음 · 곽박 주 · 대진 소증
이연주 · 이연승 옮김

소명출판

1. 『방언』과 곽박(郭璞) 「주」(『방언』 원문과 「주」는 글자 크기를 달리하였다)의 원문은 대진(戴震)이 교주(校注)한 『방언소증(方言疏證)』본을 기본 텍스트로 하였다. 청대 최초로 『방언』을 교주했던 대진의 『방언소증』은 그 후의 『방언』 연구사에서 획을 긋는 성과이므로 『방언소증』의 내용도 번역하였다.
2. 『방언』의 원문을 비교함에 있어서 대진(戴震)의 『방언소증』본(永樂大典本을 底本으로 함)을 『방언소증』본으로, 화학성(華學誠)의 『양웅방언교석회증(揚雄方言校釋滙證)』(四部叢刊 影印 宋 李孟傳 刻本을 底本으로 함)을 『사부총간』본으로 표기하였다.
3. 『방언소증』 외에 『양웅방언교석회증(揚雄方言校釋匯證)』(華學誠, 中華書局, 2006)을 참고하여 다음 주석서들의 내용을 역주에서 보충하였다. 노문초(盧文弨)의 『중교방언(重校方言)』, 단옥재(段玉裁)의 『설문해자주(說文解字注)』, 오여천(吳予天)의 『방언주상(方言注商)』, 유태공(劉台拱)의 『방언보교(方言補校)』, 왕념손(王念孫)의 『광아소증(廣雅疏證)』, 장병린(章丙麟)의 『신방언(新方言)』, 전역(錢繹)의 『방언전소(方言箋疏)』, 정유분(丁惟汾)의 『방언음석(方言音釋)』, 주조모(周祖謨)의 『방언교전(方言校箋)』, 주준성(朱駿聲)의 『설문통훈정성(說文通訓定聲)』, 학의행(郝懿行)의 『이아의소(爾雅義疏)』 등이며, 본문에서 이들 주석서를 언급할 때는 학자의 이름만을 표기했다. 관련된 주해를 모두 나열하는 식이 아니라, 대진의 『방언소증』을 중심으로 하여 『방언소증』본에 오류가 있거나 판본상 대진의 견해에 문제점이 지적되는 경우, 그리고 대진의 견해를 보완하는 내용이 있는 경우에 각 주석서들의 중복된 내용을 피하면서 정리하였다.
4. 『방언』 본문과 곽박 「주」, 『방언소증』에 대한 역자의 주해는 모두 각주로 처리하였다. 역주에서는 『방언』 본문과 곽박 「주」, 『방언소증』에서 직, 간접적으로 인용하고 있는 모든 전거를 찾아 표기하였다. 그 과정에서 인용 서적의 원문과 다소 출입이 있는 경우 지적하여 명기하였다.
5. 각 조항의 맨 마지막에 '역해'를 두어 각 어휘의 한국한자음과 방언 어휘의 의미, 사용지역 등을 표기하였으며, 곽박 「주」에서 어휘의 독음을 표기한 경우, 이에 근거한 상고음을 국제음성기호로 표기하였다. 상고음은 이방계의 상고음설을 따랐으며, 인터넷 사이트 東方語言學(http://www.eastling.org/) 上古音查詢을 참고하였다. 한국한자음은 단국대 동양학연구소에서 출간된 『漢韓大辭典』에 의거하여 독음을 표기하였다.
6. 『방언』에 등장하는 지명에 관한 설명은 『양웅방언교석회증』(하)의 부록 1 「방언지리명사석(方言地理名詞釋)」의 내용을 참조하여 정리하였으며, 역주로 처리하지 않고 부록 1 「『방언』 지리 관련 어휘 해설」로 첨부하였다.
7. 『방언』의 본문과 곽박 「주」 및 『방언소증』에 자주 나오는 성운학, 훈고학,

문자학 용어는 『중국문자훈고학사전(中國文字訓詁學辭典)』(동문선, 1993), 『중국언어학대사전(中國語言學大辭典)』(江西教育出版社, 1991), 『중국대백과전서(中國大百科全書)·언어문자(語言文字)』(中國大百科全書出版社, 1988) 등을 참조하여 정리하였으며, 「『방언』에 등장하는 언어학 용어 해설」로 첨부하였다.

8. 『방언』 관련 지도는 周祖謨의 『方言校箋』(中華書局, 1993)과 李恕豪의 『揚雄『方言』與方言地理學硏究』(巴蜀書社, 2002)에서 발췌한 지명 지도, 李恕豪의 『揚雄『方言』與方言地理學硏究』에 근거한 서한시대 12개 방언구역 지도, 丁啓陣의 『秦漢方言』(東方出版社, 1991)에서 발췌한 방언어휘 분포 예시도를 부록 3 「『방언』 지도 자료」로 첨부하였다.
9. 그림자료는 방언어휘의 이해를 돕기 위해 『漢代物質文化資料圖說』(上海古籍出版社), 『中國服飾通史』(中國紡織出版社), 『中國古代服飾』(商務印書館), 『中國古代的平民服裝』(商務印書館), 『漢韓大辭典』(단국대 동양학연구소), 『中華服飾藝術源流』(高等教育出版社), 『中華服飾藝術源流』(高等教育出版社), 『中國古代名物大典』(濟南出版社), 『中國青銅器 : 展覽圖錄』(五洲傳播出版社), 『圖說中國傳統農具』(學苑出版社), 『漢族風俗史』(學林出版社), 『詩經動物釋詁』(中華書局), 『中國青銅器』(上海古籍出版社), 『先秦兩漢考古論叢』(科學出版社) 등에서 발췌하여 부록 4 「『방언』 어휘 그림 참고자료」로 첨부하였다. 그러나 『방언』 어휘 그림 참고자료와 양웅 『방언』의 방언어휘가 다를 수 있음을 밝혀둔다.
10. 방언 어휘의 상고음을 이방계의 상고음설에 따라 인터넷 사이트 東方語言學(http://www.eastling.org/) 上古音查詢을 참고하여 국제음성기호로 표기하였다. 방언 어휘의 상고음은 부록 5 「『방언』 어휘 상고음」으로 첨부하였다. '역해'에서는 곽박 「주」에서 독음을 표기한 어휘에만 이 독음에 근거하여 상고음을 표기하였으나, 부록 5에서는 『방언』의 전체 방언어휘에 상고음을 표기하였으며 곽박의 독음이 있는 경우 ( ) 안에 이를 표시하였다.
11. 『방언』 어휘의 사용 지역을 12개 방언 구역에 의해 나누고 이를 부록 6 「『방언』 어휘별 사용지역」으로 첨부하였다.
12. 독자들이 본 번역서를 참고하는 데에 편의를 제공하고자 『방언』에 나오는 어휘를 항목별로 정리하여 부록 7 「『방언』어휘 색인」으로 첨부하였다.
13. 인명과 지명의 한자어는 모두 한국어 발음대로 표기하였다.
14. 원문 번역에서는 『방언소증』의 주해 내용에 따라서, 수정해야 하는 내용을 모두 반영하여 번역하였으며, 수정한 부분은 역주에서 처리하였다.
15. 『방언소증』에 있는 대진의 『輶軒使者絕代語釋別國方言疏證』 序文과 「李孟傳刻方言後序」, 「朱質跋李刻方言」, 「劉歆與揚雄書」, 「揚雄答劉歆書」 외에도 곽박의 『方言·注』 自序를 번역하였다.

역자 서문

이연승 교수와 양웅 『방언』을 번역하기로 한 것이 2007년이었다. 당시 필자는 중국 소수민족의 언어와 문화에 대해 관심을 갖고 연구하고 있었고 이연승 교수는 경학자로서의 양웅의 사상에 대해 관심을 가지고 연구하고 있었는데, 우리 두 사람은 『방언』을 함께 번역하기로 하고 한국연구재단의 지원을 받아 이에 착수했다. 이후 판본의 변경이 있었지만 당초 계획에 맞추어 번역작업을 마쳤다. 그러나 출판하는 과정에서 교정작업에 많은 시간을 보내 이제야 출간하게 되었다.

잘 알려진 바와 같이 『방언』은 양웅이 살던 시기인 한나라 초기 중국의 각 지역에서 사용되던 어휘들을 채집하여 체계적으로 정리 수록한 저술로 총 13권에 달한다. 내용으로는 의복에서부터 병기에 이르기까지 당시의 생활상을 엿볼 수 있는 귀중한 자료일뿐더러 이

후 『광아』, 『옥편』, 『광운』 등 중국어사에 있어 중요한 사전들이 『방언』을 토대로 의미를 수록하고 있어 『방언』은 중국어 어휘 연구와 중국어 연구의 출발점이 되었다. 국내 학계에서도 최근 이 분야에 대한 연구들이 다수 이루어지고 있는바 늦은 감이 있지만 『방언』의 번역서를 출간하게 되어 기쁘게 생각한다.

번역에 있어 판본은 당초 화학성華學誠의 『양웅방언교석회증揚雄方言校釋匯證』(2006, 中國, 中華書局)을 택해 번역을 시작하였으나, 도중에 『방언』 원문을 이해하는 데 유용성과 가독성을 높이기 위해 대진의 『방언소증方言疏證』(1966, 臺灣, 中華書局)으로 변경하였다. 『방언소증』을 번역함으로써 『방언』에 대한 주해의 일관성을 유지하고자 했으며 지금으로부터 약 2000년 전인 한대의 방언 어휘에 대한 이해와 더불어 청대 고증학에 대해서도 엿볼 수 있다는 점에 의미를 두었다.

여러 해에 걸친 번역과 교정 과정을 통해 나름대로 번역의 완성도를 높이고자 노력하였으나 아직도 부족한 점이 많고 오류도 적지 않을 것으로 생각된다. 미흡한 번역서를 내놓으며 내심 두렵고 부끄럽기 그지없다. 아무쪼록 이 분야 연구자들과 독자들의 너그러운 이해를 부탁드리며, 조금이나마 본 번역서가 관련 분야 연구에 도움이 된다면 더 없는 영광이겠다.

본 번역 작업을 지원해준 한국연구재단에 감사드리며, 벽자와 난해한 내용으로 인해 쉽지 않았을 출판을 위해 기꺼이 수고해준 소명출판에도 진심으로 감사드린다.

방언소증 2_ 차례

방언소증 전체 차례

방언 제7권

輶軒使者絕代語釋別國方言 第七

방언 1

譚憎①, 所疾②也【譚, 之潤反】. 宋魯凡相惡謂之譚憎[1], 若秦晉言可惡③矣.

순증譚憎은 미워하는 것(소질所疾)이라는 뜻이다.【譚의 음은 지윤반之潤反이다】 송宋 노魯 지역에서는 서로 미워하는 것을 순증譚憎이라고 하고, 진秦 진晉 지역에서 가오可惡라고 말하는 것과 같다.

---

1 周祖謨의 『方言校箋』에서 『방언』에는 '宋, 魯'라고 되어 있는데 戴震이 인용한 『荀子』 楊倞 「注」의 문장에는 '齊, 魯'라고 되어 있고, 또 '惡'가 '疾惡'라고 되어 있으니 지금의 판본과는 다르다고 지적하였다. 華學誠은 『集韻』 準韻에는 '譚'이라는 글자 아래 『방언』을 인용하여 "宋魯凡相惡謂之譚"이라고 하였다고 설명했다.

방언소증

案『荀子・哀公篇』: "無取口啍. 口啍, 誕也."[2] 楊倞「注」云: "'啍'與'諄'同. 『方言』: 齊魯凡相疾惡謂之諄憎." 『廣雅』: "諄憎, 誒也.[3]" 義本此. '誒''疾'古通用.

『순자・애공편』에 "원숙하게 말을 잘 하는 사람을 취하지 말라"는 말이 있고, 또 "말이 원숙하면 허황되고 남을 기만하는 법"이라는 말이 있는데, 양경의 「주」에 말하기를, "톤啍과 순諄은 같다. 『방언』에 '제齊 노魯 지역에서는 서로 괴롭히고 미워하는 것을 순증諄憎이라고 한다'는 말이 있다"고 하였다. 『광아』에 "순증諄憎은 질誒"이라고 하였는데, 그 뜻은 여기에서 근거하였다. '질誒'과 '질疾'은 옛날에는 통용되었다.

역해

① 諄憎[순증]: 서로 미워하다. 宋魯에서는 서로 증오하는 것을 諄憎이라고 함. 곽박 「주」에 諄의 발음은 之潤反이라고 했는데, 이에 근거한 상고음은 [*tjənh]이다.
② 疾[질]: 싫어하다. 미워하다. 원망하다. 앙심을 품다. 비난하다. 헐뜯다.
③ 惡[오]: 미워하다. 싫어하다. 秦晉에서 可惡이라고 말하는 것과 같음.

---

2 『荀子・哀公篇』: "孔子對曰, 無取健, 無取詌, 無取口啍. 健, 貪也, 詌, 亂也, 口啍, 誕也"이라는 문장에서 취한 구절이다.

3 『廣雅・釋詁』: "讟憎・誒・毒・病・悢・患・勩・癉, 苦也." 다만, 『광아소증』 본에는 諄憎의 諄이 讟으로 되어 있다.

방언 2

杜①·蹻②, 澀③也. 趙曰杜【今俗語通言澀如杜, 杜梨子澀, 因名之[4]】, 山之東西[5]或曰蹻【郤[6]蹻, 燥澀貌, 音笑謔】.

두杜[7]·학蹻[8]은 껄끄럽다(삽澀)의 뜻이다. 조趙 지역에서는 두杜라고 하고【지금(곽박 당시)의 속어에서는 통상 껄끄럽다(삽澀)를 두杜라고 말하는데, 팥배나무의 열매가 껄끄럽기 때문에, 그로 인하여 붙은 이름이다】 산의 동서 지역, 즉 함곡관을 중심으로 하는 동서 양측의 지역에서는 혹은 학蹻라고도 한다.【각학郤蹻는 말라서 껄끄러운 모양이다. 음은 소학笑謔이다】

---

4 '之'는 王念孫의 『廣雅疏證』에는 '云'으로 되어 있으며, 周祖謨의 『方言校箋』에서도 역시 "아마도 云이라는 글자의 오류일 것"이라고 하였다.

5 함곡관을 중심으로 한 동쪽과 서쪽 지역을 가리킨다. 자세한 것은 「방언지리해설」을 참조할 것.

6 『四部叢刊』本에는 '郄'로 되어 있으나, 戴震은 '郤'로 고쳤다. 그러나 盧文弨의 『重校方言』에서는 '郄'과 '郤'은 같은 음으로 '隙'이라고 발음하며, 戴震이 이를 '郤'이라고 고친 것은 잘못된 것이라고 하였다. 華學誠 역시 옛 판본에는 모두 '郄'이라고 되어 있으므로 盧文弨의 말이 맞다고 하였다. 또한 곽박이 "郤蹻, 燥澀貌"라고 한 것은 '郤蹻'가 晉 당시의 連綿詞로서, 그 뜻이 『방언』에서 말한 '蹻'와 부합되었기 때문이라고 하였다.

7 錢繹의 『方言箋疏』에 『詩經』의 「疏」에서 인용한 "赤棠(붉은 팥배나무)과 白棠(흰 팥배나무)은 같으나, 그 열매가 붉거나 희고, 예쁘거나 미운 차이가 있다. 열매가 흰 색인 것을 白棠, 甘棠이라 하는데, 약간 시고 부드러우면서 맛있다. 赤棠의 열매는 떫고 시며, 맛이 없으므로, 속어에 '떫기가 두杜와 같다'고 한다"는 陸機의 「疏」의 내용이 곽박 「주」의 내용과 정확히 일치한다고 지적하였다.

8 華學誠은 『集韻』 藥韻에 "蹻는 燥澀皃(마르고 껄끄러운 모습)다"라고 하였는데, 이는 아마도 곽박의 『방언·주』에 근거한 것이리라고 말했다. 또한, '蹻'에는 본래 澀(떫다)이라는 뜻이 없는데, 양웅이 글자를 빌어 음을 기록한 것이니, 문헌의 용례를 알 수가 없을 뿐 아니라 요즘의 방언에서도 들어본 적이 없다고 하였다.

방언소증

案『廣雅』: "杜 · 蹻, 澀也.[9]" 曹憲『音義[10]』: "蹻, 虛虐反", "澀, 師急反." 『說文』云 : "澀不滑也. 從四止.[11]"

『광아』에 "두杜 · 학蹻는 떫고럽다(섭澀)의 뜻"이라고 하였다. 조헌의 『광아음석』에 "학蹻는 허학반虛虐反"이고, "섭澀은 사급반師急反"이라고 하였다. 『설문해자』에 "섭澀은 미끄럽지 않은 것이다. 네 개의 지止자로 이루어져 있다"고 하였다.

역해

① 杜[두] : 곽박 「주」에서는 팥배나무의 열매가 껄끄럽기 때문에 이런 말이 생겼다고 했다.(참조 : '맛이 떫다'라는 의미가 있는데, 떫은맛이 혀에서 껄끄럽게 느껴지는 것과도 관계가 있으리라 짐작된다) 趙에서는 杜라고 함.

② 蹻[학] : 껄끄럽다. 또는 건조하고 껄끄러운 모양. 山의 東西지역에서는 蹻라고 함. 곽박 「주」에 발음은 笑謔의 謔이라고 했는데, 이에 근거한 상고음은 [*hŋjakw]이다.

③ 澀[삽] : 껄끄럽다. 원만하지 않다.(참조 : 이 글자 역시 杜와 마찬가지

9 『廣雅 · 釋詁』: "杜 · 蹻 · 澁, 澀也."

10 본문에는 '曹憲音義'라고 되어 있지만 이는 '曹憲音釋'의 오류가 아닐까 생각된다. 『방언소증』 전체를 통하여 曹憲이 『廣雅』에 대하여 지은 『音釋』은 '曹憲音釋'이라 불리며 여러 차례 인용되고 있지만, '曹憲音義'라는 서명은 오직 제5권에 1번, 제7권에 2번 등장한다. 이 세 차례 모두 『광아』의 인용에 이어 나타나므로, 曹憲의 『博雅音』, 즉 『音釋』을 잘못 표기한 것이라 짐작된다.

11 『說文解字』 止部 : "不滑也. 從四止. 色立切."

로 '맛이 떫다'라는 의미가 있는데, 떫은맛이 혀에서 껄끄럽게 느껴지는 것과 관계가 있으리라 짐작된다) 蹓은 杜, 蹻의 풀이어휘.

방언 3

佻① · 抗②, 縣③也. 趙魏之間曰佻, 自山之東西[12]曰抗. 燕趙之郊縣物於臺之上謂之佻【了佻, 縣物貌. 丁小反】.

조佻[13] · 항抗[14]은 높이 걸다(현縣)의 뜻이다. 조趙 위魏에 걸친 지역에서는 조佻라고 하고, 산山으로부터의 동서 지역에서는 항抗이라고 한다. 연燕 조趙의 교외 지역에서는 물건을 대臺의 위에 매달아놓는 것을 조佻라고 한다.【료조了佻[15]는 물건을 매달아놓은 모습이다. 음은 정소반丁小反이다】

---

12 『방언』에서 "自山之東西"라고 하면 함곡관의 동서 지역을 말한다.

13 王念孫은 『手校方言疏證』에서 붉은 글씨로 "玄應의 『一切經音義』 제13권과 『집운』 제29권에 인용한 『방언』의 문장에는 이 글자가 모두 '𠃊'로 되어 있다"고 지적하였으며, 華學誠 역시 '佻'를 '𠃊'라고 쓰는 것이 옳다고 하였다. 『광아』의 "佻는 縣(매달다)이다"라는 구절에 대해 王念孫은 『광아소증』에서 "요사이 일반적으로 물건을 매달아 놓는 것을 弔라고 하는데, 발음이 서로 비슷하다"고 하였다.

14 『廣雅 · 釋詁』에 "抗은 張(펼치다)이다"라는 구절이 있고, 또 "抗은 擧(들다)다"라는 구절이 있다. 이 '抗'이라는 글자에는 擧張(들어 펼치다)이라는 뜻이 있다.

15 華學誠은 이 '了佻'가 본래 '了𠃊'이며 첩운자라고 하였음. 앞의 13번 주해를 참조할 것.

방언소증

案『廣雅』: "佻・抗, 縣也.[16]" 義本此.

『광아』에 "조佻・항抗은 높이 걸다(현縣)의 뜻"이라고 하였으니, 그 뜻은 여기에서 근거하였다.

역해

① 佻[조] : 걸다. 매달다. 趙魏之間에서 佻라고 함. 燕趙의 郊外지역에서 물건을 대 위에 걸어두는 것을 佻라고 함. 곽박「주」에 발음은 丁小反이라고 했는데, 이에 근거한 상고음은 [*tjagwx]이다.
② 抗[항] : 걸다. 매달다. 들다. 떨치다. 드날리다. 올리다. 드리다. 바치다. 山으로부터 東西 지역에서는 抗이라고 함.
③ 縣[현] : 드러내다. 나타내 보이다. 현시하다. 공개하다. 縣은 佻, 抗의 풀이어휘.

방언 4

發①・稅②, 舍車③也【舍, 宜音寫】. 東齊海岱之間謂之發【今通言發寫也】, 宋趙陳魏之間謂之稅【稅, 猶脫也】.

발發[17]・탈稅[18]은 수레를 풀어놓다(사거舍車)라는 뜻이다.【사舍는 마땅히

16 『廣雅・釋詁』: "佻・抗・絓, 縣也."
17 華學誠은 '發'과 '廢'의 발음과 의미가 서로 통한다는 점을 지적하면서, 『爾

사寫라고 발음한다】 동제東齊 해대海岱에 걸친 지역에서는 발發【지금(곽박 당시)의 통어로는 발사發寫라고 한다】이라고 하고, 송宋 조趙 진陳 위魏에 걸친 지역에서는 탈稅【탈稅은 탈脫과 같다】이라고 한다.

방언소증

案「注」讀'舍'爲'寫'. '寫''卸', 古通用. 『說文』云 : "卸, 舍車解馬也. 從卩止午, 讀若汝南人寫書之寫.[19]" 發爲卸車, 蓋釋『詩』"齊子發夕"[20]之義, 言夕而解息車徒也. 陸機「招隱詩」: "稅駕從所欲."[21] 李善「注」引『方言』"舍車曰稅". '稅'亦通用'說'. 『周禮』: "典路, 辨其名物, 與其用說."[22] 鄭「注」云 : "說, 謂舍車也."

곽박의 「주」는 '사舍'를 '사寫'로 읽고 있다. '사寫'와 '사卸'는 옛날에는 통용되었다. 『설문해자』에 말하기를, "사卸는 수레를 풀고 말을 풀어놓는 것이다. 절卩과 지止와 오午로 이루어졌다. 여수汝水의 남쪽 지방 사람들이 책을 쓴다(寫書)고 할 때의 '사寫'와 같이 읽는다"고 하였다. 발發을 '마차에서 말을 풀어놓다'라고 한 것은 대개 『시경·제풍·재구』의 "제나라 임금 딸은 (새벽에 떠나) 저녁에 닿았다네[23]"라

雅·釋詁』의 "廢는 舍(버리다. 내버려두다)다"라는 조항과, 이에 대한 곽박의 "舍는 내버려두는 것이다(放置)"라는 주해를 인증 자료로 들고 있다.

18 華學誠은 『爾雅·釋詁』의 "稅은 舍(버리다, 내버려두다)다"라는 조항을 인증 자료로 들었음. 곽박은 이에 대하여 "『詩經』에 '소백이 머물던 것이니라(召伯所稅)'라고 하였다"는 주해를 덧붙였다. 실제 『詩經·召南·甘棠』편에서는 '稅'이 아니라 '說'로 되어 있으며, 『毛傳』에 "說은 舍(버리다. 내버려두다)다"라고 하였다.

19 『說文解字』 卩部 : "舍車解馬也. 從卩·止·午. 讀若汝南人寫書之寫. 司夜切."

20 『詩經·齊風·載驅』: "魯道有蕩, 齊子發夕."

21 『文選·詩乙·招隱詩』: "富貴苟難圖, 稅駕從所欲."

22 『周禮·春官·宗伯』: "典路, 掌王及後之五路, 辨其名物與其用說."

는 구절의 뜻을 풀이한 것으로, 저녁이 되어 수레를 풀고 수레꾼들을 쉬게 하는 것을 말한다. 육기의 「초은시」에 "수레를 멈추고 원하는 바를 따른다"는 구절이 있는데, 이선의 「주」에서 『방언』의 "사거舍車를 탈稅이라고 한다"는 구절을 인용하였다. '탈稅'은 또한 '설說'과 통용된다. 『주례·춘관·종백』에 "전로典路는 그 명물과 쓰임새와 머무는 바를 판단하여"[24]라고 하였는데, 정현의 「주」에 말하기를 "설說은 수레를 푸는 것을 말한다"고 하였다.

역해

① 發[발] : 벗다. 풀다. 東齊海岱之間에서는 發이라고 함. 곽박 「주」에 당시에는 通言으로 發寫라고 한다고 했음.

② 稅[탈] : 벗다. 풀다. 석방하다. 풀어놓다. 宋趙陳魏之間에서는 稅라고 함.

③ 舍車[사거] : 수레에 매었던 말을 풀어놓다. 舍車는 發, 稅의 풀이어휘. 곽박 「주」에 舍의 발음은 寫라고 했는데, 이에 근거한 상고음은 [*sjiagx]이다.

---

23 錢繹은 이의를 제기했다. 즉, 이 시의 '發夕'은 저녁이 되어 수레를 풀고 수레꾼들을 쉬게 하는 것이 아니므로 戴震이 잘못 인용했다는 것이다. '發夕'을 『毛傳』은 저녁에 떠나서 아침에 도착하는 것이라 하였고, 馬瑞辰은 이른 旦夕의 뜻으로 보아, 이른 새벽에 출발하여 저녁에 도착하는 것이라고 보았다. 華學誠도 錢繹의 견해에 찬성하고 있다.

24 원문의 일부가 생략된 채 인용되어 있으나, 『方言疏證』의 인용문에 따라 번역하였다.

방언 5

肖①・類②, 法③也. 齊曰類, 西楚梁益之間曰肖. 秦晉之西鄙自冀隴而西【冀縣, 今在天水】使犬曰哨④【音騷】. 西南梁益之間凡言相類者亦謂之肖【肖者, 似也】.

초肖[25]・류類[26]는 본받다, 따르다(법法)의 뜻이다. 제齊 지역에서는 류類라고 하고, 서초西楚 양梁 익益에 걸친 지역에서는 초肖라고 한다. 진秦 진晉의 서쪽 교외와 기冀 농隴으로부터 서쪽 지역에서는【기현冀縣은 오늘날(곽박 당시) 천수天水에 있다】 개를 부를 때 소哨【음은 소騷다】라고 한다. 서남쪽의 양梁 익益에 걸친 지역에서는 서로 닮은 것을 초肖【초肖란 닮았다는 것이다】라고 한다.

방언소증

案『荀子・勸學篇』: "羣類之紀綱也."[27] 楊倞「注」云: "『方言』齊謂法

25 錢繹은 『法言・學行篇』과 『漢書・刑法志』 『列子・力命篇』 등의 예문을 통하여 '肖'와 '宵', '俏'가 서로 같은 의미로 사용된다는 것을 밝혔다.

26 王念孫은 戴震이 인용한 『광아』의 조항에 대해 설명하면서 여러 문헌에서 인증하였다. 그 가운데 『荀子・儒效篇』의 "그 말은 규율이 있으며, 그 행동은 예가 있다(其言有類, 其行有禮)"라는 문장이 있는데, 여기서 '類'의 뜻은 규율(律)이며, 이 역시 '法(본받다)'의 의미라고 하였다. 또, 『禮記・樂記篇』에 "律小大之稱"이라는 구절의 '律'이 『史記・樂書』에는 '類'로 되어 있는데, 이 '類'와 '律'의 발음과 의미가 같다고 하였다. 비슷한 것을 '類'라고 하며 역시 '肖'라고 하는데 '法'을 '肖'라고도 하고 역시 '類'라고도 하니, 뜻도 역시 서로 가깝다고 덧붙여 설명하였다.

27 『荀子・勸學篇』: "故『書』者, 政事之紀也. 『詩』者, 中聲之所止也, 『禮』者, 法之大分, 類之綱紀也"라는 곳에서 나오는 구절로 '羣'이라는 글자가 원문에는 없고, 紀綱이 아니라 綱紀로 되어 있다.

爲類也.” 『廣雅』: “肖・類, 灋也.[28]” 本此. ‘灋’古‘法’字. ‘哨’亦作‘嗾’. 『說文』云: “肖, 骨肉相似也. 不似其先, 故曰不肖也.[29]”, “嗾, 使犬聲.[30]” 『春秋』宣公二年『左傳』: “公嗾夫獒焉.”[31] 服虔「注」云: “嗾, 嗾也.” 『釋文』: “素口反.[32]” 『玉篇』引『方言』: “秦晉冀隴謂使犬曰嗾.[33]”

『순자・권학편』에 “[『예』는] 모든 규범의 대강”이라는 구절이 있으며, 양경의 「주」에서 “『방언』에 ‘제齊에서는 법法을 류類’라고 한다”고 하였다. 『광아』에 “초肖・류類는 법灋”이라고 한 것은 여기에서 근거하였다. 법灋은 법法의 옛 글자다. ‘소哨’는 ‘촉嗾’이라고도 한다. 『설문해자』에 “초肖는 골육이 서로 닮은 것을 말한다. 선조를 닮지 않았으므로 불초不肖라고 하는 것이다”라고 하였으며, 또 “촉嗾은 개를 부르는 소리다”라고 한다. 『춘추』 선공 2년 『좌전』에 “영공은 사나운 개를 불러 덤벼들게 하였다”는 구절이 있는데, 복건의 「주」에, “촉嗾은 개를 부르는 소리(추嗾)라고 한다”고 하였다. 『경전석문』에 “음은 소구반素口反”이라고 하였다. 『옥편』은 『방언』의 “진秦 진晉 기冀 농隴 지역에서는 개를 부르는 소리를 촉嗾이라고 한다”는 구절을 인용하였다.

---

28 『廣雅・釋詁』: “閑・埻・楷・模・品・式・祖・棖・肖・容・拱・捄・術・臬・井・括・鳫・類・棱・略, 灋也.”

29 『說文解字』 肉部: “肖: 骨肉相似也. 從肉小聲. 不似其先, 故曰不肖也. 私妙切.”

30 『說文解字』 口部: “嗾: 使犬聲. 從口族聲. 『春秋傳』曰: ‘公嗾夫獒’.”

31 『春秋左傳』 宣公 二年: “公嗾夫獒焉, 明搏而殺之.”

32 『經典釋文(『爾雅音義・釋地』)』: “十藪: 素口反. 『說文』云, 大澤也. 『風俗通』云, 藪厚也. 有草木魚鼈, 所以厚養人也.”

33 『玉篇』 口部: “嗾: 蘇走、先奏二切. 『左氏傳』曰: 公嗾夫獒焉. 『方言』云: 秦晉冀隴謂使犬曰嗾.”

역해

① 肖[초] : 본받다. 모방하다. 모양이 서로 비슷하다. 닮다. 西楚梁益之間에서는 肖라고 함. 西南梁益之間에서 서로 비슷한 것을 말할 때도 肖라고 함.

② 類[류] : 닮다. 본받다. 齊에서는 類라고 함.

③ 法[법] : 본받다. 모방하다. 法은 肖, 類의 풀이어휘.

④ 哨[소] : 개를 부르다. 개를 얼러 부추기다. 秦晉의 西鄙, 冀隴으로부터 서쪽 지역에서 개를 부르는 것을 哨라고 함. 곽박 「주」에 발음은 騷라고 했는데, 이에 근거한 상고음은 [*səgw]이다.

방언 6

憎① · 懹②, 憚③也【相畏憚也】. 陳曰懹.

증憎[34] · 양懹[35]은 두려워하다(탄憚)의 뜻이다.【서로 두려워하고 꺼리는 것이다】 진陳에서는 양懹이라고 한다.

---

34 王念孫의 戴震이 『方言疏證』에서 인용한 『광아』의 조항에 대하여 『방언』의 이 조항 및 곽박의 「주」를 인용하였다. 또 王念孫은 『설문해자』에서 "憚은 忌難(꺼리고 어려워하다)이다"라 한 것과, 『주역』의 屯괘에 대하여 『經典釋文』에서 "難은 畏憚(두려워하고 꺼리다)이다"라고 한 賈逵의 『국어』에 대한 주해의 문장을 인용하였다고 밝혔다.

35 華學誠은 戴震이 인용한 『玉篇』의 용례가 바로 『방언』 및 郭璞의 「주」에 근거하였으리라고 하면서, 先秦 시대의 문헌에는 '懹'이라는 글자가 이런 의미로 사용되는 용례를 발견할 수 없으며, 현대의 방언에도 그런 예는 없다고 하였다.

방언소증

案『廣雅』: "憎·懹·憚, 難也.[36]" 曹憲『音義[37]』: "懹, 人尙反."『玉篇』云: "懹, 憚也. 相畏也.[38]"

『광아』에 "증憎·양懹·탄憚은 어려워하다(난難)의 뜻"이라고 하였으며, 조헌의 『광아음석』에 "양懹은 인상반人尙反"이라고 하였다. 『옥편』에 말하기를 "양懹은 꺼리다(탄憚), 서로 두려워하다(相畏)의 뜻"이라고 하였다.

역해

① 憎[증] : 두려워하다. 미워하다. 싫어하다.
② 懹[양] : 두려워하다. 陳에서는 懹이라고 함.
③ 憚[탄] : 두려워하다. 어려워하다. 꺼리다. 憚은 憎, 懹의 풀이어휘.

방언 7

譙①【字或作誚】·讙②【火袁反】, 讓也. 齊楚宋衛荊陳之間曰譙, 自關而西秦晉之間凡言相責讓曰譙讓③, 北燕曰讙.

---

36 『廣雅·釋詁』: "乇·驙·蹇·展·訒·赾·憎·懹·畏·憚·蹕·遴·病, 難也."

37 본문에는 '曹憲音義'라고 되어 있으나 '曹憲音釋'의 오류가 아닐까 생각된다. 그 이유는 본권(제7권)의 2번 조항의 주해에서 밝힌 바 있다.

38 『玉篇』心部: "懹, 人向切. 憚也. 相畏也."

초譙[39]【글자는 초誚로도 쓴다】・환讙[40]【음은 화원반火袁反이다】은 꾸짖다, 책망하다(양讓)의 뜻이다. 제齊 초楚 송宋 위衛 형荊 진陳에 걸친 지역에서는 초譙라 하고, 함곡관으로부터 서쪽 진秦 진晉에 걸친 지역에서는 서로 꾸짖고 책망하는 것을 초양譙讓이라고 하며, 북연北燕에서는 환讙이라고 한다.

방언소증

案『廣雅』:"讙・譙, 讓也.[41]" 義本此.「周語」:"讓不貢."[42] 韋昭「注」云:"讓, 譴責也."『春秋』昭公二十五年『左傳』:"且讓之."[43] 杜預「注」云:"讓, 責也."

『광아』에 "환讙・초譙는 꾸짖다(양讓)의 뜻"이라고 하였으니, 그 뜻은 여기에서 근거하였다.『국어・주어』에 "매년 지내는 제사에 제물을 제 때 공급하지 못하는 자를 책비責備한다"는 말이 있는데, 위소의「주」에 "양讓은 꾸짖고 책망하다(견책譴責)의 뜻"이라고 하였다.『춘추』소공 25년『좌전』에 "또 그를 꾸중하였다"는 구절이 있는데, 두예의

39 王念孫은 戴震이 인용한『廣雅』의 항목에 대하여 설명하면서, "讙・譙는 모두 責讓(꾸짖다)"의 '讓'이라고 하였다. 아울러,『尙書・金縢篇』과『管子・立政篇』의 예를 들면서 '譙'와 '誚'는 같다고 지적했다.

40 王念孫은 같은『광아』의 항목에 대한 설명에서, "『說文解字』에서 '讙은 譁(시끄럽다)다'라고 하였으며 글자는 또 '諠'으로도 쓴다. 무릇 사람들이 서로 꾸짖고 책망할 때 그 목소리가 크고 시끄럽기 때문에 '讓'을 '諠'이라고 하는 것이다. 마치 오늘날 사람들이 '諠呼'(시끄럽게 서로 부름)를 '讓'이라고 하는 것과 비슷하다"고 하였다.

41 『廣雅・釋詁』:"讙・譙・譴・讀・詰・卻・讁, 讓也."

42 『國語・周語』:"刑不祭, 伐不祀, 征不享, 讓不貢, 告不王."

43 『春秋左傳』昭公 二十五年:"若怨平子, 季郈之雞鬥, 季氏介其雞, 郈氏爲之金距, 平子怒, 益宮於郈氏, 且讓之."

「주」에 "양讓은 꾸짖는다(책責)의 뜻"이라고 하였다.

역해

① 譙[초] : 꾸짖다. 견책하다. 齊楚宋衛荊陳之間에서는 譙라고 함. 곽박 「주」에 誚라고도 쓴다고 했다.

② 讙[환] : 꾸짖다. 北燕에서는 讙이라고 함. 곽박 「주」에 발음은 火袁反이라고 했는데, 이에 근거한 상고음은 [*hwjan]이다.

③ 譙讓[초양] : 견책하다. 꾸짖다. 나무라다. 함곡관으로부터 서쪽 지역 秦晉之間에서는 서로 꾸짖고 책망하는 것을 譙讓이라고 함. 讓은 譙, 讙의 풀이어휘.

방언 8

僉① · 胥②, 皆③也. 自山[44]而東五國[45]之郊曰僉【六國惟[46]秦在山西】, 東齊曰胥.

---

44 王念孫은 『방언소증』의 手校本에서, 이 항목의 윗부분에 붉은 글씨로 다음과 같이 주해를 하였다. "함곡관 동쪽의 다섯 나라의 교외에서는 皆를 일컬어 僉이라고 한다(自關而東五國之郊謂皆爲僉). 『一切經音義』 제1권, 제13권", "함곡관 동쪽의 다섯 나라 교외에서는 皆를 僉이라고 하며, 東齊에서는 胥라고 한다(自關而東五國之郊謂皆爲僉, 東齊曰胥). 『一切經音義』 제3권." 이는 玄應이 세 차례 이 조항을 인용하면서 '山'이라는 글자를 모두 '關'이라고 썼다는 사실을 알려준다.

45 『방언』에서 "自山之東西"라고 하면 함곡관의 동서 지역을 말하는데, 여기에서는 특히 곽박의 「注」에 "육국 가운데 오로지 秦나라만이 서쪽에 있다"고 한 것으로 미루어 함곡관의 동쪽에 있는 나머지 다섯 나라를 가리키는 것으로 보는 것이 적합하다고 생각된다.

46 『四部叢刊』本에는 '唯'라고 되어 있으나, 戴震은 '惟'라고 했다.

첨僉[47] · 서胥[48]는 모두, 다(개皆)의 뜻이다. 함곡관으로부터 동쪽에 있는 다섯 나라의 교외에서는 첨僉【육국 가운데 오직 진秦만이 함곡관으로부터 서쪽에 있다】이라고 하고, 동제東齊에서는 서胥라고 한다.

방언소증

案『爾雅 · 釋詁』: "僉 · 咸 · 胥, 皆也."[49] 郭「注」云: "東齊曰胥. 見『方言』." 「疏」全引『方言』此條, 文竝同.

『이아 · 석고』에 "첨僉 · 함咸 · 서胥는 모두, 다(개皆)의 뜻"이라고 하였고, 곽박의 「주」에 말하기를, "동제東齊에서는 서胥라고 한다. 『방언』에 (이와 같은 내용이) 보인다"고 했다. 「소」에서는 『방언』의 이 조항 전체를 인용하였는데, 문구가 모두 같다.

---

47 郝懿行은 『爾雅義疏』에서 다음과 같이 말했다: "僉은 衆과 같다. 『설문해자』와 『방언』에서 모두 僉은 皆(모두)라고 하였다. 『방언』에서는 또 '僉은 夥(많다)다'라고 하였으며(『방언』 제12권), 곽박의 「注」에 '僉이란 동同(같다)이니 그러므로 夥(많다)가 된다'고 하였다. 『광아』에서도 '僉은 다多(많다)이다'라고 하였다. 그밖에 『楚辭 · 天問篇』의 「注」에 '僉은 衆(많다)이다'라고 했으며, 『小爾雅』에서도 '僉은 同(같다)이다'라고 했으니 '同'은 바로 '皆(모두)'라는 뜻이다. 衆, 多, 夥는 그 뜻에 '皆(모두)'라는 의미가 갖추어져 있다. 僉이란 齊(모두, 똑같이, 같게 하다)다. 경전에서 '齊民'이라고 하거나 또는 '齊盟'이라고 할 때 모두 衆同(여럿이 모두 같다)이라는 뜻을 취한 것이다. 齊와 첨은 또 一聲之轉이다."

48 郝懿行은 『爾雅義疏』에서 다음과 같이 말했다. "胥는 相과 같다. 아래에 '胥는 相이다'라고 하였으니(『爾雅 · 釋詁』: "艾 · 歷 · 覤 · 胥, 相也."), 相과 胥는 뜻이 서로 가깝다. 相과 胥는 또 一聲之轉이다. ……"

49 『爾雅 · 釋詁』: "僉 · 咸 · 胥, 皆也."

역해

① 僉[첨] : 다. 모두. 여러. 山으로부터 동쪽지역 五國之郊에서는 僉이라 고 함.
② 胥[서] : 모두. 다. 서로. 東齊에서는 胥라고 함.
③ 皆[개] : 모두. 다. 皆는 僉, 胥의 풀이어휘.

방언 9

侔莫①, 强②也. 北燕之外郊, 凡勞而相勉若言努力者謂之侔莫.

모막侔莫[50]은 권면하다(강强)의 뜻이다. 북연北燕의 외곽 지역에서는 힘들게 일하며 서로 격려하고 노력하자고 하는 것을 모막侔莫이라고 한다.

방언소증

案'侔'亦作'劺'. 『廣雅』: "劺・莫, 强也.[51]" 義本此. 曹憲『音釋』: "劺, 音牟. 强, 巨兩反." 『玉篇』云: "劺, 勸勵也.[52]"

---

50 王念孫의 『광아소증』에 "劺는 勄와 통한다. 『淮南子・繆稱訓』에 '猶未之莫與'라는 대목에 대한 高誘의 「注」에 '莫, 勉之也'라고 하였다. 내가 생각하기에 勄는 茂를 말한다. 『이아』에 '茂는 勉(힘쓰다)이다'라는 구절이 있다. 莫은 慔(힘쓰다)를 말한다. 『이아』에 '慔慔는 勉(힘쓰다)이다'라는 구절이 있다. 이를 합하여 말하면 바로 '侔莫'이 된다"고 하였다.

51 『廣雅・釋詁』: "駁・勁・堅・剛・耆・韇・膂・劺莫・憚儉・攡鈔倞悖怏, 强也."

'모侔'는 또 '무勄'라고도 쓴다. 『광아』에 "무막勄莫은 권면하다(강强)의 뜻"이라고 하였으니, 그 의미는 여기에서 근거하였다. 조헌의 『광아음석』에 "무勄의 음은 모牟이며, 강强은 음이 거양반巨兩反"이라고 하였다. 『옥편』에 말하기를, "무勄는 권장하다(권려勸勵)의 뜻"이라고 하였다.

역해

① 侔莫[모막] : 힘쓰다. 노력하다. 北燕의 外郊에서는 힘들게 일하며 서로 격려하고 노력하자고 하는 것을 侔莫이라고 함.

② 强[강] : 근면하다. 권면하다. 힘쓰게 하다. 부지런하다. 强은 侔莫의 풀이어휘.

방언 10

傑倯①, 罵②也【羸小可憎之名也[53]. 傑, 音邛竹】. 燕之北郊曰傑倯.

공송傑倯[54]은 욕하다(매罵)의 뜻이다.【여위고 작으면서 미워할 만한 것을 이

52 『玉篇』 力部 : "勄, 莫侯切. 勸勵也."

53 錢繹의 『方言箋疏』에서 "『옥편』에서 (이 구절을 인용하면서) 羸를 形이라고 했고, 名은 皃라고 했다"고 하였음. 周祖謨는 『方言校箋』에서 "『옥편』의 傑에 대한 조항에서 이 (곽박)「注」를 '形小可憎之貌'라고 인용하였다"고 말했다. 『廣韻』 鍾韻의 '傑'이라는 조항에서 말하기를, "공송傑倯은 미워할만한 모습(可憎之貌)이다"라고 하였다. 아마도 곽박 「주」의 '名'은 '皃'의 오류일 것이다. 『集韻』 鍾韻의 '傑'이라는 조항의 인용문 역시 현 곽박 「주」와 같은 형태로 되어 있다.

54 錢繹의 『方言箋疏』에 "요사이 吳 지역 사람들이 날카로운 목소리로 다른 사람을 욕하는 것을 傑이라고 하며, 그 발음은 渠公切이니, '傑倯'과 발음이 같지 않은가?"라고 하였다. 丁惟汾의 『方言音釋』에 "傑倯의 속어는 音轉하여

르는 것이다. 공傑의 음은 공죽邛竹이다】 연燕의 북쪽 교외에서는 공송傑㥂이라고 한다.

방언소증

案『廣雅』: "傑㥂, 罵也.[55]" 義本此. 『玉篇』全引『方言』此條, 文竝同. 又云 : "謂形小可憎之貌."[56]

『광아』에 "공송傑㥂은 욕하다(매罵)의 뜻"이라고 하였는데, 그 의미는 여기에서 근거하였다. 『옥편』은 『방언』의 이 조항을 전체 다 인용하였는데, 문장도 완전히 같다. 또 "생긴 것이 작고 미워할 만한 모습"이라고도 하였다.

역해

① 傑㥂[공송] : 가증스럽다. 얄밉다. 욕으로 이르는 말. 燕의 北郊 지역에서는 傑㥂이라고 함. 곽박 「주」에 傑의 발음은 邛竹의 邛이라고 했는데, 이에 근거한 상고음은 [*gjuŋ]이다.

② 罵[매] : 욕하다. 駡로도 씀. 罵는 傑㥂의 풀이어휘.

窮酸이 되었다"고 하였다.

55 『廣雅・釋詁』: "傑㥂・訽・剝・馬・詈, 罵也.

56 『玉篇』 人部 : "傑, 渠凶切. 『方言』云 : 傑㥂, 罵也. 燕之北郊曰傑㥂. 謂形小可憎之皃."

방언 11

展①・惇②, 信③也. 東齊海岱之間曰展, 燕曰惇【惇亦誠信貌】.

전展[57]・돈惇[58]은 미덥다(신信)의 뜻이다. 동제東齊 해대海岱에 걸친 지역에서는 전展이라고 하고, 연燕에서는 돈惇【돈惇은 또한 정성스럽고 미더운 모습이다】이라고 한다.

방언소증

案'惇'本作'憞'. 『廣雅』: "憞, 信也.[59]" 據「注」云: "惇亦誠信貌." 似以此條'信'讀爲屈申之'申', 而'惇'兼誠信一義, 故言'亦'以別之. 揚雄「長楊賦」: "迺展人之所詘."[60] 李善「注」引『方言』"展, 申也." 卽此條而改作'申'. 謝靈運「石門新營所住四面高山迴溪石瀨脩竹茂林詩」: "佳期何由敦."[61] 「注」引『方言』: "敦, 信也." 亦卽此條而改'惇'爲'敦'. 一取屈

57 華學誠은 戴震이 '展'을 伸展(펼치다)의 展으로 이해한 것을 옳지 않다고 주장하였다. 즉 "『방언』에서는 구별을 위주로 한 것이고, 『이아』는 같은 점을 위주로 한 것이므로, 두 의미의 같은 조항의 용례로써 말하면 안 될 것이다. 곽박의 「注」에서 '惇은 또한 정성스럽고 미더운 모습이다'라고 했는데, 지금의 개념어로 말하자면, 惇은 동사와 형용사를 겸하는 기능을 가지고 있다고 말한 셈이다. 展의 뜻은 信(미덥다)으로, 이는 그 지역의 음을 기록한 것이다. 『방언』의 제1권의 20번째 조항에서 이를 설명했으며, 이 항목에서 기록한 지역은 바로 제1권에서 기록한 지역과 상보된다"고 말한다.

58 王念孫은 『廣雅疏證』에서 戴震이 인용한 『廣雅』의 구절을 설명하면서, 『大戴禮記』의 "관리는 미덥고 백성은 돈독하며, 기술자는 꾸밈이 없고, 장사치는 성실하다(士信民敦, 工璞商愨)"라는 구절을 인용하였다. 華學誠은 이에 대하여, 戴震이 인용한 謝靈運의 시에 나오는 '敦'은 동사로 사용된 것이며, 『大戴禮記』의 '敦'은 형용사로 사용된 것이라고 지적하였다.

59 『廣雅・釋詁』: "誕・肆・果・睦・愻・憞, 信也."

60 『文選・賦戊・長楊賦』: "迺展人之所詘, 振人之所乏."

信, 一取誠信, 如此「注」之兼兩義.

'돈惇'은 본래 '돈憞'이라고 쓴다. 『광아』에 "돈憞은 미덥다(신信)의 뜻"이라고 하였다. 곽박의 「주」에 "돈惇은 역시 정성스럽고 미더운 모습"이라고 한 것에 근거하여 생각해보면, 아마도 이 조목의 '신信'을 굴신屈申의 '신申'으로 읽고, '돈惇'은 성신誠信이라는 뜻을 겸하고 있다고 본 것 같다. 그러므로 '역시(亦)'라는 말로써 구별하여 말했던 것이다. 양웅의 「장양부」에 "이에 백성들이 막힌 바를 풀어주고(迺展人之所詘)"라는 구절이 있다. 이선의 「주」에서 『방언』을 인용하여 "전展은 펴다(신申)의 뜻"이라고 하였는데 바로 이 조항이며, 다만 '신信'을 '신申'으로 고쳐서 인용하였다. 사령운의 「석문신영소주사면고산형계석뢰수죽무림시」에 "아리따운 기약을 어찌 믿으리요!(佳期何由敦)"라는 구절이 있다. 곽박의 「주」에서 『방언』을 인용하여 "돈敦은 미덥다(신信)의 뜻"이라고 하였는데 바로 이 조항이며, '돈惇'을 '돈敦'으로 고쳐서 인용하였다. 한편으로는 굴신屈信의 '펴다'라는 뜻을, 또 한편으로는 성신誠信의 '미덥다'라는 뜻을 취하였으니, 이와 같이 하여 곽박의 「주」는 두 가지 뜻을 아우른 것이다.

역해

① 展[전] : 성실하다. 진실하다. 東齊海岱之間에서는 展이라고 함.
② 惇[돈] : 돈독하다. 성실하다. 燕에서는 惇이라고 함.
③ 信[신] : 미덥다. 성실하다. 믿음직하다. 信은 展, 惇의 풀이어휘.

---

61 『文選・詩乙・石門新營所住四面高山迴溪石瀨脩竹茂林』: "美人遊不還, 佳期何由敦."

방언 12

斯① · 掬②, 離③也. 齊陳曰斯, 燕之外郊朝鮮洌水之間曰掬.

시斯[62] · 국掬[63]은 나누다, 분리하다(리離)의 뜻이다. 제齊 진陳에서는 시斯라고 하고 연燕의 외곽, 조선朝鮮 열수洌水에 걸친 지역에서는 국掬이라 한다.

방언소증

案『爾雅 · 釋言』: "斯, 離也.[64]" 孫炎「注」云: "析之離." 郭璞「注」云: "齊陳曰斯."

『이아 · 석언』에 "시斯는 나누다(리離)의 뜻"이라고 하였다. 손염의 「주」에 말하기를 "쪼개서 나누는 것"이라고 하였으며, 곽박의 「주」에서는 "제齊 진陳에서는 시斯라고 한다"고 하였다.

---

62 郝懿行은 『爾雅義證』에서 이와 관련하여, 『說文解字』 斤部의 "斯, 析也. 從斤其聲"이라는 구절을 인용하였고, 또 『광아』의 "斯, 分也"라는 구절을 들어 析과 分은 모두 離(나누다)라는 뜻을 가지고 있다고 하였다. 華學誠은 제6권의 제34번 항목에 있는 "㯕, 散也"라는 내용의 뜻이 역시 '斯離'와 서로 가깝다고 지적하였다.

63 盧文弨는 『重校方言』에서 '掬'이라는 글자에는 離(나누다)의 뜻이 없다고 하며, 아마도 '播'라고 해야 할 것이라고 지적하였다. 즉, '播'의 옛 글자 형태는 '𢿌'인데, 모양이 비슷하기 때문에 잘못 쓰게 된 것 같다고 하였다. 錢繹도 盧文弨의 견해를 수용하여 이 글자를 '播'라고 보며, 華學誠 역시 이에 동의하면서, '播'의 훈으로는 '分(나누다)'과 '散(흩뜨리다)'의 두 가지가 있는데, 모두 '離(가르다)'라는 의미와 상통한다고 하였다.

64 『爾雅 · 釋言』: "斯, 誃離也."

역해

① 斯[사] : 나누다. 쪼개다. 갈라지다. 떨어지다. 齊陳에서는 斯라고 함.
② 掬[국] : 나누다. 燕의 外郊, 朝鮮洌水之間에서는 掬이라고 함.
③ 離[리] : 떠나다. 분리되다. 헤어져 흩어지다. 離는 斯, 掬의 풀이어휘.

방언 13

蝎①【音曷】·噬②【卜筮】, 逮③也. 東齊曰蝎, 北燕曰噬. 逮, 通語也.

갈蝎[65]【음은 갈曷이다】·서噬[66]【음은 복서卜筮의 서筮다[67]】는 이르다(태逮)의 뜻이다. 동제東齊에서는 갈蝎이라 하고, 북연北燕에서는 서噬라고 한다. 태逮는 통어通語다.

방언소증

案'蝎噬'亦作'遏遾'. 『爾雅·釋言』: "遏·遾, 逮也.[68]" 郭璞「注」云: "東齊曰遏, 北燕曰遾, 皆相及逮." 「注」內'卜筮'當作音'卜筮之筮'.

---

65 華學誠은 蝎·曷·遏·迨은 모두 가차자이며, 아마도 옛 東齊의 '逮' 혹은 '及'의 독음이었으리라고 말했다.
66 華學誠은 '噬'는 北燕 지역의 '逮'의 독음이었으리라 말한다. 『방언』에서 '逮'를 '噬(이르다)'라고 풀이한 것은 마땅히 당시 각 지방 발음의 轉語로써 생각해야 한다고 하며, 『이아』 역시 옛 방언에서 나온 것이라고 하였다.
67 戴震의 설에 따라 이와 같이 번역하였다.
68 『爾雅·釋言』: "遏·遾, 逮也."

'갈서蝎噬'를 또 '알서遏遾'라고도 쓴다. 『이아·석언』에 "알遏·서遾는 이르다(태逮)의 뜻"이라고 하였다. 곽박의 「주」에 말하기를, "동제東齊에서는 알遏이라고 하고, 북연北燕에서는 서遾라고 하는데 모두 이르다(급태及逮)의 뜻"이라고 하였다. 「주」에 '복서卜筮'라고 되어 있는 부분은 마땅히 '음은 복서卜筮의 서筮다'라고 해야 한다.

역해

① 蝎[할] : 미치다. 東齊에서는 蝎이라고 함. 곽박 「주」에 발음은 曷이라고 했는데, 이에 근거한 상고음은 [*gat]이다.
② 噬[서] : 미치다. 北燕에서는 噬라고 함. 곽박 「주」에 발음은 卜筮의 筮라고 했는데, 이에 근거한 상고음은 [*djadh]이다.
③ 逮[체] : 미치다. 이르다. 따라잡다. 逮는 蝎, 噬의 풀이어휘. 逮는 通語임.

방언 14

皮傅① · 彈憸②, 强③也【謂强語也. 音僉】. 秦晉言非其事謂之皮傅, 東齊陳宋江淮之間曰彈憸.

피부皮傅[69] · 탄섬彈憸[70]은 억지를 쓰다(강强)의 뜻이다.【강어强語, 즉 억지

---

69 華學誠은 겨우 표면적인 천근한 견해로써 견강부회하는 것을 '皮傅'라고 하므로, 양웅이 '强(억지쓰다)'이라고 풀이하였으며, 나아가 '어떤 말이 사실이 아니다'라고 풀이한 것이라고 했다. 아울러 곽박의 「注」에 '억지스러운 말'이라고 한 것이 올바르다고 지적했다.

70 華學誠은 清 光緒 12년 『泰縣縣志』에 "彈憸은 强聒(억지스럽게 요란을 피움)

스런 주장을 말한다. 음은 첨僉이다】 진秦 진晉 지역에서는 어떤 일을 사실과 다르게 말하는 것을 피부皮傅라고 하며, 동제東齊 진陳 송宋 강회江淮에 걸친 지역에서는 탄섬彈憸이라고 한다.

방언소증

案『後漢書・張衡傳』: "後人皮傅."[71]「注」云 : "揚雄『方言』曰 : 秦晉言非其事謂之皮傅. 謂不深得其情核, 皮膚淺近, 强相傳會也. 後人不達'皮傅'之意, 流俗本多作'頗傅'者, 誤也." '彈'亦通用'憚.' 『廣雅』: "憚憸, 强也.[72]" 義本此. 曹憲『音釋』'憸', 七漸, 四廉兩反. '强', 巨兩反.

『후한서・장형전』에 "후대 사람들이 비난했다"는 말이 있는데, 「주」에서 "양웅의 『방언』에 진秦 진晉 지역에서는 어떤 일을 사실과 다르게 말할 때 피부皮傅라고 한다고 했는데, 이는 그 뜻의 핵심을 깊이 얻지 못하고, 그 이해가 표면적이고 천근하여, 억지로 끌어 붙여 말하는 것이다. 후대 사람들이 '피부皮傅'라는 뜻을 이해하지 못하여 흔히 유통되는 판본에서는 '파부頗傅'라고 쓴 것이 많은데 이는 잘못된 것"이라고 하였다. '탄彈' 역시 '탄憚'과 통용된다. 『광아』에 "탄섬憚憸은 억지를 쓰다(강强)의 뜻"이라는 구절이 있으니, 그 의미는 여기에 근거하였다. 조헌의 『광아음석』에 '섬憸'은 칠점반七漸反과 사렴반四廉反의 두 가지가 있고, '강强'은 거량반巨兩反이라고 되어 있다.

이다"라는 구절이 있음을 지적했으나, 그 밖의 문헌의 용례에 대해서는 잘 알지 못하겠다고 했고 또한 현재의 방언에서도 들어보지 못했다고 말했다.

71 『後漢書・張衡傳』: "且河洛、六蓺, 篇錄已定, 後人皮傅, 無所容篡."

72 『廣雅・釋詁』: "駮・勁・堅・剛・耆・韇・脟・勑莫・憚憸・摬・鈔・倞・悖・怏, 强也."

역해

① 皮傅[피부] : 천박한 말로 견강부회하다. 秦晉지역에서 어떤 일을 사실과 다르게 말하는 것을 皮傅라고 함.

② 彈憸[탄섬] : 무리하게 하는 말. 터무니없는 주장. 東齊陳宋江淮之間에서는 彈憸이라고 함. 곽박 「주」에 憸의 발음은 僉이라고 했는데, 이에 근거한 상고음은 [*skhjam]이다.

③ 强[강] : 억지를 쓰다. 강박하다. 강요하다. 强은 皮傅, 彈憸의 풀이어휘.(强言 : 억지주장을 함. 터무니없는 주장)

방언 15

膊①【音膊脯[73]】・曬②【霜智反】・晞③, 曓④[74]也. 東齊及秦之西鄙言相曓僇爲膊.【曓僇, 謂相暴殔惡事】燕之外郊朝鮮洌水之間, 凡曓肉發人之私披牛羊之五藏謂之膊曓. 五穀之類, 秦晉之間謂之曬, 東齊北燕海岱之郊謂之晞.

박膊[75]【음은 박포膊脯다】・쇄曬[76]【음은 상지반霜智反이다】・희晞[77]는 말리다

73 『四部叢刊』本에는 '普博反'이라고 되어 있는데, 戴震은 '音膊脯'라고 고쳤다.

74 曓는 곧 暴와 같다.

75 王念孫은 『廣雅疏證』에서, 『釋名』에 戴震이 인용한 "膊, 迫也. 薄椓肉迫著物使燥也"라는 구절 외에 또 "脯, 搏也. 乾燥相搏著也"라는 구절을 나란히 들어, '膊'과 '脯'는 발음이 서로 가깝다고 하였으며, 또한 '膊'과 '曝'은 聲之轉이라고 하였다.

76 錢繹은 『方言箋疏』에서 『說文解字』(日部)의 "曬, 曓也"라고 되어 있고, 『광아』 역시 같으며, 또 『玉篇』에는 "曬, 暴乾物也(曬는 물건을 햇볕에 말리는 것이다)"라고 되어 있다고 하였다. 아울러 錢繹은 『방언』의 제10권에 "曬, 乾物也. 揚楚通語也(曬는 물건을 말리는 것이다. 揚과 楚 지역의 통어다)"라는 구절이 있으며, 곽박의 「注」에 "역시 모두 북방의 通語다"라고 되어 있다고

(포暴)의 뜻이다. 동제東齊 및 진秦의 서부 외곽 지역에서는 서로 치고 받는 것(暴僇[78])을 박膊【포륙暴僇은 서로 다투어 싸우는 것을 말한다】이라고 한다. 연燕의 외곽이나 조선朝鮮 열수冽水에 걸친 지역에서 고기를 포를 떠서 말리거나 다른 사람의 은밀한 비밀을 드러내거나 또는 소나 양의 오장五藏을 벗겨내는 것을 박膊이라 한다. 오곡 종류를 말리는 것을 진秦 진晉에 걸친 지역에서는 쇄曬라고 하며, 동제東齊 북연北燕 해대海岱의 교외에서 희晞라고 한다.

지적하였다.

77 錢繹의 『方言箋疏』에 『衆經音義』 제12권에서 『방언』의 "晞, 燥也, 暴也. 北燕海岱 之間謂暴乾爲晞"을 인용했으며, 또 제18권에서도 "晞, 燥也, 北燕海岱之間謂暴爲晞"이라고 인용했는데, 아마도 『방언』 제13권의 "晞, 燥也"라는 구절과 합하여 위와 같이 인용한 것이리라고 하였다.

78 錢繹은 곽박이 "相暴殊惡事"라고 풀이한 것에 대하여 다음과 같이 주해하였다. "『설문해자』에서 '殊은 辜(희생을 잡아 각을 뜨다. 죄인을 기둥에 묶어 찔러 죽이다)다'는 구절을 인용하였다. 또한 『周官・掌戮』에 '왕의 친인들을 죽여서는 각을 뜬다(殺王之親者辜之)'는 구절이 있고, 이에 대한 정현의 「注」에 말하기를, '辜는 枯(마르다, 말라죽다)다. 책磔(찢어 가르다)하는 것을 말한다'고 하였다. 『周官・大宗伯』에 '以疈辜祭四方百物'라는 구절이 있는데 鄭衆은 故書에 따라 '罷辜'라고 쓰고는 말하기를 '罷辜는 희생을 가르고 찢어 제사를 지내는 것이다(披磔牲以祭)'라고 하였다. 『爾雅・釋天』에 '바람을 제사지내는 것을 磔이라고 한다(祭風曰磔)'는 구절이 있는데, 이에 대한 곽박의 「注」에, '지금(곽박 당시) 큰 길에서 개를 가르고 찢어, 이로써 바람을 멈추게 해달라고 말한다'고 하였다. 이때의 磔이란 갈라서 여는 것이고 펼치는 것이다. 가슴과 배를 갈라서 펼쳐서, 그것을 마르게 하고는 거두어들이지 않는 것이니, '膊'과 같은 뜻이다." 華學誠은 錢繹이 '殊'이라는 글자를 해석한 것이 옳다고 보았으며, '暴殊' 역시 같은 뜻의 복합어라고 하였음. 또한 '僇'이라는 글자에 대하여 다음과 같이 설명함: "『類篇』 人部에 '僇은 殺(죽이다)이다'라고 하였으니, 僇은 戮(죽이다)을 말한다. 『禮記・月令』에 '승냥이는 짐승으로 제사하고 날짐승을 죽인다(豺乃祭獸僇禽)'이라는 구절이 있는데, 『經典釋文』에서 이에 대하여 '僇은 본래 戮으로 쓰기도 했다'고 하였다. 『漢書・五行志』(下之上)에 '자신은 죽임을 당하고 집안은 대가 끊어지기에 이르렀다(至於身僇家絶)'는 구절이 있는데, 顔師古의 「注」에 "僇은 옛날의 戮이라는 글자다"라고 하였다. 『荀子・非相篇』에 '천하에 커다란 살육이 되었다(爲天下大僇)'는 구절이 있는데, 楊倞은 주해에서 '僇과 戮은 같다'고 하였다. 여기에서 말하는 '暴僇'은 '暴殊'과 같다."

방언소증

案『春秋』成公二年『左傳』: "殺而膊諸城上."[79] 孔穎達『正義』曰: "『周禮』: 掌戮, 掌斬殺賊諜而搏[80]. 鄭康成云: 搏當爲膊諸城上之膊, 字之誤也. 膊爲去衣磔之. 『方言』云: 膊, 暴也."[81] 宋玉「高唐賦」: "於是水蟲盡暴, 乘渚之陽."[82] 李善「注」引『方言』: "曬, 暴也." 『廣雅』: "晞·膊·曬, 曝也.[83]" 義本此. '曝'卽'暴'. 『說文』云: "膊, 薄脯膊之屋上.[84]" 劉熙『釋名』云: "膊, 迫也. 薄掭肉迫著物使燥也.[85]"

『춘추』 성공 2년 『좌전』에 "그를 죽여서 성 위에다가 찢어발기어 놓았다"는 구절이 있다. 공영달의 『춘추좌전정의』에 말하기를 "『주례』에 '장륙은 간적과 간첩을 도끼로 쳐 죽이거나 칼로 베어서 죽인 시체를 찢어 전시하는 일을 관장한다'는 구절이 있는데, 정현이 말하기를 '박搏은 마땅히 성 위에다 찢어발기어 놓았다고 할 때의 박膊이 되어야 하니 글자가 틀린 것이다. 박膊은 옷을 벗기어 시체를 찢고 가르는 것'이라고 하였다. 『방언』에 '박膊은 햇볕을 쪼이다(포暴)의 뜻'이라고 하였다"라고 되어 있다. 송옥의 「고당부」에 "이에 물고기와 자

---

79 『春秋左傳』 成公 二年: "弗聽, 殺而膊諸城上. 齊侯親鼓, 士陵城, 三日, 取龍, 遂南侵及巢丘."

80 바로 아래의 주해에서 알 수 있듯이, 孔穎達의 『春秋正義』에는 이 구절의 끝에 '之'가 붙어 있다.

81 『春秋左傳正義』: "『周禮·掌戮』: '掌斬殺賊諜而博之.' 鄭玄云, '博當爲膊諸城上之膊, 字之誤也. 膊謂去衣磔之.' 『方言』云, '膊, 曝也'."

82 『文選·賦癸·高唐賦』: "於是水蟲盡暴, 乘渚之陽, 黿鼉鱣鮪, 交織縱橫."

83 이 항목은 戴震이 『광아』의 두 항목, 즉, 『廣雅·釋詁』: "焁·燥·熯·焅·晞·焣·㷰·炕·暵·㷂·㷡·鑠·燉·焇·焚·殆·燔·濾·㷭·焙·炰·乾也"라는 항목과 『廣雅·釋詁』: "㬥·膊·昲·炕·煬·烮·晒·暩·曬, 曝也"이라는 두 항목을 섞어서 인용하고 있는 것으로 보인다.

84 『說文解字』 肉部: "薄, 脯膊之屋上. 從肉尃聲. 匹各切."

85 『釋名·釋飮食』: "膊, 迫也. 薄椓肉迫著物使燥也."

라들이 모두 물 밖으로 몸을 드러내고, 물가로 올라가 북쪽으로 가네"라는 구절이 있는데, 이선의 「주」에서는 『방언』을 인용하여 "쇄曬는 햇볕을 쪼이다, 말리다(포纍)의 뜻"이라고 하였다. 『광아』에 "희晞·박膊·쇄曬는 햇볕을 쪼이다, 말리다(폭曝)의 뜻"이라고 하였는데, 그 뜻은 여기에서 근거하였다. 폭曝은 바로 포纍다. 『설문해자』에 "박膊은 얇게 포를 떠서 지붕 위에 말리는 것이다"라고 하였으며, 유희의 『석명』에 말하기를 "박膊은 접근해 좁혀 들어가다. 여기서는 열이나 불에 가까이 다가가다(박迫)의 뜻이다. 가볍게 고기를 치고 두드려서 열이나 불에 가까이 하여 물건을 건조시키는 것"이라고 하였다.

역해

① 膊[박] : 사지를 찢어서 널어놓다. 참살하다. 東齊 및 秦의 西鄙지역에서 서로 치고받는 것을 膊이라고 함. 燕의 外郊, 朝鮮洌水之間에서 고기를 (포를 떠서) 말리거나 다른 사람의 은밀한 비밀을 드러내거나 또는 소나 양의 五藏을 벗겨내는 것을 膊이라고 함. 곽박 「주」에 발음은 膊脯의 膊이라고 했는데, 이에 근거한 상고음은 [*phak]이다.

② 曬[쇄] : 햇볕에 쬐어 말리다. 말리다. 오곡류에 대해서는 秦晉之間에서 曬라고 함. 곽박 「주」에 발음은 霜智反이라고 했는데, 이에 근거한 상고음은 [*srjarh]이다.

③ 晞[희] : 햇볕을 쬐다. 햇볕에 말리다. 마르다. 건조하다. 東齊, 北燕, 海岱의 郊外 지역에서는 晞라고 함.

④ 纍[포] : 햇볕에 쬐다. 드러내다. 纍는 膊, 曬, 晞의 풀이어휘.

방언 16

熬①·聚②【卽鬻字也. 創眇反】·煎③·僰④【皮力反】·鞏⑤, 火乾⑥也. 凡以火而乾五穀之類, 自山而東, 齊楚以往謂之熬, 關西隴冀以往謂之僰, 秦晉之間或謂之聚, 凡有汁而乾謂之煎, 東齊謂之鞏【拱手】.

오熬[86]·초聚[87]【이는 바로 초鬻라는 글자다. 음은 창묘반創眇反이다】·전煎[88]·픽僰[89]【음은 피력반皮力反이다】·공鞏[90]은 불로 말리는 것(화건火乾)이라는 뜻이다. 대개 불로써 오곡을 말리는 것을 산으로부터 동쪽 제齊 초楚에 이르는 지역에서는 오熬라고 하고, 관서關西 농기隴冀에 이르는 지역에서는 픽僰이라고 하며, 진秦 진晉에 걸친 지역에서 혹은 초聚라고도 한다. 대개 즙이 있게 말린 것을 전煎이라고 하며, 동제東齊에서는

86 華學誠은 지금 '熬'라고 하면, 양식 등을 물속에 넣고 끓여서 풀과 같은 형태로 만드는 것을 말하지만, 『방언』의 경우는 달여서 말리는 것을 말한다. '熬'가 지칭하는 바는 옛날과 현재에 약간 차이가 있다.

87 戴震이 '聚'는 '鬻'로도 쓰고, 또 '𪎊'라고도 쓴다고 하였는데, 王念孫은 『廣雅疏證』에서 '㷅'와 '𤏶' 등 글자는 다르지만 의미는 같은 글자의 용례들을 언급하였다. 또한 이는 오늘날 일반적으로 乾煎(말려서 볶다)을 炒(볶다)라고 하는 것과 마찬가지라고 지적하였다.

88 王念孫은 『廣雅·釋詁』의 "𪎊, 乾也"라는 구절에 대하여, "곽박의 『방언·주』에서 "聚, 卽鬻字也"라는 대목을 인용하였고, 또 『爾雅·釋草』에 대한 곽박의 「注」에 "豨首可以㷅蠶蛹"이라고 하였으며, 『經典釋文』에서는 『三蒼』의 "㷅, 熬也"라는 구절을 인용하였다. 『衆經音義』 제1권에 "崔寔은 『四民月令』에서 '炒'라고 썼는데, 古文의 奇字로는 𤏶라고 쓴다고 하였다.

89 華學誠은 요사이 '전煎'이라고 하는 것은 식물을 뜨거운 기름에 넣음으로써 물기를 없애고 누렇고 바삭바삭하게 만드는 것이지만, 『방언』에서 '煎'이라고 한 것은 즙과 함께 달여서 물기를 없애는 것이니, '煎(달이다)'의 뜻은 옛날과 현재가 달라졌다고 하였다.

90 華學誠은 '僰'은 또 '煏'이라고도 쓰며, 『玉篇』 火部에 "煏은 火乾(불로 말리는것)이다"고 하였다. 또 장병린의 『新方言·釋器』에 "僰은 逼이라고 발음하기도 하며, 또 焙라고 쓰기도 하는데, 모두 같은 말이다"라고 하였다.

공鞏【음은 공수拱手의 공拱[91]이다】이라고 한다.

방언소증

案『漢書・匈奴傳』: "又轉邊穀米糒."[92] 顏師古「注」云: "糒, 乾飯也." 熬亦作𪎊. 煼亦作鬻, 又作𤎖. 『說文』云: "熬, 乾煎也.[93]", "鬻, 熬也.[94]" 『廣雅』: "𪎊・煎・𤎖・𤍽・㷀, 乾也.[95]" 曹憲『音釋』'㷀', '穹'之去聲, 應卽鞏聲微轉耳. 「注」內'拱手'當作'音拱手之拱.'

『한서・흉노전』에 "또 오곡과 쌀로 만든 말린 밥을 변방으로 옮겼다"는 말이 있는데, 안사고의 「주」에 말하기를 "비糒는 말린 밥"이라고 하였다. 오熬는 또 오𪎊라고도 쓴다. 초煼 역시 초鬻라고도 쓴다, 또는 초𤎖라고도 쓴다. 『설문해자』에 말하기를 "오熬는 말려서 달이는 것(건전乾煎)이라는 뜻이다", "초鬻는 볶다(오熬)의 뜻이다"라고 하였다. 『광아』에 "오𪎊・전煎・초𤎖・픽𤍽・궁㷀은 말리다(건乾)의 뜻이다"라고 하였다. 조헌의 『광아음석』에 '궁㷀'은 '궁穹'의 거성去聲으로, 바로 공성鞏聲의 미전微轉일 뿐이라고 하였다. 곽박의 「주」에 '공수拱手'라고 되어 있는 것은 마땅히 '음은 공수拱手의 공拱이다'라고 해야 한다.

---

91 『方言疏證』의 내용에 따라 이와 같이 풀이하였다.

92 『漢書・匈奴傳』: "詔忠等留衛單於, 助誅不服, 又轉邊穀米糒, 前後三萬四千斛, 給贍其食."

93 『說文解字』 火部: "熬, 乾煎也. 從火敖聲. 五牢切. 𪎊, 獒或從麥."

94 『說文解字』 䰜部: "鬻, 獒也. 從䰜芻聲."

95 『廣雅・釋詁』: "羙・燥・熯・熁・晞・焣・㷀・炕・暵・㮀・㸈・鏁・爔・焇・焚・殆・燔・濾・㷋・㷀・切, 乾也."

역해

① 熬[오] : 볶다. 볶은 곡물. 뭉근한 불로 오래 삶거나 끓이다. 고다. 불로 오곡류를 말리는 것을 산으로부터 동쪽 제齊초楚 지역에서는 熬라고 함.

② 聚[초] : 炒(볶다)와 같음. 鬻와 같은 자. 秦晉之間에서는 聚라고 함. 곽박 「주」에 발음은 創眇反이라고 했는데, 이에 근거한 상고음은 [*tshrjiagwx]이다.

③ 煎[전] : 달이다. 끓이다. 볶다. 지지다.

④ 憊[픽] : 불에 말리다. 불에 고기를 말리다. 煏과 같음. 關西 지역 隴冀에서는 憊이라고 함. 곽박 「주」에 발음은 皮力反이라고 했는데, 이에 근거한 상고음은 [*bjək]이다.

⑤ 鞏[공] : 불에 말리다. 대개 즙이 있게 말린 것을 煎이라고 하는데, 東齊에서는 鞏이라고 함. 곽박 「주」에 발음은 拱手의 拱이라고 했는데, 이에 근거한 상고음은 [*kjuŋx]이다.

⑥ 火乾[화건] : 불로 말리다. 불에 말리다. 火乾은 熬, 聚, 煎, 憊, 鞏의 풀이어휘.

방언 17

胹①【而】・飪②【荏】・亨③・爛④・糦⑤【熾】・酋⑥【囚】・酷⑦, 熟⑧也. 自關而西秦晉之郊曰胹, 徐揚之間曰飪, 嵩嶽以南陳穎之間曰亨. 自河以北趙魏之間火熟曰爛, 氣熟曰糦, 久熟曰酋, 穀熟曰酷. 熟, 其通語也.

이胹[96]【음은 이而다】・임飪[97]【음은 임荏이다】・형亨[98]・란爛[99]・치糦[100]【음은 치熾다】・추酋[101]【음은 수囚다】・혹酷[102]은 익히다(숙熟)의 뜻이다. 함곡관으로부터 서쪽 진秦 진晉의 교외에서는 이胹라고 하고, 서주徐州와 양주揚州에 걸친 지역에서는 임飪이라고 하며, 숭산嵩山 이남의 진陳 영潁에 걸친 지역에서는 형亨이라고 한다. 황하로부터 이북 지역 조趙 위魏에 걸친 지역에서는 불로 익히는 것을 란爛이라고 하고, 증기로 익히는 것을 치糦라고 하며, 오래 익힌 것을 추酋라고 하고, 곡식이 익은 것을 혹酷이라고 한다. 숙熟(익다)은 이런 말들의 통어다.

96 『廣雅疏證』에서 王念孫은 『廣雅·釋詁』의 "胹는 熟(익히다)"이라는 구절에 대하여 설명하면서, '胹'와 '臑'와 '濡'는 서로 통한다고 하였다. 또 『설문해자』에서 "𣢾는 둥글게 생긴 것을 익힌 것이다(丸之熟)"라고 하였으니, 그 의미는 '胹'와 서로 가깝다고 하였다.

97 『廣雅疏證』에서 王念孫은 『廣雅·釋詁』의 "飪은 熟(익히다)이다"라는 구절에 대하여 설명하면서, 『說文解字』에서 '飪은 완전히 익히는 것이다(大熟)'라고 하였고, 古文에서는 '肝'이라고도 쓰고 또 '恁'이라고도 썼다고 하였다. 또 『爾雅』에 "饙과 餾는 稔"이라고 하였으니, 글자는 다르지만 뜻은 같은 것이라고 하였다.

98 丁惟汾의 『方言音釋』에 "'亨'의 옛 발음은 '滂'이며, 羹湯(국 종류)이 펄펄 끓는 소리를 나타낸다. 羹湯이 끓기 시작하면 亨亨然하게 소리가 나므로, 익는 것을 亨이라고 한 것이다"라고 하였는데, 華學誠은 丁惟汾의 설명이 온전히 잘 설명했다고 하였다.

99 華學誠은 『說文解字』火部에 "爛은 孰(익다)이다. 火를 부수로 하고 蘭의 발음을 따랐다. 燗은 閒을 부수로 하기도 한다"고 하였으며, 隸省에서 '爛'이라고 쓴 것이라 하였다.

100 『廣雅疏證』에서 王念孫은 『廣雅·釋詁』의 "饎는 熟(익히다)이다"라는 구절에 대하여 설명하면서, "『爾雅』의 「釋訓」과 「釋文」에서 『字林』의 '饎는 熟食(음식을 익히는 것)이다'라는 구절을 인용하였으며, '饎'와 䭣와 糦는 모두 같다"고 하였다.

101 『廣雅疏證』에서 王念孫은 『廣雅·釋詁』의 "酋는 熟(익히다)"이라는 구절에 대하여 설명하면서, "『說文解字』에서 '秋는 곡식이 익는 것(穀熟)이다'라고 하였으니, '추秋'와 '추酋'는 서로 통한다"고 하였다.

102 『廣雅疏證』에서 王念孫은 『廣雅·釋詁』의 "秙은 熟(익히다)"이라는 구절에 대하여 "『옥편』에 '秙은 벼가 잘 익는 것(禾大熟)이다'라고 하였으며, '秙'은 '酷'과 서로 통한다"고 하였다.

案'亨·爛·糦·酷·熟'亦作'亯·爤·饎·稓·䰞'. 『廣雅』: "爤·亯·胹·飪·饎·稓·酋, 䰞也.[103]" 義本此. 『春秋』宣公二年『左傳』: "宰夫胹熊蹯不熟."[104] 『釋文』: "胹, 煑也." '胹'亦作'臑.' 枚乘「七發」: "熊蹯之臑"[105] 李善「注」引『方言』: "臑, 熟也. 音而." 『論語』: "失飪不食."[106] 孔安國「注」云: "失飪, 失生熟之節也." 「禮運」: "以炮以燔以亨以炙."[107] 鄭「注」云: "亨, 煑之鑊也." 『周禮』"饎人", 鄭「注」云: "主炊官也. 故書'饎'作'饌'." 「士虞」: "饎爨在東壁."[108] 「注」云: "炊黍稷曰饎." 「月令」: "乃命大酋."[109] 「注」云: "酒熟曰酋." 「鄭語」: "毒之酋腊者, 其殺也滋速."[110] 韋昭「注」云: "精熟曰酋." 『說文』云: "胹, 爤也.[111]", "飪, 大䰞也.[112]", "爤, 䰞也.[113]", "䰞, 食飪也.[114]" 『玉篇』云: "稓, 禾大孰.[115]" 『廣韻』引『方言』: "饎, 熟食也."[116]

'형亨·란爛·치糦·혹酷·숙熟'은 '향亯·란爤·치饎·곡稓·숙䰞'이라고도 쓴다. 『광아』에 "란爤·향亯·이胹·임飪·치饎·곡稓·추酋는 익히다(숙䰞)의 뜻이다."라고 하였으니, 그 의미는 여기에 근거하였다.

103 『廣雅·釋詁』: "爢·爤·鬻·胹·飪·饎·稓·酋·羞·礪·䭕, 䰞也."
104 『春秋左傳』宣公 二年: "宰夫胹熊蹯不熟, 殺之, 寘諸畚, 使婦人載以過朝."
105 『文選·七上·七發』: "熊蹯之臑, 勺藥之醬."
106 『論語·鄕黨』: "失飪不食, 不時不食."
107 『禮記·禮運』: "以炮以燔, 以亨以炙, 以爲醴酪, 治其麻絲以爲布帛."
108 『儀禮·士虞禮』: "饎爨在東壁."
109 『禮記·月令』: "仲冬之月, 乃命大酋, 秫稻必齊."
110 『國語·鄭語』: "毒之酋臘者, 其殺也滋速."
111 『說文解字』肉部: "胹, 爛也. 從肉而聲. 如之切."
112 『說文解字』食部: "飪, 大孰也. 從食壬聲."
113 『說文解字』火部: "爤, 孰也。從火蘭聲."
114 『說文解字』丮部: "䰞, 食飪也. 從丮𦎫聲. 『易』曰: 孰飪."
115 『玉篇』禾部: "稓, 口篤切. 禾大熟."
116 『廣韻』去聲: "饎, 『方言』云: 熟食也. 『說文』云: 酒食也."

『춘추』 선공 2년 『좌전』에 "요리사가 곰 발바닥을 삶았으나 제대로 익지 않았다"는 말이 있다. 『경전석문』에 "이胹는 삶다(자煑)의 뜻"이라고 하였다. '이胹'는 또 '노臑'라고도 쓴다. 매승의 「칠발」에 "곰 발바닥을 삶은 것"이라는 구절이 있는데, 이선의 「주」에서는 『방언』을 인용하여 "노臑는 익히다(숙熟)의 뜻이다. 발음은 이而"라고 하였다. 『논어』에 "제대로 익히지 않은 것은 먹지 않는다"는 말이 있는데, 공안국의 「주」에 말하기를, "실임失飪이란 날 것과 익히는 것의 절차를 잃는 것"이라고 하였다. 『예기·예운』에 "통째로 굽고 불에 태우고 불로 익히고 불로 굽는다"는 구절에 대하여, 정현의 「주」에 말하기를, "형亨은 가마에 넣고 익히는 것"이라고 하였다. 『주례』의 "치인"에 대하여 정현의 「주」에 말하기를, "밥 짓는 것을 주관하는 관직이다. 그러므로 '치饎'를 '치𩟄'라고도 쓴다"고 하였다. 『의례·사우』에 "동벽에서 불을 때서 밥을 익힌다"는 구절이 있는데, 「주」에서 말하기를 "불을 때어 기장을 익히는 것을 치饎라고 한다"고 하였다. 『예기·월령』에 "이에 푹 익히도록 명하였다"는 구절이 있는데, 「주」에서 말하기를 "술을 익히는 것을 추酋라고 한다"고 하였다. 『국어·정어』에 "오래 담가 독성이 강한 독주는 살인하는 것도 빠릅니다"라는 말이 있는데, 위소의 「주」에 말하기를, "쌀을 오래 익힌 것이 추酋다"라고 하였다. 『설문해자』에 말하기를, "이胹는 익히다(란爤)의 뜻"이라고 하였으며, 또 "임飪은 크게 익다(大䭪)의 뜻이다", "란爤은 익다(䭪)의 뜻이다", "숙䭪은 음식을 익힌 것(食飪)"이라고 하였다. 『옥편』에 말하기를, "고秙는 벼가 잘 익은 것(禾大孰)"이라고 하였고 『광운』에서는 『방언』을 인용하여 "희饎는 익힌 음식(熟食)"이라고 하였다.

역해

① 胹[이] : 삶다. 푹 익히다. 함곡관으로부터 서쪽 西秦晉之郊에서는 胹라고 함. 곽박 「주」에 발음은 而라고 했는데, 이에 근거한 상고음은 [*njəg]다.

② 飪[임] : 익히다. 徐揚之間에서는 飪이라고 함. 곽박 「주」에 발음은 荏이라고 했는데, 이에 근거한 상고음은 [*njəmx]이다.

③ 亨[팽] : 烹과 같음. 또 煮와 같음. 嵩嶽 남쪽 陳潁之間에서는 亨이라고 함.

④ 爛[란] : 불로 익히다. 삶다. 음식물이나 과실이 너무 익어서 무르다. 황하 이북 趙魏之間에서는 불로 익히는 것을 爛이라고 함.

⑤ 糦[치] : 찌다. 익히다. 황하 이북 趙魏之間에서는 증기로 익히는 것을 糦라고 함. 곽박 「주」에 발음은 熾라고 했는데, 이에 근거한 상고음은 [*thjəgh]이다.

⑥ 酋[추] : 푹 익다. 잘 익다. 황하 이북 趙魏之間에서는 오래 익히는 것을 酋라고 함. 곽박 「주」에 발음은 囚라고 했는데, 이에 근거한 상고음은 [*rjəgw]이다.

⑦ 酷[혹] : 곡식이 여물다. 황하 이북 趙魏之間에서는 곡식이 익은 것을 酷라고 함.

⑧ 熟[숙] : 음식물을 익히다. 과일, 곡식 따위가 익다. 熟은 胹, 飪, 亨, 爛, 糦, 酋, 酷의 풀이어휘. 熟은 通語.

방언 18

嫛[117]盈①【嫛, 上已音】, 怒②也. 燕之外郊朝鮮洌水之間, 凡言呵叱者, 謂之嫛盈.

규영嫢盈【규嫢는 위에 이미 음이 있다】은 노하다, 화내다(노怒)의 뜻이다. 연燕의 외곽 지역, 조선朝鮮 열수冽水에 걸친 지역에서는 꾸짖는 것을 규영嫢盈이라고 한다.

방언소증

案'嫢'各本訛作'魏.' 「注」云: "魏, 上已音." 書内趙魏之'魏'甚多, 本無庸音, 惟前卷二'嫢'訛作'魏',[118] 下云'羌箠反', 可證'魏'卽'嫢'之訛. 『玉篇』云: "嫢, 盛貌.[119]" 則'嫢盈'爲盛氣呵叱, 如'馮'之訓滿·訓怒, 郭璞言"馮, 恚盛貌"是也. 『廣雅』: "䙣盈, 怒也.[120]" 曹憲『音釋』: '䙣', 於危反. 據『說文』: "䙣, 好視也.[121]" 曹憲不察, 『廣雅』之'䙣'乃'嫢'之訛, 殊失之.

'규嫢'를 여러 판본에서 '위魏'라고 잘못 썼으며, 「주」에서 "위魏는 앞에 이미 음이 있다"고 하였다. 본서 안에서 조위趙魏라고 할 때의 '위魏'라는 글자가 나온 경우는 매우 많지만, 본래 음을 표시할 필요가 없었다. 오직 앞의 제2권에서 '규嫢'를 '위魏'라고 잘못 썼을 때[122] 그 아래에서 말하기를, "강추반羌箠反"이라고 하였으니, '위魏'는 '규嫢'를

117 『四部叢刊』本에는 '魏'로 되어 있는데, 戴震이 '嫢'로 고쳤다. 華學誠은 戴震의 의견에 동의하면서 『방언』 제2권의 6번 조항을 참조하라고 지적하였다. 아울러 그는 嫢盈의 문헌적 용례는 알 수 없다고 하였다.

118 『方言』 제2권의 6번 항목을 참조할 것.

119 『玉篇』 女部: "嫢, 衢癸、娶惟二切. 盛皃. 『說文』云: 媞也. 秦晉謂細腰曰嫢."

120 『廣雅·釋詁』: "馮·齡·苛·嫳·嫢·盈·戲·憚·忿·慍·謓·怖·漢·赫·類·悖·恚·侯·啜·怟·訮·訶·虩·噉·諸·訧·詶·喤·喤·譴·讀, 怒也."

121 『說文解字』 見部: "䙣, 好視也. 從見委聲. 於爲切."

122 『方言』 제2권의 6번 항목을 참조할 것.

잘못 쓴 것임을 증명할 수 있다. 『옥편』에 말하기를 "규嫢는 성한 모습"이라고 하였으니, '규영嫢盈'이란 성한 기운으로 꾸짖는 것이며, 마치 '풍馮'을 만滿(가득하다)이라고 풀이하고, 노怒(화내다)라고 풀이하는 것과 같다. 곽박이 "풍馮은 화가 잔뜩 난 모습"이라고 말한 것이 이것이다. 『광아』에 "위영䁈盈은 화내다(노怒)의 뜻"이라고 하였다. 조헌의 『광아음석』에 '위䁈'의 음은 어위반於危反이라고 하였으며, 『설문해자』의 "위䁈는 잘 살펴보는 것(好視)"이라는 풀이에 의거하였다. 조헌은 『광아』의 '위䁈'는 바로 '규嫢'의 오류라는 사실을 살피지 않았으므로, 유독 그것을 틀린 것이다.

역해

① 嫢盈[규영] : 성내다. 꾸짖다. 燕의 外郊 朝鮮洌水之間에서는 꾸짖는 것을 嫢盈이라고 함.
② 怒[노] : 분개하다. 분노하다. 화내다. 怒는 嫢盈의 풀이어휘.

방언 19

䟫瞀①【音務】・隑企②【欺豉反】, 立③也. 東齊海岱北燕之郊跪謂之䟫瞀【今東郡人亦呼長跽爲䟫瞀】, 委痿謂之隑企【腳躄不能行也[123]】.

장무䟫瞀[124]【음은 무務다】・애기隑企[125]【음은 기시반欺豉反이다】는 서다(입立)

[123] 周祖謨의 『方言校箋』에서 "『原本玉篇』에서는 '不能行'이 '不能行者'로 되어 있다"고 하였다.
[124] 『說文解字』의 '跪'에 대해 段玉裁의 「注」에, "跪와 拜는 두 가지 다른 일이니,

의 뜻이다. 동제東齊 해대海岱 북연北燕의 교외에서는 꿇어앉다(궤跪)를 장무䠆䟹【오늘날 동군東郡 사람들도 오래 꿇어앉다(長跽)를 장무䠆䟹라고 한다】라고 하고, 마비되어 저린 것(위위委痿)을 기기隑企【다리를 절뚝거리며 걷지 못하는 것이다】라고 한다.

방언소증

案『廣雅』: "䠆䟹・跪, 拜也.[126]", "隑企, 立也." 曹憲『音釋』云: "企卽古文企字." 『玉篇』云: "東郡謂跪曰䠆. 䠆, 䟹, 拜也.[127]", "隑, 企立也. 不能行也.[128]" 皆本此. '拜''拜'同.

『광아』에 "장무䠆䟹・궤跪는 절하다(배拜, 배拜의 고자古字)의 뜻"이라고 하였고 "애기隑企는 세우다(립立)의 뜻"이라고 하였다. 조헌의 『광아음

한 가지라고 여기면 안 된다"고 하였다. 또 '跽'에 대하여 주해하면서 "拜에 연결되어 있는 것은 跪이고, 연결되어 있지 않은 것은 跽다"라고 하여, 이 둘을 구분하였는데, 華學誠은 단옥재의 설명이 매우 정확하다고 하였다. 華學誠은 '䠆䟹'는 바로 '長跽'라고 하며, 두 무릎을 땅에 대고 상반신을 곧게 펴는 것이며, '拜'는 머리를 손에 대는 것이고, '跪'는 두 무릎을 땅에 대고서 절하는 것을 말한다고 하였다. 『방언』에서 '立'을 풀이하면서 무릎을 굽히고 몸을 세우는 것이라고 하였다. 그 아래 문장에서 "東齊 海岱 北燕의 교외에서는 跪(꿇어앉다)를 䠆䟹라고 한다"고 말한 것은 '跪'로서 통틀어 말한 것이지만 사실 무릎을 굽히고 몸을 펴는 것이 바로 '長跽'이니, 곽박의 주해가 정확하다.

125 華學誠이 말하기를, '隑企'는 다리에 문제가 있어서 걷거나 서지 못하는 모습이다. 곽박의 「注」에 "다리를 절뚝거리며 걷지 못하는 것"이라고 말한 것이 옳다. 章炳麟의 『新方言・釋言』에서 "오늘날 福州와 廣州에서는 서 있는 것을 企라고 한다"고 하였다.

126 『廣雅・釋詁』: "䠆䟹, 跪拜也."

127 『玉篇』 足部: "䠆, 仗良切. 東郡謂跪曰䠆. 䠆, 䟹拜也."

128 『玉篇』 阜部: "隑, 巨慨切. 又五哀切. 梯也. 企立也. 不能行也."

석』에 "기𧺝는 곧 기企의 옛 글자다"라고 하였다. 『옥편』에 말하기를, "동군東郡에서는 무릎 꿇다(궤跪)를 장踜이라고 한다. 장踜과 무䠟는 모두 절하다(배拜)의 뜻"이라고 하였으며, 또 "기䟸는 발돋움하여 서다(기립企立), 걸을 수 없다는 뜻"이라고 한 것은 모두 여기에서 근거하였다. '배捧'는 '배拜'와 같다.

역해

① 踜䠟[장무] : 무릎을 꿇고 몸을 꼿꼿이 세우다. 東齊海岱, 北燕의 郊外 지역에서는 꿇어앉다(跪)를 踜䠟라고 함. 곽박 「주」에 䠟의 발음은 務라고 했는데, 이에 근거한 상고음은 [*mjugh]이다.(참조 : 곽박 당시 東郡人도 長跽를 踜䠟이라 했다고 함)

② 䟸企[애기] : 다리를 절뚝거리다. 東齊海岱, 北燕의 郊外 지역에서는 마비되어 저린 것(委痿)을 䟸企라고 함. 곽박 「주」에 企의 발음은 欺豉反이라고 했으며, 이에 근거한 상고음은 [*khjigh]이다.

③ 立[립] : 서다. 세우다. 멈추다. 정지하다. 立은 踜䠟, 䟸企의 풀이어휘.

방언 20

瀧涿①謂之霑漬②【瀧涿猶瀨滯也. 音籠】.

이슬에 축축이 젖은 모양(농탁瀧涿)[129]을 점지霑漬[130]라고 한다.【농탁瀧

---

129 王念孫은 『廣雅疏證』에서 『說文解字』에 "瀧, 雨瀧瀧也"라는 구절과 "涿, 流下滴也"라는 구절, 그리고 『廣韻』의 "瀧涑, 霑漬也"을 들었으며, 『論衡・自紀篇』의 "筆瀧漉而雨集, 言溶瀉而泉出", 그리고 『荀子・議兵篇』의 "案角鹿埵隴

涿은 뇌체瀨滯[131]와 같다. 음은 농籠이다】

방언소증

案『玉篇』引『方言』: "瀧涿謂之沾漬.[132]" '沾''霑'通, '漬'同'潰'. 『廣雅』: "瀧涿·露·霑·濡, 潰也.[133]" 不以'霑''潰'連讀.

『옥편』에서는 『방언』의 "이슬에 축축이 젖은 모양(농탁瀧涿)을 첨지沾漬라고 한다"라는 구절을 인용하였다. '첨沾'과 '점霑'은 통하며, '지漬'는 '지潰'와 같다. 『광아』에 "농탁瀧涿·로露·점霑·유濡는 담그다, 적시다, 스미다(지潰)의 뜻"이라고 하였으니, '점霑'과 '지潰'를 연독連讀하지 않은 것이다.

種東籠而退耳"라는 구절에 대해 楊倞이 "東籠과 涷瀧은 같으며, 霑濕貌(축축하게 젖은 모습)다"라고 했던 구절 등을 통틀어 결론적으로 말하기를, '瀧涿', '瀧滯', '瀧涷', '鹿埵', '隴種', '東籠' 등은 모두 語之轉이라고 하였다.

130 華學誠은 '霑'은 '沾'과 같고, '지潰'는 '지漬'와 같으며, '霑漬'는 동의복합사라고 하였다.

131 周祖謨의 『方言校箋』에 '瀨滯'는 바로 '潓渧'로서, 어의가 서로 같다고 하였다. '瀨'와 '潓'는 쌍성이니, '滯'는 마땅히 '渧'로 읽어야 한다고 하니, 이는 마치 '花蔕'가 '花蒂'인 것이나 '審諦'가 '審諦'인 것과 같다고 하였다. 華學誠은 周祖謨의 교감이 옳다고 하였다.

132 『玉篇』 水部: "瀧, 力弓、力公二反. 『方言』: "瀧涿謂之沾漬."郭璞曰: "瀧涿猶瀨滯也." 『說文解字』: "雨瀧瀧也." 『廣雅』: "瀧, 漬也."

133 『廣雅·釋詁』: "瀧涿·露·霑·濡·瀸·溺·淪·氾·瀀·潤·瀸·漸·溓·漚·澆·潭·沃·淙·溢·淋·灌·爨·潤·瀀·渥·浞·潰也."

역해

① 瀧涿[롱탁] : 이슬이 축축이 젖은 모양. 곽박 「주」에 瀧의 발음은 籠이라고 했는데, 이에 근거한 상고음은 [*luŋ]이다.
② 霑漬[점지] : 더럽히다.

방언 21

希① · 鑠②, 摩③也. 燕齊摩鋁④謂之希.【鋁, 音慮】

희希[134] · 삭鑠[135]은 갈다(마摩)의 뜻이다. 연燕 제齊에서는 갈다(마려摩鋁)를 희希라고 한다.【려鋁의 음은 려慮다】

방언소증

案'摩鋁'亦作'磨鑢.' 『廣雅』: "希, 鑠, 鑢, 磨也.[136]" 義本此.

---

134 華學誠은 揚雄 자신이 希를 摩(갈다)라고 풀이하였으며, 또 摩鋁라고도 풀이하였음을 지적하였다. 또한 '摩'와 '磨'는 서로 통한다고 하였다. 錢繹은 『方言箋疏』에서 "『楚辭 · 九思』의 '塵莫莫兮未晞'라는 구절에 대하여 王逸의 「注」에 '晞는 消(사라지다)다'라고 말했다. '晞'와 '希'는 서로 통한다. '消'도 역시 '磨(갈다)'라는 뜻이다"라고 하였다.

135 王念孫은 戴震이 인용한 『廣雅 · 釋詁』의 문장에 대하여, 『廣雅疏證』에서 『周禮 · 考工記』의 '爍金以爲刃', 즉 쇠를 갈아 칼날을 만든다는 말을 인용하면서 '爍'과 '鑠'은 같다고 하였다.

136 『廣雅 · 釋詁』: "礱 · 礪 · 希 · 鑠 · 麬 · 麰 · 剴 · 扢 · 差 · 犂 · 鐥 · 鑢 · 揩 · 揮 · 硐 · 攦 · 鋈 · 磃 · 㧙 · 砥 · 磋, 磨也."

'마려摩鋁'를 또 '마려磨鑢'라고도 쓴다. 『광아』에 "희希 · 삭鑠 · 려鑢는 갈다(마磨)의 뜻"이라고 하였는데, 그 의미는 여기에서 근거하였다.

역해

① 希[희] : 물체가 서로 마찰하다.(참조 : 『방언』 권3) 燕齊에서는 갈다(摩鋁)를 希라고 함.

② 鑠[삭] : 갈다.

③ 摩[마] : 갈다. 摩는 希, 鑠의 풀이어휘.

④ 磨鋁[마려] : 갈다. 곽박 「주」에 鋁의 발음은 慮라고 했는데, 이에 근거한 상고음은 [*ljagh]이다.

방언 22

平均①, 賦②也. 燕之北鄙東齊北郊, 凡相賦斂謂之平均.

평균平均[137]은 세금을 매기다(부賦)의 뜻이다. 연燕의 북쪽 교외와 동

137 『廣雅 · 釋詁』에 "平均이란 賦(세금을 매기다)다"라는 구절에 대하여 王念孫은 『廣雅疏證』에서 다음과 같이 주해하였다. "『사기 · 평준서』에 말하기를, '桑弘羊은 여러 관청에서 각자 물자를 경쟁적으로 매매하기 때문에 물가가 등귀하고, 또 전국에서 조세를 운송하는데 어떤 경우는 그 운송비가 租稅보다 더 높다고 생각하여 다음과 같이 청하였다. 大農 部丞 수십 인을 부部를 나누어 郡國을 주관하게 하며 각각 縣에 가서 均輸官 · 鹽鐵官을 두어 먼 지방의 지방관으로 하여금 그 물가가 비쌀 때 상인들이 轉賣한 물자를 조세로 삼게 하여 (均輸官이 통일적으로 구매하여) 각지 화물을 상호 교류시키십시오. 京師에는 平準官을 두어 천하 각지에서 委輸해온 물자를 받아들이십시오. 또 工官을 소집하여 수레와 각종 운수기구를 제조하게 하는데 모든 비용은 大農에 의존하여 공급하십시오. 대농의 여러 관원은 천하의 물자를 모

제東齊의 북쪽 교외에서는 세금을 매기고 거두는 것을 평균平均이라고 한다.

방언소증

案『廣雅』: "平均, 賦也.[138]" 本此. 『爾雅 · 釋言』: "賦, 量也.[139]" 郭「注」云: "賦稅所以評量." 「疏」全引『方言』此條, 作"評均, 賦也." 下仍作'平均'. '評'皆'平'之訛. 史游『急就篇』: "遠取財物主平均."[140] 顏師古「注」云: "價有貴賤, 又當有轉送費用, 不欲勞擾, 故立平準均輸之官."

『광아』에 "평균平均이란 세금을 매기다(부賦)의 뜻"이라고 하였으니, 이는 여기에서 근거하였다. 『이아 · 석언』에 "부賦는 세금을 매기다(량量)의 뜻"이라고 하였으며, 곽박의 「주」에, "부세賦稅는 평량評量(세금을 매기다)의 뜻"이라고 하였다. 「소」는 『방언』의 이 조항을 전부 다 인용하였다. 다만, "평균評均이란 부賦(세금을 매기다)다"라고 한 다음, 그 아래에는 여전히 '평균平均'이라고 쓰고 있는데, '평評'은 모두 '평平'을 잘못 쓴 것이다. 사유의 『급취편』에 "널리 재물을 취하는 것은 균등하게 함을 위주로 하는 것"이라고 하였다. 『급취편』의 이 구절에 대한 안사고의 「주」에 말하기를, "물건의 가치에는 귀한 것과 천한 것이 있다. 또 마땅히 각 지방으로부터 전송해오는 비용이 있는데 거기에

두 총괄하여 값이 오르면 팔고 값이 떨어지면 사들이십시오. 이와 같이 하면 富商과 大賈들은 큰 이득을 취할 수 없게 되고 (물가는) 본래대로 돌아가게 되어 만물은 등귀하지 않게 될 것입니다. 그러므로 이처럼 天下의 물가를 억제하는 것을 이름하여 平準이라 합니다"라고 하였다. 華學誠은 여기에서 말하는 平均은 모두 賦(세금 매기다)라고 하였다.

138 『廣雅 · 釋言』: "平均, 賦也."

139 『爾雅 · 釋言』: "賦, 量也."

140 『急就篇』: "遠取財物主平均, 皋陶造獄法律存."

크게 힘을 들이지 않고자 한다. 그리하여 평준과 균수를 담당하는 관직을 세운 것"이라고 하였다.

역해

① 平均[평균] : 세금을 매기다. 燕의 北鄙, 東齊의 北郊에서는 무릇 세금을 매기고 거두는 것을 平均이라고 함.
② 賦[부] : 거두다. 징수하다. 토지세, 부세賦稅의 총칭. 賦는 平均의 풀이어휘.

방언 23

羅①謂之離②, 離謂之羅【皆行列物也】.

진열하다, 늘어놓다(라羅)를 리離[141]라고 하고, 벌여 놓다, 진열하다(리離)를 라羅[142]라고 한다.【모두 물건을 나란히 늘어놓는 것이다】

---

141 錢繹은 『方言箋疏』에서 離와 羅는 一聲之轉이라고 하였다. 華學誠은 『史記・老子韓非列傳』에도 '離辭'라는 단어가 나오고("畏累虛・亢桑子之屬, 皆空語無事實. 然善屬書離辭, 指事類情"), 王念孫의 『讀書雜志』에서도 枚乘의 「七發」에 같은 단어가 나온다는 사실을 지적했는데(比物屬事, 離辭連類), 이때의 '離辭'는 말을 늘어놓는다는 의미라고 지적했다.

142 錢繹은 『方言箋疏』에서 『廣雅』에 "羅는 列(벌여 놓다)이다"라는 구절이 있고, 왕일이 『초사・초혼』의 에 "덮개를 내려놓고 기다리는 침대차, 걷는 이들과 말을 탄 이들이 숱하게 줄지어 있다(軒輬既低, 步騎羅些)"라는 구절에 대하여 "羅는 列(벌여 놓다)이다"라고 주해하였고, 또 「구가」의 "가을 난초와 궁궁이, 제당 아래에 가득히 자라나네(秋蘭兮麋蕪, 羅生兮堂下)"라는 구절에 대하여 "여러 향기로운 풀들이 제당 아래를 빙 둘러서 죽 늘어서 자라나고 있음을 말한다(言衆香之草, 環其堂下, 羅列而生)"고 하였다.

방언소증

案『春秋』昭公元年『左傳』: "設服離衛."[143] 杜預「注」云 : "二人執戈陳於前, 以自衛. 離, 陳也." 與此「注」'行列物'之義正合.

『춘추』 소공 원년 『좌전』에 "복장을 잘 차려입고 나갔으며 두 사람이 호위하였다"는 말이 있다는데, 두예의 「주」에 "두 사람이 창을 들고서 앞에 늘어섬으로써 자신을 호위한다. 리離는 늘어서다(진陳)의 뜻"이라고 하였다. 이는 곽박 「주」의 '물건을 나란히 늘어놓다'라는 뜻과 완전히 같다.

역해

① 羅[라] : 진열하다. 열병하다.
② 離[리] : 벌여 놓다. 진열하다.

방언 24

釗① · 超②, 遠③也【釗, 上已音】. 燕之北郊曰釗, 東齊曰超.

소釗[144] · 초超[145]는 멀다(원遠)의 뜻이다.【소釗는 위에서 이미 발음을 달았

143 『春秋左傳』 昭公 元年 : "楚公子圍設服離衛. 叔孫穆子曰 : '楚公子美矣, 君哉!'"

144 華學誠은 '釗'나 '超'가 모두 '遙'의 方言轉語라고 하며 다음과 같이 설명하였다 : 『방언』의 제6권에 "遙는 遠(멀다)이다. 梁과 楚 지역에서는 遙(멀다)라고 한다"는 구절이 있다. '遙'의 고음은 余母宵部인데, '燕의 북쪽 교외' 지역에서 音轉하여 章母宵部가 되어, '釗'라고 적은 것이고, 東齊에서는 음전하여 透母

다[146]] 연燕의 북쪽 교외에서는 소釗라고 하고, 동제東齊에서는 초超라고 한다.

방언소증

案『楚辭・九歌』: "平原忽兮路超遠."[147] 謝靈運「從遊京口北固應詔詩」: "道以神理超."[148] 李善「注」引『方言』: "超, 遠也." 『廣雅』: "釗・超, 遠也.[149]" 『玉篇』[150]・『廣韻』竝云: "釗, 遠也.[151]" 義皆本此.

『초사・구가』에 "평원은 아득하고 길은 끝도 없이 멀어"라는 구절이 있고, 사령운의 「종유경구북고응조시」에는 "도는 신리로써 뛰어나다"라는 구절이 있다. 이선의 「주」에서는 『방언』을 인용하여 "초超는 멀다(원遠)의 뜻"이라고 하였다. 『광아』에 "소釗・초超는 멀다(원遠)의 뜻"이라는 구절이 있다. 『옥편』과 『광운』에서도 모두 "소釗는 멀다(원遠)의 뜻"이라고 하였으니, 그 뜻은 모두 여기에서 근거하였다.

宵部가 되어 '超'라고 기록한 것이다. 釗・超・遙는 서로 문자는 다르지만 같은 말이다. 『廣雅』, 『玉篇』, 『廣韻』에서도 "釗는 遠(멀다)"이라고 하였으니, 모두 『방언』의 이 조항에 근거한 것이나, 문헌적 용례는 자세히 알 수 없다.

145 『廣雅・釋詁』에 "超는 遠(멀다)이다"라는 구절에 있고, 이에 대하여 王念孫은 『廣雅疏證』에서 "超는 迢(멀고 아득함)를 말한다"고 하였다. 華學誠은 迢의 고음이 定母宵部이며, 遙와 음이 가깝고 뜻도 같다고 하였다.

146 '釗'라는 말은 『方言』 제1권 32번 항목에도 나온다. 거기에서 釗의 음은 居遼反이고 勉(권면하다)이라는 의미로 사용되었다.

147 『楚辭・九歌・國殤』: "出不入兮往不反, 平原忽兮路超遠."

148 『文選・詩乙・從遊京口北固應詔』: "事爲名教用, 道以神理超."

149 『廣雅・釋詁』: "邈・逿・迦・離・釗・曠・云・極・遼・遙・迂・敻・超・踰・逴・越・徂・逽・征・遾・高・荒・裔, 遠也."

150 『玉篇』 刀部: "釗, 之姚切. 遠也. 剽也. 周康王名. 又古堯切."

151 『廣韻』 下平聲: "釗, 覿也. 遠也. 亦弩關. 一云, 周康王名. 又作覝."

역해

① 釗[소] : 멀다. 燕의 北郊에서는 釗라고 함.

② 超[초] : 멀다. 아득하다. 東齊에서는 超라고 함.

③ 遠[원] : 멀다. 거리가 멀다. 遠은 釗, 超의 풀이어휘.

방언 25

漢漫[152]① · 賑眩[153]②【賑, 音瞋恚. 眩, 音懸】, 懣③也. 朝鮮洌水之間煩懣④謂之漢漫, 顚眴⑤謂之賑眩.

한만漢漫 · 진현賑眩은 번민하다(만懣)의 뜻이다.【맥脤은 음이 진에瞋恚다. 현眩은 음이 현懸이다】 조선朝鮮 열수洌水에 걸친 지역에서는 번만煩懣(번민하다)을 한만漢漫이라고 하고, 전현顚眴을 진현賑眩이라고 한다.

방언소증

案『廣雅』: "漢㦟, 懣也.[154]" 『玉篇』: "賑眩, 懣也.[155]" 皆本此. 漢㦟

---

152 華學誠은 漢漫의 漫은 慢과 같고, 煩懣은 오늘날 煩悶이라고 하는 것과 같으니, 아마도 漢漫은 煩懣의 方言轉語일 것이라고 하였다. 그러나 문헌적 용례는 상세히 알 수 없다고 덧붙였다.

153 華學誠은 "顚眴을 賑眩이라고 한다"는 아래의 문장을 보면, '顚眴'과 '賑眩'은 같은 말로서, 朝鮮 洌水 지역에서는 '賑眩'이라고 하고, 그 밖의 지역에서는 '顚眴'이라고 하는 것이니 그 차이는 발음이 조금 다를 뿐이라고 하였다. 吳予天의 『方言注商』에 "賑眩은 바로 顚眴의 轉音으로서, 疊韻連語"라고 하였는데, 華學誠은 이 말이 옳다고 보았다.

154 『廣雅 · 釋詁』: "呲頟 · 漢漫 · 憪, 懣也."

卽漫.

『광아』에 "한문漢憫은 번민하다(만懣)의 뜻"이라고 하였고, 『옥편』에 "진현賑眩은 번민하다(만懣)의 뜻"이라고 하였는데, 이는 모두 여기에서 근거하였다. 한민漢憫은 바로 어지럽다(만漫)의 뜻이다.

역해

① 漢漫[한만] : 번민하다. 朝鮮洌水之間에서는 煩懣을 漢漫이라고 함.
② 賑眩[진현] : 번민하다. 朝鮮洌水之間에서는 顚眴을 賑眩이라고 함. 곽박 「주」에 발음은 瞋恚의 瞋, 懸이라고 했는데, 이에 근거한 상고음은 [*thjin], [*gwian]이다.
③ 懣[만] : 번민하다. 분개하다. 懣은 漢漫, 賑眩의 풀이어휘.
④ 煩懣[번만] : 번민하다.
⑤ 顚眴[전현] : 엎어지고 자빠지며 눈이 침침함. 간질.

방언 26

憐職①, 愛②也. 言相愛憐者, 吳越之間謂之憐職.

연직憐職[156]은 아끼다(애愛)의 뜻이다. 서로 아끼고 어여삐 여기는 것

---

155 『玉篇』 目部 : "賑, 之忍切. 賑眩, 懣也."

156 錢繹은 『方言箋疏』에서 "『廣雅』에 '職은 事(일삼다, 전념하다)다'라고 되어 있다고 하며, 서로 사랑하고 아끼는 것을 '憐職'이라고 한다는 말은 사랑하고 아끼는 것을 일 삼아 전념한다는 것이니, 마치 『孟子』에서 말하는 '述職(제후가 조회에 나아가 천자에게 직무의 상황을 아뢰던 일)'이나 『穆天子傳』에

을 오吳 월越에 걸친 지역에서는 연직憐職이라고 한다.

방언소증

案『爾雅』: "職, 主也.[157]" 相愛憐斯仰之爲宗主, 故云憐職.

『이아』에 "직職은 주재하다(주主)의 뜻"이라고 하였다. 서로 아끼고 어여삐 여기면 그를 믿고 따르므로 종주宗主라고 한다. 그래서 연직憐職이라고 한다.

역해

① 憐職[련직] : 서로 사랑하다. 서로 아끼고 어여삐 여기는 것을 吳越之間에서는 憐職이라고 함.

② 愛[애] : 사랑하다. 친애하다. 愛는 憐職의 풀이어휘.

서 말하는 '執職(어떤 직분을 맡아 처리하다)'과 같다"고 하였다. 華學誠은 戴震의 주해 내용이나 錢繹의 설명 모두 정확하지 않다고 지적하면서 다음과 같이 말했다. 아마도 '憐職'은 바로 '憐'이며, '職'은 吳와 越 지역의 말로 '이미 그러하다(已然)'는 어조사, 즉 오늘날의 '哉'에 해당되는 것이리라 생각된다. '職'의 고음은 章母職部이고, '哉'의 고음은 精母之部이니, '憐職'은 '憐哉'와 같을 것이다.

157 『爾雅・釋詁』: "尸・職, 主也."

방언 27

茹①, 食②也. 吳越之間凡貪飮食者謂之茹【今俗呼能麤食者爲茹[158], 音勝如】.

여茹[159]는 먹다(식食)의 뜻이다. 오吳 월越에 걸친 지역에서는 음식을 탐하는 것을 여茹라고 한다.【오늘날 거친 음식도 먹을 수 있는 자를 속칭 여茹라고 하는데, 음은 승여勝如의 여如다[160]】

방언소증

案『廣雅』: "茹, 食也.[161]" 義本此. 『爾雅』: "啜, 茹也.[162]" 『釋文』: "茹, 音汝."[163] 「疏」引『方言』此條, 脱'之間'二字, 「注」內'音勝如', 訛舛不可通.

---

158 '麤'는 명대의 여러 판각본에는 '麄'라고 되어 있고, 華學誠이 저본으로 삼은 『四部叢刊』본과 李孟傳의 판각본에는 '粗'라고 되어 있다.

159 錢繹은 『方言箋疏』에서 "食을 茹라고 한다. 따라서 嚼도 역시 茹라고 한다. 『광아・석언』에 '啀은 茹다'라고 하였는데 啀은 嚼과 같다. 음식을 탐하는 자를 茹라고 하므로 貪도 역시 茹라고 한다. 『광아』에 또 말하기를 '茹는 貪이다'라고 하였다"라고 주해를 달았다. 華學誠은 '茹毛飮血(음식을 생으로 먹고 피를 마시는 그야말로 원시적인 생활을 말함)'이니 '含辛茹苦(온갖 고생을 다 한다는 뜻)'니 하는 성어의 '茹'는 모두 '食(먹다)'을 말하는데, 『방언』으로부터 이것이 옛 吳 越 지역의 말이라는 것을 알게 되었다고 하였다.

160 戴震은 '음은 勝如다'라고 한 대목은 무언가 잘못 되어 알 수가 없다고 했으며, 盧文弨와 錢繹 두 사람도 모두 무언가 잘못된 바가 있을 것이라 의심하였다. 周祖謨 역시 고증이 필요하다고 하였다.

161 『廣雅・釋詁』: "餥・飵・飦・啖・噬・饐・餶・湌・餔・啜・嘗・餉・饔・茹・嘰, 食也."

162 『爾雅・釋言』: "啜, 茹也."

163 『經典釋文(『爾雅音義・釋言』)』: "茹也, 音汝食也."

『광아』에 "여茹는 먹다(식食)의 뜻"이라고 하였으니, 그 뜻은 여기에서 근거하였다. 『이아』에 "철啜은 먹다(여茹)의 뜻"이라고 하였다. 『경전석문』에 "여茹는 음이 여汝다"라고 하였고, 「소」에서 『방언』의 이 조항을 인용하였는데, '지간之間'이라는 두 글자를 빠뜨렸다. 「주」 안의 '음승여音勝如'라고 한 부분은 잘못되어 무슨 뜻인지 모르겠다.

역해

① 茹[여] : 먹다. 삼키다. 말이나 소를 먹이다. 吳越之間에서 음식을 탐하는 것을 茹라고 함. 곽박 「주」에 발음은 勝如의 如라고 했는데, 이에 근거한 상고음은 [*njag]이다.(참조 : 곽박 당시에 거친 음식도 먹을 수 있는 자를 속칭으로 茹라고 함)
② 食[식] : 먹다. 먹이다. 食은 茹의 풀이어휘.

방언 28

竘① · 貌②, 治③也【謂治作也. 竘, 恪垢反】. 吳越飾貌爲竘, 或謂之巧【語楚聲轉耳】.

구竘[164] · 모貌[165]는 다스리다(치治)의 뜻이다.【치治는 작作(만들다)이라는 것

164 『廣雅 · 釋詁』에 "竘는 治(다스리다)다"라는 구절이 있는데, 王念孫은 『광아소증』에서 "『설문해자』에 '竘는 匠(기술자, 무언가를 만들다)이다'라는 구절이 있고, 『小爾雅』에 '匠은 治(다스리다)다'라는 구절이 있다. 또 『회남자 · 인간』편에 '집이 형태를 이루기 시작하니, 기교 있게 잘 하였다(室始成, 竘然善也)'는 구절이 있다"고 하였다. 王念孫이 인용한 구절은 『회남자』의 본문과 조금 차이가 있다. 그 원문은 다음과 같다 "今雖惡 後必善 匠人窮於辭 無

을 말한다. 구姁의 음은 각구반恪垢反이다】 오吳 월越 지역에서는 용모를 꾸미는 것을 구姁라고 하거나, 혹은 교巧라고 한다.【초楚 지역의 성전聲轉이다】

방언소증

案『廣雅』: "姁·貌, 治也.[166]" 又"貌·姁, 巧也.[167]" 義皆本此.

『광아』에 "구姁·모貌는 다스리다(치治)의 뜻"이라고 하였고, 또 "모貌·구姁는 예쁘다, 기교(교巧)의 뜻"이라고 하였는데, 그 의미는 모두 여기에서 근거하였다.

以對 受令而爲室 其始成 姁然善也 而後果敗 此所謂直於辭而不可用者也." 『광아·석고』에는 "姁는 巧(기교 있다)"이라는 구절이 있다. 華學誠은 段玉裁가 『설문해자』의 '姁'라는 글자 아래 『회남자』에서 말하는 '姁'는 '健'의 뜻풀이와 부합되고, 『방언』의 '姁'는 '匠'의 뜻 풀이와 부합된다고 주해하였다고 하면서, '匠'으로 풀이되는 '姁'는 명사이고, '治'로 풀이되거나 '飾貌(용모를 꾸미다)'로 풀이되는 '姁'는 동사나 형용사라고 하였다. 또 華學誠은 발음에 관하여 말하기를, '姁'를 '巧(기교 있다)'라고도 한다는 『방언』의 구절에 대하여 곽박은 "楚 지역의 聲轉을 말한다"고 주해하였는데, 이 말이 옳다고 하였다. '姁'의 발음을 곽박은 '恪垢'라고 하였으니, 옛날에는 溪母侯部에 속했고, '巧'는 『廣雅』에서 '苦絞切'이라고 하였으니, 고음으로는 溪母幽部에 속한다. '姁'와 '巧'는 雙聲이고, 幽侯旁轉인데, 문헌적 용례는 상세히 알 수 없다.

165 『廣雅·釋詁』에 "貌는 治(다스리다)다"라는 구절이 있는데, 王念孫은 『廣雅疏證』에서 "『설문해자』에 '皃는 頌儀(용모, 몸가짐)다'라고 되어 있고, 籀文에서는 이를 貌라고 쓴다. 姁와 貌는 모두 治(다스리다)이다"라고 하였다. 華學誠은 『광아』에서 말한 뜻은 『방언』에 근거한 것이며, 頌儀는 바로 容儀(몸가짐)라고 하였다. 다만 貌가 어떻게 하여 治라고 풀이되는지, 문헌적 용례는 알 수 없다고 지적하였다.

166 『廣雅·釋詁』: "修·敹·略·道·旬·越·抑·薉·撤·撥·對·繕·傳·列·疏·姁·貌·攻·捲·刑·搖·療·亂·理, 湅也."

167 『廣雅·釋詁』: "貌·姁·妖·佞·工·媮, 巧也."

역해

① 竘[구] : 다스리다. 吳越에서 모양을 꾸미는 것을 竘라고 함. 곽박 「주」에 발음은 恪垢反이라고 했는데, 이에 근거한 상고음은 [*khugx]이다.
② 貌[모] : 꾸미다. 치장하다.
③ 治[치] : 다스리다. 용모를 꾸미다. 治는 竘, 貌의 풀이어휘.

방언 29

煦①【州吁[168]】・煆②【呼夏反】, 熱③也, 乾④也【熱則乾燥[169]】. 吳越曰煦煆⑤.

후煦【음은 주우州吁의 우吁다】[170], 하煆【음은 호하반呼夏反】는 덥히다, 열을 가하다(열熱)의 뜻이며, 말리다, 건조시키다(건乾)의 뜻이다.【열을 가하면 즉 건조된다】 오吳 월越 지역에서는 후하煦煆[171]라고 한다.

---

168 『四部叢刊』本에는 '州呼'라고 되어 있는 것을 戴震이 '州吁'로 고쳤다. 周祖謨는 戴震이 바르게 고친 것이라고 하면서 "『廣韻』 虞韻에 '煦'와 '吁'는 같은 음이라고 했으며, '州吁'는 衛나라 공자의 이름으로, 『좌전』 은공 4년에 보인다"고 하였다.

169 『四部叢刊』本에는 '熮'라고 되어 있던 것을 戴震이 '燥'로 고쳤으며, 盧文弨 역시 이같이 고치면서 말하기를 "옛 판본에 '熮'라고 되어 있는데, '燥'의 속자"라고 하였다.

170 周祖謨의 견해에 의거해 이와 같이 번역했다.

171 華學誠은 煦煆란 동의복합사라고 하였다. 『說文解字』 火部에 "煦는 烝(찌다)이다. 혹자는 붉은 모습(赤皃)이라고 하고, 혹자는 따듯하게 젖은 것(溫潤)이라고 한다"고 하였는데, 桂馥은 『說文解字義證』에서 "烝이라는 것은 『방언』에서 '煦는 熱(덥히다)이다'라고 한 것에 해당된다"고 하였다. 華學誠은 한 글자로 말하면 '煦'라고도 하고 '煆'라고도 하는데, 吳 越 지역에서는 이를 합하여 '煦煆'라고 한다고 하였으나, 문헌적 용례는 알 수 없다고 지적하였다.

방언소증

案『廣雅』: "煦・煆, 熱也.[172]" 義本此.

『광아』에 "후煦・하煆는 덥히다(열熱)의 뜻"이라고 하였으니, 그 의미는 여기에서 근거하였다.

역해

① 煦[후] : 따뜻하다. 따뜻하게 하다. 곽박 「주」에 발음은 州吁의 吁라고 했는데, 이에 근거한 상고음은 [*hwjag]이다.
② 煆[하] : 불기운이 맹렬하다. 마르다. 건조하다. 곽박 「주」에 발음은 呼夏反이라고 했는데, 이에 근거한 상고음은 [*hragx, *hragh]이다.
③ 熱[열] : 덥히다. 열을 가하다. 熱은 煦, 煆의 풀이어휘.
④ 乾[건] : 말리다. 건조시키다. 곽박 「주」에 熱은 곧 乾燥를 의미한다고 했음.
⑤ 煦煆[후하] : 따듯하게 하다. 吳越에서는 煦煆라고 함.

방언 30

攍[173]①【音盈】・膂②・賀③・艜④, 儋⑤也【今江東呼儋[174]兩頭有物爲艜, 音

172 『廣雅・釋詁』: "炗・灼・烔・焯・爂・炘・煆・烪・爆・煉・燒・炳・藮・炙・煬・烈・熻・炎・爟, 爇也."

173 『四部叢刊』本에 '攍'이라고 되어 있으나, 戴震이 '攍'으로 고쳤다. 周祖謨는 『方言校箋』에서 戴震이 고친 것에 대하여 굳이 그렇게 할 필요가 없다고 여겼다. 그는 『광아・석고』에서 '攍은 擔(메다, 지다)이다'라고 할 때도 攍으로

鄧】. 齊楚陳宋之間曰攍【『莊子』曰 : "攍糧而赴之"】.[175] 燕之外郊越之垂甌吳之外鄙謂之膂【儋者用膂力, 因名云】[176], 南楚或謂之攍. 自關而西隴冀以往謂之賀【今江東語亦然】, 凡以驢馬馲駝載物者謂之負他[177]⑥【音大】, 亦謂之賀.

영攍【음은 영盈이다】·려膂[178]·하賀[179]·등䲢[180]은 메다, 지다(담儋)의 뜻

되어 있고, 『太平御覽』 제829권에서 이 조항을 인용할 때도 '攍'으로 되어 있다고 하였다. 華學誠은 賈誼의 「過秦論」 본문이나, 李善의 「注」에서 『방언』을 인용한 부분, 그리고 『後漢書·鄧禹傳』 본문과 李賢의 「注」에서 『방언』을 인용한 부분에서 모두 '贏'이라고 했고, 『莊子·庚桑楚』 본문과 『경전석문』에서 『방언』을 인용한 부분에서는 '贏'이라고 하였는데, 王念孫은 『廣雅疏證』에서 '贏'과 '攍'은 서로 통한다고 하였다.

174 『四部叢刊』本에는 '擔'으로 되어 있으나, 戴震은 '儋'이라고 했다.

175 『莊子·胠篋』: "今遂至使民延頸擧踵, 曰: '某所有賢者', 贏糧而趣之, 則內棄其親, 而外去其主之事, 足跡接乎諸侯之境, 車軌結乎千裏之外."

176 『方言校箋』에서 周祖謨는 『太平御覽』에는 이 부분을 인용한 대목이 '因以名之(그리하여 그렇게 말한다)'로 되어 있다고 지적하였다.

177 『四部叢刊』本에는 '佗'라고 되어 있으나, 戴震은 '他'로 고쳤다. '負他'는 '負馱'와 같은데, 錢繹의 『方言箋疏』에 "'馱'와 '佗'는 같다고 하고, 『漢書·趙充國傳』에 '한 마리의 말은 각각 30일 분의 식량을 싣는다(以一馬自佗負三十日食)'이라는 구절이 있는데, 안사고의 「注」에 '무릇 짐승에게 물건을 지게 하는 것을 모두 佗라고 한다'고 하였다. '負佗'와 '擔'은 모두 어깨나 등에 배는 것이므로 '賀'라고도 하는 것"이라고 하였다. 華學誠은 '馲馱'는 바로 '駱駝'라고 하였다.

178 錢繹의 『方言箋疏』에서 "앞의 제6권에 '膂는 力이다. 宋과 魯 지역에서는 膂라고 한다'는 구절이 있다"고 하였다. 華學誠은 '膂'를 '力'으로 풀이하는 것에 대하여 곽박이 짐을 질 때는 등의 근력을 사용하므로, 그리하여 이렇게 말하게 되었다고 한 것이 옳다고 보았다.

179 周祖謨는 『방언교전』에서 "'賀'는 『太平御覽』에서 이 구절을 인용할 때 '荷'라고 하였으며, 아래 문장에서 나오는 賀도 역시 마찬가지다. 『廣雅·釋詁』에 '何는 擔(메다)이다'라고 하여, 이 글자를 '何'라고 썼다"고 하였다.

180 周祖謨는 『方言校箋』에서 "䲢이라는 글자를 『太平御覽』에서 인용하면서 '騰'이라고 했으며, 이 아래의 문장에서도 역시 마찬가지다. 『廣雅·釋詁』에 '㨹은 擔(지다)이다'라는 구절이 있는데 여기에서는 㨹으로 썼다"고 하였다. 華學誠은 淸代 宣統年間에 찬수한 『東莞縣志·方言』 가운데, "두 어깨에 짐을

이다.【오늘날 강동江東에서는 양쪽으로 물건을 메는 것을 등𦡶(멜대를 메다)이라고 한다. 음은 등鄧이다】 제齊 초楚 진陳 송宋에 걸친 지역에서는 영攍이라고 한다.【『장자』에 "식량을 메고서 나아간다"라고 했다】 연燕의 외곽과 월越의 경계 지역인 구甌와 오吳의 외곽에서는 려膂라고 한다.【젊어질 때 등의 근력으로 사용하므로, 그리하여 이렇게 부르게 되었다】 남초南楚에서는 혹은 영攍이라고도 한다. 관서 농기隴冀 지역으로 가면 하賀【오늘날 강동어 또한 그러하다】라고 하며, 나귀, 말, 낙타로 물건을 실어 나르는 것을 부타負他【음은 대大다】라고 하며, 또 하賀라고도 한다.

방언소증

案'攍'亦作'嬴', '儋'亦作'擔'. 賈誼「過秦論」: "嬴糧而景從."[181] 李善「注」引『方言』: "嬴, 擔也." 『後漢書 · 鄧禹傳』: "鄧公嬴糧徒步."[182] 「注」引『方言』: "嬴, 擔." 『莊子 · 庚桑篇』『釋文』引『方言』: "嬴, 儋也. 齊楚陳宋之閒謂之嬴." '賀''何', 古通用, 亦作'荷'. 唐「郝處俊傳」: "羣臣皆賀戟侍."[183] 『廣雅』: "攍 · 何 · 𦡶, 擔也.[184]" 義本此.

지는 것을 𦡶이라고 한다"는 구절이 있고, 그 에 대한 주해에서 "溫仲和가 말하기를, 이 州에서는 흔히 물건을 한 쪽에다 이미 메고서 또 다른 한쪽에 더 지려고 하는 것을 添𦡶頭라고 하며, 양쪽 물건의 무게가 서로 차이가 날 경우에는 不𦡶頭라고 한다. 莞 땅의 말과 嘉應 지역의 말은 같다"라고 하였다는 사실에 근거하여, '𦡶'은 擔(지다, 메다)이며, 특히 양쪽으로 물건을 드는 것을 말한다. 이것이 바로 『방언』에서 말하고 있는 뜻이라고 하였다.

181 『文選 · 論一 · 過秦論』: "天下雲集響應, 嬴糧而景從, 山東豪俊遂並起而亡秦族矣."

182 『後漢書 · 鄧禹傳』: "鄧公嬴糧徒步, 觸紛亂而赴光武, 可謂識所從會矣."

183 『新唐書 · 郝處俊傳』: "我嘗疑秦法爲寬, 荊軻匹夫耳, 匕首竊發, 群臣皆荷戟侍, 莫敢拒, 豈非習慢使然?" 戴震이 인용한 문장의 '賀'는 '荷'로 되어 있음을 인용문에서 확인할 수 있다.

184 『廣雅 · 釋詁』: "攍 · 旅 · 何 · 揭 · 擀 · 擣, 碎也."

‘영攍’은 또 ‘영贏’이라고 하고, ‘담儋’은 또 ‘담擔’이라고도 쓴다. 가의의 「과진론」에 “식량을 메고서 그림자가 따르듯이 따라가다”라는 말이 있는데, 이선의 「주」에서는 『방언』을 인용하여 “영贏은 메다(담擔)의 뜻”이라고 하였다. 『후한서 · 등우전』에 “등공이 식량을 지고 걸어가다”는 구절이 있는데, 「주」에서 『방언』을 인용하여 “영贏은 지다(담擔)의 뜻”이라고 하였다. 『경전석문』의 『장자 · 경상초』에서는 『방언』의 “영贏은 지다(담儋)의 뜻이다. 제齊 초楚 진陳 송宋에 걸친 지역에서는 영贏이라고 한다”라는 구절을 인용하였다. ‘하賀’와 ‘하何’는 옛날에는 통용되었으며, 또 ‘하荷’라고도 한다. 『신당서 · 학처준전』에 “여러 신하들이 모두 창을 어깨에 메고 시위한다”는 구절이 있다. 『광아』에 “영攍 · 하何 · 등艜은 지다(담擔)의 뜻”이라고 하였는데, 그 의미는 여기에서 근거하였다.

역해

① 攍[영] : 메다. 짊어지다. 齊楚陳宋之間에서는 攍이라고 함. 南楚에서는 攍이라고도 함. 곽박 「주」에 발음은 盈이라고 했는데, 이에 근거한 상고음은 [*riŋ]이다.

② 膂[려] : 지다. 메다. 燕의 外郊, 越의 垂甌, 吳의 外鄙에서는 膂라고 함.

③ 賀[하] : 메다. 지다. 함곡관으로부터 서쪽 隴冀지역에서는 賀라고 함. 함곡관으로부터 서쪽 隴冀지역에서 나귀, 말, 낙타로 물건을 실어 나르는 것을 負他, 또 賀라고도 함. 곽박 「주」에 당시의 江東語도 賀라고 한다고 했음.

④ 艜[등] : 멜대를 메다. 곽박 「주」에 발음은 鄧이라고 했는데, 이에 근거한 상고음은 [*dəŋh]이다.

⑤ 儋[담] : 메다. 걸메다. 擔과 같다. 儋은 攍, 膂, 賀, 艜의 풀이어휘.

⑥ 負他[부타] : 나귀, 말, 낙타로 물건을 실어 나르다. 함곡관으로부터 서쪽 隴冀지역에서 나귀, 말, 낙타로 물건을 실어 나르는 것을 負他라고 함. 곽박 「주」에 他의 음은 大라고 했는데, 이에 근거한 상고음은 [*dadh]이다.

방언 31

樹植①, 立②也. 燕之外郊朝鮮洌水之間凡言置立者謂之樹植.

수식樹植[185]은 세우다(립立)의 뜻이다. 연燕의 외곽, 조선朝鮮 열수洌水에 걸친 지역에서는 무언가를 세워 놓는 것을 수식樹植이라고 한다.

방언소증

案『春秋』成公二年『左傳』: "樹德而濟同欲焉."[186] 杜預「注」云 : "樹, 立也." 『周禮』"山虞, 植虞旗于中."[187] 鄭「注」云 : "植猶樹也."

『춘추』 성공 2년 『좌전』에 "왕들 자신이 덕을 닦아 확립시켜서 천

185 『방언』의 제12권에 "蒔・殖은 立(세우다)이다"라는 항목이 있다. 『廣雅・釋詁』에 "殖・蒔・置는 立(세우다)이다"라는 항목이 있는데, 王念孫의 『廣雅疏證』에서 "殖・蒔・置는 소리가 서로 가깝고 뜻이 같다"고 하였으며, 또 "殖과 植은 서로 통한다"고 하였다. 華學誠은 이 조항에서 말하는 '樹植'은 동의복합사라고 설명하였다.

186 『春秋左傳』 成公 二年 : "四王之王也, 樹德而濟同欲焉; 五伯之霸也, 勤而撫之, 以役王命."

187 『周禮・地官・山虞』: "若大田獵, 則萊山田之野, 及弊田, 植虞旗於中, 致禽而珥焉."

하 만민이 다 같이 바라는 것을 향유하게 하였습니다"라는 구절이 있는데, 두예의 「주」에 말하기를, "수樹는 세우는 것"이라고 하였다. 『주례』에서 "산우는 그의 상징인 (웅호熊虎의) 깃발을 중앙에 꽂는다"라는 말이 있으며, 정현의 「주」에 "식植은 수樹(꽂다)와 같다"고 하였다.

역해

① 樹植[수식] : 세우다. 燕의 外郊, 朝鮮洌水之間에서는 세워 놓는 것을 樹植이라고 함.

② 立[립] : 세우다. 立은 樹植의 풀이어휘.

방언 32

過度①謂之涉濟②【猶今云濟度】.

건너가다(과도過度)[188]를 섭제涉濟[189]라고 한다.【오늘날 제도濟度라고 하는 것과 같다】

188 華學誠은 『廣雅 · 釋詁』에 "過 · 涉은 渡(건너다)다"라는 구절과, "渡는 過(건너다)다"라는 구절이 있다고 하며, 이 『방언』의 조항에서 말하는 '過度(渡)'는 同義複合詞라고 하였다.

189 華學誠은 涉 · 濟는 모두 渡(건너다)라고 하면서 '涉濟' 역시 동의복합사라고 하였다. 또 '涉濟'를 '濟涉'이라고도 쓴다고 지적하였다.

방언소증

案『爾雅・釋言』: "濟, 渡也.[190]" 「疏」引『方言』此條幷「注」, '度'皆作'渡', 義同.

『이아・석언』에 "제濟는 건너가다(도渡)의 뜻"이라고 하였고, 「소」에서 『방언』의 이 조항과 곽박의 「주」를 모두 인용하였다. '도度'를 모두 '도渡'라고 썼으나 뜻은 같다.

역해

① 過度[과도] : 건너다. 곽박 「주」에 당시의 濟度라는 말과 같다고 했다.
② 涉濟[섭제] : 건너다.

방언 33

福祿①謂之祓戩②【廢箭兩音】.

복록福祿을 폐전祓戩[191]【이 두 글자의 음은 폐廢, 전箭이다】이라고 한다.

---

190 『爾雅・釋言』: "濟, 渡也. 濟, 成也. 濟, 益也."

191 華學誠은 '祓'이라고 하든 '戩'이라고 하든, 또는 연결하여 '祓戩'이라고 하든 의미는 서로 같으므로, 錢繹이 『方言箋疏』에서 '祓戩'은 福祿과 같다고 한 것이라고 하였다.

방언소증

案『詩・大雅』:“茀祿爾康矣.”[192] 鄭「箋」云:“茀, 福也.”『釋文』:“徐云:茀音廢.” ‘茀’與‘祓’古通用.「小雅」:“俾爾戩穀.”[193]『毛傳』云:“戩, 福也.”『爾雅・釋詁』:“祿・祉・履・戩・祓・禧・褫・祜, 福也.[194]” 郭璞「注」引『詩』作“祓祿康矣.”

『시경・대아』에 “복과 녹을 누리시겠네”라는 구절이 있는데, 정현의 『모시전』에서 “불茀은 복福”이라고 하였다. 『경전석문』에 “서(徐)씨가 말하기를 불茀은 음이 폐廢”라고 하였다. ‘불茀’과 ‘폐祓’는 옛날에는 통용되었다. 『시경・소아』에 “당신에게 복록을 누리게 하셨네”라는 구절이 있는데, 『모전』에 말하기를 “전戩은 복(福)”이라고 하였다. 『이아・석고』에 “록祿・사祉・리履・전戩・폐祓・희禧・사褫・호祜는 복(福)”이라고 하였으며, 곽박의 「주」에서는 『시경』을 인용하였는데, “폐록강의祓祿康矣(복과 녹으로 편안히 한다)”라고 하였다.

역해

① 福祿[복록]:타고난 복과 나라에서 주는 녹봉. 祓戩의 풀이어휘.
② 祓戩[폐전]:타고난 복과 나라에서 주는 녹봉. 곽박 「주」에 발음은 廢, 箭이라고 했는데, 이에 근거한 상고음은 [*pjadh], [*tsjanh]이다.

192 『詩經・大雅・生民之什・卷阿』:“爾受命長矣, 茀祿爾康矣.”
193 『詩經・小雅・鹿鳴之什・天保』:“天保定爾, 俾爾戩穀.”
194 『爾雅・釋詁』:“祿・祉・履・戩・祓・禧・褫・祜, 福也.”

방언 34

傺①【音際】・眙②【敕吏反】, 逗③也【逗即今住字也】. 南楚謂之傺, 西秦謂之眙【眙, 謂住視也. 西秦, 酒泉, 燉煌, 張掖是也】. 逗, 其通語也.

제傺[195]【음은 제際[196]다】・치眙[197]는【음은 칙리반敕吏反이다】 머물다(두逗)[198]의 뜻이다.【두逗는 바로 오늘날의 주住라는 글자다】 남초南楚에서는 제傺라고 하고, 서진西秦에서는 치眙라고 한다.【치眙는 주시注視하는 것이다. 서진西秦 주천酒泉 돈황燉煌 장액張掖에서는 이렇게 말한다】 두逗는 통어다.

방언소증

案『離騷』: "忳鬱邑余侘傺兮."[199] 王逸「注」云: "侘傺, 失志貌. 侘, 猶堂堂立貌也. 傺, 住也. 楚人名住曰傺."[200] 洪興祖『補注』引『方言』此條幷「注」, 文竝同. 『說文』云: "眙, 直視也.[201]", "逗, 止也.[202]" 『後漢

---

195 華學誠은 向夏의 『離騷篇楚語方言詞音證』에서는 '傺'를 '逗'의 轉語라고 본다고 하였다.

196 盧文弨는 『重校方言』에서 이 '際'를 '祭'로 고쳤다.

197 錢繹의 『方言箋疏』에서 '眙'와 '傺'는 一聲之轉이라고 하였다. 華學誠은 장학성의 『新方言・釋言』에 "오늘날 淮의 남쪽 지방에서는 오래도록 서있으면서 앞으로 나아가지 않는 것을 站眙라고 하며, 주의를 기울여 바라보는 것을 望眙라고 하는데 모두 殆라고 읽는다"고 하였다"는 설명을 인용하면서, 오늘날 江蘇, 興化, 東臺 일대에는 여전히 이 말이 있지만, 발음과 뜻은 『방언』과는 모두 차이가 있으니, 대체로 예전과 지금의 변화일 것이라고 하였다.

198 華學誠은 '逗'와 '住'는 옛날에는 모두 定母侯部에 속하는 글자였다고 하였다.

199 『文選・騷上・離騷』: "背繩墨以追曲兮, 競周容以爲度. 忳鬱邑余侘傺兮, 吾獨窮困乎此時也."

200 "忳, 憂貌也. 侘傺, 失志貌也. 侘, 猶堂堂立貌也. 傺, 丑世切, 住也. 楚人名住曰傺."

201 『說文解字』 目部: "眙, 直視也. 從目台聲. 丑吏切."

書・光武帝紀』: "不拘以逗留法."[203] 「注」云: "逗, 古住字." 『廣雅』: "傺, 眙逗也.[204]" 義本此.

『이소』에 "근심하고 고민하여 실의에 차 있으니"라는 구절이 있는데, 왕일의 「주」에 "차제侘傺는 뜻을 잃은 모습이고, 차侘는 똑바로 서 있는 모습과 같다. 제傺는 묵다, 살다(주住)의 뜻이다. 초나라 사람들은 주住를 제傺라고 말한다"고 하였다. 홍흥조의 『초사보주』에서는 『방언』의 이 조항과 곽박 「주」를 인용하였는데, 문장이 완전히 같다. 『설문해자』에서 "치眙는 직시하는 것이다", "두逗는 머무르다(지止)의 뜻"이라고 하였다. 『후한서・광무제기』에 "두류법이라는 군법에 얽매이지 않았다"라는 구절이 있는데, 그 「주」에서 "두逗는 옛날의 주住라는 글자다"라고 하였다. 『광아』에 "제傺・치眙는 머물다(두逗)의 뜻"이라고 하였으니, 그 의미는 여기에서 근거하였다.

역해

① 傺[제] : 머무르다. 南楚에서는 傺라고 함. 곽박 「주」에 발음은 際라고 했는데, 이에 근거한 상고음은 [*tsjadh]이다.
② 眙[치] : 주시하다. 직시하다. 西秦에서는 眙라고 함. 곽박 「주」에 발음은 敕吏反이라고 했는데, 이에 근거한 상고음은 [*thrjəgh]이다.
③ 逗[두] : 멈추다. 머무르다. 逗는 傺, 眙의 풀이어휘. 逗는 通語. 곽박 「주」에 逗는 당시의 住라고 했다.

---

202 『說文解字』 辵部 : "逗, 止也. 逗遛從辵豆聲. 田候切."
203 『後漢書・光武帝紀』 : "詔邊吏力不足戰則守, 追虜料敵不拘以逗留法."
204 『廣雅・釋詁』 : "踏・蹠・䠙・踊・躍・蹀・蹶・竦・踥, 跳也."

방언 제8권

輶軒使者絕代語釋別國方言 第八

방언 1

虎①, 陳魏宋楚之間或謂之李父②, 江淮南楚之間謂之李耳③; 【虎食物值耳即止, 以觸其諱故】 或謂之於䖘④.【於音烏, 今江南山夷呼虎爲䖘, 音狗竇】 自關東西或謂之伯都⑤.【俗曰伯都事神[1]虎說】

호랑이(호虎)는 진陳 위魏 송宋 초楚에 걸친 지역에서 혹은 이부李父라고도 하고, 강회江淮 남초南楚에 걸친 지역에서는 이이李耳[2]라고 하거나,【호랑이가 먹을 때는 끝까지 다 먹기를 기다린다. 이는 호랑이가 꺼리는 것을 피

1 『四部叢刊』本에는 '抑'으로 되어 있으나, 戴震은 '神'으로 고쳤으며 明抄本과 淸抄本에 모두 '神'으로 되어 있다.

2 李耳, 李父는 고대 楚 혹은 南楚 지역(오늘날의 湘西 지역)의 소수민족 언어의 어휘다. 하나는 암컷을 말하고, 하나는 수컷을 말한다.

하기 위함이다】 혹은 오도於䖘라고 한다.【오於는 음이 오烏다. 오늘날 강남江南 산골에 사는 소수민족 산이山夷는 호랑이를 도䖘라고 한다. 음은 狗竇다】 함곡관으로부터 동서 지역에서 혹은 백도伯都라고 부르기도 한다.【민간에서 말하는 백도伯都는 호랑이신을 섬기는 것을 말한다】

방언소증

案『春秋』宣公四年『左傳』: "楚人謂乳穀, 謂虎於菟.[3]" 『釋文』: "菟, 音徒.[4]" 此「注」言'音竇', 語轉也. '菟'卽'䖘', 古字多假借'於'. 『玉篇』作'䖙'[5]. 『廣雅』: "於䖘·李耳, 虎也.[6]" 本此. 曹憲『音釋』: "䖘, 音塗", 與『釋文』同. 「注」內'神'字諸刻訛作'抑'. 『永樂大典』本及曹毅之本作'神', 其上仍當脫一'見'字.

『춘추』 선공 4년 『좌전』에 "초나라 사람들은 젖을 먹이는 것을 '곡穀'이라 하고, 호랑이를 '오도於菟'라고 한다"고 했다. 『경전석문』에서 "도菟의 음은 도徒"라고 했다. 이 「주」에서 '음은 두竇'라고 한 것은 어전語轉이다. '도菟'는 즉 '도䖘'다. 고대에 '오於'자로 가차되는 경우가 많았다. 『옥편』에는 '오䖙'라고 되어 있다. 『광아』에 "오도於䖘·이이李耳는 호랑이"라고 했는데, 여기서 근거하였다. 조헌의 『광아음석』에 '도䖘'의 음이 '도塗'라고 한 것은 『경전석문』과 같다. 「주」의 '신神'자는 여러 판본에 '억抑'으로 잘못되어 있다. 『영락대전』본과 조의지 본에는 '신神'으로 되어 있다. 이 글자 위에 분명히 '견見'이라는 글자가 빠

3 『春秋左傳』 宣公四年: "楚人謂乳穀. 謂虎於菟. 故命之曰鬥穀於菟."
4 『經典釋文(爾雅音義·釋草)』: "菟, 湯故反."
5 『玉篇』 虎部: "䖙, 音烏. 楚人呼虎爲烏菟. 俗從虎."
6 『廣雅·釋獸』: "於䖘·李耳, 虎也."

진 것 같다.

역해

① 虎[호] : 호랑이. 虎는 李父, 李耳, 於䖘, 伯都의 풀이어휘.

② 李父[리부] : 범의 다른 이름. 陳魏宋楚之間에서는 李父라고도 함.

③ 李耳[리이] : 범의 별칭. 江淮南楚之間에서는 李耳라고 함.

④ 於䖘[오도] : 호랑이. 江淮南楚之間에서는 또 於䖘라고도 함. 곽박 「주」에 발음은 烏, 狗竇의 竇라고 했는데, 이에 근거한 상고음은 [*ʔag], [*dugh]이다.(참조 : 곽박 당시에 江南의 山夷는 虎를 䖘라고 한다고 함)

⑤ 伯都[백도] : 호랑이. 함곡관으로부터 東西 지역에서는 伯都라고도 함.

방언 2

貔①【狸別名也. 音毗】, 陳楚江淮之間謂之貍②【音來】, 北燕朝鮮之間謂之𧳏③【今江南呼爲𧳏狸. 音丕】, 關西謂之狸④.【此通名耳. 貔, 未聞語所出】

맹수의 일종인 비貔【이狸의 다른 이름이다. 음은 비毗다】는 진陳 초楚 강회江淮에 걸친 지역에서 내貍【음은 내來다】라고 하며, 북연北燕 조선朝鮮에 걸친 지역에서는 비𧳏【오늘날 강남에서 비리𧳏狸라고 부른다. 음은 비丕다】라고 하고, 함곡관의 서쪽에서는 이狸라고 한다.【이는 통명이다. 비貔는 그 어원에 대해서 듣지 못했다】

방언소증

案'貔'乃猛獸之名. 『書・牧誓』: "如虎如貔.[7]" 『史記・五帝本紀』: "教熊羆貔貅貙虎.[8]" 古今皆無以'貔'名'狸'者, 應卽'狸'字轉寫訛誤耳[9]. '狸'本作'貍'[10]. 『說文』云: "貍, 伏獸, 似貙.[11]" 『廣雅』: "貔貍, 貓也.[12]", "豾, 貍也.[13]" 是張揖, 郭璞所見『方言』皆已爲'貔'字. 郭「注」云: "貔, 未聞語所出." 則亦疑之矣. '貍''猍'一聲, '豾貍'轉語爲'不來', 故『大射・儀』: "奏貍首.[14]" 鄭「注」云: "貍之言不來也." '豾'卽'豾'.

'비貔'는 맹수의 이름이다. 『서경・목서』에 "호랑이처럼, 비휴貔貅처럼"이란 말이 있다. 『사기・오제본기』에 "곰, 큰 곰, 비휴, 추, 호랑이를 섬기는 부족을 훈련시킨다"라는 구절이 있다. 예로부터 '비貔'를 '이狸'라고 부른 적은 없다. 아마도 '이狸'자는 베껴 쓸 때 틀리게 쓴 글자인 것 같다. '이狸'는 원래 '이貍'로 써야 한다. 『설문해자』에서 "이貍는 웅크린 짐승이며, 추貙(맹수)처럼 생겼다"고 했다. 『광아』에 "비貔・이貍는 고양이(묘貓)다", "비豾는 삵(이貍)"이라고 했다. 이에 따르면, 장읍과 곽박이 보았던 『방언』 판본에는 이미 '비貔'자로 되어 있었다. 곽박 「주」에 "비貔의 어원에 대해서는 들어보지 못했다"고 했다. 그래

7 『書經・牧誓』: "尙桓桓, 如虎如貔, 如熊如羆, 于商郊."

8 『史記・五帝本紀』: "軒轅乃修德振兵, 治五氣, 蓺五種, 撫萬民, 度四方, 教熊羆貔貅貙虎."

9 戴震은 '貔'자가 '狸'의 오류라고 했으나 華學誠은 다음 문장에 근거하여 여기의 '貔'는 '야생 고양이'라고 했다.

10 오늘날의 야생 고양이를 말한다.

11 『說文解字』 豸部: "貍, 伏獸, 似貙. 從豸里聲."

12 『廣雅・釋獸』: "貔貍, 貓也."

13 『廣雅・釋獸』: "豾, 貍也."

14 『儀禮・大射』: "樂正命大師, 曰: 奏'貍首', 閒若一! 大師不興, 許諾."(樂正은 동쪽을 향하여 大師에게 명령하기를 "'貍首'를 연주하라. 매번의 연주시간은 같아야 한다"고 했다. 大師는 몸을 일으키지 않고 승낙하였다)

서 더욱 의심스럽다. '이貍'와 '내貅'는 성모가 같고(一聲)[15] '비리豾貍'는 전어轉語로 '불래不來'가 되었다. 『의례・대사』에 "이수貍首를 연주하라"는 구절이 있는데, 정현의 「주」에 "이貍는 불래不來를 말한다"고 했다. '비豾'는 즉 '비貔'다.

역해

① 貔[비] : 범과 비슷한 맹수의 이름.(그림자료 8-2 참조) 貔는 貅, 貊, 貍의 풀이어휘. 곽박 「주」에 발음은 毗라고 했는데, 이에 근거한 상고음은 [*bjid]이다.(참조: 곽박은 貍의 다른 이름이라고 함)

② 貅[래(리)] : 살쾡이의 별칭. 陳楚江淮之間에서는 貅라고 함. 곽박 「주」에 발음은 來라고 했는데, 이에 근거한 상고음은 [*ləg]이다.

③ 貊[비] : 맹수 이름. 北燕, 朝鮮之間에서는 貊라고 함. 곽박 「주」에 발음은 丕라고 했는데, 이에 근거한 상고음은 [*phjiəg]이다.(참조: 곽박 당시에 江南에서는 貊貍라고 한다고 함)

④ 貍[리] : 살쾡이.(그림자료 8-2 참조) 關西지역에서는 貍라고 함. 곽박 「주」에 貍는 通名이며, 貔는 들어본 적이 없다고 함.

방언 3

貛①,【豚也. 音歡】 關西謂之貒②.【波湍】

돼지(환貛)는(돼지다. 음은 환歡이다) 함곡관의 서쪽에서는 단貒【음은 파단

15 이 두 글자 모두 상고음이 같은 성모(來), 같은 운부(之)에 속한다.

波湍의 단湍이다[16]]이라고 부른다.

방언소증

案『廣雅』: "貒, 貛也.[17]" 本此. 『說文』云 : "貛, 野豕也.[18]" 『爾雅』郭「注」云 : "貒, 豚也, 一名貛.[19]" 『釋文』: "貒, 他官反." 引『字林』云 : "獸似豕而肥."[20] 又云 : "豚本又作肫.[21]" 「注」內'波湍'當作'音波湍之湍'.

『광아』에서 "단貒은 돼지(환貛)"라고 했으니, 여기에서 근거한 것이다. 『설문해자』에 "환貛은 멧돼지"라고 했다. 『이아』의 곽박 「주」에서 "단貒은 돼지(돈豚)다. 환貛라고 부르기도 한다"고 했다. 『경전석문』에 "단貒은 음이 타관반他官反"이라고 했으며, 『자림』을 인용해 "돼지처럼 생긴 살찐 짐승"이라고 했다. 또 "돈豚은 원래 순肫으로 쓰기도 한다"고 했다. 「주」의 '파단波湍'은 마땅히 '음은 파단波湍의 단湍'이라고 해야 한다.

역해

① 貛[환] : 돼지. 곽박 「주」에 발음은 歡이라고 했는데, 이에 근거한 상고음은 [*huan]이다.

---

16 戴震의 설에 따라 이와 같이 번역하였다.
17 『廣雅・釋獸』: "貒, 貛也."
18 『說文解字』 豸部 : "貛, 野豕也. 從豸雚聲."
19 『爾雅・釋獸』: "貒子貗. 貒貗音湍𧾷, 貒似豕而肥, 一名貛."
20 『經典釋文(爾雅音義・釋獸)』: "貒, 他官反. 『說文』『字林』云 : 獸似豕而肥."
21 『經典釋文(爾雅音義・釋獸)』: "豚, 音屯, 本又作肫."

② 貒[단] : 돼지. 關西지역에서는 貒이라고 함. 곽박 「주」에 발음은 波湍의 湍이라고 했는데, 이에 근거한 상고음은 [*thuan]이다.

방언 4

雞①, 陳楚宋魏之間謂之鸊䳭②,【避祇兩音】 桂林之中謂之割雞③, 或曰䳂④.【音從】 北燕朝鮮洌水之間謂伏雞曰抱⑤.【房奧反. 江東呼蓲, 央富反】 爵子及雞雛皆謂之鷇⑥.【恪遘反. 關西曰鷇, 音狗竇[22]】 其卵[23]伏而未孚始化謂之涅⑦.

닭(雞)은 진陳 초楚 송宋 위魏에 걸친 지역에서는 벽치[24]鸊䳭【이 두 글자의 음은 피避, 기祇다】라고 하고, 계림桂林 지역에서는 할계割雞[25]라고 하며, 또 종䳂【음은 종從이다】이라고도 한다. 북연北燕 조선朝鮮 열수洌水에 걸친 지역에서는 알을 품은 닭을 포抱【음은 방오반房奧反이다. 강동에서는 구蓲라고 부르며, 음은 앙부반央富反이다】라고 한다. 새끼 새와 병아리를 모두 구鷇【음은 각구반恪遘反이다. 관서 지역에서는 구鷇라고 하며, 음은 구두狗竇의 구狗다】라고 한다. 알을 품어 아직 부화되지 않은 것을 열涅이라고 한다.

---

22 『四部叢刊』本에는 '音顧'로 되어 있으나 戴震은 曹毅之 本을 따라 '音狗竇'로 고쳤다. 盧文弨도 이를 따랐다. 그러나 華學誠은 戴震을 따르지 않고 『四部叢刊』본이 옳다고 보았다.

23 『四部叢刊』本에는 '卯'로 되어 있으나 대진은 '卵'으로 고쳤다. 이에 대한 해석은 제3권의 6번 항목을 참조할 것.

24 『漢韓大辭典』(단국대)에는 의미가 '닭'일 경우, 음이 '치'라고 되어 있다.

25 '割鷄'는 문헌에서 사용된 용례를 찾을 수 없다.

案'鸊鴟'亦作'辟䳭'. 『廣雅』: "辟䳭, 雞也.[26]" 本此. 曹憲『音釋』: "䳭, 渠夷反." 『廣韻』'䳷'字引『方言』云: "南楚人謂雞.[27]" 抱, 『廣韻』作'菢', 云: "鳥伏卵.[28]" 「魯語」: "鳥翼鷇卵.[29]" 韋昭「注」云: "生哺曰鷇." 『史記·趙世家』: "探爵鷇而食之.[30]" 『集解』: "綦毋邃曰: 鷇, 爵子也." 『爾雅』: "生哺鷇, 生噣雛.[31]" 『釋文』云: "鷇, 鳥子須哺而食者, 燕雀之屬是也.[32]" 雛鳥生而能自啄者爵雀. '噣''涿', 古通用. '音狗竇'各本作'音顧', 從曹毅之本.

'벽치鸊鴟'는 '벽기辟䳭'로 쓰기도 한다. 『광아』에 "벽기辟䳭는 닭(계雞)"이라고 했으니, 여기에서 근거한 것이다. 조헌의 『광아음석』에 "기䳭는 음이 거이반渠夷反"이라고 했다. 『광운』의 '종䳷'자에서는 『방언』을 인용해서 "남초 사람은 닭을 포抱라고 한다"고 했다. 『광운』에는 '포菢'라고 썼으며 "새가 알을 품은 것"이라고 해석했다. 『국어·노어』에 "새들이 알을 부화하고 새끼를 먹여 기른다"라는 구절이 있는데, 위소의 「주」에서 "먹여 살리는 것을 구鷇라고 한다"고 했다. 『사기·조세가』에 "하는 수 없이 갓 태어난 새 새끼를 잡아먹으며 배고픔을 달랬다"라는 구절이 있는데, 『사기집해』에 "기무수綦毋邃가 말하기를 구鷇[33]는 어린 참새(작자爵子)"라고 했다. 『이아』에서 "갓 태어난 새 새끼

26 『廣雅·釋嘼』: "辟䳭, 鶏也."
27 『廣韻』 上平聲: "䳷, 『方言』云: 南楚人謂雞."
28 『廣韻』 去聲: "菢, 鳥伏卵."
29 『國語·魯語上』: "且夫山不槎蘖, 澤不伐夭, 魚禁鯤鮞, 獸長麑䴠, 鳥翼鷇卵."
30 『史記·趙世家』: "主父欲出不得, 又不得食, 探爵鷇而食之, 三月餘而餓死沙丘宮."
31 『爾雅·釋鳥』: "生哺鷇, 生噣雛."
32 『經典釋文(爾雅音義·釋鳥)』: "鷇, 苦候反. 『字林』, 工豆反. 郭音同, 又古豆反. 烏子須哺而食者, 燕雀之屬也. 『史記』云: 趙武靈王探雀鷇而食之, 是也."

를 먹이고, 병아리를 부리로 쪼아 알에서 깨어나게 한다"고 했는데, 『경전석문』에서 "구鷇는 먹여줘야 하는 새 새끼로 제비, 참새 같은 종류"라고 했다. 어린 새가 태어날 때 스스로 쪼을 수 있으면 작작爵雀이라고 한다. '주噣'와 '탁涿'은 옛날에는 통용되었다. '음구두音狗竇'를 여러 판본에서 '음고音顧'라고 했지만, 조의지 본을 따른다.

역해

① 雞[계] : 닭. 雞는 鸊鷉, 割雞, 鏦의 풀이어휘.

② 鸊鷉[벽치] : 논병아리. 陳楚宋魏之間에서는 鸊鷉라고 함. 곽박 「주」에 발음은 避, 祇라고 했는데, 이에 근거한 상고음은 [*bjigh], [*gjig]이다.

③ 割雞[할계] : 닭(멧닭). 桂林之中에서는 割雞라고 함.

④ 鏦[종] : 鶖과 같음. 닭. 桂林之中에서는 또 鏦이라고도 함. 곽박 「주」에 발음은 從이라고 했는데, 이에 근거한 상고음은 [*tshjuŋ]이다.

⑤ 抱[포] : 부화하다. 알을 품은 닭을 抱라고 함. 곽박 「주」에 발음은 央富反이라고 했는데, 이에 근거한 상고음은 [*bəgwh]이다.(참조 : 곽박 당시에 강동에서는 蓲라고 했으며, 발음은 央富反이라고 했는데, 이에 근거한 상고음은 [*ʔjugh]이다)

⑥ 鷇[구] : 병아리. 北燕, 朝鮮洌水之間에서 새끼 새와 병아리를 모두 鷇라고 함. 곽박 「주」에 발음은 恪遘反이라고 했는데, 이에 근거한 상고음은 [*khugh]이다.(참조 : 곽박 당시에 관서 지역에서는 鷇라고 했으며, 발음은 狗竇의 狗라고 했는데, 이에 근거한 상고음은 [*kugx]이다)

⑦ 涅[열] : 부화하다. 北燕, 朝鮮洌水之間에서 알을 품어 아직 부화되지 않은 것을 涅이라고 함.

---

33 鷇는 어미 새가 먹여줘야 하는 어린 새 혹은 영계나 참새 같은 새를 가리킨다.

방언 5

豬①, 北燕朝鮮之間謂之豭②,【猶云豭斗[34]也】 關東西[35]或謂之彘③, 或謂之豕④. 南楚謂之豨⑤. 其子或謂之豚⑥, 或謂之貕⑦[36]【音奚】, 吳揚之間謂之豬子⑧. 其檻及蓐曰橧⑨.【『爾雅』曰 : "所寢橧."[37] 音繒】

돼지(豬)는 북연北燕 조선朝鮮에 걸친 지역에서 가豭【가우豭牛[38]라고 하는 것과 같다】라고 하며, 함곡관의 동서 지역에서는 혹은 체彘라고도 하고, 혹은 시豕라고도 한다. 남초南楚에서는 희豨라고 한다. 그 새끼를 혹은 돈豚이라고도 하고, 혹은 혜貕【음은 해奚다】라고도 한다. 오吳 양揚 에 걸친 지역에서는 저자豬子라고 한다. 그 우리를 증橧이라고 한다.【『이아』에 "잠자다를 증橧"이라고 했다. 음은 회繪다】

방언소증

案『春秋』定公十四年『左傳』: "野人歌之曰, 旣定爾婁豬, 蓋歸吾艾豭.[39]" 『說文』云 : "豬, 豕而三毛叢居者.[40]", "豭, 牡豕也.[41]", "豚, 小豕也.[42]", "貕, 生三月豚, 腹貕貕貌也.[43]" 左思「吳都賦」: "封豨狗.[44]" 張

---

34 周祖謨『方言校箋』에서는 '豭牛'의 오류로 추정하였으며, 華學誠도 이에 동의하였다.

35 周祖謨『方言校箋』에서는 '關之東西'의 '之'자가 빠진 것이라고 했다.

36 『四部叢刊』本에는 '해貕'로 되어 있으나 戴震은 『說文解字』에 근거하여 '貕'로 고쳤다. 華學誠은 戴震의 견해를 따랐다.

37 『爾雅・釋獸』: "豕生三豵, 二師, 一特. 所寢, 橧."

38 周祖謨와 華學誠의 설에 따라 이와 같이 번역하였다.

39 『春秋左傳』 定公十四年 : "宋野人歌曰 : 旣定爾婁豬, 盍歸吾艾豭. 干寶讀."

40 『說文解字』 豕部 : "豬, 豕而三毛叢居者. 從豕者聲."

41 『說文解字』 豕部 : "豭, 牡豕也. 從豕叚聲."

42 『說文解字』 豚部 : "豚, 小豕也. 從彖省, 象形. 從又持肉, 以給祠祀. 凡豚之屬

協「七命」:“蹷封狶, 僨馮豕.[45]” 李善「注」竝引『方言』:“南楚人謂豬爲狶.” 東方朔「答客難」:“孤豚之咋虎.[46]” 「注」引『方言』:“豚, 豬子也.” 『爾雅』:“豕子豬.[47]”, “所寢檜.” 郭璞「注」云:“今亦曰:彘. 江東呼狶. 皆通名. 檜, 其所臥蓐.” 『釋文』引『方言』:“關東西謂之彘, 或謂之豕.[48]” 又云:“檜, 舊本多作繒帛字非, 『方言』作木旁.[49]” 「疏」全引『方言』此條文竝同. 『詩・小雅』:“有豕白蹢, 烝涉波矣.[50]” 「毛傳」:“豕, 豬也. 今離其繒牧之處.” 『釋文』云:“繒『方言』作檜從木.”[51]

『춘추』 정공 14년 『좌전』에 “마을 사람들은 그에게 노래를 불렀다. 당신들의 암퇘지가 이미 안정을 찾았는데 왜 우리의 수컷을 안 돌려보내는가?”라는 구절이 있다. 『설문해자』에 “저豬는 한 개의 털구멍에 세 가닥의 털이 자라는 돼지”라고 했다. “가豭는 수퇘지다”, “돈豚은 새끼 돼지다”, “혜豯는 태어난 지 석 달 된 돼지며, 돼지 배가 부른 모양을 가리킨다”고 했다. 좌사의 「오도부」에 “멧돼지가 큰소리로 운다”고 했다. 장협의 「칠명」에 “큰 돼지를 궁지에 빠트리고, 큰 돼지를 넘어뜨린다”라는 구절이 있는데, 이선의 「주」에서는 『방언』을 인용

皆從豚.”

43 『說文解字』 豕部:“豯, 生三月豚, 腹豯豯皃也. 從豕奚聲.”

44 『文選・賦丙・吳都賦』:“封狶葹.”

45 『文選・七下・七命』:“蹷封狶, 僨馮豕. 拉甝虪, 挫獬廌.”

46 『文選・設論・答客難』:“猶是觀之, 譬由鼱鼩之襲狗, 孤豚之咋虎, 至則靡耳, 何功之有?”(『文選』 卷45)

47 『爾雅・釋獸』:“豕, 子豬. 䝐, 豶. 幺幼. 奏者豱.”

48 『經典釋文(爾雅音義・釋獸)』:“彘, 直例反. 『字林』云:豕後蹄廢謂之彘. 『小爾雅』云:彘豬也. 『方言』云:關東西謂之彘, 或謂之豕.”

49 『經典釋文(爾雅音義・釋獸)』:“檜, 辭陵反. 舊本多作繒帛, 字非. 『方言』作木旁.”

50 『詩經・小雅・都人士之什・漸漸之石』:“武人東征, 不皇出矣. 有豕白蹢, 烝涉波矣.”

51 『經典釋文(爾雅音義・釋獸)』:“檜, 辭陵反. 舊本多作繒帛, 字非. 『方言』作木旁.”

해 "남초 사람들은 돼지를 희豨라고 한다"고 했다. 동방삭의 「답객난」에 "외로운 새끼 돼지가 호랑이를 문다"라는 구절이 있는데, 「주」에서 『방언』을 인용해 "돈豚은 새끼돼지"라고 했다. 『이아』에 "시자豕子는 저豬(돼지 새끼)다. 돼지가 자는 곳은 증橧(돼지우리)"이라고 했다. 곽박 「주」에 "오늘날은 체㣄라고 부르기도 한다. 강동에서는 희豨라고 부른다. 모두 통명通名이다. 증橧은 돼지가 잠을 자는 곳에 까는 깔개다." 『경전석문』에서는 『방언』을 인용해서 "함곡관의 동서 지역에서 돼지를 체㣄라고 하고, 혹은 돈豕이라고도 한다"고 했다. 또 "증橧자는 옛날 판본에 대부분 증백繒帛이라고 되어 있지만 글자가 틀렸다. 『방언』에는 나무木 부수로 되어 있다"고 했다. 「소」에서는 『방언』의 이 문장 전부를 인용하였으며 문장이 똑같다. 『시경・소아』에 "하얀 발굽의 뚱뚱한 돼지가 물로 뛰어 들어 물을 건넌다"라는 구절이 있는데, 「모전」에 "시豕는 돼지(저豬)다. 지금 그 우리를 떠난다"고 했다. 『경전석문』에 "증繒은 『방언』에 '증橧'으로 되어 있으며 나무 목木 부수"라고 했다.

역해

① 豬[저] : 돼지. 豬는 豭, 㣄, 豕, 豨의 풀이어휘.
② 豭[가] : 수퇘지. 돼지를 두루 이르는 말. 北燕, 朝鮮之間에서 豭라고 함.
③ 㣄[체] : 돼지. 멧돼지. 함곡관의 東西지역에서 㣄라고 함.
④ 豕[시] : 돼지. 함곡관의 東西지역에서 또 豕라고도 함.
⑤ 豨[희] : 돼지. 南楚에서는 豨라고 함.
⑥ 豚[돈] : 새끼돼지, 돼지를 두루 이르는 말. 豘이라고도 쓴다. 南楚에서 새끼돼지를 豚이라고도 함.
⑦ 豯[해] : 돼지새끼. 南楚에서 새끼돼지를 또 豯라고도 함. 곽박 「주」에

발음은 奚라고 했는데, 이에 근거한 상고음은 [*gig]이다.

⑧ 豬子[저자] : 돼지새끼. 새끼돼지를 吳揚之間에서는 豬子라고 함.

⑨ 橧[증] : 돼지우리. 돼지우리에 깔아주는 검불. 吳揚之間에서 돼지우리를 돼지우리에 깔아주는 검불을 橧이라고 함. 곽박 「주」에 발음은 繒이라고 했는데, 이에 근거한 상고음은 [*tsəŋ]이다.

방언 6

布穀①, 自關而東[52]梁楚之間謂之結誥②, 周魏之間謂之擊穀③, 自關而西或謂之布穀.【今江東呼爲穫穀】

뻐꾸기(시구尸鳩)[53]는 함곡관으로부터 동쪽 양梁 초楚에 걸친 지역에서는 결고結誥라고 부르고, 주周 위魏에 걸친 지역에서는 격곡擊穀이라고 부르며, 함곡관으로부터 서쪽 지역에서 혹은 포곡布穀이라고 부른다.【오늘날 강동 지역에서는 확곡穫穀이라고 한다】

방언소증

案『詩・召南』: "維鵲有巢, 維鳩居之.[54]" 「毛傳」: "鳩, 尸鳩也. 尸鳩, 秸鞠也." 『釋文』云 : "尸本又作鳲.[55]" 「夏小正」: "正月鷹則爲鳩."[56] "五

52 회증본과 소증본에 모두 '自關東西'라고 되어 있으나 錢繹 『方言箋疏』에서 '自關而東'이라고 했다. 華學誠은 錢繹의 주장에 따랐다.

53 대진은 여기에 布穀가 아니라 尸鳩라고 해야 한다고 했으며 대진의 설에 따라 번역하였다.

54 『詩經・召南・鵲巢』: "維鵲有巢, 維鳩居之. 之子于歸, 百兩御之."

55 『經典釋文(爾雅音義・釋鳥)』: "鳲, 音尸, 字又作鳲."

月鳩爲鷹.” 「月令」: “仲春之月, 鷹化爲鳩.[57]” 鄭「注」云: “鳩, 搏穀也.” 『爾雅』: “鳲鳩, 鴶鵴.[58]” 郭璞「注」云: “今之布穀也. 江東呼爲獲穀.” 『春秋』昭公十七年『左傳』: “鳲鳩氏, 司空也.[59]” 杜預「注」云: “鳲鳩平均, 故爲司空. 平水土.” 陸璣「草木疏」[60]云: “今梁宋之閒謂布穀爲鴶鵴.” 『廣雅』: “擊穀·鴶鵴, 布穀也.[61]” ‘結誥’, ‘秸鞠’, ‘鴶鵴’, 字異音義同. 『說文』作‘秸鵴’[62]. 此條之首, ‘布穀’二字當作‘尸鳩’, 後‘尸鳩’當作‘戴勝’.

『시경·소남』에 “까치가 나무에 보금자리를 만들면 구관조가 그 집에 들어와 산다”라는 구절이 있는데, 「모전」에서 “구鳩는 시구尸鳩다. 시구尸鳩는 길국秸鞠”이라고 했다. 『경전석문』에서 “시尸자는 원래 시鳲로 썼다”고 했다. 『대대례기·하소정』에 “정월에는 독수리가 뻐꾸기가 되고 오월에는 뻐꾸기가 독수리가 된다”는 구절이 있다. 『예기·월령』에 “음력 이월에는 독수리가 뻐꾸기가 된다”라는 구절이 있다. 정현의 「주」에서 “구鳩는 박곡搏穀”이라고 했다. 『이아』에 “시구鳲鳩는 알국鴶鵴”이라고 했다. 곽박은 「주」에서 “오늘날의 포곡布穀이다. 강동에서는 확곡穫穀이라고 부른다”고 했다. 『춘추』 소공 17년 『좌전』에 “시구씨鳲鳩氏는 사공司空[63]”이라고 했는데, 두예의 「주」에서는 “시구鳲鳩는 고르게 균형을 잘 맞추기 때문에 사공司空이 되어 수토

56 『大戴禮記·夏小正』: “正月鷹則爲鳩, 鷹也者其殺之時也.”

57 『禮記·月令』: “仲春, 鷹化爲鳩.”

58 『爾雅·釋鳥』: “鳲鳩·鴶鵴, 卽布穀也. 一名桑鳩, 一名擊穀. 江東呼爲穫穀. 『禮記』謂之鳴鳩. 鴶, 苦八反. 鵴音菊.”

59 『春秋左傳』昭公十七年: “郯子曰, 少皥氏以鳥名官, 祝鳩氏, 司徒也. 鴡鳩氏, 司馬也. 鳲鳩氏, 司空也.”

60 여기서 말하는 「草木疏」는 吳 陸璣의 『毛詩草木鳥獸蟲魚疏』(卷下)를 말한다.

61 『廣雅·釋鳥』: “擊瞉·鴶鵴, 布穀也.”

62 『說文解字』 鳥部: “鵴, 秸鵴, 尸鳩也.”

63 冬官 大司空이라 하여 水土에 관한 일을 주관하던 벼슬 이름.

水土를 고르게 하는 일을 담당한다"고 했다. 육기는 「모시초목조수충어소」에서 "오늘날 양梁 송宋에 걸친 지역에서는 포곡布穀을 길국鴶鵴이라고 부른다"고 했다. 『광아』에 "격곡擊穀·알국鴶鵴은 뻐꾸기"라고 했다. '결고結誥', '길국秸鞠', '알국鴶鵴'은 글자가 다르지만 음과 뜻이 같다. 『설문해자』에는 '길국秸鞫'으로 되어 있다. 이 조항의 시작 부분에 '포곡布穀' 두 글자는 '시구尸鳩'라고 써야 하며, 뒤의 '시구尸鳩'는 마땅히 '대승戴勝'이라고 써야 한다.

역해

① 布穀[포곡] : 뻐꾸기. 뻐꾹 하며 파종시기에 울기 때문에 붙여진 이름. 布穀은 結誥, 擊穀의 풀이어휘. 함곡관으로부터 서쪽에서는 布穀이라고도 함. 곽박 「주」에 당시 江東에서는 穫穀이라 한다고 했다.
② 結誥[결고] : 뻐꾸기. 함곡관의 東西지역 梁楚之間에서는 結誥라고 함.
③ 擊穀[격곡] : 새 이름. 뻐꾸기. 周魏之間에서는 擊穀이라고 함.

방언 7

鶡鴠①,【鳥似雞, 五色, 冬無毛, 赤[64]倮, 晝夜鳴, 侃旦兩音】 周魏齊宋楚之間謂之定甲②, 或謂之獨舂③.【好[65]自低仰】 自關而東謂之城旦④,【言其辛苦有似於罪謫[66]者】 或謂之倒懸⑤,【好自懸於樹也】 或謂之鶡[67]鴠.

64 『四部叢刊』本에는 '亦'이라고 되어 있으나 戴震은 '赤'이라고 했으며, 周祖謨와 華學誠은 戴震이 옳다고 했다.
65 『四部叢刊』本에는 '奸'으로 되어 있으나 戴震은 '好'라고 했다.
66 『四部叢刊』本에는 '禍'로 되어 있으나 戴震은 '謫'이라고 했다.
67 『四部叢刊』本에는 '鴠'이라고 되어 있으나 戴震은 '鶡'이라고 했다.

自關而西秦隴之內謂之鶡鴠⑥.

한단 새(한단鴇鴠)는【닭처럼 생겼고 털이 오색인 새다. 겨울에 털이 없이 벌거벗는다. 밤낮 가리지 않고 운다. 음은 간단侃旦이다】 주周 위魏 제齊 송宋 초楚에 걸친 지역에서는 정갑定甲[68]이라고 하고, 혹은 독용獨舂【스스로 머리를 숙였다 들었다 하는 것을 좋아한다】이라고 부른다. 함곡관으로부터 동쪽 지역에서는 성단城旦【힘든 것이 마치 죄를 지은 사람과 같다는 것을 말한다】이라고 하고, 혹은 도현倒懸【스스로 나무에 매달리는 것을 좋아한다】이라고 하고, 혹은 한단鴇鴠이라고 한다. 함곡관으로부터 서쪽 지역 진秦 롱隴의 안에서는 갈단鶡鴠이라고 한다.

방언소증

案'鶡旦'『說文』作'渴旦'[69]. 「月令」: "仲冬之月, 曷旦不鳴.[70]" 鄭「注」云: "曷旦, 求旦之鳥也." 『釋文』: "曷亦本作鶡." 「坊記」引『詩』云: "相彼盍旦, 尚猶患之.[71]" 「注」云: "盍旦, 夜鳴求旦之鳥也, 求不可得也. 人猶惡其欲反晝夜而亂晦明." 『釋文』: "盍音渴.[72]" 『廣雅』: "城旦・倒縣・鶡鴠・定甲・獨舂, 鴇鴠也.[73]" 本此.

'갈단鶡旦'은 『설문해자』에 '갈단渴旦'으로 되어 있다. 『예기・월령』에

68 이 어휘의 유래에 대해서는 알려진 바 없다.

69 『說文解字』 鳥部: "鴠, 渴鴠也. 從鳥旦聲."

70 『禮記・月令』: "仲冬之月, 日在斗, 昏東壁中, 旦軫中. …… 鶡旦不鳴, 虎始交."

71 『禮記・坊記』: "『詩』云: 相彼盍旦, 尚猶患之."

72 『經典釋文(爾雅音義・釋器)』: "蓋, 音盍."

73 『廣雅・釋鳥』: "城旦・倒縣・鶡鴠・定甲・獨舂, 鴇鴠也."

"음력 11월(仲冬之月)에는 산박쥐(갈단曷旦)가 울지 않는다"라는 구절이 있는데, 정현의 「주」에서 "갈단曷旦은 아침을 부르는 새"라고 했다. 『경전석문』에 "갈曷은 원래 갈鶡로도 쓴다"고 했다. 『예기·방기』에서는 『시경』을 인용해서 말하기를 "그 산박쥐를 보라! 밤에 새벽을 갈구하며 울어 사람들이 그 새를 싫어한다"고 했는데, 「주」에서 "합단盍旦은 밤에 울며 아침을 부르는 새인데, 아침을 갈구해도 구할 수 없다. 사람들은 이 새가 낮과 밤을 바꾸고 어두움과 밝음을 어지럽히는 것을 싫어한다"고 했다. 『경전석문』에서 "합盍의 음은 갈渴"이라고 했다. 『광아』에서 "성단城旦[74]·도현倒縣·갈단鶡鴠·정갑定甲·독용獨春은 모두 한단 새"라고 했는데, 여기서 근거하였다.

역해

① 鶡鴠[한단]: 새 이름. 鶡鴠은 定甲, 獨春, 城旦, 倒懸, 鶡鴠의 풀이어휘. 함곡관으로부터 동쪽 지역에서는 鶡鴠이라고도 함. 곽박 「주」에 발음은 侃, 旦이라고 했는데, 이에 근거한 상고음은 [*khanx], [*tanh]이다.

② 定甲[정갑]: 산박쥐. 周魏齊宋楚之間에서는 定甲이라고 함.

③ 獨春[독용]: 새 이름. 산박쥐. 周魏齊宋楚之間에서는 또 獨春이라고도 함.

④ 城旦[성단]: 새 이름. 함곡관으로부터 동쪽 지역에서는 城旦이라고 함.

⑤ 倒懸[도현]: 새 이름. 함곡관으로부터 동쪽 지역에서는 또 倒懸이라고도 함.

⑥ 鶡鴠[갈단]: 새 이름. 함곡관으로부터 서쪽 지역 秦隴之內에서는 鶡鴠이라고 함.

---

74 城旦은 진나라 때 형벌 중의 하나로, 城旦이란 형벌을 받은 사람처럼 힘들다는 것을 의미한다.

방언 8

鳩①, 自關而東周鄭之郊韓魏之都謂之鵖【音郎】鷎②【音皋】, 其𪁉鳩謂之鸊鷎③. 自關而西秦漢之間謂之鵴鳩④【菊花】, 其大者謂之鳻鳩⑤【音斑】, 其小者謂之[75]𪁉鳩⑥,【今荊鳩也】 或謂之鷄鳩⑦【音葵】, 或謂之鴀鳩⑧【音浮】, 或謂之鶻鳩⑨. 梁宋之間謂之鷦⑩[76].

비둘기(구鳩[77])는 함곡관으로부터 동쪽 주周 정鄭의 교외, 한韓 위魏의 수도까지 모두 랑鵖【음은 랑郎이다】고鷎【음은 고皋다】라고 한다. 그 중의 역구𪁉鳩는 벽고鸊鷎라고 한다. 함곡관으로부터 서쪽 진秦 한漢에 걸친 지역에서는 국구鵴鳩【음은 국화菊花의 국菊이다[78]】라고 한다. 그 중 큰 것을 반구鳻鳩[79]【음은 반班이다】라고 하고, 작은 것을 역구𪁉鳩【오늘날의 형구荊鳩다】라고 하거나, 혹은 규구鷄鳩라고 하거나,【음은 규葵다】 혹은 부구鴀鳩라고 하거나,【음은 부浮다】 혹은 골구鶻鳩라고 한다.[80] 양梁 송宋에 걸친 지역에서는 초鷦라고 한다.

방언소증

案『廣雅』: "鵖鷎, 鳩也.[81]", "鶻鳩, 鵃鳩也.[82]", "𪁉鳩・鷄鳩・鸊鷎・

---

75 『四部叢刊』本에는 '之'자가 없었으나 戴震이 보충하였다.

76 『四部叢刊』本에는 '鷦鴈'로 되어 있으나 戴震은 '雛'로 고치고 '鴈'는 다음 항목 '방언 9' 앞으로 이동하였다.

77 鳩는 비둘기(Columbidae)과의 총칭이다. 『方言』의 이 조항에서는 뻐꾸기를 뺀 네 종류 새의 총칭을 말한다.

78 戴震의 수정에 따라 번역하였다.

79 鳻鳩는 오늘날의 班鳩로 비둘기 중 큰 새다.

80 대진은 "혹은 鶻鳩라고 한다"는 구절이 이 항목과 섞인 것은 옳지 않다고 했다.

溺鳩, 鶌鳩也.[83]" 皆本此. '鴔'即'殦', '溺'即'鴉'. 『詩・小雅』: "翩翩者鵻.[84]" 「毛傳」: "鵻, 夫不也." 鄭「箋」云: "夫不, 鳥之愨謹者也." 陸璣「疏」云: "今小鳩也. 一名浮鳩, 幽州人或謂之鷑鴟, 梁宋之閒謂之鵻, 揚州人亦然." '鷑鴟'即'鴟鷑'之訛. 『爾雅』: "隹其, 鳺鴀.[85]" 李巡「注」云: "今楚鳩也." 郭璞「注」云: "今鴉鳩." 『左傳』: "祝鳩氏, 司徒也.[86]" 杜預「注」云: "祝鳩, 鷦鳩也. 鷦鳩孝, 故爲司徒, 主教民." 『釋文』: "鷦音焦, 本又作焦, 本或作鵻."[87] 今考'隹''鵻', 古通用. 其作'焦'作'鷦'者, 即'隹''鵻'之訛耳. '鳺鴀'古通用'夫不', '鴉'古通用'浮'. 『方言』各本'鵻'亦訛作'鷦', 又誤連下條'鳸'字, 今訂正. 『詩・衛風』: "于嗟鳩兮, 無食桑葚.[88]" 「毛傳」: "鳩, 鶻鳩也." 『爾雅』: "鶌鳩, 鶻鵃.[89]" 郭璞「注」云: "似山鵲而小, 短尾, 青黑色, 多聲. 今江東亦呼爲鶻鵃. 舊說及『廣雅』皆云: '班鳩'[90], 非也." 『左傳』: "鶻鳩氏, 司事也.[91]" 杜預「注」云: "鶻鳩, 鶻鵰也. 春來冬去, 故爲司事." '鵰'即'鵃'之訛. 據經傳所言者證之, 此條之'鴟鷑', '鶌鳩', '鴉鳩', '鵻'皆'祝鳩'也, 不與'鶻鳩'同. "或謂之鶻鳩"一句雜入不倫. 「注」內'菊花'當作'音菊花之菊'.

『광아』에 "랑고鴟鷑는 비둘기(구鳩)다", "골구鶻鳩는 분구鴔鳩다", "역구鷁鳩・규구鷄鳩・벽고鷿鷑・부구溺鳩는 국구鶌鳩다"라고 했는데, 모두

81 『廣雅・釋鳥』: "鴟鷑, 鳩也."
82 『廣雅・釋鳥』: "鶻鵃, 鴔鳩也."
83 『廣雅・釋鳥』: "鷁鳩・鷄鳩・鷿鷑・溺鳩, 鶌鳩也."
84 『詩經・小雅・鹿鳴之什・四牡』: "翩翩者鵻, 載飛載下, 集于苞栩."
85 『爾雅・釋鳥』: "隹其鳺鴀."
86 『春秋左傳』昭公十七年: "靑鳥氏, 司啓者也. 丹鳥氏, 司閉者也. 祝鳩氏, 司徒也."
87 『經典釋文(爾雅音義・釋鳥)』: "鷦, 子遙反."
88 『詩經・衛風・氓』: "桑之未落, 其葉沃若, 于嗟鳩兮, 無食桑葚."
89 『爾雅・釋鳥』: "鶌鳩鶻鵃."
90 『廣雅・釋鳥』: "鶻鵃, 鴔鳩也."
91 『春秋左傳』昭公 十七年: "爽鳩氏, 司寇也. 鶻鳩氏, 司事也. 五鳩, 鳩民者也."

여기에서 근거했다. '분鳻'은 '반鴘'이고, '부鴓'는 '부鴀'다. 『시경 · 소아』에 "훨훨 나는 산비둘기는 날면서 운다"라는 구절이 있는데, 「모전」에서 "추鵻는 부불夫不"이라고 했다. 정현의 「모시전」에 "부불夫不은 새 중에 성실하고 정직한 것"이라고 했다. 육기의 「소」에는 "오늘날의 작은 비둘기다. 일명 부구浮鳩라고 한다. 유주幽州 사람은 혹은 고랑鷱䳜이라고 부르기도 하며, 양梁 송宋 지역에서는 추鵻라고 부른다. 양주 사람도 마찬가지다"라고 했다. '고랑鷱䳜'은 '랑고䳜鷱'의 오류다. 『이아』에 "추기隹其는 부부鳺鴀다"라고 했다. 이순 「주」에서는 "오늘날의 초구楚鳩"라고 했고, 곽박 「주」에서는 "오늘날의 부구鴀鳩다"라고 했다. 『좌전』에 "축구씨祝鳩氏는 사도司徒[92]다"라고 했는데, 두예의 「주」에서 "축구祝鳩는 초구鷦鳩[93]다. 초구鷦鳩는 효성스럽기 때문에 사도司徒를 담당하여 백성들을 교화시키는 일을 주관한다"고 했다. 『경전석문』에 "초鷦의 음은 초焦이며, 원래 초焦로 쓰기도 하고 원래 또 초鵻로 쓰기도 한다"고 했다. 지금 고증을 해보면, '추隹'와 '추鵻'는 옛날에는 통용되었다. 그것을 '초焦'와 '초鷦'로 쓴 것은 '추초隹鵻'의 오류다. '부부鳺鴀'는 옛날에는 '부불夫不'과 통용되었으며, '부鴀'는 옛날에 '부浮'와 통용되었다. 『방언』의 여러 판본의 '초鵻'는 '초鷦'로 잘못되어 있으며, 또 아래 항의 '시鳲'자와 연이어 있으나 이는 잘못되었기 때문에 여기서 이를 바로잡는다. 『시경 · 위풍』에 "아이고, 산비둘기 새야, 오디를 본다고 게걸스럽게 먹지 마라"라는 구절이 있는데, 「모전」에서 "구鳩는 산비둘기(골구鶻鳩)"라고 했다. 『이아』에서 "굴구鶌鳩는 산비둘기(골주鶻鵃)"라고 했다. 곽박 「주」에 "산까치와 비슷하지만 덩치가 더 작다. 꼬리가 짧고 청흑색이며 잘 운다. 오늘날 강동 지역에서는 여전히 골주鶻鵃라고 한다. 옛 설과 『광아』에서 모두 '산비둘기(반구班鳩)'라고 했는데, 이는 잘못된 것"이라고 했다. 『좌전』에 "골구씨

92 地官 大司徒라 일컬어 禮敎로써 백성을 교화하는 일을 주관하였다.
93 鷦鳩는 새 이름으로 오늘날의 鶻鵃(산비둘기)다.

鶻鳩氏는 사사司事[94]다"라고 했는데, 두예의 「주」에서 "골구鶻鳩는 골조鶻鵰다. 봄이 오고 겨울이 갈 때 사사司事직을 담당하도록 한다"고 했다. '조鵰'는 '주鵃'의 오류다. 경전에서 말한 바에 따르면 이 항은 '랑구䳭鷎', '국구鵴鳩', '부구鴀鳩', '추鵻'는 모두 '축구祝鳩' 임이 확실하며, '골구鶻鳩'와 같지 않다. "혹은 골구鶻鳩라고 한다"라는 구절이 이 항목에 섞여 들어간 것은 옳지 않다. 곽박 「주」의 '국화菊花'는 '음은 국화菊花의 국菊'이라고 해야 한다.

역해

① 鳩[구] : 비둘기.(그림자료 8-8 참조) 鳩는 䳭鷎, 鸊鷎, 鵴鳩의 풀이어휘.

② 䳭鷎[랑고] : 비둘기. 함곡관으로부터 동쪽 周鄭之郊, 韓魏之都에서는 䳭鷎라고 함. 곽박 「주」에 발음은 郎, 皋라고 했는데, 이에 근거한 상고음은 [*laŋ], [*kəgw]이다.

③ 鸊鷎[벽고] : 새 이름. 비둘기의 일종.

④ 鵴鳩[국구] : 비둘기. 함곡관으로부터 서쪽 秦漢之間에서는 鵴鳩라고 함. 곽박 「주」에 발음은 菊花의 菊이라고 했는데, 이에 근거한 상고음은 [*kjəkw]이다.

⑤ 鳻鳩[반구] : 산비둘기. 함곡관으로부터 서쪽 秦漢之間에서 그 가운데 큰 것을 鳻鳩라고 함. 곽박 「주」에 鳻의 발음은 立斑의 斑이라고 했는데, 이에 근거한 상고음은 [*pran]이다.

⑥ 鴓鳩[역구] : 작은 비둘기의 일종. 함곡관으로부터 서쪽 秦漢之間에서 그 가운데 작은 것을 鴓鳩라고 함.

⑦ 䳕鳩[규구] : 비둘기의 일종. 함곡관으로부터 서쪽 秦漢之間에서 그 가

94 옛날에 營造를 주관하던 벼슬이름.

운데 작은 것을 또 鶨鳩라고도 함. 곽박 「주」에 발음은 葵라고 했는데, 이에 근거한 상고음은 [*gwjid]이다.

⑧ 鴀鳩[부구] : 산비둘기. 염주비둘기. 함곡관으로부터 서쪽 秦漢之間에서 그 가운데 작은 것을 또 鴀鳩라고도 함. 곽박 「주」에 鴀의 발음은 浮라고 했는데, 이에 근거한 상고음은 [*bjəgw]이다.

⑨ 鶻鳩[골구] : 함곡관으로부터 서쪽 秦漢之間에서 그 가운데 작은 것을 또 鶻鳩라고도 함.

⑩ 鳭[초] : 굴뚝새. 梁宋之間에서는 鳭라고 함.

방언 9

鳲【尸】[95]鳩①.【按『爾雅』[96]即布穀, 非戴勝也. 或云鵀, 皆失之也】燕之東北朝鮮洌水之間謂之鶝鴀②[97]【福丕兩音】. 自關而東謂之戴鵀③, 東齊海岱之間謂之戴南④, 南猶鵀也.【此亦語楚聲轉也】或謂之鵖鶝⑤,【按『爾雅』說戴鵀[98], 下鵖鶝自別一鳥名, 『方言』似依此義又失也】 或謂之戴鳻⑥; 或謂之戴勝⑦.【勝所以纏紝】東齊吳揚之間謂之鵀⑧. 自關而西謂之服鶝⑨, 或謂之鵖鶝⑩. 燕之東北朝鮮洌水之間謂之鴱⑪.【音或[99]】

오디새【대승戴勝】[100]는【『이아』에 따르면 시구鳲鳩는 뻐꾸기(포곡布穀)이며, 대승

95 『四部叢刊』本에는 '鳲'가 앞의 항목 '방언 8'에 있었으나, 戴震은 앞으로 이동하여 이 항목이 '鳲'로 시작하며 '尸'는 '鳲'의 곽박 「주」로 보았다.

96 王念孫은 『이아』 다음에 '鳲鳩'가 빠졌다고 보았으며, 周祖謨와 華學誠은 王念孫의 주장을 따랐다.

97 王念孫의 手校본에는 '鴀'을 '鴀'로 고쳤다. 盧文弨와 華學誠은 王念孫을 따랐다.

98 『爾雅・釋鳥』: "鵖鴔, 戴鵀."

99 盧文弨는 '域'으로 고쳤으며, 周祖謨와 華學誠은 盧文弨가 옳다고 했다.

100 원래는 鳲鳩(뻐꾸기)로 되어 있었지만, 대진의 설에 따라 戴勝(오디새)으로 번

戴勝과는 다르다. 혹은 전鸇이라고도 하는데 모두 잘못되었다】 연燕의 동북, 조선朝鮮 열수洌水 에 걸친 지역에서는 복비鵖鴀【음은 복비福丕다】이라고 한다. 함곡관으로부터 동쪽 지역에서는 대임戴鵀이라고 하고, 동제東齊 해대海岱에 걸친 지역에서는 대남戴南이라고 하는데, 남南은 임鵀과 같다.【이는 초楚의 성전聲轉이다】 혹은 방택鴍鸅이라고도 하고,【『이아』에 따르면 대임戴鵀 다음의 방택鴍鸅은 또 다른 새의 이름이다. 『방언』에서 이 의미로 본 것은 아마도 잘못된 것 같다】 혹은 대반戴鳻이라고도 하고, 혹은 대승戴勝[101]【승勝은 실로 예쁘게 엮어 매는 것을 말한다】이라고도 한다. 동제東齊 오吳 양揚에 걸친 지역에서는 임鵀이라고 한다. 함곡관으로부터 서쪽 지역에서는 복복服鶝이라고 하고, 혹은 복복鵩鶝이라고도 한다. 연燕의 동북, 조선朝鮮 열수洌水에 걸친 지역에서는 역鵴【음은 혹或이다】이라고 한다.

방언소증

案'鳲'字各本誤連上條, 遂以'尸'爲正文. 『爾雅』: "鳴鳩, 鶷鵴.[102]" 『釋文』云: "'鳲'音'尸', 字又作'鳲'.[103]" 今據以訂正. 「月令」: "季春之月, 戴勝降于桑.[104]" 鄭「注」云: "戴勝, 織紝之鳥." 『爾雅』: "鵖鴔, 戴鵀.[105]" 郭璞「注」云: "鵀, 卽頭上勝, 今亦呼爲戴勝. 鵖鴔猶鶝鶝, 語聲轉耳." 『釋文』引『方言』: "戴鵀一名戴南 ,一名戴勝.[106]" 「疏」引『方

역하였다.

101 華學誠은 '戴勝'이 머리 위에 부채 모양의 깃털이 있어 꽂을 머리에 이고 있는 듯 아름다운 새라고 했다.

102 『爾雅·釋鳥』: "鳲鳩, 鶷鵴."

103 『經典釋文(爾雅音義·釋鳥)』: "鳲, 音尸, 字又作鳲."

104 『禮記·月令』: "季春之月, 日在胃, 昏七星中, 旦牽牛中. …… 月令, 是月也, 命野虞毋伐桑柘. 鳴鳩拂其羽, 戴勝降於桑."

105 『爾雅·釋鳥』: "鵖鴔, 戴鵀."

106 『經典釋文(爾雅音義·釋鳥)』: "鵀, 本亦作絍, 女金反. 施, 沒沁反. 『方言』云:

言』此條作'東齊吳揚之閒謂之鴟鴉.' 『爾雅』下云 : "鵹, 澤虞." 是'鵹'有'澤虞'之名, 此掇'鵹鸅'亦謬.

'시鳲'자는 여러 판본에서 위 항목과 잘못 연이어 '시尸'를 본문으로 보았다. 『이아』에서 "명구鳴鳩는 알국鶻鵃"이라고 했다. 『경전석문』에 "시鳲의 음은 시尸이며, 시鳲로 쓰기도 한다"고 했다. 이것에 근거하여 바로잡는다. 『예기·월령』에 "계춘지월季春之月에는 오디새(대승戴勝)가 뽕나무에 내려앉는다"라는 말이 있는데, 정현의 「주」에서는 "대승戴勝은 방직을 하는 새"라고 했다. 『이아』에 "랑핍鵖鴔은 대임戴鵀"이라고 했다. 곽박 「주」에 "임鵀은 즉 두상승頭上勝이란 새이며, 오늘날 역시 대승戴勝이라고 부르고 있다. 랑핍鵖鴔은 복복鶝鶔과 비슷하며 어성전語聲轉"이라고 했다. 『경전석문』에서는 『방언』을 인용해서 "대임戴鵀은 일명 대남戴南이라고 하며, 일명 대승戴勝이라고도 한다." 「소」에서는 『방언』의 이 조항을 '동제東齊 오吳 양揚에 걸친 지역에서는 랑핍鵖鴔이라고 한다'고 인용하였다. 『이아』에는 이 아래에 "방鵹은 택우澤虞다"라는 말이 있는데, '방鵹'은 '택우澤虞'라는 이름도 있다. 여기서 '방택鵹鸅'을 붙여 쓴 것도 역시 오류다.

역해

① 鳲鳩[시구] : 여기서는 戴勝을 말함.(그림자료 8-9 참조) 鳲鳩는 鶝鶔, 戴鵀, 戴南, 鵹鸅, 戴鳻, 戴勝, 鵀, 服鶝, 鶝鶝, 鵯의 풀이어휘. 곽박 「주」에 鳲의 발음은 尸라고 했는데, 이에 근거한 상고음은 [*hrjid]이다.
② 鶝鶔[복비] : 오디새. 후투티. 燕의 東北, 朝鮮洌水之間에서는 鶝鶔이

戴鵀, 一名戴南, 一名戴勝."

라고 함. 곽박 「주」에 발음은 福, 丕라고 했는데, 이에 근거한 상고음은 [*pjək], [*phjiəg]이다.

③ 戴鵀[대임] : 새 이름. 후투티. 오디새. 후투티과에 속하는 개똥지빠귀 비슷한 새. 함곡관으로부터 동쪽 지역에서는 戴鵀이라고 함.

④ 戴南[대남] : 새 이름. 東齊海岱之間에서는 戴南이라고 함.

⑤ 鴋鸅[방택] : 물새 이름. 東齊海岱之間에서는 또 鴋鸅이라고도 함. 곽박은 『이아』에 근거하여 이것도 다른 조항이 잘못 합해진 것이라고 했다.

⑥ 戴鳻[대반] : 새 이름. 東齊海岱之間에서는 또 戴鳻이라고도 함.

⑦ 戴勝[대승] : 새 이름. 후투티. 오디새. 東齊海岱之間에서는 또 戴勝이라고도 함.

⑧ 鵀[임] : 후투티. 오디새. 東齊吳揚之間에서는 鵀이라고 함.

⑨ 服鶝[복복] : 새 이름. 함곡관으로부터 서쪽 지역에서는 服鶝이라고 함.

⑩ 鵖鶝[복복] : 戴勝과 같다. 새 이름. 후투티. 오디새. 함곡관으로부터 서쪽 지역에서 또 鵖鶝이라고도 함.

⑪ 鶪[역] : 후투티. 오디새. 燕의 東北, 朝鮮洌水之間에서는 鶪이라고 함. 곽박 「주」에 발음은 或이라고 했는데, 이에 근거한 상고음은 [*gwək]이다.

방언 10

蝙蝠①【邊福兩音】, 自關而東謂之服翼②, 或謂之飛鼠③, 或謂之老鼠④, 或謂之僊[107]鼠⑤. 自關而西秦隴之間謂之蝙蝠. 北燕謂之蟙蠌⑥.【職[108]墨兩音】

107 『四部叢刊』本에는 '鸒'로 되어 있으나 戴震은 '僊'으로 고쳤다. 周祖謨와 華學誠은 戴震의 설을 따랐다.

108 『四部叢刊』本에는 '蟙'으로 되어 있으나, 대진은 '職'으로 고쳤다.

박쥐를 의미하는 편복蝙蝠【음은 변복邊福이다】은 함곡관으로부터 동쪽 지역에서는 복익服翼이라고 하며, 혹은 비서飛鼠라고도 하고, 혹은 노서老鼠라고도 하며, 혹은 선서僊鼠라고도 한다. 함곡관으로부터 서쪽 지역 진秦 농隴에 걸친 지역에서는 편복蝙蝠이라고 한다. 북연北燕에서는 직묵蟙蠌【음은 직묵職墨이다】이라고 한다.

방언소증

案『爾雅』: "蝙蝠, 服翼.[109]" 郭「注」云: "齊人呼爲蟙蠌, 或謂之仙鼠." 「疏」全引『方言』此條文竝同. 今『方言』各本'僊'訛作'礜', 據『爾雅』「疏」所引訂正. 『廣雅』: "伏翼・飛鼠・仙鼠, 蚮蠌也.[110]" 本此. '蚮'卽'蟙'.

『이아』에서 "박쥐(편복蝙蝠)는 복익服翼"이라고 했다. 곽박「주」에 "제 지역 사람은 직묵蟙蠌이라고 부르거나, 혹은 선서仙鼠라고 한다"고 했다. 「소」에서는『방언』의 이 조항을 모두 인용하였는데 문장이 일치한다. 오늘날『방언』의 여러 판본에는 '선僊'이 모두 '선礜'으로 잘못되어 있다.『이아』와「소」에서 인용한 것을 근거로 고쳐야 한다.『광아』에서 "복익伏翼・비서飛鼠・선서仙鼠는 박쥐(직묵蚮蠌)"이라고 했는데, 여기서 근거하였다. '직蚮'은 바로 '직蟙'이다.

---

109 『爾雅・釋鳥』: "蝙蝠・服翼."

110 『廣雅・釋鳥』: "伏翼・飛鼠・仙鼠, 蚮蠌也."

역해

① 蝙蝠[편복] : 박쥐. 蝙蝠은 服翼, 飛鼠, 老鼠, 僊鼠, 蟙蠌의 풀이어휘. 함곡관으로부터 서쪽 秦隴之間에서는 蝙蝠이라고 함. 곽박 「주」에 발음은 邊, 福이라고 했는데, 이에 근거한 상고음은 [*pian], [*pjək]이다.
② 服翼[복익] : 박쥐의 다른 이름. 함곡관으로부터 동쪽 지역에서는 服翼이라고 함.
③ 飛鼠[비서] : 편복의 다른 이름. 함곡관으로부터 동쪽 지역에서는 飛鼠라고도 함.
④ 老鼠[로서] : 쥐. 함곡관으로부터 동쪽 지역에서는 老鼠라고도 함.
⑤ 僊鼠[선서] : 僊은 仙의 古字. 함곡관으로부터 동쪽 지역에서는 僊鼠라고도 함.
⑥ 蟙蠌[직묵] : 편복의 다른 이름. 北燕에서는 蟙蠌이라고 함. 곽박 「주」에 발음은 職, 墨이라고 했는데, 이에 근거한 상고음은 [*tjək], [*mək]이다.

방언 11

鴈①, 自關而東謂之䳗鵝②【音加】, 南楚之外謂之鵝③, 或謂之倉[111]䳗④.【今江東通呼爲䳗[112]】

기러기(안鴈)는 함곡관으로부터 동쪽 지역에서는 가아䳗鵝[113]【음은 가加다】라고 하고, 남초南楚 외부 지역에서는 아鵝[114]라고 하며, 혹은 창가

111 『四部叢刊』本에는 '鶬'으로 되어 있으나 戴震은 '倉'이라고 했다. 周祖謨와 華學誠이 戴震의 설을 따랐다.
112 周祖謨 『方言校箋』에는 '䳗' 다음에 '鵝'자가 빠졌다고 보았다.
113 䳗鵝는 그 우는 소리를 본 딴 것이다.
114 鵝는 일반적으로 집에서 키우는 거위를 이르지만, 넓게 쓰이면 거위와 기러

倉䮖[115]【오늘날 강동 지역에서는 가䮖라고 한다】라고도 한다.

방언소증

案『廣雅』: "鴚鵝·倉鴚, 鴈也.[116]" 本此. '鴚'卽'䮖', 亦作'駕'. 『漢書·揚雄傳』: "豈駕鵝之能捷.[117]" 古通用'駕'. 魯大夫有榮駕鵝以爲名, 卽榮成伯也. 『史記·司馬相如列傳』: "弋白鵠, 連駕鵝.[118]" 『漢書』作'駕鵝'.

『광아』에 "가아鴚鵝·창가倉鴚는 기러기(안鴈)"이라고 했다. 여기서 근거하였다. '가鴚'는 '가䮖'이며, '가駕'로 쓰기도 한다. 『한서·양웅전』에 "가아駕鵝가 어떻게 따라잡을 수 있겠는가?"라는 구절이 있는데, 옛날에는 '가駕'와 통용되었다. 노나라 대부 가운데 영가아榮駕鵝라는 이름을 가진 사람이 있는데 그가 바로 영성백榮成伯이다. 『사기·사마상여열전』에 "실에 매단 화살로 백조를 쏘아 맞췄고 가아駕鵝를 묶었다"라는 말이 있는데, 『한서』에는 '가아駕鵝'로 되어 있다.

기를 다 포함한다. 『方言』에서 말하는 것은 기러기다.

115 戴震의 『方言疏證』에서는 '鶬'자를 '倉'으로 썼다. '倉'은 '蒼'과 통한다. '倉䮖'란 이름은 색깔을 말하기도 한다.

116 『廣雅·釋鳥』: "鴚鵝·倉鴚, 鴈也."

117 『漢書·揚雄傳』: "鳳皇翔於蓬陼兮, 豈駕鵝之能捷!"

118 『史記·司馬相如列傳』: "揜翡翠, 射鵕鸃, 微矰出, 纖繳施, 弋白鵠, 連駕鵝, 雙鶬下, 玄鶴加."

역해

① 鴈[안] : 기러기.(그림자료 8-11 참조) 鴈은 鴚鵝, 鵝, 倉鴚의 풀이어휘.
② 鴚鵝[가아] : 큰 기러기. 기러기의 일종. 함곡관으로부터 동쪽에서는 鴚鵝라고 함. 곽박 「주」에 발음은 加라고 했는데, 이에 근거한 상고음은 [*krar]이다.
③ 鵝[아] : 기러기. 南楚之外에서는 鵝라고 함.
④ 倉鴚[창가] : 기러기의 다른 이름. 南楚之外에서는 또 倉鴚라고도 함. 곽박 「주」에 당시에는 江東에서 鴚로 통칭한다고 했다.

방언 12

桑飛①,【即鷦鷯也. 又名鷦鸎】 自關而東謂之工爵②, 或謂之過鸁③, 【音螺】 或謂之女匠[119]④.【今亦名爲巧婦, 江東呼布母】 自關而東謂之鸋鴂⑤.【按『爾雅』云 : "鸋鴂鴟鴞[120]" 鴟屬, 非此小雀明矣. 寧玦兩音】 自關而西謂之桑飛, 或謂之懱爵⑥.【言懱截也】

굴뚝새(상비桑飛)는【즉 초료鷦鷯[121]다. 초앵鷦鸎이라고 부르기도 한다】 함곡관으로부터 동쪽 지역에서는 공작工爵이라고 하거나, 혹은 과라過鸁라고 하거나,【음은 라螺다】 혹은 여장女鴎이라고 한다.【오늘날(곽박 당시)은 교부巧婦라고 부르기도 하고, 강동 지역에서는 포모布母라고 부른다】 함곡관으로부터 동쪽 지역에서는 영결鸋鴂이라고 부른다.【『이아』에 따르면 "영결鸋鴂은 치호

---

119 『四部叢刊』本에는 '鴎'으로 되어 있으나, 戴震은 '匠'으로 고쳤다. 華學誠은 戴震의 설을 따랐다.
120 『爾雅・釋鳥』: "鴟鴞・鸋鴂"라고 되어 있다.
121 華學誠은 이 어휘가 고대 관서 지역 방언이지만 명칭의 유래는 미상이라고 했다.

鴟鴞[122]"라고 했는데, 치鴟의 종류는 이런 작은 새가 아니다. 음은 영결寧玦이다】 함곡관으로부터 서쪽 지역에서는 상비桑飛라고 하거나, 혹은 멸작懱爵【멸작懱截이라고 한다】이라고 한다.

방언소증

案『詩・豳風』「毛傳」: "鴟鴞, 鸋鴂也." 「疏」引『方言』: "自關而東謂桑飛曰鸋鴂." 陸璣「疏」云: "鴟鴞, 似黃雀而小, 其喙尖如錐, 取茅秀爲巢, 以麻紩之, 如刺韈然, 縣著樹枝, 或一房或二房. 幽州人謂之鸋鴂, 或曰巧婦, 或曰女匠. 關東謂之工雀, 或謂之過鸁. 關西謂之桑飛, 或謂之韈雀, 或曰巧女." 「周頌」: "肇允彼桃蟲, 拚飛維鳥.[123]" 「毛傳」: "桃蟲, 鷦也." 「疏」引『方言』此條, 首句訛作'自關而東謂之桑飛, 或謂之工爵.' 與後'自關而西謂之桑飛.' 遂相剌謬. 中閒去'自關而東謂之鸋鴂'一句, 然『方言』此句'自關而東'四字亦屬重出. 『爾雅』: "桃蟲鷦, 其雌鴱.[124]" 郭璞「注」云: "鷦䳍, 桃雀也. 俗呼爲巧婦." 「疏」引『方言』此條, 作'幽人或謂之鸋鴂.' 餘竝同. 『荀子・勸學篇』: "南方有鳥焉, 名曰蒙鳩. 以羽爲巢, 而編之以髮, 繫之葦苕. 風至苕折, 卵破子死. 巢非不完也. 所繫者然也.[125]" 楊倞「注」云: "蒙鳩, 鷦鷯也. 今巧婦鳥之巢至精密, 多繫於葦竹之上是也. 蒙當爲蔑. 引『方言』: 鷦鷯, 自關而西謂之桑飛, 或謂之蔑雀." 張華「鷦鷯賦」李善「注」云: "『方言』曰: 桑飛." 郭璞「注」曰: "卽鷦鷯也." 『廣雅』: "鷦䳍・鸋鴂・果鸁・桑飛・女鴎, 工

---

122 鴟鴞에는 두 가지 해석이 있다. 하나는 올빼미라는 해석과 다른 하나는 굴뚝새라는 해석이다. 『方言』에서는 굴뚝새로 보았다.

123 『詩經・周頌・閔予小子之什・小毖』: "肇允彼桃蟲, 拚飛維鳥."

124 『爾雅・釋鳥』: "桃蟲鷦, 其雌鴱."

125 『荀子・勸學篇』: "南方有鳥焉, 名曰蒙鳩, 以羽爲巢, 而編之以髮, 繫之葦苕, 風至苕折, 卵破子死. 巢非不完也, 所繫者然也."

雀也.[126]" '爵''雀', '過''果', '鴎''匠', '幭''韈''蔑', 字異音義同.

『시경 · 빈풍』의 「모전」에 "치효鴟鴞는 굴뚝새(영결鸋鴂)"라고 했다. 「소」에서는 『방언』을 인용해 "함곡관으로부터 동쪽에서는 굴뚝새(상비桑飛)를 영결鸋鴂이라고 한다"고 했다. 육기의 「소」에서 "치효鴟鴞는 황작黃雀처럼 생겼지만 체형이 작고 부리가 송곳처럼 뾰족하다. 띠로 보금자리를 짓고 삼으로 꿰맨다. 가시가 있는 버선처럼 생겼다. 나무 가지에 매다는데 둥지가 하나 혹은 둘이다. 유주 사람은 영결鸋鴂이라고 하거나, 혹은 교부巧婦라고 하거나, 혹은 여장女匠이라고 부른다. 관동 지역에서는 공작工雀이라고 부르고, 혹은 과라過贏라고 부른다. 관서 지역에서는 상비桑飛라고 부르고, 혹은 말작韈雀이라고 부르거나, 혹은 교녀巧女라고 부른다"고 했다. 『시경 · 주송』에 "처음에는 작은 굴뚝새인줄 알았는데 후에 큰 독수리가 나올 줄 누가 알았겠는가?"란 구절이 있는데, 「모전」에 "도충桃蟲은 뱁새(초鷦)"라고 했다. 「소」에서는 『방언』의 이 항목 첫 번째 구를 인용하였지만, "함곡관으로부터 동쪽에서는 상비桑飛라고 하거나, 혹은 공작工爵이라고 한다"로 잘못되어 있다. 이 구절은 뒤에 있는 "함곡관으로부터 서쪽에서는 상비桑飛라고 부른다"와 서로 상충되며 틀렸다. 중간의 "함곡관으로부터 동쪽에서는 영결鸋鴂이라고 부른다"는 구절을 빼야 한다. 그래도 『방언』의 이 문장에는 '자관이동自關而東'이라는 네 글자가 여전히 중복되었다. 『이아』에 "도충桃蟲은 뱁새(초鷦)이며, 그 암컷은 예鴱(암뱁새)라고 한다"라는 구절이 있는데, 곽박 「주」에서는 "초묘鷦鷯는 도작桃雀이다. 민간에서 교부巧婦라고 부른다"고 했다. 「소」에서는 『방언』의 이 조항을 인용하여 "유인幽人은 혹은 영결鸋鴂이라고도 부른다(幽人或謂之鸋鴂)"라고 하였으며, 나머지는 모두 일치한다. 『순자 · 권학편』에 "남쪽에

126 『廣雅 · 釋鳥』: "鷦鷯 · 鸋鴂 · 果贏 · 桑飛 · 女鴎, 工雀也."

몽구蒙鳩라고 하는 새가 있는데, 깃털로 둥지를 만들고 머리털로 엮어 갈대에 매단다. 바람이 불면 갈대가 꺾여 알이 깨지고 새끼가 죽는다. 그것은 둥지가 완벽하지 않은 것이 아니라 그것을 매단 곳 때문"이라고 했다. 양경의 「주」에서는 "몽구蒙鳩는 굴뚝새(초료鷦鷯)다. 지금이 굴뚝새(교부巧婦)의 둥지는 대단히 정밀하게 짓지만 대부분 갈대 위에 매달기 때문이다. 몽蒙은 마땅히 멸蔑이라고 해야 한다. 『방언』을 인용하여 초료鷦鷯는 함곡관으로부터 서쪽에서는 상비桑飛라고 부르거나, 혹은 멸작蔑雀이라고 부른다"고 했다. 장화 「초료부」의 이선의 「주」에서는 "『방언』에 상비桑飛라고 한 것에 대해서, 곽박 「주」에서 '즉 초료鷦鷯'다"라고 했다. 『광아』에 "초묘鷦鶓·영결鸋鴂·과라果蠃·상비桑飛·여장女鴎은 공작工雀"이라고 했다. '작爵'과 '작雀', '과過'와 '과果', '장鴎'과 '장匠', '멸懱'과 '말韈'과 '멸蔑'은 글자는 다르지만 음과 뜻이 같다.

역해

① 桑飛[상비] : 새 이름. 뱁새. 굴뚝새.(그림자료 8-12 참조) 桑飛는 工爵, 過蠃, 女匠, 桑飛, 鸋鴂, 懱爵의 풀이어휘. 함곡관으로부터 서쪽 지역에서는 桑飛라고 함. 곽박 「주」에 당시에는 鷦鷯, 또는 鷦鸎라고 한다고 했다.

② 工爵[공작] : 굴뚝새. 함곡관으로부터 동쪽지역에서는 工爵이라고 함.

③ 過蠃[과라] : 굴뚝새. 과라. 함곡관으로부터 동쪽지역에서 또 過蠃라고도 함. 곽박 「주」에 蠃의 발음은 螺라고 했는데, 이에 근거한 상고음은 [*luar]이다.

④ 女鴎[여장] : 굴뚝새. 함곡관으로부터 동쪽지역에서 또 女匠이라고도 함. 곽박 「주」에 당시에는 巧婦라고 했으며, 江東에서는 布母라고 한

다고 했다.

⑤ 鸋鴂[영결] : 영결. 굴뚝새. 함곡관으로부터 동쪽에서는 鸋鴂이라고 함. 곽박 「주」에 발음은 寧, 玦이라고 했는데, 이에 근거한 상고음은 [*niŋ], [*kwiat]이다.

⑥ 懱爵[멸작] : 새 이름. 굴뚝새. 함곡관으로부터 서쪽지역에서는 懱爵이라고도 함.

방언 13

驪黃①, 自關而東謂之倉庚②[127].【又名商庚】 自關而西謂之驪黃,【其色黧黑而黃, 因名之】 或謂之黃鳥③, 或謂之楚雀④.

꾀꼬리(이황驪黃)는 함곡관으로부터 동쪽에서는 창경鶬鶊【상경商庚이라고도 한다】이라고 부른다. 함곡관으로부터 서쪽에서는 이황驪黃【색깔이 검으면서 노랗기 때문에 얻은 이름이다】이라고 부르고, 혹은 황조黃鳥라고 하거나, 혹은 초작楚雀이라고 부른다.

방언소증

案「夏小正」: "二月, 有鳴倉庚. 倉庚者, 商庚也. 商庚者, 長股也.[128]" 『詩・周南』: "黃鳥于飛.[129]" 「毛傳」: "黃鳥, 搏黍也." 陸璣「疏」云 : "黃

127 『四部叢刊』本에는 '鶬鶊'으로 되어 있으나, 戴震은 '倉庚'으로 고쳤다. 그러나 王念孫은 '鶬鶊'이라고 했고, 盧文弨, 周祖謨, 華學誠이 王念孫의 설을 따랐다.

128 『大戴禮記・夏小正』: "有鳴倉庚. 倉庚者, 商庚也. 商庚者, 長股也."

129 『詩經・周南・葛覃』: "黃鳥于飛, 集于灌木, 其鳴喈喈."

鳥黃鸝留也. 或謂之黃栗留. 幽州人謂之黃鸎, 一名蒼庚, 一名商庚, 一名鵹黃, 一名楚雀. 齊人謂之搏黍. 當葚熟時, 來在桑閒, 故里語曰黃栗留, 看我麥, 黃葚熟. 不亦是應節趨時之鳥也." 「豳風」: "有鳴倉庚.[130]" 「毛傳」: "倉庚, 離黃也." 鄭「箋」云: "温而倉庚, 又鳴可蠶之候也." 『爾雅』: "皇, 黃鳥.[131]" 郭璞「注」云: "俗呼黃離留, 亦名搏黍." 又: "倉庚, 商庚." 「注」云: "卽鵹黃也." 又: "鵹黃, 楚雀." 「注」云: "卽倉庚也." 『釋文』云: "『方言』自關而東謂之倉庚, 關西謂之黃鸝留也.[132]" 宋玉「高唐賦」: "王雎鸝黃.[133]" 李善「注」云: "鸝黃. 郭璞曰: 其色黧黑而黃, 因名之. 『方言』或謂黧黃爲楚雀." 『說文』云: "離黃, 倉庚也. 鳴則蠶生.[134]" '驪''鸝''黧''鵹''離', 字異音義同.

『대대례기·하소정』에 이월에는 "창경倉庚(검은 목 두루미)이 운다. 창경倉庚은 상경商庚을 말한다. 상경商庚은 다리가 길다"고 했다. 『시경·주남』에 "꾀꼬리가 날아 왔다갔다 바쁘다"라는 말이 있는데, 「모전」에서 "황조黃鳥는 박서搏黍"라고 했다. 육기의 「소」에서 "황조黃鳥는 즉 황리류黃鸝留다. 혹은 황률류黃栗留라고도 한다. 유주 사람은 황앵黃鸎이라고 하며, 일명 창경蒼庚, 일명 상경商庚, 일명 여황鵹黃, 일명 초작楚雀이라고도 한다. 제 지역 사람들은 박서搏黍라고 한다. 오디가 익을 때 뽕나무 사이를 날아다닌다고 해서 이어里語에 '황률류黃栗留는 나의 보

130 『詩經·豳風·七月』: "七月流火, 九月授衣. 春日載陽, 有鳴倉庚."

131 『爾雅·釋鳥』: "皇, 黃鳥."

132 『經典釋文(爾雅音義·釋鳥)』: "鵹, 『詩傳』作離. 阮謝同. 力知反. 施音黎. 『說文』作雞, 云: 其色黎黑而黃也. 文釋云: 離黃, 倉庚也. 鳴則蠶生. 『字林』作鵹, 力兮反. 『毛詩草木䟽』云: 黃麗, 留也. 或謂之黃栗, 留也. 幽州人謂之黃鸎, 一名倉庚, 一名商庚, 一名鵹黃, 一名楚雀. 齊人謂之搏黍, 關西謂之黃鳥. 『方言』云: 自關而東謂之倉庚, 關西謂之黃鸝, 留也."

133 『文選·賦癸·高唐賦』: "衆雀嗷嗷, 雌雄相失, 哀鳴相號. 王雎鸝黃, 正冥楚鳩."

134 『說文解字』 隹部: "離黃, 倉庚也. 鳴則蠶生. 從隹离聲."

리가 누렇게 익고 오디가 익기를 지켜본다'는 말이 있는데, 이 새는 계절에 맞추어 오가는 철새는 아니다"라고 했다. 『시경 · 빈풍』에 "꾀꼬리가 재잘재잘 나무에서 노래 부른다"라는 구절이 있는데, 「모전」에 "창경倉庚은 이황離黃"이라고 했다. 정현의 「모시전」에 "창경倉庚은 누에를 칠 때쯤 운다"고 했다. 『이아』에 "황皇은 황조黃鳥다"라고 했는데, 곽박 「주」에는 "민간에서 황리류黃離留라고 하며, 또 박서搏黍라고도 한다"고 했다. 또 '창경倉庚, 상경商庚'에 대해 「주」에서 "즉 여황鵹黃"이라고 했다. 또 '여황鵹黃, 초작楚雀'에 대해 「주」에서 "즉 창경倉庚"이라고 했다. 『경전석문』에는 "『방언』에 함곡관으로부터 동쪽에서는 창경倉庚이라고 부르고, 함곡관으로부터 서쪽에서는 황려류黃鸝留라고 부른다"고 했다. 송옥의 「고당부」에 "왕저王雎(물수리)와 리황鸝黃(꾀꼬리)"이란 구절이 있는데, 이선의 「주」에서 "곽박은 여황鸝黃이 색깔이 누렇고 검어서 붙은 명칭이라고 했으며, 『방언』에서 혹은 여황黧黃을 초작楚雀이라고도 한다"고 했다. 『설문해자』에 "여황離黃은 창경倉庚이다. 이 새가 울 때쯤 누에가 태어난다"고 했다. '여驪', '이鸝', '여黧', '여鵹', '이離'는 글자는 다르지만 음과 뜻이 같다.

역해

① 驪黃[리황] : 꾀꼬리. 驪黃은 倉庚, 黃鳥, 楚雀의 풀이어휘. 함곡관으로부터 서쪽 지역에서는 驪黃이라고 함.

② 倉庚[창경] : 꾀꼬리.(그림자료 8-13 참조) 함곡관으로부터 동쪽지역에서는 倉庚이라고 함. 곽박 「주」에 商庚은 다른 이름이라고 했다.

③ 黃鳥[황조] : 꾀꼬리.(그림자료 8-13 참조) 함곡관으로부터 서쪽 지역에서는 또 黃鳥라고도 함.

④ 楚雀[초작] : 꾀꼬리. 함곡관으로부터 서쪽 지역에서는 또 楚雀이라고

도 함.

방언 14

野鳧①, 其[135]小而好沒水中者, 南楚之外謂之鷿鷉②,【鷿, 音指辟. 鷉, 音他奚反】 大[136]者謂之鶻蹏③.【滑蹄兩音】

야생 오리(야부野鳧) 중 아주 작고 물속에 잠수하기를 좋아하는 것을 남초南楚 외부 지역에서는 벽체鷿鷉[137]【벽鷿의 음은 지벽指擘의 벽擘이다.[138] 체鷉의 음은 타해반他奚反이다】라고 부른다. 큰 것은 활제[139]鶻蹏【이 두 글자의 음은 활滑, 제蹄다】라고 한다.

방언소증

案『後漢書・馬融傳』: "鷺・鴈・鷿鷉.[140]" 「注」云: "揚雄『方言』曰: 野鳧也. 甚小好沒水中, 膏可以瑩刀劍." 張衡「南都賦」: "䴇䳒鸊鷈[141]." 李善「注」引『方言』: "野鳧, 甚小而好沒水中者. 南楚之外謂之鸊鷈." '鸊''鷿'同, '鷈''鷉'同. 『廣雅』: "鸊鷉, 鶻鷉也.[142]" 本此. 今『廣雅』'鶻'訛

135 華學誠은 '其'가 '甚'자의 오류라고 했다.

136 周祖謨는 '大' 앞에 '其'가 있어야 한다고 했다.

137 鷿鷉는 작은 체형의 야생 오리다. 입이 뾰족하고 다리는 꼬리에 가깝다. 육지에서 걸어 다닐 수가 없고 잠수에 능숙하다.

138 劉台拱은 '擘'이라고 했으며, 周祖謨와 華學誠이 이를 따랐다.

139 『漢韓大辭典』에는 '골제'라고 되어 있지만, 곽박음에 따라 '활제'라고 하였다.

140 『後漢書・馬融列傳』: "水禽鴻鵠, 鴛鴦・鷗・鷖, 鶬鴰・鸕・鷁・鷺・鴈・鷿鷉."

141 『文選・賦乙・南都賦』: "其鳥則鴛鴦鵠鷖, 鴻鴇駕鵝, 䴇䳒鷿鷈, 鷫鸘䴊鸕."

作'鵲'.

『후한서 · 마융전』에 "백로, 기러기, 야생오리는 물가에서 날개를 접고 편안히 잠이 든다"라는 구절이 있는데, 「주」에서 "양웅 『방언』에 '야생 오리다. 덩치가 아주 작고 물에 잠수하기를 좋아한다. 그 기름으로는 도검刀劍을 빛나게 할 수 있다'고 했다." 장형 「남도부」에 "물새(계역鶏鶂)와 야생오리(벽제鷿鵜)"라는 말이 있는데, 이선의 「주」에서는 『방언』을 인용해서 "야생 오리 중에 덩치가 아주 작고 물에 잠수하기를 좋아하는 것을 남초의 외부 지역에서는 벽제鷿鵜라고 한다"고 했다. '벽鷿'과 '벽鸊'은 같고 '제鵜'와 '체鷉'는 같다. 『광아』에 "벽체鷿鷉는 활체鶻鷉"라고 했는데, 여기서 근거하였다. 오늘날의 『광아』에는 '활鶻'자가 '작鵲'자로 잘못되어 있다.

역해

① 野鳧[야부] : 물오리.(그림자료 8-14 참조) 野鳧는 鸊鷉, 鶻蹏의 풀이어휘.

② 鸊鷉[벽체] : 야생오리. 오리와 비슷하나 작고 잠수를 잘 함. 그 가운데 작고 잠수하기를 좋아하는 것을 南楚之外에서는 鸊鷉라고 함. 곽박 「주」에 발음은 각각 指辟의 辟과 他奚反이라고 했는데, 이에 근거한 상고음은 [*pjik], [*thig]이다.

③ 鶻蹏[활제] : 물오리. 南楚之外에서 큰 것을 鶻蹏라고 함. 곽박 「주」에 발음은 滑, 蹄라고 했는데, 이에 근거한 상고음은 [*gwrət], [*dig]이다.

142 『廣雅 · 釋鳥』: "鸊鷉, 鶻鷉也."

방언 15

守宮①, 秦晉西夏謂之守宮, 或謂之蠦蠌②[143].【盧纏兩音】或謂之蜥[144]易③.【南陽人又呼蝘蜓】其在澤中者謂之易蜴④.【音析[145]】南楚謂之蛇醫⑤[146], 或謂之蠑螈⑥[147].【榮元兩音】東齊海岱謂之螔蜴⑦.【似蜥易大而有鱗, 今所在通言蛇醫耳. 斯侯兩音】北燕謂之祝蜒⑧.【音延】桂林之中守宮大者而能鳴謂之蛤解⑨.【似蛇醫而短, 身有鱗采[148], 江東人呼爲蛤蚧[149], 音頜[150]頷. 汝穎人直名爲蛤. 解, 音懈, 誤聲也[151]】

도마뱀(수궁守宮)은 진秦 진晉 서하西夏 지역에서는 수궁守宮이라고 하고, 혹은 로전蠦蠌【음은 로전盧纏이다】이라고도 한다. 혹은 사역蜥易【남양인은 또 언정蝘蜓이라고도 부른다】이라고 한다. 그것이 연못에 있으면 역석易蜴【음은 석析이다】이라고 한다. 남초南楚에서는 사의蛇醫라고 하고, 혹은 영원蠑螈【영원榮元이라는 음이 있다】이라고도 한다. 동제東齊 해대海岱에서는 시후螔蜴【사역과 비슷하며 크고 비늘이 있다. 오늘날의 통언通言으로는 사의蛇醫라고 한다. 또 음은 사후斯侯다】라고 한다. 북연北燕에서는 축연祝蜒【음은 연

143 吳予天은 '蠦蠌'를 '盧螈'이라고 하였으나, 華學誠은 곽박 음에 근거하여 '蠦蠌'이 틀리지 않다고 보았다.

144 『四部叢刊』本에는 '蜥'으로 되어 있으나 戴震은 '蜥'이라고 했는데, 華學誠은 '蜥易'은 '蜥易'과 같은 것으로 모두 발이 넷인 뱀을 말한다고 했다.

145 『四部叢刊』本에는 '折'로 되어 있으나 戴震은 '析'으로 고쳤다.

146 華學誠은 '蛇醫'가 '蠑螈'의 일종으로 '蜥蜴'과 다르다고 했다.

147 華學誠은 '蠑螈'이 생김새는 '蜥蜴'과 유사하지만 실제로는 다른데 머리가 납작하고 등이 검고 배가 붉은 황색을 띠며 검은색 반점이 있으며 다리가 짧고 물속에서 산다고 했다.

148 吳予天은 이 다음에 '屈尾' 두 글자가 빠졌다고 했다. 華學誠도 이를 따랐다.

149 『四部叢刊』本에는 '蛤蚖'으로 되어 있으나 戴震은 '蛤蚧'로 고쳤다.

150 『四部叢刊』本에는 '頭'로 되어 있으나 戴震은 '頜'으로 고쳤다.

151 『四部叢刊』本에는 '汝穎人直名爲蛤蠏, 音解, 誤聲也'라고 되어 있으나 戴震은 曹毅之 本에 근거하여 '汝穎人直名爲蛤. 解, 音懈, 誤聲也'로 고쳤다. 華學誠은 '誤聲也'를 '聲誤也'로 고쳐야 한다고 했다.

延이다】이라고 한다. 계림 지역에서는 수궁守宮 가운데 크고 울 수 있는 것을 합해蛤解라고 한다.【사의蛇醫와 비슷하며 길이가 짧고 몸에 채색 비늘이 있다. 강동인江東人은 합개蛤蚧라고 부르며 음은 합함頷頜이다. 여영인汝潁人은 직접 합蛤이라고 한다. 해解는 음이 해懈다. 이는 소리가 잘못된 것이다】

방언소증

案『詩・小雅』: "胡爲虺蜴.[152]" 「毛傳」: "蜴, 螈也." 「考工記」: "以脅鳴者.[153]" 鄭「注」云: "脅鳴榮原屬." 「疏」云: "此記本不同. 馬融以爲胃鳴, 干寶本以爲骨鳴, 揚雄以爲蛇醫, 或謂之榮原." 「鄭語」韋昭「注」云: "黿或爲蚖. 蚖, 蜥蜴也. 象龍." 『爾雅』: "蠑螈, 蜥蜴. 蜥蜴, 蝘蜓, 守宮也.[154]" 「疏」引『方言』此條, '易'作'蜴', '謂之易蜴'作'謂之蜥蜴', 餘竝同. 『漢書・東方朔傳』: "臣以爲龍又無角, 謂之爲蛇又有足. 跂跂脈脈善緣壁, 是非守宮卽蜥蜴.[155]" 顔師古「注」云: "守宮, 蟲名也. 術家云: 以器養之, 食以丹砂, 滿七斤, 擣治萬杵, 以點女人體, 終身不滅. 若有房室之事, 則滅矣. 言可以防閑淫逸. 故謂之守宮也. 今俗呼爲辟宮. 辟亦禦扞之義耳." 揚雄『方言』云: "其在澤中者謂之蜥蜴." 故朔曰: "是非守宮卽蜥蜴也." 字書以'蜴'爲'易'之異體. 『方言』以'蜴'爲'蜥'之異體. 後卷十内'脈蜴'亦「注」云: 音析.[156] 據『漢書』「注」及『爾雅』「疏」所引, '易蜴'二字亦倒, 當改作'蜥易'爲正. 『說文』云: "榮蚖, 蛇醫, 以注

152 『詩經・小雅・鹿鳴之什』: "維號斯言, 有倫有脊. 哀今之人, 胡爲虺蜴."

153 『周禮・冬官考工記・梓人』: "以脰鳴者, 以注鳴者, 以旁鳴者, 以翼鳴者, 以股鳴者, 以胸鳴者, 謂之小蟲之屬, 以爲雕琢."

154 『爾雅・釋魚』: "蠑螈・蜥蜴・蜥蜴・蝘蜓, 守宮也."

155 『漢書・東方朔傳』: "朔曰: 臣以爲龍又無角, 謂之爲蛇又有足, 跂跂脈脈善緣壁, 是非守宮卽蜥蜴."

156 『方言』 제10권의 33번 항목을 참조할 것.

鳴者.[157]", "在壁曰蝘蜓, 在艸曰蜥易.[158]" 『廣雅』: "蛤解, 蠦蠝, 蜥蜴也.[159]" '蠑''榮', '螈''原''蚖', 字異音義同. 「注」內'蛤蚧音頷頷[160]'各本訛作'蛤蚖音頭頷', 『永樂大典』本訛作'音頭額'. 『廣韻』'蛤''頷'同音.[161] 其'頷'字「注」云: 頷頷, 頤旁." 今據以訂正. 又'直名爲蛤解音懈', 各本訛作'直名爲蛤𣀮音解', 從曹毅之本.

『시경 · 소아』에 "왜 뱀처럼 사람을 무는가?"란 구절이 있는데, 「모전」에 "석蜴은 원螈(영원)"이라고 했다. 『주례 · 동관고공기』에 "가슴으로 소리를 내는 것"이라고 했다. 정현의 「주」에서는 "가슴으로 우는 것은 영원의 종류다"라고 했다. 「소」에서 "이에 대한 기록은 원래 조금씩 다르다. 마융은 위胃로 운다고 생각했고, 간보는 본래 뼈로 운다고 생각했다. 양웅은 사의蛇醫를 혹은 영원榮原이라고도 한다고 생각했다"고 하였다. 『국어 · 정어』의 위소 「주」에서 "원黿(영원)은 혹은 원蚖이라고도 한다. 원蚖은 석석蜥蜴(도마뱀)이며, 용龍처럼 생겼다"고 했다. 『이아』에서 "영원蠑螈은 석석蜥蜴", "석석蜥蜴은 언정蝘蜓", "언정蝘蜓은 도마뱀(수궁守宮)"이라고 했다. 「소」에서는 『방언』의 이 조항을 인용하였는데, '역易'은 '석蜴'으로 되어 있으며, '위지역석謂之易蜴'은 '위지석석謂之蜥蜴'이라고 되어 있다. 나머지는 같다. 『한서 · 동방삭전』에 "신이 생각하기에 용이라면 뿔이 없고, 뱀이라면 다리가 있다. 천천히 벽을 타고 기어 다니는 것은 수궁守宮이 아니라 석석蜥蜴"이라고 했다. 안사고의 「주」에 "수궁守宮은 벌레 이름이다. 술가術家의 말로는 '용기에 그것을 키우며 단사丹砂를 먹여 일곱 근이 될 때 만 번 빻아

157 『說文解字』 虫部: "蚖, 榮蚖, 蛇醫, 以注鳴者. 從虫元聲."
158 『說文解字』 虫部: "蝘, 在壁曰蝘蜓, 在艸曰蜥易. 從虫匽聲. 䗼, 蝘或從䖵."
159 『廣雅 · 釋魚』: "蛤解 · 蠦蝘 · 蚵蠪, 蜇蜴也."
160 『廣韻』 上聲: "頷, 胡感切. …… 頷, 『說文』曰: 顄也."
161 『廣韻』 入聲: "閤, 古沓切. …… 蛤, 蚌蛤." 『廣韻』 入聲: "閤, 古沓切. …… 頷, 頷頷, 頤傍."

서 가루로 만든 후 여자의 몸에 점을 찍어두면 평생 사라지지 않는데 만약 방사房事를 행하면 사라진다. 그래서 음탕함을 방지할 수 있다고 해서 수궁守宮이라고 한다'고 했다. 오늘날 민간에서 벽궁辟宮이라고 하는데, 벽辟은 '지키다'의 뜻이다"라고 했다. 양웅의 『방언』에는 "연못에 있는 것을 석석蜥蜴이라고 부른다"고 했다. 그래서 동방삭은 "수궁守宮이 아니라 석석蜥蜴"이라고 했다. 자서字書에서는 '석蜴'을 '역易'의 이체로 보았다. 『방언』에서는 '석蜴'을 '석蜥'의 이체로 간주했다. 뒤의 제10권에 '맥석脈蜴'의 「주」에서 "음이 석析"이라고 했다. 『한서·주』와 『이아·소』에 근거하여 '역석易蜴' 두 글자가 거꾸로 되어야 하며, '석역蜥易'으로 고쳐야 한다. 『설문해자』에 "영원榮蚖과 사의蛇醫는 우는 것을 말하며, 벽에 있는 것을 언정蝘蜓이라고 하고, 풀에 있는 것을 석역蜥易이라고 한다"고 했다. 『광아』에 "합해蛤解·노전蠦蟔은 석석蜥蜴"이라고 했다. '영蠑'과 '영榮', '원螈'과 '원原'과 '원蚖'은 글자는 다르지만 음과 뜻이 같다. 「주」의 '합개음합함蛤蚧音頷頷'은 여러 판본에 '합원음두함蛤蚖音頭頷'으로 잘못되어 있다. 『영락대전』본에는 '음두액音頭額'이라고 잘못되어 있다. 『광운』에서는 합蛤과 합頷이 같은 음이라고 했다. 그리고 '합頷'자의 주에서 "합함頷頷은 이頤 부수다"라고 했다. 지금 이것을 근거로 바로잡는다. 또 '직명위합해음해直名爲蛤解音懈'는 여러 판본에 '직명위합철음해直名爲蛤獻音解'로 잘못되어 있는데, 여기에서는 조의지 본을 따른다.

역해

① 守宮[수궁] : 도마뱀. 늘 담장이나 벽 사이에서 벌레를 잡아먹고 산다 하여 붙여진 이름. 守宮은 蠦蟔, 蜥易, 易蜴, 蛇醫, 蠑螈, 蝀蟟, 祝蜓, 蛤解의 풀이어휘. 秦晉, 西夏에서 守宮이라고 함.

② 蠦蝘[로전] : 도마뱀의 다른 이름. 秦晉, 西夏에서 또 蠦蝘이라고도 함. 곽박 「주」에 발음은 盧, 纏이라고 했는데, 이에 근거한 상고음은 [*lag], [*drjan]이다.

③ 蜥易[석역] : 도마뱀.(그림자료 8-15 참조) 秦晉, 西夏에서 또 蜥易이라고도 함. 곽박 「주」에 당시 南陽人은 또 蝘蜓라고도 한다고 했다.

④ 易蜴[역석] : 도마뱀. 秦晉, 西夏에서 연못에 사는 것을 易蜴이라고 함. 곽박 「주」에 蜴의 발음은 析이라고 했는데, 이에 근거한 상고음은 [sik]이다.

⑤ 蛇醫[사의] : 蠑螈의 다른 이름. 南楚에서는 蛇醫라고 함.

⑥ 蠑螈[영원] : 도룡뇽목 영원과의 양서 동물. 南楚에서는 또 蠑螈이라고도 함. 곽박 「주」에 발음은 榮, 元이라고 했는데, 이에 근거한 상고음은 [*gwjiŋ], [*ŋjuan]이다.

⑦ 蠀螏[시후] : 도마뱀 붙이. 守宮. 東齊海岱에서 蠀螏라고 함. 곽박 「주」에 발음은 斯, 侯라고 했는데, 이에 근거한 상고음은 [*sjig], [*gug]이다.(참조 : 곽박은 蠀螏는 蜇易와 같은데 크기가 비교적 크며 비늘이 있으며, 또 당시의 통언으로는 蛇醫라고 한다고 함)

⑧ 祝蜒[축연] : 守宮의 다른 이름. 北燕에서는 祝蜒이라고 함. 곽박 「주」에 蜒의 발음은 延이라고 했는데, 이에 근거한 상고음은 [*ran]이다.

⑨ 蛤解[합해] : 도마뱀의 일종. 桂林之中에서는 守宮 가운데 크고 울 수 있는 것을 蛤解라고 함. 곽박 「주」에 당시 江東人들은 蛤蚧라 부르며 발음은 頷頜이라고 했는데, 이에 근거한 상고음은 頷[*gəmx], 頜[*gəm]이다. 또 汝潁人들은 합해蛤解라고 부르며 解의 발음은 懈라고 했는데, 이에 근거한 상고음은 [*krigh]이다.

방언 16

宛野謂鼠[①]爲鼫[②].【宛, 新野今皆在南陽. 音錐】

완야宛野에서 쥐를 추鼫【완宛과 신야新野는 오늘의 남양南陽에 있다. 음은 추錐다】라고 말한다.

방언소증

案'鼫'亦作'鵻'. 『玉篇』云 : "南陽呼鼠爲鵻."

'추鼫'는 '추鵻'로 쓰기도 한다. 『옥편』에 "남양에서 쥐를 추鵻라고 한다"고 했다.

역해

① 鼠[서] : 쥐.
② 鼫[추] : 쥐. 宛野에서는 쥐를 鼫라고 함. 곽박 「주」에 발음은 錐라고 했는데, 이에 근거한 상고음은 [*tjəd]이다.

방언 17

雞雛[①]徐魯之間謂之䳺[162]子[②].【子幽反. 徐, 今下邳僮縣東南大徐城是也】

162 『四部叢刊』本에는 '秋侯'로 되어 있으나 戴震은 '䳺'로 고쳤다.

병아리(계추雞鶵)를 서徐 로魯에 걸친 지역에서 추자雂子라고 부른다.
【음은 자유반子幽反이다. 서徐는 오늘날 하비下邳 동현僮縣의 동남쪽 대서성大徐城이다】

방언소증

案'雂'字各本訛作'秋侯'二字. 『廣雅』: "雂, 鶵也.[163]" 曹憲『音釋』: "雂, 子幽反." 與此「注」同. 『玉篇』『廣韻』竝云: "雂, 雞鶵." 今據以訂正.

'추雂'자는 여러 판본에 '추후秋侯' 두 글자로 잘못되어 있다. 『광아』에 "추雂는 추鶵(병아리)다"라고 하였다. 조헌의 『광아음석』에는 "추雂의 음이 자유반子幽反"이라고 했다. 이는 여기의 주석과 일치한다. 『옥편』과 『광운』에 모두 "추雂는 병아리"라고 했다. 지금 이것을 근거로 바로잡는다.

역해

① 雞鶵[계추] : 병아리.
② 雂子[추자] : 병아리. 병아리를 徐魯之間에서 雂子라고 함. 곽박 「주」에 雂의 발음은 子幽反이라고 했는데, 이에 근거한 상고음은 [*tsjiəgw]이다.

---

163 『廣雅・釋鳥』: "雂子・雂・䳪, 鶵也.

방언 제9권

輶軒使者絕代語釋別國方言 第九

방언 1

戟①, 楚謂之釨②.【取名於鉤釨也】 凡戟而無刃秦晉之間謂之釨, 或謂之鏔③.【音寅】 吳揚之間謂之戈④. 東齊秦晉之間謂其大者曰鏝胡⑤.【泥鏝】 其曲者謂之鉤釨鏝胡⑥.【卽今雞鳴, 鉤釨[1]戟也】

창(극戟)을 초楚에서는 결釨이라고 한다.【굽은 결釨에서 명칭이 유래되었다】 무릇 극戟이면서 날이 없는 것을 진秦 진晉에 걸친 지역에서는 결釨이라고 하거나, 혹은 인鏔라고 한다.【음은 인寅이다】 오吳 양揚에 걸친 지역에서는 과戈라고 한다. 동제東齊 진秦 진晉에 걸친 지역에서는 그 중에 큰 것을 만호鏝胡라고 한다.【음은 니만泥鏝의 만鏝이다[2]】 그 중에 굽은 것을

1 『四部叢刊』本에는 '勾孑'이라고 되어 있으나 戴震은 '鉤釨'로 고쳤다.
2 戴震의 설에 따라 이와 같이 번역하였다.

구걸만호鉤釨[3]鏝胡라고 한다.【즉 오늘날의 계명雞鳴[4]이다. 구걸극鉤釨戟이다】

방언소증

案『春秋』莊公四年『左傳』: "楚武王荆尸, 授師孑焉.[5]" 杜預「注」云: "揚雄『方言』, 孑者, 戟也." 「疏」引『方言』: "戟謂之孑." 又引郭璞云: "取名於鉤孑也." '釨''孑', 古通用. 「考工記」: "戟, 廣寸有半寸, 内三之, 胡四之, 援五之, 倨[6]句[7]中矩, 與刺, 重三鋝.[8]" 鄭「注」云: "戟, 今三鋒戟也. 内長四寸半, 胡長六寸, 援長七寸. 刺者, 著柲前如鐏者也. 戟胡橫貫之, 胡中矩, 則援之外句磬折與." 「記」又曰: "戈, 廣二寸, 内倍之, 胡三之, 援四之. …… 倨句外博, 重三鋝.[9]" 「注」云: "戈, 今句孑戟也. 或謂之雞鳴, 或謂之擁頸. 内謂胡以内接柲者也. 長四寸, 胡六寸, 援八寸. 戈, 句兵也. 主於胡也. 俗謂之曼胡, 似此." 鄭司農云: "援, 直刃也. 胡, 其孑." 「疏」不引『方言』, 直用其文. '鉤'作'句', '鏝'作'曼', 古通用. 又'鏔'訛作'鏕', '戈'訛作'伐', 轉寫失之也. 「周書・牧誓」稱'爾戈', 「疏」引『方言』: "戟, 楚謂之孑, 吳揚之閒謂之戈." '戟'本作'戟'. 『說文』云: "戟, 有枝兵也."[10] "戈, 平頭戟也."[11] 『禮記・明堂位篇』: "越棘, 大弓, 天子之戎器也.[12]" 鄭「注」云: "棘, 戟也." 『春秋』隱公十一年『左

3 '鉤釨'은 넓고 크게 굽은 모양을 말한다.
4 勾孑戟(각이 진 미늘창)을 雞鳴이라고 하는데 그 명칭의 유래는 미상이다.
5 『春秋左傳』 莊公 四年: "楚武王荊尸, 授師孑焉, 以伐隨."
6 倨는 器物을 굽혀서 뭉툭하게 각이 진 모양을 말한다.
7 句는 器物을 굽혀 예리하게 각이 진 모양을 말한다.
8 『周禮・冬官考工記』: "戟, 廣寸有半寸, 內三之, 胡四之, 援五之. 倨句中矩, 與刺重三鋝."
9 『周禮・冬官考工記』: "戈, 廣二寸, 內倍之, 胡三之, 援四之. 已倨則不入, 已句則不決. 長內則折前, 短內則不疾. 是故倨句外博. 重三鋝."
10 『說文解字』 戈部: "戟, 有枝兵也. 從戈, 倝. 『周禮』: 戟, 長丈六尺. 讀若棘."
11 『說文解字』 戈部: "戈, 平頭戟也. 從弋, 一橫之. 象形. 凡戈之屬皆從戈."

傳』: "子都拔棘以逐之.[13]" 杜預「注」云: "棘, 戟也." 皆古字假借通用. '鏔'本作'戭'. 『說文』云: "長槍也."[14] 『廣韻』云: "鏔, 戟之無刃者, 出『方言』."[15] 蓋戟無刃, 故漢時或稱長槍, 字書遂分'戭', '鏔'爲二, 非也. '鏔'下『永樂大典』本有'音寅'二字, 諸刻皆脫去. 『廣雅』: "鏔·孑·鏝胡·戈, 戟也."[16] 本此. 「注」內'泥鏝'當作'音泥鏝之鏝.'

『춘추』 장공 4년 『좌전』에 "초 무왕은 새로운 전술인 형시荊尸로 포진하여 전사들에게 무기를 배포했다"는 구절이 있는데, 두예의 「주」에 "양웅 『방언』에서 혈孑이라는 것은 창(극戟)을 말한다고 했다." 「소」에서는 『방언』을 인용하여 "창(극戟)을 혈孑이라고 한다"고 했다. 또 곽박을 인용하여 말하기를 "구혈鉤孑에서 명칭이 유래되었다"고 했다. '걸釨'과 '혈孑'은 옛날에는 통용되었다. 『주례·동관고공기』에 "극戟은 넓이가 일촌반一寸半(약 3cm)이고, 내內[17]의 길이는 이것의 3배(9cm), 호胡[18]의 길이는 4배(12cm), 원援[19]은 5배(15cm)다. 원援과 호胡는 직각으로 되어 있다. 머리 부분의 자刺를 포함하여 무게가 여섯냥쭝(삼렬三鋝)"이라는 구절이 있다. 정현의 「주」에 "극戟은 즉 오늘날의 삼봉극三鋒戟이다. 내內의 길이는 사촌반四寸半이고, 호胡는 육촌六寸, 원援은 칠촌七寸이다. 자刺라고 하는 것은 자루 앞에 끼우는 준鐏(창고달, 창의 물미)처럼 생긴 것이다. 호胡는 가로 질러서 원援과 직각이 된다. 그러면 원援의 밖으로 향하는 부분은 경절磬折식으로 위로 향한다"라고 했다.

---

12 『禮記·明堂位篇』: "越棘, 大弓, 天子之戎器也."

13 『春秋』 隱公 十一年 『左傳』: "公孫閼與潁考叔爭車, 潁考叔挾輈以走, 子都拔棘以逐之, 及大逵"

14 『說文解字』 戈部: "戭, 長槍也. 從戈寅聲. 『春秋傳』: 有擣戭."

15 『廣韻』 上平聲: "鏔, 戟之無刃者, 出『方言』."

16 『廣雅·釋器』: "鏔·孑·鏝胡·釨·戛·戈, 戟也."

17 內는 날 아래 손잡이와 연결되는 부분을 말한다.

18 胡는 굽어 아래로 늘어뜨려진 부분을 말한다.

19 援은 戈의 주요부분으로 앞으로 돌출되어 있고 아래 위에 모두 날이 있다.

또 『주례 · 동관고공기』에서 “과戈의 넓이가 두二 촌寸이고, 내內의 길이는 두 배, 호胡의 길이는 3배, 원援의 길이는 4배다. …… 원援은 가로지르면서 약간 위로 뻗는다. 과戈의 중량은 여섯냥쭝(삼렬三鋝)”이라고 했다. 「주」에 “과戈(창)는 오늘날의 구혈극句孑戟이다. 혹은 계명雞鳴, 혹은 옹경擁頸이라고 부른다. 내內는 호胡 밑에 자루와 연결되는 부분이다. 길이가 네四 촌寸이고, 호胡는 여섯六 촌寸이며, 원援은 여덟八 촌寸이다. 과戈는 창(과戈와 극戟 두 종류를 모두 포함한다) 종류의 병기다. 주로 호胡를 사용한다. 일반적으로 만호曼胡라고 하는데 이것과 비슷하다”고 했다. 정사농鄭司農은 “원援은 곧은 날이다. 호胡는 그 혈孑”이라고 했다. 「소」에서는 『방언』을 인용하지 않고 직접 그 문장을 썼다. ‘구鉤(창, 낫, 갈고랑이)’는 ‘구句’라고 했으며, ‘만鏝(날이 없는 창)’은 ‘만曼’이라고 했는데, 옛날에는 통용되었다. 또 ‘인鏔(날 없는 창)’은 ‘오鏕’로 잘못되어 있고, ‘과戈’는 ‘벌伐’이라고 잘못되어 있는데 이는 전사의 오류로 인한 것이다. 『상서 · 목서』에 ‘이과爾戈’라는 말이 있는데, 「소」에서는 『방언』을 인용하여 “극戟을 초楚에서 혈孑이라고 하고 오吳 양揚의 사이에서는 과戈라고 한다”고 했다. ‘극戟’은 본래 ‘극戟’자다. 『설문해자』에 “극戟은 갈래가 갈라져 있는 병기”라고 했으며, “과戈는 머리가 평평한 창”이라고 했다. 『예기 · 명당위편』에 “월나라에서 생산한 극戟, 대궁大弓은 원래 모두 천자天子의 무기다”라고 했다. 정현의 「주」에 “극棘은 극戟”이라고 했다. 『춘추』 은공 11년 『좌전』에 “공손알公孫閼은 자기의 극戟을 뽑아 영고숙穎考叔을 뒤쫓아 갔다”고 했다. 두예의 「주」에 “극棘은 극戟(창끝이 두 가닥으로 갈라져 있는 창)”이라고 했는데 옛 글자에서는 가차 통용되었다. ‘인鏔’은 본래 ‘인戭(장창)’이다. 『설문해자』에 “장창長槍”이라고 했다. 『광운』에 “인鏔은 극戟 중에서 날이 없는 것이다. 『방언』에서 유래하였다”고 했다. 창 중에서 날이 없는 것을 한나라 때는 장창長槍이라고 했다. 그래서 자서에서는 ‘인戭’과 ‘인鏔’을 둘로 구분하고 있지만 이는 틀린 것이다. 『영락대전』본에는 ‘인鏔’ 다음에 '음은 인寅이다'라는 두 글자가 있다. 다른 판본에는 이것이 빠져 있다. 『광아』에 "인鏔·혈孑·만호鏝胡·과戈는 극戟(창끝이 두 가닥으로 갈라져있는 창)"이라고 했는데 여기서 근거하였다. 「주」 안의 '니만泥鏝'은 마땅히 '음은 니만泥鏝의 만鏝'이라고 해야 한다.

역해

① 戟[극] : 미늘창.(그림자료 9-1 참조) 戟은 釨, 鏔, 戈, 鏝胡, 鉤釨鏝胡의 풀이어휘.
② 釨[걸] : 미늘창. 날이 없는 미늘창. 楚에서는 釨이라고 함. 戟이면서 날이 없는 것을 秦晉之間에서는 釨이라고 함.
③ 鏔[인] : 날 없는 창. 長槍. 戟이면서 날이 없는 것을 秦晉之間에서는 또 鏔이라고도 함. 곽박 「주」에 발음은 寅이라고 했는데, 이에 근거한 상고음은 [*rid]이다.
④ 戈[과] : 끝이 뭉뚝한 창.(그림자료 9-1 참조) 吳揚之間에서는 戈라고 함.
⑤ 鏝胡[만호] : 날이 없는 창. 東齊, 秦晉之間에서는 그 가운데 큰 것을 鏝胡라고 함. 곽박 「주」에 발음은 泥鏝의 鏝이라고 했는데, 이에 근거한 상고음은 [*muan]이다.
⑥ 鉤釨鏝胡[구걸만호] : 크게 굽은 모양의 날이 없는 창. 東齊, 秦晉之間에서 그 가운데 굽은 것을 鉤釨鏝胡라고 함.

방언 2

三刃枝,【今戟中有小孑刺者, 所謂雄戟[20]也】 南楚宛郢謂之匽戟①.【音偃. 郢, 今江陵也. 余正[21]反】 其柄自關而西謂之柲②,【音祕】 或謂之殳③.

【音殊】

날이 세 갈래로 갈라진 창【오늘날 극戟 중에서 작은 짧은 칼날(혈자孑剌)이 있는 것을 웅극雄戟이라고 한다】은 남초南楚 완宛 영郢에서는 언극匽戟이라고 한다.【음은 언偃이다. 영郢은 오늘날의 강릉江陵이다. 음은 여정반余正反이다】 함곡관으로부터 서쪽에서는 그 손잡이를 비柲라고 하거나,【음은 祕다】 혹은 수殳라고 한다.【음은 수殊다】

방언소증

案『廣雅』: "匽謂之雄戟[22]", "柲, 柄也."[23] "殳, 杖也."[24] 「考工記」: "戈柲六尺有六寸, 殳長尋有四尺, 車戟常, 酋矛常有四尺, 夷矛三尋.[25]" 鄭「注」云: "柲猶柄也. 八尺曰尋, 倍尋曰常." 又'攻木之工'下「疏」引『方言』: "戟, 三刃持. 其柄, 自關而西謂之杖". '持'乃'枝'之訛. '杖'乃'柲'之訛. 『詩・衛風』: "伯也執殳.[26]" 「毛傳」: "殳長丈二尺而無刃.[27]"

『광아』에서 "언匽을 웅극雄戟이라고 한다", "비柲는 자루(병柄)다", "수

---

20 匽戟를 雄戟이라고 한다.

21 盧文弨가 曹毅之 本에 의거해 '整'이라고 했는데 周祖謨는 盧文弨가 옳다고 했다.

22 『廣雅・釋器』: "匽謂之雄戟."

23 『廣雅・釋器』: "杘・矜・柯・柌・橿・柲・弣, 柄也."

24 『廣雅・釋器』: "赽・棓・桲・棁・柍・槅殳・梃・度, 杖也."

25 『周禮・冬官考工記』: "廬人爲廬器, 戈柲六尺有六寸, 殳長尋有四尺, 車戟常, 酋矛常有四尺, 夷矛三尋."

26 『詩經・衛風・伯兮』: "伯兮朅兮, 邦之桀兮. 伯也執殳, 爲王前驅."

27 毛詩「傳」: "殳長丈二而無刃是也. 殊, 斷也."

殳는 몽둥이, 지팡이(장杖)"이라고 했다. 『주례 · 동관고공기』에 "과戈의 자루는 육척六尺육촌六寸(약 32m)이고, 수殳는 일장一丈이척二尺(약 4m)이며, 차극車戟은 일장一丈육척六尺(약 20m)이며, 이모夷矛는 이장二丈사척四尺(약 80m)"이라는 구절이 있는데, 정현의 「주」에서 "비柲는 자루(병柄)다. 팔척八尺은 심尋이고, 심尋의 두 배는 상常"이라고 했다. 또 '공목지공攻木之工' 다음의 「소」에서는 『방언』을 인용하여 "극戟은 세 갈래 칼날이 있는 것이다. 함곡관으로부터 서쪽에서는 그 자루를 장杖이라고 한다"고 했다. '지持'는 '지枝'의 오류이며, '장杖'은 '비柲'의 오류다. 『시경 · 위풍』에 "당신이 손에 수殳를 들고 있다"는 구절이 있는데, 「모전」에 "수殳는 길이가 일장一丈이척二尺이며, 칼날이 없다"고 했다.

역해

① 匽戟[언극] : 날이 세 갈래로 갈라진 창(무기이름). 南楚宛郢에서는 匽戟이라고 함. 곽박 「주」에 匽의 발음은 偃이라고 했는데, 이에 근거한 상고음은 [*ʔjanx]이다.(참조 : 곽박 당시에는 戟 중에서 작고 짧은 칼날이 있는 것을 雄戟이라 한다고 했다)

② 柲[비] : 자루. 병기. 그 손잡이를 함곡관으로부터 서쪽 지역에서는 柲라고 함. 곽박 「주」에 발음은 祕라고 했는데, 이에 근거한 상고음은 [*pjidh]이다.

③ 殳[수] : 세 날로 된 창의 자루. 그 손잡이를 함곡관으로부터 서쪽 지역에서 또 殳라고도 함. 곽박 「주」에 발음은 殊라고 했으며, 이에 근거한 상고음은 [*trjug]이다.

방언 3

矛①, 吳揚江淮南楚五湖之間謂之鍦②,【嘗蛇反. 五湖, 今吳興太湖也. 先儒處之多亦不了, 所未能詳者】 或謂之鋋③,【音蟬】 或謂之鏦④,【『漢書』曰 : "鏦殺吳王." 錯工[28]反】 其柄謂之矜⑤.【今字作穫[29], 巨巾反】

자루가 긴 창 모矛는 오吳 양揚 강회江淮 남초南楚 오호五湖에 걸친 지역에서는 사鍦라고 하거나,【음은 상사반嘗蛇反이다. 오호五湖는 오늘날(곽박 당시)의 오흥吳興 태호太湖다. 선대 유학자들이 그곳에 거주한 자가 많지만 역시 이해하지 못해서 상세히 알지 못하는 바가 있다】 혹은 선(연)鋋이라고 하거나,【음은 선蟬이다】 혹은 총鏦이라고 한다.【『한서』에 "극戟으로 오왕吳王을 죽였다"는 구절이 있다. 음은 착공반錯工反이다】 그 자루를 긍矜이라고 한다.【오늘날은 근穫자로 쓴다. 음은 거건반巨巾反이다】

방언소증

案『詩 · 鄭風』 : "二矛重英.[30]" 『釋文』全引『方言』此條文竝同. 『荀子 · 議兵篇』 : "宛鉅鐵釶, 慘如蠭蠆.[31]" 楊倞「注」引『方言』 : "自關而西謂之矛, 吳揚之閒謂之鍦." '鍦', '釶'同. 『方言』無'自關而西謂之矛'七字. 左思「吳都賦」 : "藏鍦於人.[32]" 劉逵「注」引『方言』 : "吳越以矛爲鍦." 『史記 · 商君列傳』 : "持矛而操闟戟者.[33]" 張守節『正義』引『方言』

28 『四部叢刊』本에는 '江'으로 되어 있으나, 대진은 '工'으로 고쳤다.
29 '槿'으로 되어 있는 판본도 있으나 盧文弨는 '穫'이 옳다고 했다.
30 『詩經 · 鄭風 · 淸人』 : "二矛重英, 河上乎翱翔."
31 『荀子 · 議兵篇』 : "宛鉅鐵釶, 慘如蠭蠆."
32 『文選 · 賦丙 · 吳都賦』 : "扈帶鮫函, 扶揄屬鏤, 藏鍦於人, 去戠自閭."
33 『史記 · 商君列傳』 : "君之出也, 后車十數, 從車載甲, 多力而駢脅者爲驂乘, 持

: "矛, 吳揚江淮南楚五湖之閒謂之鋋. 其柄謂之矜." 「吳王濞列傳」: "鏦殺吳王.[34]" 『集解』: "孟康曰, 『方言』戟謂之鏦." 『後漢書 · 馬融傳』: "飛鋋電激.[35]" 「注」云: "鋋, 矛也." 又: "鏦特肩." 「注」引『方言』: "吳楚之閒或謂矛爲鏦. 音楚江反." 『廣韻』引『方言』: "五湖之閒謂矛爲鋋."[36] 『廣雅』: "鏦 · 鍦, 矛也."[37] "穳謂之鋋."[38] "矜, 柄也."[39] "鍦即鍦." 「考工記 · 廬人」鄭「注」云: "凡矜八觚." 『說文』云: "矜, 矛柄也."[40] 刻本'矜'訛作'鈐', 『永樂大典』本不誤.

『시경 · 정풍』에 "두 창이 빨간 술로 겹겹이 장식된다"는 구절이 있는데, 『경전석문』에서는 『방언』의 이 구절을 전부 인용하였으며, 문장이 동일하다. 『순자 · 의병편』에 "완宛에서 생산한 강철로 만든 긴 창은 벌이나 전갈의 독침처럼 독하다"는 구절이 있는데, 양경의 「주」에서는 『방언』을 인용하여 "함곡관으로부터 서쪽에서는 모矛라고 하고, 오吳 양揚의 사이에서는 사鍦라고 한다"고 했다. '사鍦'와 '사鉈'는 같다. 『방언』에 '자관이서위지모自關而西謂之矛(함곡관으로부터 서쪽에서는 모矛라고 한다)'는 구절은 없다. 좌사의 「오도부」에 "주민마다 창을 모은다"라는 구절이 있는데, 유규의 「주」에서는 『방언』을 인용하여 "오吳 월越에서는 모矛를 사鍦라고 한다"고 했다. 『사기 · 상군열전』에 "긴 창과 교극交戟을 들고 있는 호위대"라는 구절이 있는데, 장수절의 『사기정의』에서는 『방언』을 인용하여 "모矛를 오吳 양揚 강회江淮 남초南楚 오호五湖의 사이에서는 선(연)鋋이라고 하고 그 자루를 긍矜이라고

矛而操闟戟者."

34 『史記 · 吳王濞列傳』: "吳王出勞軍, 卽使人鏦殺吳王, 盛其頭, 馳傳以聞."

35 『後漢書 · 馬融傳』: "然後飛鋋電激, 流矢雨墜, 各指所質."

36 『廣韻』下平聲: "鋋, 小矛, 『方言』曰: 五湖之閒謂矛爲鋋."

37 『廣雅 · 釋器』: "錟 · 鏦 · 鋌 · 矟 · 鍦, 矛也."

38 『廣雅 · 釋器』: "穳謂之鋋."

39 『廣雅 · 釋器』: "杘 · 矜 · 柯 · 柄 · 橿 · 柲 · 弣, 柄也."

40 『說文解字』矛部: "矜, 矛柄也. 從矛今聲."

한다"고 했다. 『사기·오왕비열전』에서는 "극戟으로 오왕을 죽였다"는 구절이 있는데, 『사기집해』에서 "맹강은 『방언』에 극戟을 총鏦이라고 한다는 구절이 있다"고 했다. 『후한서·마융전』에 "날아가는 긴 창은 번개처럼 격동적이다"는 구절이 있는데, 「주」에서 "선(연)鋋은 모矛(창)다"라고 했으며, "소 떼를 찔러 죽였다"고 했는데, 「주」에서는 『방언』을 인용하여 "오吳 초楚의 사이에서 모矛를 혹은 총鏦(창)이라고 한다. 음은 초강반楚江反이다"라고 했다. 『광운』에서는 『방언』을 인용하여 "오호五湖의 사이에서는 모矛를 선(연)鋋이라고 한다"고 했다. 『광아』에서는 "총鏦·사矠는 모矛(창)다", "찬穳(작은 창)을 선(연)鋋이라고 한다", "긍矜은 병柄(자루)이다", "사矠는 사鍦(짧은 창)다"라고 했다. 『주례·동관고공기·여인』의 정현의 「주」에 "긍矜은 칼자루(팔고八觚)다"라고 했으며, 『설문해자』에서는 "긍矜은 창의 자루다"라고 했다. 각본刻本에는 '긍矜'자가 '검鈐'자로 잘못되어 있으나, 『영락대전』본은 틀리지 않았다.

역해

① 矛[모] : 창. 긴 장대 끝의 휘어진 쌍날의 칼이 달린 병기. 矛는 鍦, 鋋, 鏦의 풀이어휘.

② 鍦[사] : 짧은 창. 吳揚江淮南楚五湖之間에서는 鍦라고 함. 곽박 「주」에 발음은 嘗蛇反이라고 했는데, 이에 근거한 상고음은 [*djar]이다.

③ 鋋[선(연)] : 쇠자루로 된 작은 창. 吳揚江淮南楚五湖之間에서 또 鋋이라고도 함. 곽박 「주」에 발음은 蟬이라고 했는데, 이에 근거한 상고음은 [*djan]이다.

④ 鏦[창(총)] : 작은 창. 吳揚江淮南楚五湖之間에서 또 鏦이라고도 함. 곽박 「주」에 발음은 錯工反이라고 했는데, 이에 근거한 상고음은

[*tshuŋ]이다.

⑤ 矜[긍] : 창자루. 吳揚江淮南楚五湖之間에서 그 손잡이를 矜이라고 함. 곽박 「주」에 발음은 巨巾反이라고 했는데, 이에 근거한 상고음은 [*gjiən]이다.

방언 4

箭①, 自關而東謂之矢②, 江淮之間謂之鍭③,【音侯】 關西曰箭. 【箭者竹名, 因以爲號】

화살(전箭)은 함곡관으로부터 동쪽에서는 시矢라고 하고, 강회江淮에 걸친 지역에서는 후鍭라고 하며,【음은 후侯다】 함곡관으로부터 서쪽에서는 전箭이라고 한다.【전箭이라는 것은 대나무 이름이며, 여기서 유래하여 그렇게 불렀다】

방언소증

案『詩 · 大雅』: "四鍭旣鈞.[41]" 「毛傳」: "鍭矢參亭." 「疏」云 : "『方言』, 關西曰箭, 江淮謂之鍭. 則鍭者, 鐵鏃之矢名也." 「考工記」: "矢人爲矢, 鍭矢參分, 一在前, 二在後.[42]" 鄭「注」云 : "參訂之而平者, 前有鐵重也." 『爾雅』: "金鏃翦羽謂之鍭."[43] 郭璞「注」云 : "今之錍箭是也." 「疏」全引『方言』引條, '鍭'訛作'鏃'. 『說文』云 : "箭, 矢也."[44] "古者

41 『詩經 · 大雅 · 行葦』: "敦弓旣堅, 四鍭旣鈞, 舍矢旣均, 序賓以賢."

42 『周禮 · 冬官考工記』: "矢人爲矢. 鍭矢參分, 茀矢參分, 一在前, 二在後."

43 『爾雅 · 釋器』: "金鏃剪羽謂之鍭, 骨鏃不剪羽謂之志."

夷牟初作矢."[45] 『爾雅·釋地』: "東南之美者, 有會稽之竹箭焉."[46] 郭「注」云: "竹箭, 篠也." 「疏」云: "是竹之小者, 可以爲箭幹者也." 馬融「長笛賦」: "特箭槀而莖立兮.[47]" 李善「注」云: "郭璞『方言·注』曰: 箭者, 竹名也."

『시경·대아』에 "후鍭(화살) 넷을 균형 있게 하고"라는 구절이 있는데, 「모전」에서는 "후시鍭矢[48]를 가지런히 하다"라고 했다. 「소」에서는 "『방언』에 함곡관으로부터 서쪽에서는 전箭이라고 하고, 강회江淮에서는 후鍭라고 한다고 했는데, 후鍭라는 것은 쇠촉 화살의 다른 이름이다." 『주례·동관고공기』에 "화살을 만드는 사람이 화살을 만들 때 가깝게 쏘는 화살인 후시鍭矢는 세 부분으로 나누는데 화살 앞부분의 1/3과 뒤의 2/3를 같은 중량으로 한다"는 구절이 있다. 정현의 「주」에서는 "세 부분으로 나눠도 균형이 맞는 것은 앞부분에 쇠가 있어서 더 무겁기 때문"이라고 했다. 『이아』에 "금속 화살촉에 끝부분을 깃털로 장식한 화살을 후鍭라고 한다"는 구절이 있다. 곽박 「주」에 "오늘날의 비전錍箭"이라고 했다. 또 「소」에서는 『방언』의 이 항 전부를 인용했는데 '후鍭'자를 '촉鏃'자로 잘못 썼다. 『설문해자』에서 "전箭은 화살(시矢)"이라고 했다. "옛날에 이모夷牟가 처음으로 화살(시矢)을 만들었다"고 했다. 『이아·석지』에 "동남 지방의 훌륭한 특산물로 회계산에서 나는 죽전竹箭"이라는 구절이 있는데, 곽박 「주」에서 "죽전竹箭은 조릿대(소篠)다"라고 했다. 「소」에서는 "대나무 가운데 가는 것은 화살

44 『說文解字』 矢部: "矰, 惟䠶矢也. 從矢曾聲."

45 『說文解字』 矢部: "矢, 弓弩矢也. 從入, 象鏑栝羽之形. 古者夷牟初作矢. 凡矢之屬皆從矢."

46 『爾雅·釋地』: "東南之美者, 有會稽之竹箭焉."

47 『文選·賦壬·長笛賦』: "特箭槁而莖立兮, 獨聆風於極危."

48 후시는 살촉을 금속으로 만들고 살깃을 가지런하게 잘라낸 화살이다. 周代 八矢 가운데 하나로, 근거리 사격이나 사냥에 썼으며, 射禮에 쓰기도 하였다.

대로 만들 수 있다"고 했다. 마융의 「장적부」에 "전죽箭竹과 고죽稾竹은 줄기가 곧으며 산꼭대기에 홀로 서있다"라는 구절이 있는데, 이선의 「주」에는 "곽박의 『방언 · 주』에 말하기를 '전箭은 대나무 이름'이라고 했다"고 되어 있다.

역해

① 箭[전] : 화살.(그림자료 9-4 참조) 箭은 矢, 鍭의 풀이어휘. 關西지역에서는 箭이라고 함.

② 矢[시] : 화살.(그림자료 9-4 참조) 함곡관으로부터 동쪽 지역에서는 矢라고 함.

③ 鍭[후] : 화살이름. 江淮之間에서는 鍭라고 함. 곽박 「주」에 발음은 侯라고 했는데, 이에 근거한 상고음은 [*gug]이다.

방언 5

鑽①謂之鍴②.【音端】

작은 창(찬鑽)을 단鍴이라고 한다.【음은 단端이다】

방언소증

案『廣雅』: "鍴謂之鑽."[49] 本此. 『說文』云 : "鑽, 所以穿也."[50]

『광아』에 "단鍴(작은 창)은 찬鑽이라고 한다"고 했는데, 여기에서 근거하였다. 『설문해자』에 "찬鑽은 뚫을 때 쓰는 것"이라고 했다.

역해

① 鑽[찬] : 창날. 살촉.

② 鍴[단] : 작은 창. 곽박 「주」에 발음은 端이라고 했는데, 이에 근거한 상고음은 [*tuan]이다.

방언 6

矜①謂之杖②51.【矛戟槿, 卽杖也】

창자루(긍矜)는 장杖이라고 한다.【모극근矛戟槿은 바로 장杖을 말한다】

방언소증

案「考工記」: "攻木之工, 輪·輿·弓·廬·匠·車·梓52" 鄭「注」云 : "廬, 矛戟矜柲也." 「疏」引『方言』: "矜謂之杖."

49 『廣雅·釋器』: "鍴謂之鑽."

50 『說文解字』 金部 : "鑽, 所以穿也. 從金贊聲."

51 『方言』 제9권의 3번 항목을 참조할 것.

52 『周禮·冬官考工記』: "攻木之工, 輪·輿·弓·廬·匠·車·梓."

『주례 · 동관고공기』에 “나무를 다루는 장인에는 윤인輪人[53] · 여인輿人[54] · 궁인弓人[55] · 여인廬人[56] · 장인匠人[57] · 거인車人[58] · 재인梓人[59] 등 일곱 종류로 나뉜다”는 구절이 있는데, 정현의 「주」에 “여인廬人은 모矛 · 극戟의 자루를 만든다”고 했다. 「소」에서는 『방언』을 인용하여 “긍矜을 장杖이라고 한다”고 했다.

역해

① 矜[긍] : 창자루. 곽박 「주」에 矛, 戟의 穫(창자루)은 바로 杖이라고 했다.
② 杖[장] : 병기. 지팡이. 몽둥이.

방언 7

劍削①, 自河而北燕趙之間謂之室②[60], 自關而東或謂之廓③, 或謂之削④, 自關而西謂之鞞⑤[61].【方婢反[62]】

칼집(검삭劍削)은 황하로부터 북쪽 지역의 연燕 조趙에 걸친 지역에서

53 주로 마차의 차바퀴와 마차의 덮개를 만든다.
54 주로 마차의 차체를 만든다.
55 활을 만든다.
56 주로 殳(창), 矛(자루가 긴 창), 戈(창), 戟(창) 등 병기의 자루를 만든다.
57 도읍의 측량과 설계, 수리시설과 기타 토목공사 등의 책임을 진다.
58 주로 쟁기와 나무, 소 마차를 만든다.
59 編鐘을 매다는 걸이, 飮器 및 箭靶(화살의 자루) 등을 만드는 목공이다.
60 『四部叢刊』本에는 ‘窒’이라고 되어 있으나 戴震은 ‘室’의 오류라고 했다.
61 『四部叢刊』本과 『方言疏證』本에는 ‘𩏂’로 되어 있으나 王念孫은 ‘鞞’으로 고쳤다. 盧文弨와 華學誠이 王念孫의 설을 따랐다.
62 『四部叢刊』本에는 ‘切’로 되어 있으나 戴震은 ‘反’으로 고쳤다.

는 실室이라고 하고, 함곡관으로부터 동쪽에서는 혹은 곽廓이라고 하거나, 혹은 삭削이라고 하며, 함곡관으로부터 서쪽에서는 병鞞이라고 한다.【음은 방비반方婢反이다】

방언소증

案'削'亦作'鞘'. 『史記·刺客列傳』: "拔劍, 劍長, 操其室.[63]" 『索隱』云: "室謂鞘也." 「貨殖列傳」: "洒削, 薄技也.[64]" 『索隱』引『方言』云: "劍削, 關東謂之削." 顏師古注『漢書』云: "削謂刀劍室也." 主爲洒刷之, 去其垢穢, 更飾合新也. 『廣雅』: "郭, 劍削也."[65] '郭''廓', 古通用. '鞞'又作'鞸'. '削''室''鞸', 亦刀劍通稱. 『說文』云: "削, 鞸也."[66] "鞸, 刀室也."[67] 『廣雅』: "鞸, 刀削也."[68]

'삭削'자는 '초鞘'자로 쓰기도 한다. 『사기·자객열전』에 "검을 뽑았는데 검이 너무 길어서 칼집만 잡았다"는 구절이 있는데, 『사기색은』에 "실室은 초鞘라고 한다"고 했다. 『사기·화식열전』에 "칼집을 씻는 것은 박약한 기술"이라는 구절이 있는데, 『사기색은』에서는 『방언』을 인용하여 "칼집(검삭劍削)을 함곡관으로부터 동쪽에서는 삭削이라고 한다"고 했다. 안사고의 『한서·주』에서 "삭削은 칼과 검의 칼집이다. 주로 그것을 문질러 씻어 때를 제거하여 새롭게 장식을 한

63 『史記·刺客列傳』: "拔劍, 劍長, 操其室. 時惶急, 劍堅, 故不可立拔."
64 『史記·貨殖列傳』: "洒削, 薄技也, 而郅氏鼎食."
65 『廣雅·釋器』: "柗·室·鄣, 劒削也."
66 『說文解字』 刀部: "削, 鞞也. 一曰析也. 從刀肖聲."
67 『說文解字』 革部: "鞞, 刀室也. 從革卑聲." 『說文解字』 革部: "鞘, 刀室也. 從革肖聲."
68 『廣雅·釋器』: "鞞·鞆, 刀削也."

다”고 했다. 『광아』에 “곽郭은 검삭劍削”이라고 했다. ‘곽郭’과 ‘곽廓’은 옛날에는 통용되었다. ‘병鞞’자는 ‘필韠’로 쓰기도 한다. ‘삭削’과 ‘실室’과 ‘필韠’은 또한 칼과 검의 칼집에 대한 통칭이다. 『설문해자』에 “삭削은 필韠이다”라고 했으며, “필韠은 칼집(도실刀室)이다”라고 했다. 『광아』에 “필韠은 칼집(도삭刀削)”이라고 했다.

역해

① 劍削[검삭] : 칼집. 劍鞘와 같음.(그림자료 9-7 참조) 劍削은 室, 廓, 削, 鞞의 풀이어휘.
② 室[실] : 칼집. 황하 북쪽, 燕趙之間에서는 室이라고 함.
③ 廓[곽] : 칼집. 함곡관으로부터 동쪽에서는 廓이라고 함.
④ 削[삭] : 칼집. 함곡관으로부터 동쪽에서 또 削이라고도 함.
⑤ 鞞[병] : 칼집. 함곡관으로부터 서쪽에서는 鞞라고 함.

방언 8

盾① 自關而東或謂之瞂②,【音伐】 或謂之干③.【干者, 扞也】 關西謂之盾.

방패(순盾)[69]는 함곡관으로부터 동쪽에서는 혹은 벌瞂이라고 하거나,【음은 벌伐이다】 혹은 간干이라고 한다.【간干이라는 것은 막다, 지키다(한扞)의 뜻이다】 함곡관으로부터 서쪽에서는 순盾이라고 한다.

---

69 華學誠은 盾이 干, 櫓, 瞂의 총칭이라고 했다.

방언소증

案『周禮・司兵』鄭「注」云 : "五盾, 干櫓之屬.[70]" 張衡「西京賦」: "植鎩縣瞂, 用戒不虞.[71]" 李善「注」引『方言』"盾, 或謂之瞂." '瞂''伐', 古通用. 『詩・秦風』: "蒙伐有苑.[72]" 「毛傳」: "蒙, 討羽也. 伐, 中干也." 鄭「箋」云 : "蒙, 厖也. 討, 雜也. 畫雜羽之文於伐, 故曰蒙伐也." 『釋文』云 : "伐, 本或作瞂." 「疏」云 : "櫓是大盾, 故以伐爲中干. 干, 伐皆盾之別名也." 「牧誓」: "比爾干.[73]" 「疏」全引『方言』此條. '盾'作'楯', 餘並同. 「費誓」: "敿乃干.[74]" 鄭「注」云 : "敿, 繫也." 王肅「注」云 : "敿盾當有紛繫持之." 『論語』: "而謀動干戈於邦內."[75] 孔安國「注」云 : "干, 盾也." 「疏」全引『方言』此條, '盾'亦作'楯'. 又云 : "今謂之旁牌, 施紛以持之. 紛如綬而小, 繫於楯以持之, 且以爲飾也." 『史記・蘇秦列傳』: "革抉吠芮.[76]" 『索隱』云 : "吠與瞂同. 芮謂繫盾之紛綬也." 『方言』云 : "盾自關而東謂之瞂, 關西謂之盾." 『廣雅』: "干・瞂・樐, 盾也."[77] '樐'卽'櫓'. 『爾雅・釋言』: "干, 扞也."[78] 孫炎「注」云 : "干, 盾, 自蔽扞."

『주례・하관・사병』에 대한 정현의 「주」에 "오순五盾은 방패의 한 종류"라고 했다. 장형의 「서경부」에 "창을 세우고 방패를 걸며 생각하지 못한 일들을 대비한다"는 구절이 있는데, 이선의 「주」에서는 『방언』을 인용하여 "순盾은 혹은 벌瞂이라고도 한다"고 했다. '벌瞂'과

70 『周禮・夏官』: "司兵掌五盾."(註 : 干櫓之屬)
71 『文選・賦甲・西京賦』: "衛尉八屯, 警夜巡晝. 植鎩懸瞂, 用戒不虞."
72 『詩經・秦風・小戎』: "蒙伐有苑, 虎韔鏤膺."
73 『尙書・牧誓』: "稱爾戈, 比爾干, 立爾矛, 予其誓."
74 『尙書・費誓』: "善敹乃甲冑, 敿乃干, 無敢不吊."
75 『論語・季氏篇』: "而謀動干戈於邦內, 吾恐季孫之憂不在顓臾而在蕭牆之內也."
76 『史記・蘇秦傳』: "革抉吠芮, 無不畢具."
77 『廣雅・釋器』: "吳・魁・干・瞂・樐・戰, 盾也."
78 『爾雅・釋言』: "干, 扞也."

'벌伐'은 옛날에는 통용되었다. 『시경 · 진풍』에 "새로 친 방패에 깃털 무늬를 그려서 장식한다"는 구절이 있는데, 「모전」에서 "몽蒙은 여러 가지 새의 털이다. 벌伐은 크기가 중간 정도 되는 방패(중간中干)"라고 했다. 정현의 「모시전」에 "몽蒙은 방厖이다. 토討는 잡雜이다. 여러 가지 새의 털을 방패에 그리기 때문에 몽벌蒙伐이라고 한다"고 했다. 『경전석문』에 "벌伐은 혹은 벌瞂이라고 쓴다"는 구절이 있는데, 「소」에서 "노櫓는 큰 방패이며, 벌伐은 크기가 중간 정도 되는 방패(중간中干)이다. 간干과 벌伐은 모두 방패의 다른 이름"이라고 했다. 『상서 · 목서』에 "너희들의 방패를 들어라"라는 구절이 있는데, 「소」에서는 『방언』의 이 조항을 전부 인용했으며, '순盾'자를 '순楯'자로 쓴 것 외에는 모두 같다. 『상서 · 목서』에 "너희들의 방패를 정비한다"는 구절이 있는데, 정현의 「주」에서 "교敿는 매다(계繫)의 뜻"이라고 했다. 왕숙의 「주」에서는 "교순敿盾은 댕기가 있고 댕기로 매어서 잡는다"고 했다. 『논어』에 "제후국 내부에서 전쟁을 일으키려고 꾀한다"는 구절이 있는데, 공안국의 「주」에서 "간干은 방패(순盾)"라고 했다. 「소」에서는 『방언』의 이 조항을 전부 인용하였으며, '순盾'자는 또 '순楯'자로도 썼다. 또 "오늘날은 방패旁牌라고 한다. 방패에 댕기를 달아서 쥔다. 댕기는 띠처럼 생겼지만 띠보다 작다. 방패에 매어서 잡을 때 쓰며, 또 장식하는 역할을 한다"고 했다. 『사기 · 소진열전』에 "가죽으로 만든 활과 방패"라는 구절이 있는데, 『사기색은』에서 "벌吷(방패)은 벌瞂(방패)과 같고, 예芮는 방패를 묶는 끈을 말한다"고 했다. 『방언』에 "순盾은 함곡관으로부터 동쪽에서는 벌瞂이라고 한다. 함곡관으로부터 서쪽에서는 순盾이라고 한다"고 했다. 『광아』에 "간干 · 벌瞂 · 노樐는 방패(순盾)다"라고 했다. '노樐'는 곧 '노櫓'다. 『이아 · 석언』에 "간干(방패)은 막다(한扞)의 뜻"이라고 했는데, 손염의 「주」에서 "간干과 순盾은 모두 자신을 호위하는 것"이라고 했다.

역해

① 盾[순] : 방패.(그림자료 9-8 참조) 盾은 瞂, 干의 풀이어휘. 關西에서는 盾이라고 함.
② 瞂[벌] : 방패. 함곡관으로부터 동쪽에서는 瞂이라고도 함. 곽박 「주」에 발음은 伐이라고 했는데, 이에 근거한 상고음은 [*bjat]이다.
③ 干[간] : 방패. 함곡관으로부터 동쪽에서는 또 干이라고도 함.

방언 9

車下鉄[79], 陳宋淮楚之間謂之畢①.[80] [81]大者[82]謂之綦②.【鹿車也, 音忌】

물렛줄(거하질車下鉄)은 진陳 송宋 회淮 초楚에 걸친 지역에서는 필畢이라고 한다. 큰 것은 기綦라고 한다.【작은 수레의 일종(녹거鹿車)이다. 음은 기忌다】

방언소증

案此言維車之索, 故郭璞「注」云 : "鹿車也." 前卷五内, "維車, 東齊

79 『四部叢刊』本에는 '鐵'로 되어 있으나 戴震은 '鐵'의 오류이며 이는 "紩'과 같다고 했다. 錢繹, 華學誠이 戴震의 설을 따랐다.
80 『四部叢刊』本에는 '未詳'이라는 郭璞 「注」가 있으나 『方言疏證』本에는 없다.
81 『四部叢刊』本에는 '大者謂之綦'가 다른 별도의 항목으로 되어 있으나 戴震은 이를 하나의 항목으로 보았다. 周祖謨는 戴震의 견해가 옳다고 했다.
82 『四部叢刊』本에는 '車'로 되어 있으나 戴震은 '者'로 고쳤다.

海岱之閒謂之道軌."[83] 『廣雅』云 : "道軌謂之鹿車."[84] 各本'鉄'訛作'鐵', 非也. 『玉篇』云 : "紩, 索也. 古作鉄." 據此, '紩'乃本字, '鉄'卽其假借字. 「考工記」: "天子圭中必.[85]" 鄭「注」云 : "必, 讀如鹿車縪之縪, 謂以組約其中央, 爲執之以備失隊." '圭中必'爲'組', '鹿車縪'爲'索', 其約束相類, 故讀如之. 「士喪禮」: "組綦, 繫于踵.[86]" 鄭「注」云 : "綦, 屨繫也. 讀如馬絆綦之綦." 「疏」云 : "馬有絆, 名爲綦." 此屨綦亦拘止屨, 蓋'屨綦''馬絆綦'與'圭中必', 義皆取於約束. '縪''畢', 古通用. 大者謂之綦, 各本別爲一條. 又改'者'作'車', 今訂正.

이것은 토리수레(쇄거維車)의 물렛줄을 말하는 것이다. 그래서 곽박의 「주」에서는 "녹거鹿車"라고 했다. 제5권에는 "쇄거維車를 동제東齊해대海岱 지역에서는 도궤道軌라고 한다"고 했다. 『광아』에는 "도궤道軌를 녹거鹿車라고 한다"고 했다. 여러 판본에는 '질鉄'이 '철鐵'로 되어 있는데, 이는 오류다. 『옥편』에 "질紩은 새끼줄(삭索)이다. 옛날에는 질鉄이라고 썼다"고 하였다. 이에 의거하면 '질紩'이 본 글자이며, '질鉄'은 그것의 가차자다. 『주례·동관고공기』에 "제왕의 규圭 중앙에 줄이 묶여 있다"라는 구절이 있는데, 정현의 「주」에서 "필必은 녹거가필鹿車加縪의 필縪처럼 읽는다. 줄로 중앙을 묶어서 그것을 잡으면 떨어뜨리는 것을 방지할 수 있다"고 했다. '규중필圭中必'은 '조組'고, '녹거역鹿車縪'은 '삭索'이다. 구속하는 것이 비슷해서 그렇게 읽는다. 『의례·사상례』에는 "신발 뒤꿈치에 묶는 줄"이라는 구절이 있는데, 정현의 「주」에서 "기綦는 신발 끈이다. 마반기馬絆綦의 기綦처럼 읽는다"고 했다. 「소」에서 "말은 고삐가 있는데 이름이 기綦"라고 했다. 이 신

83 『方言』 제5권 38번 항목을 참조할 것.

84 『廣雅·釋器』: "維車謂之麻鹿, 道軌謂之鹿車."

85 『周禮·冬官考工記』: "天子圭中必, 四圭尺有二寸, 以祀天."

86 『儀禮·士喪禮』: "夏葛屨, 冬白屨, 皆繫意緇繫句純, 組綦, 繫於踵."

발끈(구기屨綦)도 역시 신을 매는 것이며, '구기屨綦', '마반기馬絆綦', '규중필圭中必'은 모두 구속하다에서 뜻을 취한 것이다. '역繹'과 '필畢'은 옛날에는 통용되었다. '큰 것을 기綦라고 한다(大者謂之綦)'는 다른 판본에는 별도의 한 항목으로 되어 있으며, 또 '자者'를 '거車'로 고쳤는데, 지금 이것을 바로잡는다.

역해

① 畢[필] : 물렛줄. 陳宋淮楚之間에서는 畢이라고 함.
② 綦[기] : 수레의 제어장치. 陳宋淮楚之間에서 큰 것은 綦라고 함. 곽박 「주」에 발음은 忌라고 했는데, 이에 근거한 상고음은 [*gjəgh]이다.

방언 10

車轊①[87],【車軸頭也. 于[88]厲反】齊謂之轒②.【又名轑】

굴대의 머리(거예車轊)를【차축의 머리다. 음은 우려반于厲反이다】제齊에서는 룡轒이라고 한다.【또 교轑라고도 한다】

방언소증

案『史記·田單列傳』: "令其宗人盡斷其車軸末而傅鐵籠.[89]" 『索隱』云

87 『四部叢刊』本에는 '轊'라고 되어 있으나 戴震은 '轊'로 고쳤다.
88 『四部叢刊』本에는 '干'으로 되어 있으나 戴震은 '于'로 고쳤다.

: "斷其軸, 恐長相撥也. 以鐵裹軸頭, 堅而易進也. 傅者, 截其軸與轂齊, 以鐵鍱附軸末, 施轄於鐵中以制轂也." 『方言』曰 : "車轊齊謂之籠." 郭璞云 : "車軸也." '籠'卽'轆', 古通用. 所引郭「注」脱一'頭'字. 『廣雅』 : "轊・轆, 轑也."[90]

『사기・전단열전』에 "그의 종인宗人들로 하여금 굴대의 양쪽 끝을 모두 자르고 쇠로 만든 굴대를 붙이게 하였다"는 구절이 있다. 『사기색은』에서는 "굴대를 자르는 것은 길어서 서로 부딪칠까 봐서다. 쇠로 굴대 끝을 묶어 싸면 견고해져서 더욱 쉽게 나간다. 부傅라는 것은 굴대를 수레와 같은 길이로 자르고 쇠고리로 굴대의 끝을 싸며 쇠고리에 비녀장을 써서 바퀴를 고정시킨다"고 했다. 『방언』에 "굴대의 머리(거예車轊)를 제齊에서는 용籠이라고 한다"고 했는데, 곽박은 "차축車軸"이라고 했다. '농籠'은 '용轆'이며, 옛날에는 통용되었다. 인용한 곽박 「주」에는 '두頭'자가 빠졌다. 『광아』에 "예轊・용轆은 수레의 굴대 끝(교轑)을 말한다"라고 했다.

역해

① 轊[예] : 굴대의 끝. 곽박 「주」에 轊의 발음은 于厲反이라고 했는데, 이에 근거한 상고음은 [*gwjadh]이다.
② 轆[룡] : 수레 굴대의 양쪽 머리. 齊에서는 轆이라고 함. 곽박 「주」에 轑라는 다른 명칭이 있다고 했다.(轑는 수레의 굴대 끝이다)

---

89 『史記・田單列傳』 : "燕師長驅平齊, 而田單走安平, 令其宗人盡斷其車軸末而傅鐵籠."

90 『廣雅・釋器』 : "轆・轑, 轊也."

방언 11

車枸簍①,【卽車弓也. 音縷[91]】 宋魏陳楚之間謂之筷②,【今呼車子弓爲筷. 音巾幗】 或謂之篷籠③.【穹·隆兩音】 其上約謂之箹④,【卽畚帶也. 音瓜瓝】 或謂之箕⑤.【音覛[92]】 秦晉之間自關而西[93]謂之枸簍, 西隴謂之槰⑥.【卽畚[94]字, 薄晚反】 南楚之外謂之篷⑦,【今亦通呼篷】 或謂之隆屈⑧.【尾屈[95]】

수레바퀴의 테(거구루車枸簍)를【즉 거궁車弓이다. 음은 누縷다】 송宋 위魏 진陳 초楚에 걸친 지역에서는 궤筷라고 하거나,【오늘날도 거자궁車子弓을 궤筷라고 한다. 음은 건괵巾幗이다】 혹은 공롱篷籠이라고 한다.【이 두 글자의 음은 궁穹, 륭隆이다】 그 위의 약約을 착箹이라고 하거나,【즉 분대畚帶다. 음은 과박瓜瓝이다】 혹은 멱箕이라고 한다.【음은 맥覛이다】 진秦 진晉에 걸친 지역, 함곡관으로부터 서쪽에서는 구루枸簍라고 한다. 서롱西隴에서는 분槰이라고 한다.【즉 분畚자다. 음은 박만반薄晚反이다】 남초南楚의 외부에서는 봉篷이라고 하거나,【오늘날 또한 봉篷이라고 통칭한다】 혹은 융굴隆屈이라고 한다.【미굴尾屈이다】

---

91 盧文弨는 曹毅之 本에 의거해 '鏤'로 고쳤으나 劉台拱과 周祖謨는 '縷'가 맞으며 盧文弨가 틀렸다고 했다.

92 『四部叢刊』本에는 '脉'으로 되어 있으나 戴震은 '覛'으로 고쳤다.

93 王念孫은 '秦晉之間自關而西'를 '自關而西秦晉之間'으로 고쳤다. 周祖謨와 華學誠이 王念孫의 설을 따랐다.

94 『四部叢刊』本에는 '畚'으로 되어 있으나 戴震은 '畚'으로 고쳤으며, 周祖謨와 華學誠은 戴震이 옳다고 했다.

95 盧文弨는 '屈尾'로 고쳐야 한다고 했으나, 劉台拱, 王國維, 華學誠은 盧文弨의 설이 틀렸으며 원래의 '尾屈'이 맞다고 주장했다.

방언소증

案『廣雅』: "枸簍・隆屈・篠・篷・篕䉋, 軬也."[96] "筄・篾, 軬帶也."[97] 皆本此. 劉熙『釋名』云: "隆強, 言體隆而強也. 或曰車弓, 似弓曲也. 其上竹曰郎, 疏相遠晶晶然也."[98] 「注」內'音覛'多訛作'音脈', 從曹毅之本.

『광아』에 "구루枸簍・융굴隆屈・궤篠・봉篷・공롱篕䉋은 수레덮개(분軬)다"라고 했다. 또 "착筄・멱篾은 수레의 뜸을 매는 끈(분대軬帶)"이라고 했다. 모두 여기서 근거한 것이다. 유희의 『석명』에 "융강隆強은 몸체가 융기되어 구부러진 것을 말한다. 혹은 거궁車弓이라고 하며, 활처럼 구부러진 것이다. 위에 대나무를 씌운 것을 낭郎이라고 하는데, 멀리서도 빛이 난다"고 했다. 「주」의 '음맥音覛'은 대부분 '음맥音脈'이라고 잘못되어 있는데, 나는 조의지의 판본을 따른다.

역해

① 枸簍[구루]: 수레의 덮개. 枸簍는 篠, 篕䉋, 㯿, 篷, 隆屈의 풀이어휘. 秦晉之間, 함곡관으로부터 서쪽에서는 枸簍라고 함. 곽박 「주」에 簍의 발음은 縷라고 했는데, 이에 근거한 상고음은 [*ljugx]이다.

② 篠[궤]: 대나무나 나무 활처럼 구부려서 씌운 수레 덮개. 宋魏陳楚之間에서 篠라고 함. 곽박 「주」에 발음은 巾幗의 幗이라고 했는데, 이에

96 『廣雅・釋器』: "枸簍・隆屈・篠・篷・篕䉋, 軬也."

97 『廣雅・釋器』: "筄・篾, 軬帶也."

98 『釋名・釋車』: "隆强, 言體隆而强也. 或曰車弓, 似弓曲也. 其上竹曰郎, 疏相遠, 晶晶然也."

근거한 상고음은 [*kwəgh, *kwrək]이다.

③ 篕籠[공롱] : 활 모양으로 된 수레 덮개의 버팀 살. 宋魏陳楚之間에서 또 篕籠이라고도 함. 곽박 「주」에 발음은 穹, 隆이라고 했는데, 이에 근거한 상고음은 [*khwjəŋ], [*ljəŋw]이다.

④ 箹[착] : 수레의 뜸을 묶는 띠. 그 위의 約을 箹이라고 함. 곽박 「주」에 篷帶(수레의 뜸을 매는 끈)를 말한다고 했다.

⑤ 簚[멱] : 수레의 뜸을 묶는 띠. 그 위의 約을 簚이라고도 함. 곽박 「주」에 발음은 覓이라고 했으며, 이에 근거한 상고음은 [*mrik]이다.

⑥ 䈲[반] : 篷자와 같음. 수레의 뜸. 西隴에서는 䈲이라고 함. 곽박 「주」에 발음은 薄晚反이라고 했는데, 이에 근거한 상고음은 [*bjanx]이다.

⑦ 篷[봉] : 배, 수레 등을 덮어서 비, 바람, 볕을 막는 물건. 南楚之外에서는 篷이라고 함. 곽박 「주」에 당시에도 통칭으로 篷이라고 한다고 했다.

⑧ 隆屈[융굴] : 수레 덮개. 南楚之外에서 또 隆屈이라고 함.

방언 12

輪①,【車輅也】 韓楚之間謂之軑②,【音大】 或謂之軝③[99].【『詩』曰 : "約軝錯衡.[100]" 音祇】 關西謂之輚④.【音總[101]】

수레바퀴(윤輪)는【수레의 몸체 앞에 대는 횡목(거노車輅)이다[102]】 한韓 초楚에 걸친 지역에서는 대軑라고 하거나,【음은 대大다】 혹은 기軝라고 한다.【『시

99 戴震은 『설문해자』에 의거하여 '軝'로도 쓰며, 수레바퀴의 장식이라고 했다.

100 『詩經 · 小雅 · 采芑』 : "約軝錯衡, 八鸞瑲瑲."

101 『四部叢刊』本에는 '揔'으로 되어 있으나 『方言疏證』본에는 '總'이라고 했다. 華學誠은 '揔'과 '總'이 같다고 했다.

102 華學誠은 '輪'을 곽박 「주」에서 '車輅(수레의 몸체 앞에 대는 횡목)'으로 해석한 의미를 이해할 수 없다고 했다.

경』에 "붉은 가죽 바퀴통과 무늬 새긴 앞턱나무"라는 구절이 있다. 음은 기祇다】 함곡관으로부터 서쪽에서는 종輚이라고 한다.【음은 총總이다】

방언소증

案謝朓「始出尚書省詩」: "青精翼紫軑.[103]" 李善「注」引『方言』: "韓楚閒輪謂之軑." 『廣雅』: "軑・輚, 輪也."[104] 本此. '軝'『說文』亦作'軝', 從'革'.[105] 『詩・小雅』「毛傳」云: "軝, 長轂之軝也. 朱而約之." 「考工記」: "幬必負幹.[106]" 鄭「注」云: "幬負幹者, 革轂相應, 無贏不足." '軝'卽『記』之'幬革', 朱其革以幬其幹, 故曰'朱而約之.' 惟長轂盡飾, 若大車短轂則無飾, 故曰'長轂之軝.'

사조 「시출상서성시」에 "별이 천자의 수레를 보좌한다"는 구절이 있는데, 이선의 「주」에서 『방언』을 인용하여 "한韓 초楚 지역에서는 수레바퀴(윤輪)를 대軑라고 한다"고 했다. 『광아』에 "대軑・종輚은 수레바퀴(윤輪)다"라고 했는데, 여기서 근거한 것이다. '기軝'는 『설문해자』에서 '기軝'라고 하여 '혁革'부수에 속했다. 『시경・소아』의 「모전」에 "기軝는 긴 차량(장곡長轂)의 바퀴다. 붉은 것으로 묶는다"고 했다. 『주례・동관고공기』에 "수레바퀴에 씌운 가죽은 반드시 바퀴에 바짝 붙어야 한다"고 했는데, 정현의 「주」에는 "가죽을 바퀴에 씌울 때 가죽과 바퀴를 맞춰야 한다. 가죽이 남고 나무가 모자라는 경우는 없어야 한다"고 했다. '기軝'는 『주례・동관고공기』에서 말한 바퀴에 붙은

---

103 『文選・詩己・始出尚書省』: "青精翼紫軑, 黃旗映朱邸."

104 『廣雅・釋器』: "軑・輚・軨, 輪也."

105 『說文解字』 車部: "軝, 長轂之軝也, 以朱約之. 從車氏聲. 『詩』曰: 約軝錯衡. 軝, 軝或從革."

106 『周禮・冬官考工記』: "容轂必直, 陳篆必正, 施膠必厚, 施筋必數, 幬必負幹."

가죽(주혁幬革)이다. 가죽을 붉게 하여 바퀴에 붙인다. 그래서 '붉은 것으로 묶는다'고 했다. 긴 차량(장곡長轂)은 모두 장식하지만 큰 수레의 짧은 차량(단곡短轂)은 장식하지 않는다. 그래서 '긴 차량의 바퀴'라고 했다.

역해

① 輪[륜] : 수레바퀴.(그림자료 9-12 참조) 輪은 軑, 軝, 轗의 풀이어휘.
② 軑[대] : 수레바퀴. 韓楚之間에서는 軑라고 함. 곽박 「주」에 발음은 大라고 했는데, 이에 근거한 상고음은 [*dadh]이다.
③ 軝[기] : 바퀴. 韓楚之間에서는 또 軝라고도 함. 곽박 「주」에 발음은 祇라고 했는데, 이에 근거한 상고음은 [*gjig]이다.
④ 轗[종] : 수레바퀴. 關西에서는 轗이라고 함. 곽박 「주」에 발음은 總이라고 했는데, 이에 근거한 상고음은 [*tsuŋx]이다.

방언 13

輥①謂之軸②.【輥, 牛忿反】

수레의 굴대(윤輥)를 축軸이라고 한다.【윤輥의 음은 우분반牛忿反이다】

방언소증

案『廣雅』: "輥謂之軸."[107] 本此. 『玉篇』云 : "輥, 車軸也."[108]

『광아』에 “수레의 굴대(윤輑)를 축軸이라고 한다”고 했는데, 이는 여기에 근거하였다. 『옥편』에 “윤輑은 굴대(車軸)다”라고 했다.

역해

① 輑[윤] : 수레의 굴대. 곽박 「주」에 발음은 牛忿反이라고 했는데, 이에 근거한 상고음은 [* ŋ wjənx]이다.
② 軸[축] : 굴대.(그림자료 9-11~19 참조)

방언 14

轅①, 楚衛之間謂之輈②.[109]

수레의 끌채(원轅)는 초楚 위衛에 걸친 지역에서 주輈라고 한다.

방언소증

案「考工記」: “輈人爲輈.” 鄭「注」云 : “輈, 車轅也.” 『釋文』引『方言』: “楚衛之閒轅謂之輈.” 『詩・秦風』: “五楘梁輈.[110]” 「毛傳」: “楘, 歷錄也. 梁輈, 輈上句衡也. 一輈五束, 束有歷錄.” 『廣雅』: “轅謂之輈.”[111]

---

107 『廣雅・釋器』: “輑謂之軸.”
108 『玉篇』 車部 : “輑, 牛隕切. 車軸也.”
109 『四部叢刊』本에는 ‘張由反’이라는 郭璞 「注」가 있으나 『方言疏證』本에는 없다.
110 『詩經・秦風・小戎』: “小戎俴收, 五楘梁輈.”

本此.

『주례·동관고공기』에 "주인輈人(끌채를 만드는 사람)이 끌채를 만든다"는 구절이 있는데, 정현의 「주」에 "주輈는 끌채다"라고 했다. 『경전석문』에서는 『방언』을 인용하여 "초楚 위衛 지역에서 끌채(원轅)를 주輈라고 한다"고 했다. 『시경·진풍·소융』에 "가죽 띠 다섯 개로 끌채를 묶는다"는 구절이 있는데, 「모전」에서 "목楘은 무늬가 있는 모양이다. 양주梁輈는 끌채 위에 저울대(형衡)가 걸린 것이다. 한 끌채에 다섯 개의 가죽 띠로 묶는다. 가죽 띠는 무늬가 있다"고 했다. 『광아』에 "끌채(원轅)는 주輈라고 한다"고 했는데, 이는 여기에서 근거하였다.

역해

① 轅[원] : 수레의 끌채.(그림자료 9-11~19 참조) 轅은 輈의 풀이어휘.

② 輈[주] : 끌채.(그림자료 9-14 참조) 楚衛之間에서는 輈라고 함.(참조: 큰 수레의 끌채는 轅이라고 함. 전쟁이나 사냥, 장례 등에 쓰이는 작은 수레의 끌채는 輈라고 함)

방언 15

箱[①]謂之棐[②].【音俳】

111 『廣雅·釋器』: "轅謂之輈."

수레의 본체, 사람이나 짐을 싣는 곳(상箱)을 배輫라고 한다.【음은 배俳다】

방언소증

案『詩·小雅』: "不以服箱.[112]" 「毛傳」: "箱, 大車之箱也." 『廣雅』: "輫, 箱也."[113] 本此. 『玉篇』[114]『廣韻』[115]竝云: "輫, 車箱."

『시경·소아』에 "수레에 쓸 수 없다"는 구절이 있는데, 「모전」에 "상箱은 큰 수레의 본체"라고 했다. 『광아』에서 "배輫는 수레의 사람이나 짐을 싣는 곳"이라고 했다. 여기서 근거하였다. 『옥편』과 『광운』에 모두 "배輫가 수레에 짐을 싣는 곳"이라고 했다.

역해

① 箱[상]: 수레의 짐을 싣는 곳.(그림자료 9-11~19 참조)
② 輫[배]: 수레에서 사람이나 짐을 싣는 곳. 곽박 「주」에 발음은 俳라고 했는데, 이에 근거한 상고음은 [*brəd]이다.

112 『詩經·小雅·大東』: "雖則七襄, 不成報章. 睆彼牽牛, 不以服箱."
113 『廣雅·釋器』: "輫·轓, 箱也."
114 『玉篇』車部: "輫, 步回切. 車箱."
115 『廣韻』上平聲: "輫, 車箱."

방언 16

軫[①]謂之枕[②].【車後横木】

수레 뒤턱의 가로장(진軫)을 침枕이라고 한다.【수레 뒤의 횡목이다】

방언소증

案『玉篇』云 : "枕, 車後横材."[116]

『옥편』에 "침枕은 수레 뒤턱에 가로 지른 나무다"라고 했다.

역해

① 軫[진] : 수레 뒤턱의 가로장. 일설에는 수레 몸체 바닥의 틀을 이루는 사면의 가로장이라고 함.(그림자료 9-11~19 참조)
② 枕[침] : 수레의 적재함 바닥 앞뒤에 가로 지른 나무.

방언 17

車紂[①], 自關而東周洛韓鄭汝潁而東[117]謂之緧[②][118],【音秋】 或謂

116 『玉篇』 木部 : "枕, 之甚切. 臥頭所薦也. 又車後横材. 又之賃切."
117 王念孫은 '而東'을 '之間'이라고 인용했다. 周祖謨도 '之間'이 아닐까 싶다고 했다.

之曲絇③,【絇亦繩名. 『詩』曰 : "宵而索絇."】 或謂之曲綸④.【今江東通呼索[119]綸, 音倫】 自關而西謂之紂.

껑거리끈(거주車紂)은 함곡관으로부터 동쪽의 주周 낙洛 한韓 정鄭 여汝 영潁의 동쪽 지역에서는 추緧(차 고삐)라고 하거나,【음은 추秋다】 혹은 곡도曲絇라고 하거나,【도絇도 또한 승繩의 명칭이다. 『시경』에 "밤에 새끼줄을 꼰다"는 구절이 있다】 혹은 곡륜曲綸이라고 한다.【오늘날 강동 지역에서 색륜索綸이라고 통칭한다. 음은 윤倫이다】 함곡관으로부터 서쪽에서는 주紂라고 한다.

방언소증

案「考工記」: "必緧[120]其牛後." 鄭「注」云 : "關東謂紂爲緧." 「疏」云 : "『方言』: 本紂, 自關而東韓鄭汝潁而東謂之爲緧, 或謂之爲曲綸, 自關而西爲紂." '本'字誤當作'車'. 『廣韻』引『方言』: "自關而東謂緧曰紂."[121] '東'字誤當云'西'. '緧'亦作'緧'. 『說文』云 : "馬紂也."[122] 『廣雅』: "絇・紂, 緧也."[123] 本此.

『주례・동관고공기』에 "틀림없이 껑거리끈은 소의 꽁무니를 죌 것"이라는 구절이 있는데, 정현의 「주」에 "함곡관으로부터 동쪽에서

118 周祖謨는 『原本玉篇』에서 '緧'자로 썼다고 했으며, 戴震은 '緧'는 '緧'로도 쓴다고 했다.

119 周祖謨는 '爲'자가 빠졌기 때문에 보충해야 한다고 했으며, 華學誠은 周祖謨가 옳다고 했다.

120 『周禮・冬官考工記・輈人』에 '緧'로 되어 있으나, 『方言疏證』본에는 '緧'라고 되어 있다. 아마도 대진이 틀렸거나 판각하면서 오류가 생긴 것 같다.

121 『廣韻』 上聲 : "紂, 殷王号也. 『方言』云 : 自關而東謂緧曰紂, 俗作紂."

122 『說文解字』 糸部 : "緧, 馬紂也. 從糸酋聲."

123 『廣雅・釋器』 : "絇・紂, 緧也."

는 주紂를 추緧라고 한다"고 했다. 「소」에서는 "『방언』을 인용하여 주紂는 함곡관으로부터 동쪽의 한韓 정鄭 여汝 영潁의 동쪽 지역에서는 추鍬라고 하거나, 혹은 곡륜曲綸이라고 한다. 함곡관으로부터 서쪽에서는 주紂라고 한다고 했다." '본本'자는 틀렸으며 '거車'로 고쳐야 한다. 『광운』에서는 『방언』을 인용하여 "함곡관으로부터 동쪽에서는 추鍬를 주紂라고 한다"고 했다. '동東'자는 틀렸으며 '서西'라고 해야 한다. '추鍬'는 '추緧'라고 쓰기도 한다. 『설문해자』에는 "껑거리끈(마주馬紂)"이라고 했다. 『광아』에 "도綯·주紂는 껑거리끈(추緧)이다"라고 했는데, 여기서 근거하였다.

역해

① 紂[주] : 차의 껑거리 끈. 밀치끈. 紂는 鍬, 曲綯, 曲綸의 풀이어휘. 함곡관으로부터 서쪽에서는 紂라고 함.

② 鍬[추] : 緧(鞧)와 같음. 껑거리끈. 밀치끈. 함곡관으로부터 동쪽 周洛韓鄭汝潁의 동쪽 지역에서는 鍬라고 함. 곽박 「주」에 발음은 秋라고 했는데, 이에 근거한 상고음은 [*tshjəgw]이다.

③ 曲綯[곡도] : 껑거리끈. 함곡관으로부터 동쪽 周洛韓鄭汝潁의 동쪽 지역에서는 또 曲綯라고도 함.

④ 曲綸[곡륜] : 껑거리끈. 함곡관으로부터 동쪽 周洛韓鄭汝潁의 동쪽 지역에서는 또 曲綸이라고도 함. 곽박 「주」에 발음은 倫이라고 했는데, 이에 근거한 상고음은 [*ljən]이다.(참조 : 곽박 당시에 江東에서는 통칭으로 索이라고 함)

방언 18

輨①【音管】·軑②,【音大】鍊[124]鏅③.[125]【鍊, 音柬[126]. 鏅, 音度果反】關之東西曰輨, 南楚曰軑, 趙魏之間曰鍊鏅.

관輨【음은 관管이다】·대軑는【음은 대大다】 수레바퀴 끝의 휘갑쇠(간대鍊鏅)다.【간鍊은 음이 간柬이고, 대鏅는 음이 도과반度果反이다】 함곡관의 동서 지역에서는 관輨이라고 한다. 남초南楚에서는 대軑라고 한다. 조趙 위魏에 걸친 지역에서는 간대鍊鏅라고 한다.

방언소증

案「離騷」: "齊玉軑而竝馳.[127]" 『說文』云 : "軑, 車輨也."[128] "輨, 轂端沓也."[129] '輨軑'亦作'錧釱'. 『廣雅』: "鍊鏅·釱, 錧也."[130] 曹憲音釋 : '鍊'音'諫'. 『集韻』訛作'鍊', 收入一東, 與'東'同音, 引『方言』: "輨軑, 趙魏之間曰鍊鏅." 殊謬.

『초사·이소』에 "바퀴를 맞춰 나란히 하여 나아간다"는 구절이 있

124 『四部叢刊』本에는 '鍊'으로 되어 있으나 戴震은 '鍊'이라고 고쳤다.

125 『四部叢刊』본과 『方言疏證』본에는 '也'자가 없으나 王念孫과 盧文弨가 '也'를 보충하였다.

126 『四部叢刊』本에는 '東'으로 되어 있으나 戴震은 '柬'으로 고쳤으며, 盧文弨는 '諫'이라고 했다. 華學誠은 '東'은 '柬'의 오류이고 '柬'은 '諫'의 오류로, 盧文弨의 설에 따라 '諫'으로 고쳐야 한다고 했다.

127 『楚辭·離騷』: "屯余車其千乘兮, 齊玉軑而並馳."

128 『說文解字』 車部 : "軑, 車輨也. 從車大聲."

129 『說文解字』 車部 : "輨, 轂端沓也. 從車官聲."

130 『廣雅·釋器』: "鍊鏅·釱, 錧也."

는데, 『설문해자』에서 "대軑는 수레바퀴 끝의 휘갑쇠(거관車輨)"라고 했으며, "관輨은 수레바퀴 끝을 감싸는 것(곡단답轂端沓)"이라고 했다. '관대輨軑'는 '관체錧鈦'라고 쓰기도 한다. 『광아』에 "간대鍊鏅는 체관釱錧"이라고 했다. 조헌의 『광아음석』에서 '간鍊'의 음은 '간諫'이라고 했다. 『집운』에서는 '동鍊'으로 잘못 써서 동운東韻에 수록하였으며 '동東'과 같은 음으로 간주하였고, 『방언』을 인용하여 "관대輨軑는 조趙 위魏 지역에서 동대鍊鏅라고 한다"고 하였으니, 이는 매우 잘못된 것이다.

역해

① 輨[관] : 바퀴통 끝의 휘갑쇠. 함곡관의 東西 지역에서는 輨이라고 함. 곽박 「주」에 발음은 管이라고 했는데, 이에 근거한 상고음은 [*kuanx]이다.

② 軑[대] : 수레바퀴. 南楚에서는 軑라고 함. 곽박 「주」에 발음은 大라고 했는데, 이에 근거한 상고음은 [*dadh]이다.

③ 鍊鏅[간대] : 수레바퀴 끝의 휘갑쇠. 줏대. 趙魏之間에서는 鍊鏅라고 함. 鍊鏅은 輨, 軑의 풀이어휘. 곽박 「주」에 발음은 柬, 度果反이라고 했는데, 이에 근거한 상고음은 [*krianx], [*duarx]이다.

방언 19

車釭, 齊燕[131]海岱之間謂之鍋①,【音戈】 或謂之錕②.【衮衣】 自關而西謂之釭③, 盛膏者乃謂之鍋.

---

131 『四部叢刊』本과 『方言疏證』本에는 '齊燕'으로 되어 있으나 王念孫은 '燕齊'라고 인용했다. 周祖謨와 華學誠은 王念孫이 옳다고 했다.

바퀴통 안쪽에 대는 쇠로 만든 원통(거강車釭)은 제齊 연燕 해대海岱에 걸친 지역에서는 과鍋【음은 과戈다】라고 하거나, 혹은 곤錕【음은 곤의衮衣의 곤衮이다[132]】이라고 한다. 함곡관으로부터 서쪽에서는 강釭이라고 하며, 기름을 담는 것은 과鍋라고 한다.

방언소증

案『廣雅』: "鐹・錕, 釭也."[133] 本此. '鍋''鐹'同本作'楇'. 『說文』云: "釭, 車轂中鐵也."[134] "楇, 盛膏器."[135] 『史記・孟子荀卿列傳』: "炙轂過髡.[136]" 『集解』云: "劉向『別錄』'過'字作'輠', '輠'者, 車之盛膏器也." 『索隱』云: "今按文稱'炙轂過', '過'則是器名, 謂盛脂之器名." '過'與'鍋'字相近." 「注」內'衮衣'當作'音衮衣之衮'.

『광아』에 "과鐹・곤錕은 바퀴통 안쪽에 대는 쇠로 만든 원통(강釭)"이라고 했는데, 여기서 근거하였다. '과鍋'와 '과鐹'는 같으며 원래 '과楇'라고 썼다. 『설문해자』에 "강釭은 바퀴통 안쪽에 대는 쇠테다."[137]라고 했으며, "과楇는 기름을 담는 그릇"이라고 했다. 『사기・맹자순경열전』에 "끝없는 지혜를 순우곤淳于髡"이라는 구절이 있는데, 『사기집해』에서 "유향 『별록』에 '과過'자를 '과輠'로 썼으며, '과輠'는 차에 기름을 담는 그릇"이라고 했다. 『사기색은』에 "오늘날은 문장에 따라 '자곡과炙轂過'라고도 한다. '과過'는 그릇 명칭으로, 기름을 담는 그릇을

132 戴震의 설에 따라 이와 같이 번역하였다.
133 『廣雅・釋器』: "鐹・錕, 釭也."
134 『說文解字』 金部: "釭, 車轂中鐵也. 從金工聲."
135 『說文解字』 木部: "楇, 盛膏器. 從木咼聲, 讀若過."
136 『史記・孟子荀卿列傳』: "故齊人頌曰: 談天衍, 雕龍奭, 炙轂過髡."
137 『說文解字』 金部: "釭, 車轂中鐵也. 從金工聲."

말한다"고 했다. '과過'와 '과鍋'는 글자가 비슷하다. 「주」의 '곤의衮衣'는 마땅히 '음은 곤의衮衣의 곤衮'이라고 해야 한다.

역해

① 鍋[과] : 수레바퀴의 굴대 구멍에 두른 쇠테. 齊燕海岱之間에서는 鍋라고 함. 함곡관으로부터 서쪽에서는 기름을 담는 것을 鍋라고 함. 곽박 「주」에 발음은 戈라고 했는데, 이에 근거한 상고음은 [*kuar]이다.

② 錕[곤] : 굴대를 꿰는 수레 바퀴통의 쇠테. 齊燕海岱之間에서 또 錕이라고도 함. 곽박 「주」에 발음은 衮衣의 衮이라고 했는데, 이에 근거한 상고음은 [*kwənx]이다.

③ 釭[강] : 바퀴통 안쪽에 대는 쇠로 만든 원통. 함곡관으로부터 서쪽에서는 釭이라고 함.

방언 20

凡箭鏃胡合嬴者,【胡鏑在於喉下. 嬴, 邊也】四鐮①,【鐮[138], 稜也】或曰鉤腸②[139], 三鐮者謂之羊頭③, 其廣長而薄鐮[140]謂之錍④,【普蹄反】或謂之鈀⑤.【音葩】[141] 箭, 其小而長中穿二孔者謂之鉀鑪⑥[142],【今箭

138 『四部叢刊』本에는 '廉'으로 되어 있으나 戴震은 '鐮'으로 고쳤다.

139 『四部叢刊』本에는 '拘'로 되어 있으나 戴震은 '鉤'로 고쳤으며, 王念孫은 '拘腸'과 '鉤腸'이 같다고 했다. 錢繹과 華學誠은 원래의 '拘腸'을 따랐다.

140 周祖謨는 '者'를 보충해야 한다고 했다.

141 『四部叢刊』本에는 이 뒷부분이 다른 별도의 항목으로 되어 있고 다음 항목인 '방언 21'과 합해져 있으나 戴震은 이를 합하였고 '방언 21'은 별도로 분리하였다. 周祖謨는 '箭'을 삭제하고 이전 항목에 합하여야 한다고 했다. 華學誠은 周祖謨가 옳다고 했다.

錍鑿空兩邊者也. 嗑嚧兩音】 其三鐮長六尺[143]者謂之飛寅⑦,【此謂今[144]射箭也】 内[145]者謂之平題⑧.【今戲射箭, 頭題猶羊頭也.[146]】

무릇 화살촉의 목 부분 가장자리 가운데【호적胡鏑은 목 아래에 있다. 영嬴은 가장자리이다】 모서리가 정방형의 사각(사겸(렴)四鐮)인 것을【겸(렴)鐮은 모서리다】 혹은 구장拘腸이라고 하며, 모서리가 삼각형(삼겸(렴)三鐮)인 것을 양두羊頭라고 한다. 넓고 길며 얇은 모서리(겸(렴)鐮)를 비錍라고 하거나,【음은 보제반普蹄反이다】 혹은 파鈀라고 한다.【음은 파葩다】 전箭은 작고 길며 가운데 구멍이 두 개 나있는 것을 갑노鉀鑪라고 한다.【오늘날 전비箭錍는 두 쪽에 구멍을 낸 것이다. 이 두 글자의 음은 합노嗑嚧다】 그 모서리가 삼각형(삼겸(렴)三鐮)인 것이 길이가 여섯 척尺이면 비맹飛寅이라고 한다.【이것은 오늘날의 화살이다】 세모 창(구内)으로 된 것을 평제平題라고 한다.【오늘날 유희로 쏘는 화살을 말한다. 제題는 머리를 말한다. 양머리처럼 생겼다】

방언소증

案'鐮'古通用'廉', 亦作'鎌'. '鉤'各本訛作'拘'. '六尺'訛作'尺六'. 「注」内'鐮, 稜也.' '鐮'訛作'廣'. 潘岳「閒居賦」: "激矢寅飛.[147]" 李善「注」引『方

142 문헌상의 용례와 명칭의 유래 모두 미상이다.

143 『四部叢刊』本에는 '尺六'이었으나 戴震은 '六尺'으로 고쳤다. 그러나 錢繹의 『方言箋疏』에서는 화살의 길이가 '六尺'이면 너무 길어서 쏠 수가 없으며, 寅矢는 본래 짧은 화살을 가리키는데 '尺六'은 그렇게 짧은 것도 아니기 때문에 '尺六'이 맞다고 했으며 華學誠도 錢繹의 설을 따랐다.

144 王國維는 '今' 다음에 '箭'자를 보충해야 한다고 했다.

145 戴震은 '内'로 고쳤으며, 華學誠은 이것이 厹(세모 창)자라고 했다. 이는 화살촉이 세모인 것을 가리킨다.

146 周祖謨는 郭璞「注」에 오류가 있으며, 마땅히 '今戲射箭也. 題, 頭也. 猶羊頭也'가 되어야 맞다고 했다.

147 『文選・賦辛・閑居賦』: "炮石雷駭, 激矢蝱飛."

言』: "凡箭三鎌謂之羊頭, 三鎌長六尺謂之飛寅." 又引郭璞曰: "此謂今射箭也. 鎌, 稜也." 『爾雅』『釋文』引『方言』: "箭廣長而薄廉者謂之錍."[148] 『廣雅』: "平題・鈀・錍・鉤腸・羊頭・鉀鑪・鏃・砮, 鏑也."[149] 本此. 『廣韻』'鈀'字下引『方言』云: "江東呼鎞箭."[150] 今『方言』無此語. 所引似'鈀箭'下注文, 今脱去. 諸刻自'箭'字以下誤別之爲一條. 劉熙『釋名』: "矢又謂之箭. 其本曰足, 又謂之鏑. 齊人謂之鏃.[151]"

'겸(렴)鐮'은 옛날에 '렴廉'과 통용되었으며 '겸鎌'으로 쓰기도 한다. '구鉤'는 여러 판본에서 '구拘'로 잘못되어 있으며, '육척六尺'은 '척육尺六'으로 잘못되어 있다. 「주」의 '겸(렴)鐮은 모서리(릉稜)'라는 구절은 '겸(렴)鐮'자가 '광廣'자로 잘못되어 있다. 반악의 「한거부」에 "쏘는 화살은 등에 나는 것처럼"이라는 구절이 있는데, 이선의 「주」에서는 『방언』을 인용하여 "화살 가운데 모서리가 삼각형인 삼겸三鎌을 양두羊頭라고 하며, 모서리가 삼각형인 삼겸三鎌이 길이가 여섯 척이면 비맹飛寅이라고 한다"고 했다. 또 곽박의 말을 인용하여 "이는 오늘날의 쏘는 화살(사전射箭)을 말한다. 겸鎌은 모서리(릉稜)"라고 했다. 『이아』와 『경전석문』에서는 『방언』을 인용하여 "화살의 넓이가 길고 모서리가 얇은 것을 비錍라고 한다"고 했다. 『광아』에는 "평제平題・파鈀・비錍・구장鉤腸・양두羊頭・갑노鉀鑪・족鏃・노砮는 화살촉(적鏑)"이라고 했다. 여기서 근거하였다. 『광운』의 '파鈀'자에서는 『방언』을 인용하여

148 『經典釋文(爾雅音義・釋器)』: "錍, 音匹迷反. 『方言』云: 箭, 廣長而薄廉者謂之錍."

149 『廣雅・釋器』: "平題・鈀・錍・鉤腸・羊頭・鉾鑪・鏃・砮, 鏑也."

150 『廣韻』 下平聲: "鈀, 『方言』云: 江東呼鎞箭."

151 『釋名・釋兵』: "矢, 指也. 言其有所指向迅疾也. 又謂之箭, 箭, 進也. 其本曰足, 矢形似木, 木以下爲本, 以根爲足也. 又謂之鏑. 鏑, 敵也. 可以禦敵也. 齊人謂之鏃. 鏃, 族也. 言其所中皆族滅也. 關西曰釭. 釭, 鉸也. 言有交刃也. 其體曰幹, 言梃幹也. 其旁曰羽, 如鳥羽也. 鳥須羽而飛, 矢須羽而前也. 齊人曰衛, 所以導衛矢也. 其末曰栝. 栝, 會也. 與弦會也. 栝旁曰叉, 形似叉也."

"강동 지역에서는 비전鎞箭이라고 한다"고 했다. 오늘날의 『방언』에는 이 구절이 없다. 아마도 '파전鈀箭' 아래의 주석을 인용한 것 같은데 오늘날의 판본에는 이것도 빠져 있다. 그리고 여러 판본에는 '전箭'자 다음을 따로 한 조항으로 만들었는데 이는 잘못되었다. 유희의 『석명』에 "시矢는 또 전箭이라고 한다. 원래 족足이라고 하며 또 적鏑이라고도 한다. 제나라 사람은 촉鏃이라고 한다"고 했다.

역해

① 四鐮[사렴(겸)] : 鐮은 화살촉의 모서리. 모서리가 사각인 화살촉.(그림자료 9-20 참조) 화살촉 목 부분이 싸여 있는 것 가운데 모서리가 정방형의 사각인 것을 四鐮이라고 함.

② 鉤腸[구장] : 화살촉 목 부분이 싸여 있는 것 가운데 모서리가 정방형의 사각인 것.(그림자료 9-20 참조) 화살촉 목 부분이 싸여 있는 것 가운데 모서리가 정방형의 사각인 것을 또 鉤腸이라고도 함.

③ 羊頭[양두] : 세모꼴의 화살촉.(그림자료 9-20 참조) 모서리가 삼각형인 것을 羊頭라고 함.

④ 錍[비] : 화살촉의 하나. 鈚로도 씀. 넓고 길며 얇은 모서리를 錍라고 함. 곽박 「주」에 발음은 普蹄反이라고 했는데, 이에 근거한 상고음은 [*phig]이다.

⑤ 鈀[파] : 화살촉의 하나. 넓고 길며 얇은 모서리를 또 鈀라고도 함. 곽박 「주」에 발음은 葩라고 했는데, 이에 근거한 상고음은 [*phrag]이다.

⑥ 鉀鑪[갑로] : 화살촉 이름.(그림자료 9-20 참조) 전箭이 작고 길며 가운데 구멍이 두 개 나있는 것을 鉀鑪라고 함. 곽박 「주」에 발음은 嗑, 嚧라고 했는데, 이에 근거한 상고음은 [*kap], [*lag]이다.

⑦ 飛寅[비맹] : 화살이름.(그림자료 9-20 참조) 그 모서리가 삼각형으로

길이가 여섯 尺이면 飛寅이라고 함. 곽박 「주」에 이것은 당시의 射箭이라고 했다.

⑧ 平題[평제] : 화살촉 이름. 세모창으로 된 것을 平題라고 함.

방언 21

所以藏箭弩謂之箙①[152].【盛弩箭器也. 『外傳』曰 : "檿弧箕箙."】 弓②[153]謂之鞬③,【犍[154]牛】 或謂之韇【牛犢】丸[155]④.

화살과 쇠뇌(전노箭弩)를 보관하던 기구를 복箙이라고 한다.【쇠뇌와 화살을 담아두던 기구다. 『외전』에 "염호檿弧[156]와 기복箕箙[157]"이라는 구절이 있다】 궁弓을 건鞬이라고 하거나,【음은 건우犍牛의 우牛다[158]】 혹은 독환韇【음은 우독牛犢의 독犢이다[159]】丸이라고도 한다.

---

152 『四部叢刊』本에는 이 항목이 위의 항목과 연이어 있으나 『方言疏證』本에서는 이를 다른 항목으로 보았다. 盧文弨는 戴震을 따르지 않았으며, 劉台拱은 戴震을 따랐고, 錢繹, 周祖謨, 華學誠은 원래의 판본을 따랐다.

153 周祖謨는 '弓' 앞에 '藏'자가 빠졌다고 했다. 華學誠은 '所以盛' 세 글자가 빠진 것으로 추정되지만 지금 확실하게 단정을 내릴 수 없으므로 원래의 판본을 따르는 것이 좋다고 했다.

154 『四部叢刊』本에는 '鞬牛'라고 되어 있으나 戴震은 '犍牛'로 고쳤다.

155 『四部叢刊』本에는 '丸'자가 없으나 戴震은 여기에 '丸'을 보충하였으며, 여러 판본에서 '丸'을 '凡'으로 보고 이를 다음 항목의 '矛' 앞에 덧붙였다고 했다.

156 檿은 뽕나무의 이름이며 활을 만드는 재료다. 그래서 檿弧라고 한다.

157 箕는 풀이름으로, 질겨서 화살통을 만드는 원료로 사용된다.

158 대진의 견해에 따라 이렇게 번역했다.

159 대진의 견해에 따라 이렇게 번역했다.

案『詩・小雅』: "象弭魚服.[160]" 鄭「箋」云: "魚服, 矢服也." 『周禮・司弓矢』: "中秋獻矢箙.[161]" 鄭「注」云: "箙, 盛矢器也. 以獸皮爲之." '箙''服', 古通用. 「鄭語」韋昭「注」云: "服, 矢房." 『後漢書・董卓傳』: "雙帶兩鞬.[162]" 「注」引『方言』: "所以藏箭謂之服. 藏弓爲鞬," '韇'本作'韥', 古通用'櫝'. 各本'丸'訛作'凡', 因誤在下條'矛'字上. 「南匈奴傳」: "弓鞬韥丸一.[163]" 「注」云: "『方言』藏弓爲鞬, 藏箭爲韥丸. 卽箭箙也." 『春秋』昭公二十五年『左傳』: "公徒釋甲執冰而踞.[164]" 服虔「注」云: "冰, 櫝丸蓋也." 「疏」引『方言』: "弓藏謂之鞬, 或謂之櫝丸." 今據此兩引訂正. 鮑昭「擬古詩」: "氈帶佩雙鞬, 象弧插彫服.[165]" 李善「注」引『方言』: "所以藏箭弩謂之服, 所以盛弓謂之鞬." 『廣雅』: "鞬, 弓藏也."[166]"皾丸, 矢藏也." '皾丸'卽'韥丸'. '鞬'與'韥丸', 『後漢書』「注」所引『方言』與『廣雅』合. 「注」內'犍牛', '牛犢'當作'音犍牛之犍', '音牛犢之犢'. 『釋名』云: "矢其受之器, 以皮曰箙, 織竹曰笮. 步叉, 人所帶以箭叉其中也. 馬上曰鞬. 鞬, 建也. 弓矢並建立其中也."[167]

『시경・소아』에 "상아로 장식한 활과 가죽으로 만든 전통"이라는 구절이 있는데, 정현의 「모시전」에 "어복魚服은 전통(시복矢服)"이라고

160 『詩經・小雅・采薇』: "四牡翼翼, 象弭魚服. 豈不日戒, 玁狁孔棘."

161 『周禮・夏官・司馬』: "中春獻弓弩, 中秋獻矢箙."

162 『後漢書・董卓列傳』 第六十二: "卓膂力過人, 雙帶兩鞬, 左右馳射, 爲羌胡所畏."

163 『後漢書・南匈奴傳』: "今齎雜繒五百匹, 弓鞬韥丸一, 矢四發."

164 『春秋左傳』 昭公 二十五年: "救諸, 帥徒以往, 陷西北隅以入, 公徒釋甲, 執冰而踞, 遂逐之."

165 『文選・詩庚・擬古詩』: "氈帶佩雙鞬, 象弧插雕服."

166 『廣雅・釋器』: "鞬・韔・櫜・韜・韣, 弓藏也."

167 『釋名・釋兵』: "其受矢之器, 以皮曰箙, 柔服用之義也. 織竹曰笮, 相迫笮之名也. 步叉, 人年帶, 以箭叉於其中也. 馬上曰鞬. 鞬, 建也. 弓矢並建立其中也."

했다. 『주례·사궁시』에 "매년 추석 때 만든 화살과 전통을 나라에 바친다"는 구절이 있는데, 정현의 「주」에서 "복箙은 화살을 담던 기구다. 짐승의 가죽으로 만들었다"고 했다. '복箙'과 '복服'은 옛날에는 통용되었다. 『국어·정어』의 위소 「주」에서 말하기를 "복服은 화살을 보관하던 것"이라고 했다. 『후한서·동탁전』에 "활을 보관하는 기구 두 개를 지니고 있다"는 구절이 있는데, 「주」에서는 『방언』을 인용하여 "화살을 보관하는 기구를 복服이라고 하고, 활을 보관하는 기구를 건鞬이라고 한다"고 했다. '독韇'은 원래 '독韥'이라고 썼으며 옛날에는 '독櫝'과 통용되었다. 아래 조항의 '모矛' 때문에 여러 판본에 '환丸'이 '범凡'으로 잘못되어 있다. 『후한서·남흉노전』에 "활과 화살을 보관하는 기구 한 세트"라는 구절이 있는데, 「주」에서는 "『방언』에 활을 보관하는 기구는 건鞬이고, 화살을 보관하는 기구는 독환韥丸, 즉 전통(전복箭箙)"이라고 했다. 『춘추』 소공 25년 『좌전』에 "노 소공의 군대가 모두 갑옷을 벗고 전통 뚜껑(빙冰)을 들고 쪼그리고 앉아서 쉬고 있다"는 구절이 있는데, 복건의 「주」에서 "빙冰은 전통 뚜껑(독환개櫝丸蓋)"이라고 했다. 「소」에서는 『방언』을 인용하여 "활을 담는 것을 건鞬, 혹은 독환櫝丸이라고 한다"고 했다. 지금 이 두 곳의 인용을 근거로 바로잡는다. 포소 「의고시」에 "모전 띠에 활을 보관하는 건鞬 두 개를 차고, 상아로 장식한 활은 무늬가 새겨진 기구에 꼽아두었다"는 구절이 있는데, 이선의 「주」에서는 『방언』을 인용하여 "화살을 보관하는 기구를 복服이라고 하고, 활을 보관하는 기구를 건鞬이라고 한다"고 했다. 『광아』에 "건鞬은 활을 보관하는 기구"라고 했으며, "독환皾丸은 화살을 보관하는 기구다"라고 했다. '독환皾丸'은 즉 '독환韥丸'이다. '건鞬'과 '독환韥丸'에 관해서는 『후한서·주』에서 인용한 『방언』과 『광아』가 일치한다. 주석의 '건우犍牛'와 '우독牛犢'은 각각 '음이 건우犍牛의 건犍'과 '음이 우독牛犢의 독犢'이어야 한다. 『석명』에 "화살을 담는 기구를 가죽으로 만들었으면 복箙이라고 하고, 대나무로 엮어 만들었으면 착笮이라고 한다", "보차步叉는 사람이 지니고 있으며 그 안에 화살을 꽂아두는 곳이다. 말 위에서는 건鞬이라고 한다. 건鞬은 건建이다. 화살과 활을 함께 그 안에 꽂아둔다"고 했다.

역해

① 箙[복] : 箭筒.(그림자료 9-21 참조) 화살과 쇠뇌를 보관하던 기구를 복箙이라고 함.
② 弓[궁] : 활.(그림자료 9-21 참조)
③ 鞬[건] : 동개. 활을 넣어두던 것을 鞬이라고 함. 곽박 「주」에 발음은 犍牛의 犍이라고 했는데, 이에 근거한 상고음은 [*gjian]이다.
④ 韣丸[독환] : 활집. 전통. 활을 넣어두던 것을 또 韣丸이라고도 함. 곽박 「주」에 韣발음은 牛犢의 犢이라고 했는데, 이에 근거한 상고음은 [*duk]이다.

방언 22

矛[168]骹細如鴈脛者謂之鶴厀①.【今江東呼爲鈐[169]釘】[170] 有小枝刃者謂之鉤釨②.[171] 矛③或謂之釨④.[172] 錟⑤謂之鈹⑤.【今江東呼大矛爲鈹,

168 『四部叢刊』本에는 '矛' 앞에 '凡'이 있으나 戴震은 이것이 앞 항목 끝 글자 '丸'의 오류라고 했다.
169 『四部叢刊』本과 『方言疏證』本에는 '鈐'로 되어 있으나, 盧文弨는 '鈴'으로 고쳤다. 劉台拱과 華學誠은 盧文弨가 옳다고 했다.
170 『四部叢刊』本에는 이 뒷부분이 다른 항목으로 되어 있으나 戴震은 같은 항목으로 보았다.
171 『四部叢刊』本에는 이 뒷부분이 다른 항목으로 되어 있으나 戴震은 같은 항목으로 보았다.

音彼[173]. 錟音聃】[174] 骹⑥謂之銎⑦.【即矛刃下口, 音凶】[175] 鐏⑧謂之釬⑨.【音扞, 或名爲鐓, 音頓】

슴베가 기러기 정강이처럼 가늘게 생긴 창을 학슬鶴膝이라고 한다.【오늘날 강동 지역에서는 검정鈐釘이라고 부른다】 짧게 갈라진 칼날이 있는 것을 구걸鉤釨[176]이라고 한다. 모矛는 혹은 걸釨[177]이라고도 한다. 담錟(창)은 피鈹라고 한다.【오늘날 강동 지역에서는 큰 창을 피鈹라고 한다. 음은 피彼다. 담錟은 음이 담聃이다】 창 자루를 박는 창 아래쪽의 구멍(교骹)을 흉(공)銎이라고 한다.【즉 창의 날에 구멍이 있는 것을 말한다. 음은 흉凶이다】 창고달, 창의 물미(준鐏)를 한釬이라고 한다.【음은 한扞이다. 혹은 대鐓라는 명칭도 있다. 음은 돈頓이다】

방언소증

案'戟'有'鉤釨戟', '鉤釨鏝胡'之名, '矛'亦有'鉤釨矛'之名. 各本誤以'矛或謂之釨'別爲一條, 今訂正. 『說文』云: "錟, 長矛也. 讀若老聃"[178] "鐏, 柲下銅也."[179] 『廣雅』: "錟, 矛也."[180] "鐓・釬, 鐏也."[181]

---

172 『四部叢刊』本에는 이 뒷부분이 다른 항목으로 되어 있으나 戴震은 같은 항목으로 보았다.

173 周祖謨는 '彼'를 '披'라고 고쳐야 한다고 했다.

174 『四部叢刊』本에는 이 뒷부분이 다른 항목으로 되어 있으나 戴震은 같은 항목으로 보았다.

175 『四部叢刊』本에는 이 뒷부분이 다른 항목으로 되어 있으나 戴震은 같은 항목으로 보았다.

176 『方言』 제9권의 1번 항목을 참조할 것.

177 『方言』 제9권의 1번 항목을 참조할 것.

178 『說文解字』 金部: "錟, 長矛也. 從金炎聲, 讀若老聃."

179 『說文解字』 金部: "鐏, 柲下銅也. 從金尊聲."

180 『廣雅・釋器』: "錟・鏦・𣪏・矟・矝, 矛也."

'극戟'은 '구걸극鉤釨戟'이나 '구걸만호鉤釨鏝胡'와 같은 이름이 있으며, '모矛'도 역시 '구걸모鉤釨矛'라는 이름이 있다. 여러 판본에서 '모혹위지걸矛或謂之釨'을 따로 한 조항으로 하였는데, 이는 잘못된 것이다. 지금 이것을 바로잡는다. 『설문해자』에 "담錟은 긴 창이다. 노담老聃과 비슷하게 읽는다", "준鐏은 자루 밑에 있는 동銅(구리)"이라고 했다. 『광아』에 "담錟은 창(모矛)이다", "대鐓·한釬은 창고달(준鐏)"이라고 했다.

역해

① 鶴厀[학슬] : 병기 이름. 창의 일종. 슴베가 기러기 정강이처럼 가늘게 생긴 창을 鶴厀이라고 함. 곽박 「주」에 당시 江東에서는 鈴釘이라고 부른다고 했다.

② 鉤釨[구걸] : 창. 짧게 갈라진 칼날이 있는 것을 鉤釨이라고 함.

③ 矛[모] : 창.(그림자료 9-22 참조) 矛는 또 釨을 말함.

④ 釨[걸] : 창.

⑤ 錟[담] : 긴 창.(그림자료 9-22 참조) 錟은 鈹를 말함. 곽박 「주」에 발음은 聃이라고 했는데, 이에 근거한 상고음은 [*hnam]이다. 곽박 「주」에 당시 江東에서는 큰 矛를 鈹라고 한다고 함.(그림자료 9-22 참조)

⑥ 骹[교] : 창의 슴베. 창의 자루 속에 박히는 뾰족하고 긴 부분.

⑦ 銎[홍(공)] : 창의 슴베. 창의 자루 속에 들어박히는 뾰족하고 긴 부분. 곽박 「주」에 발음은 凶이라고 했는데, 이에 근거한 상고음은 [*hjuŋ]이다.

⑧ 鐏[준] : 창고달. 물미.(그림자료 9-22 참조)

⑨ 釬[한] : 창의 고달. 물미. 鐏과 같음. 곽박 「주」에 발음은 扞이라고 했는데, 이에 근거한 상고음은 [*ganh]이다. 곽박 「주」에 또 鐓라는 명칭

181 『廣雅·釋器』: "鐓·釬, 鐏也."

이 있다고 했으며 鐓의 발음은 頓이라고 함.

방언 23[182]

舟, 自關而西謂之船①, 自關而東或謂之舟②, 或謂之航③.【行伍】 南楚江湘[183] 凡船大者謂之舸④,【姑可反】 小舸謂之艖⑤,【今江東呼艖小底者也. 音叉[184]】 艖[185]謂之艒䑨⑥,【目宿二音】 小艒䑨謂之艇⑦,【艄[186]也】 艇長而薄者謂之艜⑧,【衣帶】 短而深者謂之艄⑨,【今江東呼艖艄者, 音步】 小而深者謂之𣰰⑩.【卽長舼也. 音邛[187]竹】 東南丹陽會稽之間謂艖爲欚⑪.【音禮】

배(주舟)는 함곡관으로부터 서쪽에서는 선船이라고 한다. 함곡관으로부터 동쪽에서는 혹은 주舟라고 하거나, 혹은 항航이라고 한다.【음은 행오行伍의 행行이다[188]】 남초南楚와 강수江水와 상수湘水 지역에서는 선船(배) 가운데 큰 것을 가舸라고 한다.【음은 고가반姑可反이다】 작은 가舸를 차艖라고 하고,【오늘날 강동 지역에서 차艖 배의 밑바닥이 얕은 것을 말한다. 음은 차义다】 차艖를 목숙艒䑨[189]이라고 하고,【음은 목숙目宿이다】 작은 목숙艒

182 『四部叢刊』本에는 '방언 23~26'까지를 하나의 항목으로 합했다.

183 『四部叢刊』本에는 '江湖'로 되어 있으나 戴震은 『方言』에 '江湖'라는 지명은 이외에 두 번 나오는데 '荊吳' '荊揚'과 함께 쓰였으며, '南楚', '楚郢'과는 함께 쓰이지 않음을 들어 '江湘'이라고 고쳤다. 王念孫은 다른 인용문에는 '江湘' 다음에 '之間'이 더 있다고 했다.

184 『四部叢刊』本에는 '乂'로 되어 있으나 戴震은 '叉'로 고쳤다.

185 王念孫은 앞에 '小'를 첨가했으며, 周祖謨와 華學誠도 王念孫이 옳다고 했다.

186 王念孫은 『廣雅疏證』에서 이 문장을 인용하면서 '艄'을 '艡'로 고쳤으나, 華學誠은 '艄'과 '艡'의 의미가 같기 때문에 원래의 '艄'을 그대로 두는 편이 좋다고 했다.

187 『四部叢刊』本에는 '卭'으로 되어 있으나 戴震은 '邛'으로 고쳤다.

188 戴震의 설에 따라 이와 같이 번역하였다.

艏을 정艇【동艒이다】이라고 하고, 정艇 가운데 길고 얇은 것을 대䑽라고 하며,【음은 의대衣帶의 대帶다[190]】 짧고 깊은 것을 보(부)艄라고 하며,【오늘날 강동 지역에서 차보(부)艖艄라고 부르는 것이다. 음은 보步다】 작고 깊은 것을 공𣝣이라고 한다.【즉 장공長艭이다. 음은 공죽邛竹이다】 동남東南 단양丹陽 회계會稽에 걸친 지역에서는 차艖를 예欚라고 한다.【음은 예禮다】

방언소증

案『說文』云: "欚, 江中大船也."[191] '欚'亦作'艬'. 『廣雅』: "舸·艜·艒艏·艖·艇·艇·艬, 舟也."[192] 『後漢書·文苑列傳』: "北斻涇流.[193]" 「注」云: "斻, 舟度也." 『方言』: "關而東或謂舟爲航." 『說文』'斻'在'方'部. 今流俗不解遂與'杭'字相亂者, 誤也. 左思「吳都賦」: "宏舸連舳."[194] 劉逵「注」云: "江湖凡大船曰舸." '湖'字乃'湘'之訛. 『廣韻』引『方言』: "關西謂之船, 關東謂之舟."[195] 『釋名』: "船又曰舟"[196], "二百斛以下曰艇."[197] 「注」內'行伍', '衣帶'當作'音行伍之行', '音衣帶之帶'.

189 작은 배를 가리키며, 문헌의 용례나 어원 모두 미상이다.

190 戴震의 설에 따라 이와 같이 번역하였다.

191 『說文解字』 木部: "欚, 江中大船名. 從木蠡聲."

192 『廣雅·釋水』: "舸·艬·艒·艜·艒艏·艄·舺·艆艡·舸艆·艑·舐·艡·艀舡·桃·舸·艥·艛·舣·艔·艐·艃·艋·舶·艀·艦·艐·艇·艅艎·艨艟·艙艒·舴艋·艬, 舟也."

193 『後漢書·文苑列傳』: "遂天旋雲遊, 造舟於渭, 北斻涇流."

194 戴震은 이 구절이 左思의 「吳都賦」에 나오는 것이라고 했으나, 실제 이 구절은 「石闕銘」라는 陸倕의 작품에 나온다. 『文選·銘·石闕銘』: "凶渠泥首弘舸連軸" 여기에서 弘은 宏과 같은 뜻이다.

195 『廣韻』 下平聲: "船, 『方言』曰: 關西謂之船, 關東謂之舟."

196 『釋名·釋船』: "船, 循也. 循水而行也. 又曰舟, 言周流也. 其前立柱曰桅. 桅, 巍也. 巍巍高貌也. 其尾曰柂. 柂, 拖也. 後見拖曳也. 且弼正船, 使順流不使他戾也. 在旁曰櫓. 櫓, 膂也. 用膂力, 然後舟行也."

197 『釋名·釋船』: "二百斛以下曰艇. 艇, 挺也. 其形徑梃, 一人一人所乘行者也."

『설문해자』에 "예欚는 강에 있는 큰 배"라고 했다. '예欚'는 '예艤'라고 쓰기도 한다. 『광아』에 "동舸·대艜·모艒·숙艢·차艖·가舸·정艇·예艤는 배(주舟)다"라고 했다. 『후한서·문원열전』에 "북쪽으로 향하여 경수涇水를 건넜다"는 구절이 있는데, 「주」에서 "항抗은 배로 건너다"라고 했다. 『방언』에 "함곡관의 동쪽에서는 혹은 배(주舟)를 항航이라고 한다"고 했다. 『설문해자』에 '항斻'은 '방方'부에 있다. 오늘날 대중들이 이를 이해하지 못하고 '항杭'과 혼동하고 있지만 이는 잘못되었다. 좌사의 「오도부」에 "큰 배들이 서로 연이어 있다"는 구절이 있는데, 유규의 「주」에는 "강호江湖에서 큰 배를 모두 가舸라고 한다"고 했다. '호湖'는 '상湘'의 오류다. 『광운』에서는 『방언』을 인용하여 "함곡관의 서쪽에서는 선船이라고 하고 함곡관의 동쪽에서는 주舟라고 한다"고 했다. 『석명』에 "선船은 또 주舟라고 한다"고 했으며 "200휘 이하면 정艇이라고 한다"고 했다. 「주」의 '행오行伍', '의대衣帶'는 각기 '음은 행오行伍의 행行이다', '음은 의대衣帶의 대帶다'라고 해야 한다.

역해

① 船[선] : 배. 선박.(그림자료 9-23 참조) 함곡관의 서쪽에서는 船이라고 함.

② 舟[주] : 배. 함곡관의 동쪽에서는 舟라고 함.

③ 航[항] : 배. 함곡관의 동쪽에서는 또 航이라고 함. 곽박 「주」에 발음은 行伍의 行이라고 했는데, 이에 근거한 상고음은 [*gaŋ]이다.

④ 舸[가] : 큰 배. 南楚江湘에서는 큰 船을 舸라고 함. 곽박 「주」에 발음은 姑可反이라고 했는데, 이에 근거한 상고음은 [*karx]다.

⑤ 艖[차] : 작은 배. 작은 舸를 艖라고 함. 곽박 「주」에 발음은 叉라고 했는데, 이에 근거한 상고음은 [*tshrar]이다.(참조 : 곽박 당시에 江東에서는 밑바닥이 얕은 배를 艖라고 함)

⑥ 艒艏[목숙] : 작은 배. 거룻배. 배 이름. 艖는 艒艏이라고 함. 곽박「주」에 발음은 目, 宿이라고 했는데, 이에 근거한 상고음은 [*mjəkw], [*sjəgwh]이다.

⑦ 艇[정] : 가볍고 편리한 작은 배.(그림자료 9-23 참조) 작은 艒艏을 艇이라고 함.

⑧ 艜[대] : 몸체가 길고 바닥이 얕은 작은 배. 艇이 몸체가 길고 바닥이 얕은 것을 艜라고 함. 곽박「주」에 발음은 衣帶의 帶라고 했는데, 이에 근거한 상고음은 [*tadh]이다.

⑨ 艄[보(부)] : 몸체가 짧고 바닥이 깊은 작은 배. 몸체가 짧고 바닥이 깊은 것을 艄라고 함. 곽박「주」에 발음은 步라고 했는데, 이에 근거한 상고음은 [*bagh]이다.(참조 : 곽박 당시에 江東에서 艖艄라고 부르는 것을 말함)

⑩ 樑[공] : 작은 배. 쪽배. 작고 바닥이 깊은 것을 樑이라고 함. 곽박「주」에 발음은 邛竹의 邛이라고 했는데, 이에 근거한 상고음은 [*gjuŋ]이다.

⑪ 欚[례] : 배. 東南丹陽會稽之間에서는 艖를 欚라고 함. 곽박「주」에 발음은 禮라고 했는데, 이에 근거한 상고음은 [*lidx]이다.

방언 24

泭①謂之篺②,【泭, 音敷[198]】 篺謂之筏③.【音伐】 筏, 秦晉之通語也. 江淮家居篺中謂之薦④.【音荐[199]】

---

198 『四部叢刊』本에는 '音敷'로 되어 있으나 戴震은 '泭, 音敷'라고 했다.

199 『四部叢刊』本에는 '符'로 되어 있으나 戴震은 '荐'으로 고쳤다. 盧文弨는 曹毅之 本에 따라 '箭'으로 고쳤다. 劉台拱과 華學誠은 '荐'이 더 타당하다고 했다.

떼, 뗏목(부泭)을 패簰라고 하며,【음은 부敷다】 패簰를 벌筏이라고 한다.【음은 벌伐이다】 벌筏은 진秦 진晉 지역의 통어다. 강회江淮에서는 패簰에 거주할 수 있는 집이 있으면 천薦이라고 한다.【음은 천荐이다】

방언소증

案『說文』云:"泭, 編木以渡也."[200] 『詩·周南』:"不可方思.[201]" 「毛傳」:"方, 泭也." 『釋文』云:"泭, 本亦作游, 又作桴, 或作柎." 『方言』:"泭謂之簰, 簰謂之筏. 筏, 秦晉通語也." 『爾雅·釋言』:"舫, 泭也."[202] '舫''方', 古通用. 「釋水」:"庶人乘泭.[203]" 郭「注」云:"併木以渡." 『論語』:"乘桴浮於海.[204]" 馬融「注」云:"桴, 編竹木大者曰栰, 小者曰桴." '栰'卽'筏'. 「注」內'音荐'二字各本'荐'訛作'符', 今訂正. 『三國志·吳書·妃嬪傳』:"宜伐蘆葦以爲泭, 佐船渡軍.[205]" 裴松之「注」云:"郭璞注『方言』曰, 泭水中簰也." 今『方言』「注」無此語.

『설문해자』에 "부泭는 물을 건너기 위해 나무를 엮어 만든 것"이라고 했다. 『시경·주남』에 "뗏목을 저어 왕래하기 어렵다"는 구절이 있는데, 「모전」에서 "방方은 떼, 뗏목(부泭)"이라고 했다. 『경전석문』에서 "부泭는 원래 부游로 쓰기도 하고, 부桴 혹은 부柎로 쓰기도 한다"고 했다. 『방언』에서 "떼, 뗏목(부泭)을 패簰라고 하며, 패簰를 벌筏이라고

---

200 『說文解字』 水部:"泭, 編木以渡也. 從水付聲."
201 『詩經·周南·廣漢』:"漢之廣矣, 不可泳思. 江之永矣, 不可方思."
202 『爾雅·釋言』:"集會也. 舫泭也."
203 『爾雅·釋水』:"庶人乘泭."
204 『論語·公冶長』:"子曰:道不行, 乘桴浮於海, 從我者, 其由與?"
205 『三國志·吳書·妃嬪傳』:"水軍來逆人, 則不利矣, 如何可駐邪? 宜伐蘆葦以爲泭, 佐船渡軍."

한다. 벌筏은 진秦 진晉 지역의 통어通語다"라고 했다. 『이아・석언』에 "방舫은 떼, 뗏목(부泭)"이라고 했다. '방舫'과 '방方'은 옛날에는 통용되었다. 『이아・석수』에 "서민은 떼, 뗏목(부泭)을 탄다"는 구절이 있는데, 곽박 「주」에 "나무를 엮어 만든 뗏목으로 물을 건넌다"고 했다. 『논어』에 "뗏목을 타고 바다로 가 섬을 찾아서 은거하겠다"는 구절이 있는데, 마융 「주」에 "부桴는 대나무나 나무를 크게 엮어 만든 것은 벌栰이라고 하고, 작게 만든 것은 부桴라고 한다"고 했다. '벌栰'은 즉 '벌筏'이다. 「주」의 '음천音荐'은 여러 판본에 '천荐'자가 '부符'자로 잘못되어 있는데, 지금 그것을 바로잡는다. 『삼국지・오서・비빈전』에 "갈대를 베어 뗏목을 만들고 군대가 강을 건너는데 배의 도움을 받는다"는 구절이 있는데, 배송지의 「주」에 "곽박이 『방언』을 주해하여 말하기를 부泭는 물속의 패簰라고 했다"고 되어 있다. 오늘날의 『방언・주』에는 이 구절이 없다.

역해

① 泭[부] : 떼. 뗏목. 후에 桴로 씀. 泭는 簰를 말함. 곽박 「주」에 泭의 발음은 敷라고 했는데, 이에 근거한 상고음은 [*phjag]이다.
② 簰[패] : 뗏목. 簰는 筏을 말함.
③ 筏[벌] : 떼. 뗏목. 筏은 秦晉의 通語. 곽박 「주」에 발음은 伐이라고 했는데, 이에 근거한 상고음은 [*bjat]이다.
④ 薦[천] : 漢代 江淮 지역에서 뗏목 위에 거주하는 것을 이르던 말. 江淮에서는 簰 속에서 거주하는 것을 薦이라고 함. 곽박 「주」에 발음은 荐이라고 했는데, 이에 근거한 상고음은 [*dziənh]이다.

방언 25

方舟①謂之濮②,【揚州人呼渡津航爲濮, 荊州人呼杭, 音橫[206]】 艁舟③謂之浮梁④.【卽今浮橋】

네모난 배(방주方舟)를 횡濮이라고 하며,【양주인揚州人들은 나루를 건너는 항航을 횡濮이라고 부르며, 형주인荊州人들은 항杭이라고 부른다. 음은 횡橫이다】 배를 나란히 띄워 놓아 다리를 만드는 것(조주艁舟)을 부량浮梁이라고 한다.【즉 오늘날의 부교浮橋다】

방언소증

案『說文』云 : "濮, 以船渡也."[207] 『玉篇』云 : "方舟謂之濮. 濮, 航也."[208] 『廣韻』 : "濮, 方舟也. 荆州人呼渡津舫爲濮."[209] 今『方言』各本「注」文作'揚州人呼渡津航爲杭, 荆州人呼樹.' '航'乃'舫'之訛, '樹'乃'濮'之訛, 而'濮'與'杭'又互訛. 據『廣韻』訂正. 潘岳「閒居賦」 : "浮梁黝以徑度.[210]" 李善「注」引『方言』 : "造舟謂之浮梁. 郭璞曰, 卽今浮橋." '造''艁', 古通用. 『廣雅』 : "濮, 筏也."[211] "造舟謂之浮梁."[212] 本此.

206 『四部叢刊』本에는 '揚州人呼渡津航爲抗, 荊州人呼樹, 音橫'이라고 되어 있으나 戴震은 '揚州人呼渡津航爲濮, 荊州人呼杭, 音橫'으로 고쳤다. 盧文弨는 "揚州人呼渡津航爲杭, 荊州人呼濮'이며, 戴震은 '杭'과 '濮'을 잘못 뒤바꿨다고 했다. 華學誠은 盧文弨의 설이 옳다고 했다.

207 『說文解字』 水部 : "濮, 小津也. 從水橫聲. 一曰以船渡也."

208 『玉篇』 水部 : "濮, 胡觥切. 方舟謂之濮, 航也. 『說文』曰 : 小津也. 一曰以船渡也."

209 『廣韻』 下平聲 : "濮, 方舟也. 一曰荊州人呼渡津舫爲濮, 或作艒."

210 『文選・賦辛・閑居賦』 : "浮梁黝以徑度, 靈臺傑其高峙."

211 『廣雅・釋水』 : "䉀・柎・濮, 筏也."

212 『廣雅・釋水』 : "艁舟謂之浮梁."

『설문해자』에 “횡艥은 배로 물을 건너다”라고 했다. 『옥편』에 “네모난 배(방주方舟)를 횡艥이라고 한다. 횡艥은 항航”이라고 했다. 『광운』에 “횡艥은 네모난 배(방주方舟)다. 형주 사람이 나루를 건너는 배(도진항渡津航)를 횡艥이라고 부른다”고 했다. 오늘날의 『방언』 여러 판본 주에 “양주 사람은 나루를 건너는 배(도진항渡津航)를 항杭이라고 부르고, 형주 사람은 수樹라고 부른다”고 했다. ‘항航’은 ‘방舫’의 오류이며, ‘수樹’는 ‘횡艥’의 오류다. 게다가 ‘횡艥’과 ‘항杭’이 서로 바뀌었다. 『광운』을 근거로 바로잡는다. 반악의 「한거부」에 “긴 부교浮橋로 강을 건넌다”는 구절이 있는데, 이선의 「주」에서는 『방언』을 인용하여 “배를 나란히 띄워 놓아 다리를 만드는 것(조주造舟)을 부량浮梁이라고 한다. 곽박은 오늘날의 부교浮橋라고 했다”고 하였다. ‘조造’와 ‘조艁’는 옛날에는 통용되었다. 『광아』에 “횡艥은 벌筏”이라고 했으며, “배를 나란히 띄워 놓아 다리를 만드는 것(조주造舟)을 부량浮梁이라고 한다”고 했다. 이는 여기에서 근거하였다.

역해

① 方舟[방주] : 두 배를 나란히 함. 뗏목과 배. 方舟를 艥이라고 함.

② 艥[횡] : 나룻배. 뗏목. 곽박 「주」에 발음은 横이라고 했는데, 이에 근거한 상고음은 [*gwraŋ]이다.(참조 : 곽박 당시에 揚州人은 나루를 건너는 航을 艥이라고 하고, 荊州人은 杭이라고 함)

③ 艁舟[조주] : 造舟와 같음. 艁舟는 浮梁을 말함.(참조 : 艁舟는 배를 한 줄로 나란히 늘어놓음, 또는 그렇게 만든 다리. 周 文王이 혼인할 때 渭水에 배를 여러 척 띄워 놓아 다리를 삼고 부인을 맞이한 일에서 유래함)

④ 浮梁[부량] : 배, 뗏목, 상자 따위를 잇대어 놓은 위에 널빤지를 건너질

러 놓은 다리. 곽박 「주」에 당시의 浮橋를 말한다고 함.

방언 26

楫①謂之橈②,【如寮反】 或謂之櫂③.【今云櫂歌, 依此名也】 所以隱櫂謂之㯏④.【搖櫓小橛也. 江東又名爲胡人, 音獎】 所以縣櫂謂之緝⑤.【繫[213]櫂頭索也】 所以刺船謂之篙⑥[214].【音高】 維⑦之謂之鼎⑧.【繫船爲維】 首⑨謂之閤閭⑩,【今江東呼船頭屋謂[215]之飛閭是也】 或謂之艗艏⑪.【鷁鳥名也. 今江東貴人船前作青雀[216], 是其像也. 音亦[217]】 後曰舳⑫,【今江東呼柁[218]爲舳, 音軸】 舳, 制水[219]也. 僞⑬謂之抓⑭[220],【吾勃反. 僞音訛, 船動搖之貌也】 抓, 不安也.

노(즙楫)를 요橈라고 하며,【음은 여료반如寮反이다】 혹은 도櫂라고 한다.【오늘날 도가櫂歌라고 한다. 바로 이 명칭에서 유래하였다】 노를 안정시키는 말뚝을 장㯏이라고 한다.【배의 노를 고정시키는 말뚝이다. 강동에서는 또 호인胡人이라는 명칭도 있다. 음은 장獎이다】 노 끝에 매단 줄을 즙緝이라고 한다.【노를 묶어 두는 새끼줄이다】 배를 젓는 것을 고篙(상앗대)라고 한다.【음은 고高

213 『四部叢刊』本에는 '係'로 되어 있으나 戴震은 '繫'라고 했다.
214 明抄本에는 '篙'로 되어 있다.
215 『四部叢刊』本에는 '爲'로 되어 있으나 戴震은 '謂'로 고쳤다.
216 『四部叢刊』本에는 '崔'로 되어 있으나 戴震은 '雀'으로 고쳤다.
217 『四部叢刊』本에는 '六'으로 되어 있으나 戴震은 '亦'으로 고쳤다.
218 『四部叢刊』本에는 '拖'로 되어 있으나, 戴震은 '柁'라고 했고, 盧文弨는 '柂'라고 했다. 華學誠은 '柁'는 후대에 생긴 글자이며, '拖'가 '柂'의 오류임이 분명하다고 했다.
219 王念孫 手校本에는 『說郛』에 '制木'으로 되어 있다고 했으며, 周祖謨도 『原本玉篇』에 동일하게 되어 있다고 했다.
220 『四部叢刊』本에는 '僞謂之仡'이라고 되어 있으나 戴震은 '僞謂之抓'로 고쳤다. 盧文弨, 劉台拱, 華學誠은 戴震을 따르지 않고 원래의 판본을 따랐다.

다) 배를 매는 것을 정鼎이라고 한다.【배를 매는 것을 유維라고 한다】 머리를 합려閤閭라고 하며,【오늘날 강동에서 배 머리의 선실을 비려飛閭라고 하는데 바로 이것을 말한다】 혹은 익수艗艏라고 한다.【익鷁은 새 이름이다. 오늘날 강동의 귀인貴人들은 배 앞에 청작靑雀을 만들어 놓는데 바로 그 모양이다. 음은 익亦이다】 뒤를 축舳이라고 한다.【오늘날 강동에서는 타柁(배의 방향을 잡는 키)를 축舳이라고 한다. 음은 축軸이다】 축舳은 나무로 만든다. 흔들리는 것(위僞)을 올扤이라고 한다.【음은 오발반吾勃反이다. 위僞는 음이 와訛다. 배가 동요하는 모습이다】 올扤은 불안하다의 뜻이다.

방언소증

案『易・繫辭』: "剡木爲楫.[221]" 『釋文』引『方言』: "楫謂之橈, 或謂之櫂." 『詩・大雅』: "烝徒楫之.[222]" 「毛傳」: "楫, 櫂也." 『釋文』引『方言』兼引郭「注」云: "楫橈頭索也. 所以縣櫂謂之楫." '楫橈'乃'繫櫂'之訛. '謂之楫', '楫'乃'緝'之訛, 又誤以正文與「注」相雜. 『楚辭・九歌』: "蓀橈兮蘭旌.[223]" 王逸「注」云: "橈, 船小楫也." 張衡「西京賦」: "縱櫂歌.[224]" 李善「注」云: "『方言』, 楫或謂之櫂. 郭璞曰, 今云櫂歌也." 左思「吳都賦」: "櫂工檝師.[225]" 劉逵「注」云: "『方言』刺船曰櫂. 檝, 橈也." '櫂'本作'篙', '檝'同'楫'. 『廣雅』: "艗艏, 舟也."[226] 古通用'鷁首'. 『淮南鴻烈・本經篇』: "龍舟鷁首.[227]" 高誘「注」云: "鷁, 大鳥也. 畫其象著舡

221 『周易・繫辭傳』: "刳木爲舟, 剡木爲楫."

222 『詩經・大雅・文王之什・棫樸』: "淠彼涇舟, 烝徒楫之."

223 『楚辭・九歌・湘君・湘夫人』: "薜荔柏兮蕙綢, 蓀橈兮蘭旌."

224 『文選・賦甲・西京賦』: "齊栧女, 縱櫂歌."

225 『文選・賦丙・吳都賦』: "槁工檝師, 選自閩禺."

226 『廣雅・釋水』: "舸・艬・舟同・艜・艒艏・艀・舺・艆艜・舶艫・艑・舐・艢・艂舡・舭・舸・橃・艛・舣・艥・艆・艃・艡・舶・艀・艦・艆・艇・艅艎・艨艟・艗艏・舴艋・艤, 舟也."

頭, 故曰鷁首也.” 「吳都賦」: “宏舸連舳, 巨檻接艫.[228]” 「注」云 : “舳, 船前也. 艫, 船後也.” ‘前’‘後’二字互訛. ‘艫’卽‘閭閭’. 『後漢書 · 劉表傳』「贊」: “魚儷漢舳.[229]” 「注」引前書『音義』曰 : “舳, 船後持柁處也.” 郭璞「江賦」: “淩波縱柁.” 李善「注」云 : “『方言』船後曰舳. 郭璞曰, 今江東柁呼爲軸也.” 『釋名』: “船, 其尾曰柁.”[230] “在旁曰櫓, 在旁撥水曰櫂, 又謂之楫, 所用斥旁岸曰交.”[231] ‘交’卽‘篙’, 一聲之轉. ‘僞’各本訛作‘僞’, ‘扤’亦作‘仡’. 『玉篇』於‘僞’字云 : “僞謂之仡. 仡, 不安也.”[232] 義本此, 曹毅之本作‘扤’. 『說文』云 : “扤, 動也.”[233] 『說文』又作 : “舠, 船行不安也. 讀若兀.”[234] ‘仡’‘扤’‘舠’義同.

『주역 · 계사전』에서 “나무를 뾰족하게 깎아서 짧은 노를 만든다”는 구절이 있는데, 『경전석문』에서는 『방언』을 인용해서 “즙楫을 요橈라고 하며 혹은 도櫂라고 한다”고 했다. 『시경 · 대아 · 문왕지십 · 역박』에 “많은 사람들이 힘을 써서 같이 노를 든다”는 말이 있는데, 「모전」에서 “즙楫은 노(도櫂)”라고 했다. 『경전석문』에서는 『방언』과 곽박 「주」를 인용하여 “즙요楫橈는 노를 묶어두는 새끼줄이다. 노 끝에 매단 줄을 즙緝이라고 한다”라고 했는데, ‘즙요楫橈’는 ‘계도繫櫂’의 오류이며, ‘위지즙謂之楫’에서의 ‘즙楫’은 ‘집緝’의 오류다. 또 본문과

227 『淮南子 · 本經篇』: “龍舟鷁首, 浮吹以虞, 此遊於水也.”

228 『文選 · 賦丙 · 吳都賦』: “弘舸連舳, 巨檻接艫. 飛雲蓋海, 制非常模.”

229 『後漢書 · 劉表傳 · 贊』: “稱雄河外, 擅强南夏. 魚儷漢舳, 雲屯冀馬.”

230 『釋名 · 釋船』: “船, 循也. 循水而行也. 又曰舟, 言周流也. 其前立柱曰桅. 桅, 巍也. 巍巍高貌也. 其尾曰柂. 柂, 拖也. 後見拖曳也. 且弼正船, 使順流不使他戾也. 在旁曰櫓. 櫓, 膂也. 用膂力, 然後舟行也.”

231 『釋名 · 釋船』: “在旁撥水曰櫂. 櫂, 濯也. 濯於水中也, 且言使舟櫂進也. 又謂之札, 形似札也. 又謂之楫. 楫, 捷也. 撥水使舟捷疾也. 所用斥旁岸曰交, 一人前, 一人還, 相交錯也.”

232 『玉篇』 人部 : “僞, 于詭切. 僞謂之仡. 仡, 不安也.”

233 『說文解字』 手部 : “扤, 動也. 從手兀聲.”

234 『說文解字』 舟部 : “舠, 船行不安也. 從舟, 從刖省. 讀若兀.”

「주」가 잘못 섞였다. 『초사 · 구가』에 “난초로 깃발을 장식하고 향풀로 배의 노를 장식한다”는 구절이 있는데, 왕일의 「주」에 “요橈는 배의 작은 노”라고 했다. 장형의 「서경부」에 “노를 치고 나아가면서 마음껏 노래를 부른다”는 구절이 있는데, 이선의 「주」에서는 “『방언』에 노(즙楫)를 혹은 도櫂라고 한다고 했다. 곽박은 오늘날의 도가櫂歌다”라고 하였다. 좌사의 「오도부」에 “배의 노를 젓는 사람”이라는 구절이 있는데, 유규의 「주」에는 “『방언』에서 ‘배를 젓다(刺船)를 고檣라고 하고, 즙檝은 노(요橈)’라고 했다”라고 되어 있다. ‘고檣’는 원래 ‘고篙’로 쓰며, ‘즙檝’은 ‘즙楫’이다. 『광아』에 “익수艗艏는 배(주舟)”라고 했다. 옛날에는 ‘익수鷁首’와 통용되었다. 『회남홍열 · 본경편』에 “배의 몸체에 용으로, 뱃머리에 큰 새로”라는 구절이 있는데, 고유 「주」에 “익鷁은 큰 새다. 이 새의 모습을 뱃머리에 그리기 때문에 익수鷁首라고 한다”고 했다. 「오도부」에 “커다란 배들이 뱃머리를 맞대고 있고, 거대한 함선들이 배 뒤를 연이어 있다”라는 구절이 있는데 「주」에서 “축舳은 배 앞이다. 노艫는 배 뒤다”라고 했다. ‘전前’과 ‘후後’ 두 글자가 서로 바뀌었다. ‘노艫’는 즉 ‘합려閤閭’다. 『후한서 · 류표전』 「찬」에 “한수漢水의 전함이 고기떼처럼 빽빽하다”라는 구절이 있는데, 「주」에서는 이 책의 『음의』를 인용하여 “축舳은 배 뒤에 노를 잡는 곳”이라고 했다. 곽박의 「강부」에 “파도를 넘어가고 여유 있게 키를 조종한다”는 구절이 있는데, 이선의 「주」에서는 “『방언』에서 배 뒤를 축舳이라고 한다. 곽박은 오늘날 강동에서 타柁를 축軸이라고 한다고 했다.” 『석명』에 “배의 꼬리 부분을 타柁라고 한다”고 했으며 “배의 양쪽을 노樐라고 하며, 옆에서 물을 밀어 움직이는 것을 도櫂라고 하거나 또 즙楫이라고 한다. 옆의 기슭을 밀 때 쓰는 것을 교交라고 한다”고 했다. ‘교交’는 즉 ‘고篙’며, 일성지전一聲之轉이다. ‘위僞’는 여러 판본에 ‘위偽’로 잘못되어 있으며, ‘올扤’은 ‘흘仡’로 쓰기도 한다. 『옥편』의 ‘위僞’자에는 “위僞를 흘仡이라고 한다. 흘仡은 불안하다의 뜻”이라고 했다. 의미가 여기서 유래하였다. 조의지의 판본에는 '올扤'로 썼다. 『설문해자』에 "올扤은 동動(움직이다)"이라고 했다. 『설문해자』에 또 "올舠(배의 운항이 순탄하지 못함)은 배가 불안하게 움직이는 것이다. 올兀처럼 읽는다"고 했다. '흘仡'과 '올扤'과 '올舠'은 의미가 같다.

역해

① 楫[즙] : 노의 한 종류. 짧은 노. 楫은 橈를 말함.
② 橈[요] : 배를 젓는 노. 노를 젓다.(그림자료 9-26 참조) 곽박 「주」에 발음은 如寮反이라고 했는데, 이에 근거한 상고음은 [*njiagw]이다.
③ 櫂[도] : 棹와 같음. 노, 배를 젓는 기구.(그림자료 9-26 참조) 곽박 「주」에서 당시에 櫂歌라는 명칭이 여기서 유래되었다고 함.
④ 籛[장] : 노를 고정시키는 작은 말뚝. 櫂를 안정시키는 것을 籛이라고 함. 곽박 「주」에 발음은 獎이라고 했는데, 이에 근거한 상고음은 [*tsjaŋx]이다.
⑤ 緝[집] : 노 끝에 매단 줄. 櫂를 묶어 두는 것을 緝이라고 함.
⑥ 檣[고] : 상앗대. 船을 젓는 것을 檣라고 함. 곽박 「주」에 발음은 高라고 했는데, 이에 근거한 상고음은 [*kagw]이다.
⑦ 維[유] : 밧줄. 매다. 묶다.
⑧ 鼎[정] : 배를 매는 밧줄. 묶는 것을 鼎이라고 함.
⑨ 首[수] : 머리. 머리를 閤閭라고 함.
⑩ 閤閭[합려] : 뱃머리. 이물. 머리를 閤閭라고 함. 곽박 「주」에 당시에 江東에서는 船頭屋을 飛閭라고 한다고 함.
⑪ 艗艏[익수] : 뱃머리. 이물. 물새 鷁鳥가 바람에 강하다고 하여 뱃머리에 새기거나 그린 데서 이른 말. 머리를 또 艗艏라고도 함. 곽박 「주」에 발음은 亦이라고 했는데, 이에 근거한 상고음은 [*rak]이다.

⑫ 舳[축] : 고물. 선미. 배의 키. 뒤를 舳이라고 함. 곽박 「주」에 발음은 軸이라고 했는데, 이에 근거한 상고음은 [*drjəkw]이다.(참조 : 곽박 당시에 江東에서는 柁를 舳이라고 함)

⑬ 僞[와] : 배가 흔들리는 모양. 곽박 「주」에 발음은 訛라고 했는데, 이에 근거한 상고음은 [*ŋwar]이다.

⑭ 扤[올] : 배가 흔들리는 모양. 舠와 같음. 곽박 「주」에 발음은 吾勃反이라고 했는데, 이에 근거한 상고음은 [*ŋwət]이다.

방언 제10권

輶軒使者絕代語釋別國方言 第十

방언 1

媱① · 愓②【音羊】, 遊③也. 江沅之間謂戲爲媱, 或謂之愓, 或謂之嬉④【香其反】.

요媱 · 양愓【음은 양羊이다】은 놀다(유遊)의 뜻이다. 강원江沅에 걸친 지역에서는 희戲를 요媱라고 하거나, 혹은 양愓이라고 하거나, 혹은 희嬉라고 한다.【음은 향기반香其反이다】

방언소증

案'媱'各本訛作'媱', 今訂正. 王逸「九思」: "音晏衍兮要媱.[1]" 「注」云:

"要媱, 舞容也." 洪興祖『補注』引『方言』: "媱, 遊也. 江沅之閒謂戲爲媱." 『荀子 · 修身篇』: "加愓悍而不順.[2]" 楊倞「注」云 : "韓侍郎云 : 愓與蕩同, 字作心邊昜." 『廣雅』: "媱 · 愓 · 嬉 · 遊, 戲也."[3] 義本此. 曹憲『音釋』: 媱音遙. 『說文』云 : "媱, 曲肩行也[4]", "愓, 放也."[5]

'요媱'는 다른 판본들에는 '음婬'으로 잘못 되어 있는데, 지금 바로잡는다. 왕일의 「구사」에 "소리는 미혹되고 춤추는 자태는 유연하여 아름답다"라는 구절이 있는데, 「주」에 말하기를 "요요要媱는 춤추는 모습이다"라고 하였다. 홍흥조의 『초사보주』에서는 『방언』에 실린 "요媱는 놀다(유遊)의 뜻이다. 강원江沅에 걸친 지역에서는 희戲를 요媱라고 한다"는 말을 인용하였다. 『순자 · 수신편』에 "게다가 난폭하여 온순하지 않다"는 구절이 있는데, 양경의 「주」에 "한유가 말하기를, '양愓은 탕蕩과 같다. 글자는 마음 심 변, 즉 忄에다 양昜이라고 쓴다'고 하였다"는 말이 있다. 『광아』에 "요媱 · 양愓 · 희嬉 · 유遊는 놀이(희戲)의 뜻"이라고 하였는데, 그 의미는 여기에 근거한다. 조헌의 『광아음석』에 "요媱의 음은 요遙다"라고 하였다. 『설문해자』에 "요媱는 어깨를 굽히고 가는 것"이라고 하였으며, 또 "양愓은 방放"이라고 하였다.

역해

① 媱[요] : 놀다. 장난하다. 江沅之間에서는 戲를 媱라고 함.

---

1 『楚辭 · 九思 · 傷時』: "聲噭誂兮清和, 音晏衍兮要媱."

2 『荀子 · 修身』: "加愓悍而不順, 險賊而不弟焉, 則可謂不詳少者矣, 雖陷刑戮可也."

3 『廣雅 · 釋詁』: "媱 · 愓 · 嬉 · 甥 · 遊 · 敖 · 契, 戲也."

4 『說文解字』 女部 : "媱, 曲肩行皃. 從女䍃聲"

5 『說文解字』 心部 : "愓, 放也. 從心昜聲. 一曰平也."

② 愓[양] : 놀이, 오락. 江沅之間에서는 戲를 또 愓이라고도 함. 곽박 「주」에 발음은 羊이라고 했는데, 이에 근거한 상고음은 [*raŋ]이다.

③ 遊[유] : 놀다. 놀며 즐기다. 遊는 媱, 愓의 풀이어휘.

④ 嬉[희] : 놀다. 놀이하다. 즐기다. 江沅之間에서는 戲를 또 嬉라고도 함. 곽박 「주」에 발음은 香其反라고 했는데, 이에 근거한 상고음은 [*hjəg]이다.

방언 2

曾① · 訾②, 何③也. 湘潭之原【潭, 水名, 出武陵, 音潭, 亦音淫[6]】, 荊之南鄙謂何爲曾, 或謂之訾,【今江東人語亦云訾, 爲聲如斯】 若中夏言何爲④也.

증曾[7] · 자訾[8]는 어찌, 무엇(하何)의 뜻이다. 상수와 담수의 상류【담潭은 물 이름으로, 무릉에서 발원한다. 음은 담潭이며, 또 음淫이라고도 읽는다[9]】와 형荊의 남쪽 변두리에서는 하何를 증曾이라고 하거나 혹은 자訾【지금(곽박 당시)의 강동 사람들의 말로는 자訾라고도 하는데, 소리는 사斯와 같다】라고 한다.

---

6 『四部叢刊』本에는 '一曰淫'라고 되어 있으나, 戴震이 '亦音淫'이라고 수정하였다.

7 華學誠은 "'曾是'란 '마침내 이런 지경에 이르다'라는 뜻이며, '曾'과 '乃', '竟', '竟然'에 해당되며, 의문의 뜻은 없지만, 주로 語氣를 강화함을 나타낸다. '曾'에는 반문 용법이 있으며, 의미는 '豈'에 해당한다"고 하였다.

8 章炳麟은 『新方言 · 釋詞』에서 『方言』의 "曾 · 訾, 何也"라는 대목을 들어 설명하기를, "요즘 통어의 '曾'을 '怎'이라고도 쓴다. 또는 '訾'라고도 하는데, '債'와 같이 音轉이 된다. 四川 城都의 동쪽 지역에서는 '何'를 '訾'라고 한다. 揚과 越 지역에서도 역시 이와 같다"고 하였다.

9 盧文弨의 『重校方言』에서 曹毅之의 판본에 "一音淫"으로 되어 있다고 지적하고 있다. 공통적으로 지적하고 있는 사실은 '淫'은 다른 발음이지, 다른 뜻이 아니라는 점이다. 역자는 『方言疏證』에 따라 번역하였다.

중하中夏 지역에서 하위何爲라고 하는 것과 같다.

방언소증

案「注」內'音譚, 亦音淫', 各本訛作'音潭, 亦曰淫', 今改正.

곽박의 「주」 안에 있는 '음은 담譚이며, 또 음淫이라고도 읽는다'는 구절은 각 판본에 '음은 담潭이며 또 음淫이라고도 한다'로 잘못되어 있었는데, 지금 바로 잡는다.

역해

① 曾[증] : 무엇, 어떻게, 무슨, 의문을 나타냄. 湘潭之原, 荊의 南鄙에서 何를 曾이라고 함.
② 訾[자] : 무엇, 어떤. 湘潭之原, 荊의 南鄙에서 何를 또 訾라고도 함. 곽박 「주」에 당시 江東人의 말에서도 訾라고 한다고 했다.
③ 何[하] : 무엇, 무슨, 어느, 왜, 어떻게, 어디. 의문대명사. 何는 曾, 訾의 풀이어휘.
④ 何爲[하위] : 무엇. 中夏에서 何爲라고 함.

방언 3

央亡① · 嚜尿②【嚜, 音目. 尿, 丑夷反】· 婚③【胡刮反】, 獪④也. 江湘之間或謂之無賴⑤, 或謂之㺜⑥【佰侎[10], 多智也.[11] 恪交反】. 凡小兒多詐而猶謂之央亡, 或謂之嚜杘【嚜杘, 潛潛狡也】, 或謂之姡.【言黠姡也】姡, 娗⑦也.【言恫娗也】或謂之猾⑧【音滑】. 皆通語也.

앙망央亡[12]·묵치[13]【묵嚜의 음은 목目이며, 축이반丑夷反이다】·활姡【음은 호괄반胡刮反이다】은 교활하다, 간교하다(회(괴)獪)의 뜻이다. 강수江水와 상수湘水에 걸친 지역에서는 혹 무뢰無賴라고 하거나 혹은 교㺒【경망하고 꾀가 많은 것이다. 음은 각교반恪交反이다】라고 한다. 무릇 어린 아이가 거짓이 많고 교활한 것을 앙망央亡이라고 하거나, 혹은 묵치嚜杘【묵치嚜杘는 은근히 교활한 것이다】라고 하거나, 혹은 활姡【말하는 것이 약고 교활한 것이다】이라고 한다. 활姡은 전娗【통전恫娗[14], 즉 두려워하고 속이는 것을 말한다】이며, 혹은 활猾【음은 활滑이다】이라고도 한다. 모두 통어通語다.

방언소증

案『列子·力命篇』: "墨杘·單至·嘽咺·憋懯四人相與游於世, 胥如志也, 窮年不相知情, 自以智之深也."[15] 張湛「注」引『方言』: "墨杘,

---

10 『四部叢刊』本에는 '恐忯'라고 되어 있으나, 戴震이 '佄忯'이라고 수정하였다.

11 戴震은 각 판본에 '恐䀪'라고 잘못 되어 있는 것을 '佄忯'이라고 바로잡았다고 하였다. 그러나 華學誠은 "『廣韻』과 『集韻』의 肴와 麻라는 두 部의 주해에 모두 '㤓㤉는 伏態(엎드려 숨은 모습)이다'라고 하였는데, 伏態는 아마도 狡態(교활한 모습)를 잘못 썼을 것이다. '㤓'라는 글자의 모습이 '恐'에 가깝고, '㤉'라는 글자의 모습이 '䀪'에 가깝기 때문에 '恐䀪'라고 잘못 썼을 따름이다"라고 하였다.

12 錢繹의 『方言箋疏』에서 "央亡은 첩운이다. …… 무언가를 형용하는 말이다"라고 하였다.

13 이 역시 형용하는 말로서, 후세 중원의 官話이며 江淮 지방의 관화에 모두 이 말이 포함되어 있다.

14 華學誠은 "恫娗은 대체로 漢, 晉 시대의 구어이자 숙어다. 문헌적인 근거는 잘 알 수 없다"고 하였다.

江淮之閒謂之無賴.” ‘墨’‘嚜’通. ‘江淮’乃‘江湘’之訛. 『史記・高祖本紀』: “始大人常以臣無賴.[16]” 『集解』: “或曰江湖之閒謂小兒多詐狡猾爲無賴.” 『漢書』‘無’作‘亡’, 「注」‘江湖’作‘江淮’, ‘狡猾’作‘狡獪’. 左思「吳都賦」: “儑䛐翞㺏, 交貿相競.[17]” 李善「注」引『方言』: “㺏, 獪也.” 『爾雅・釋言』: “靦, 婚也.[18]” 『釋文』引『方言』: “凡小兒多詐謂之婚”. ‘央亡’亦作‘鞅罔’. 『廣雅』: “鞅罔, 無賴也.”[19], “嚜屎, 欺也.”[20], “㺏, 獪也.”[21] 『廣韻』: “嚜屎, 小兒多詐獪.[22]” 皆本此. 「注」內‘偛㑼’各本訛作‘恐㥓’. 『玉篇』云: “偛㑼, 鬼黠也[23].” 今據以訂正.

『열자・역명편』에 “묵치墨屎・단지單至・탄훤嘽咺・별부憋懯, 이 네 사람이 서로 어울려 이 세상에 노닐면서도 서로 자신의 뜻대로만 하였으므로, 몇 해가 다 가도록 서로의 사정을 알지 못하고, 스스로 지혜가 깊다고 여겼다”는 구절이 있다. 장담의 「주」에서 『방언』의 “묵치墨屎는 강회江淮에 걸친 지역에서는 무뢰無賴라고 한다”는 말을 인용하였다. 묵墨과 묵嚜은 서로 통한다. ‘강회江淮’는 ‘강상江湘’의 오류다. 『사기・고조본기』에 “당초에 대인(태상황을 가리킴)께서는 항상 내가 재주가 없어서 생업을 꾸려나가지 못할 것이라고 여기셨습니다”라는 말이 있는데, 『사기집해』에 “어떤 이가 말하기를 강호江湖에 걸친 지역에서는 어린 아이가 잘 속이고 교활한 것을 무뢰無賴라고 한다”고

15 『列子・力命篇』: “墨屎・單至・嘽咺・憋懯四人相與游于世, 胥如志也. 窮年不相知情, 自以智之深也.”

16 『史記・高祖本紀』: “始大人常以臣無賴, 不能治產業, 不如仲力.”

17 『文選・賦丙・吳都賦』: “儑䛐翞㺏, 交貿相競. 諠譁喤呷, 芬葩蔭映.”

18 『爾雅・釋言』: “靦, 姡也.”

19 『廣雅・釋訓』: “鞅罔, 無賴也.”

20 『廣雅・釋詁』: “訽・譙・詒・諼・謬・遁・嚜屎・㥠㤞・謾讀・猶・譎・詐・僞・謏・膠・誣・詿・訑・調・突・虞, 欺也.”

21 『廣雅・釋詁』: “㺏・㹶・狡・訬・獿, 獪也.”

22 『廣韻』 去聲: “嚜, 嚜屎, 小兒多詐獪.”

23 『玉篇』 人部: “偛, 楚洽切. 『字書』云: 偛, 小人. 一曰偛㑼, 鬼黠也.”

하였다. 『한서』에서는 '무無'를 '망亡'으로 썼는데, 「주」에 '강호江湖'라고 한 것은 '강회江淮'로 하였으며, '교활狡猾'은 '교회狡獪'로 썼다. 좌사의 「오도부」에 "수다스럽게 왁자지껄 서로 오가며"라는 구절이 있는데, 이선의 「주」에서는 『방언』을 인용하여 "교獿는 교활하다, 간교하다(회獪)의 뜻이다"라고 하였다. 『이아・석언』에 "전覥은 교활하다(활婚)의 뜻이다"라는 구절이 있는데, 『경전석문』에서 『방언』을 인용하여 "무릇 아이가 잘 속이는 것을 활婚이라고 한다"고 했다. '앙망央亡'은 또 '앙망鞅罔'이라고도 쓴다. 『광아』에서 "앙망鞅罔은 무뢰無賴다", "묵치嚜杘는 속이는 것이다", "교獿는 교활하다(회獪)의 뜻이다"라고 하였다. 『광운』에 "묵치嚜杘는 어린 아이가 꾀가 많고 교활한 것이다"라고 하였는데, 모두 여기에 근거한 것이다. 「주」에 '삽첩偛㤴'이라고 한 것을 각 판본에서 '공이恐恞'라고 잘못 썼다. 『옥편』에 "삽첩은 귀힐鬼黠이다"라고 하였으니, 지금 이에 근거하여 바로잡는다.

역해

① 央亡[앙망] : 무리함. 교활함. 무릇 어린 아이가 거짓이 많고 교활한 것을 央亡이라고 함.

② 嚜杘[묵치] : 교활하고 무례함. 무릇 어린 아이가 거짓이 많고 교활한 것을 嚜杘라고도 함. 곽박 「주」에 발음은 目, 丑夷反이라고 했는데, 이에 근거한 상고음은 [*mjəkw], [*thjid]이다.

③ 婚[활] : 교활하다. 속이다.(권2-35 참조) 무릇 어린 아이가 거짓이 많고 교활한 것을 婚라고도 함. 婚, 娗, 猾은 모두 통어. 곽박 「주」에 발음은 胡刮反이라고 했는데, 이에 근거한 상고음은 [*gruat]이다.

④ 獪[회(괴)] : 교활하다. 간교하다. 獪는 央亡, 嚜杘, 婚의 풀이어휘.

⑤ 無賴[무뢰] : 성품이 막되어 함부로 행동함. 또는 그러한 행위. 江湘之

間에서 無賴라고도 함.

⑥ 獿[교] : 교활하다. 곽박 「주」에 발음은 恪交反이라고 했는데, 이에 근거한 상고음은 [*khragw]이다.

⑦ 娗[전] : 속이다. 기만하다. 婚, 娗, 猾은 모두 통어.

⑧ 猾[활] : 교활하다. 간사하다. 또는 간교한 사람. 婚, 娗, 猾은 모두 통어. 곽박 「주」에 발음은 滑이라고 했는데, 이에 근거한 상고음은 [*gwrət]이다.

방언 4

崽①者, 子②也.【崽音枲, 聲之轉也】 湘沅之會【兩水合處也, 音獪】凡言是子者謂之崽, 若東齊言子矣【聲如宰】.

새崽[24]는 새끼(자子)의 뜻이다.【새崽의 음은 시枲이며, 성지전聲之轉이다】 상수湘水와 원수沅水가 만나는 지역에서는【두 강이 합해지는 곳이다. 음音은 회獪다】 이 자子를 새崽라고 말하는데, 이는 동제東齊에서 자子라고 하는 것과 같다.【소리는 재宰와 같다】

방언소증

案『水經注・澬水篇』: "至若孌婉丱童, 及弱年崽子, 或單舟採菱, 或疊

24 華學誠은 어린아이를 '崽'라고 하는 것은 지금의 방언에도 널리 분포되어 있고, 어떤 경우에는 소년기의 아동을 포함하기도 한다고 하였다. 그밖에 '崽儿', '崽女', '崽子', '崽仔'를 비롯하여 '崽崽', '崽崽子', '崽娃子', '崽里子' 등등 많은 방언들이 각 지역에서 유사한 의미로 사용되고 있다는 설명을 덧붙이고 있다.

舸折芰.[25]” 『玉篇』引『方言』: “江湘之閒凡言是子曰崽.” 『廣韻』引『方言』: “江湘閒凡言是子謂之崽.” 又云 : “自高而侮人也.”[26]

『수경주 · 구수편』에 “젊은 아가씨나 총각 및 어린 나이의 아이들이 혹은 혼자서 배를 타고 나가 마름을 따기도 하고, 혹은 여러 척의 배를 같이 타고 나가서 세발마름의 가지를 꺾기도 한다”[27]는 말이 있다. 『옥편』에서는 『방언』의 “강수와 상수에 걸친 지역에서는 모두 자子를 새崽라고 한다”는 말을 인용하였다. 『광운』에서는 『방언』의 “강수와 상수에 걸친 지역에서는 모두 자子를 새崽라고 한다”는 말을 인용하였으며, 또 “스스로를 높다고 여기며 남을 업신여기는 것이다”라고 하였다.

역해

① 崽[새] : 아들. 자식. 湘沅之會에서 아들을 崽라고 함. 곽박 「주」에 발음은 枲라고 했는데, 이에 근거한 상고음은 [*sjəgx]이다.

② 子[자] : 아들, 자식. 東齊에서는 子라고 함. 곽박 「주」에 발음은 宰와 비슷하다고 했는데, 이에 근거한 상고음은 [*tsəgx]이다.

---

25 『水經注 · 澴水』: “至若孌婉丱童, 及弱年崽子, 或單舟採菱, 或疊舸折芰, 長歌陽春, 愛深綠水, 掇拾者不言疲, 謠咏者自流響.”

26 『廣韻』 上平聲 : “崽, 『方言』云 : 江湘閒凡言是子謂之崽, 自高而侮人也.”

27 이 부분의 원문인 “至若孌婉丱童, 及弱年崽子, 或單舟采菱, 或疊舸折芰”가 武英殿本을 저본으로 한 『水經注全譯』(陳橋驛 主譯, 山西人民出版社, 1995)에는 “至若孌童丱角, 弱年崽子, 或單舟采菱, 或疊舸折芰”라고 되어 있다.

방언 5

誺[28]①, 不知②也.【音癡[29]眩, 江東曰咨, 此亦知[30]聲之轉也】沅澧之間【澧水, 今在長沙, 音禮】凡相問而不知答曰誺; 使之而不肯答曰吂③【音茫, 今中國語亦[31]然】. 粃[32]④, 不知也.【今淮楚間語呼聲如非也】

칠誺[33]은 알지 못하다(부지不知)의 뜻이다.【음은 치현癡眩의 치癡이며, 강동江東에서는 자咨라고 한다. 자咨는 지知의 성지전聲之轉이다】 원수沅水와 예수澧水에 걸친 지역【예수澧水는 지금(곽박 당시) 장사에 있으며, 음은 례禮다】에서는 무릇 서로 물었는데 답을 모를 때 칠誺이라고 답한다. 무엇인가를 시켰는데 답하지 않으려 할 때는 망吂【음은 망茫이며, 지금(곽박 당시) 중국의 말에서도 역시 그러하다】이라고 한다. 비粃는 알지 못하다(부지不知)의 뜻이다.【지금(곽박 당시) 회淮와 초楚에 걸친 지역의 말에서 사람을 부르는 소리는 비非와 같다】

방언소증

案'誺'各本訛作'誄', 今訂正. 『玉篇』云 : "誺, 不知也. 丑脂・丑利二

---

28 『四部叢刊』本에는 '誄'라고 되어 있으나, 戴震이 '誺'라고 수정하였다.
29 『四部叢刊』本에는 '癡'라고 되어 있으나, 戴震이 '癡'라고 수정하였다.
30 『四部叢刊』本에는 '如'라고 되어 있으나, 戴震이 '知'라고 수정하였다.
31 『四部叢刊』本에는 '亦'이라고 되어 있으나, 戴震이 '今'이라고 수정하였으나, 華學誠은 '今'이 아니라 '亦'이 맞다고 했다.
32 『四部叢刊』本에는 '粃'라고 되어 있으나, 戴震이 '粃'라고 수정하였다.
33 戴震은 본래 이 글자가 여러 판본에 '誄'라고 되어 있었던 것을 '誺'로 바로잡았다고 말했다. 그러나 盧文弨는 戴震의 주장이 틀렸고 본래의 '誄'라는 글자가 맞다고 하였으며, 華學誠 역시 '誄'라는 글자에는 오류가 없다고 하였다.

切."[34] "誺, 同上. 又力代切, 誤也."[35] 『廣韻』作'誺', 以入脂・至韻者爲'不知', 入代韻者爲'誤'. 此「注」云: '音癡眩'與'丑脂切'合. '癡'多訛作'瘢'. 曹毅之本不誤. 以六書諧聲考之, '謧'從言桼聲, 可入脂・至二韻, '誺'從言來聲, 應入代韻, 不得入脂・至韻. 『玉篇』『廣韻』因字形相近訛舛, 遂溷合爲一, 非也. '知聲之轉'謂'知'與'咨'乃聲之變轉. 各本'知'訛作'如', 今竝訂正. 『玉篇』云: "使人問而不肯荅曰吉[36]." 『廣韻』: "吉, 不知也."[37] 皆本『方言』而誤. 『方言』'誺'[38]是'相問而不知荅', '吉'是'使之而不肯荅'. 『玉篇』『廣韻』失其指. 『廣雅』: "粃, 不也[39]." 曹憲『音釋』云: "彼・此, 俱得."[40] 此「注」云: "聲如非." 皆方音輕重之變.

'칠謧'을 각 판본에서는 '치誺'라고 잘못 썼는데, 지금 바르게 고친다. 『옥편』에 "칠謧은 알지 못하다(부지不知)의 뜻"이라고 하였고, "축지절丑脂切과 축리절丑利切 두 가지로 발음한다", "치誺는 위의 글자인 칠謧과 같다. 또 역대절力代切이라는 발음이 있는데, 오류(오誤)의 뜻이다"라고 하였다. 『광운』에 '치誺'는 지운脂韻과 지운至韻에 있는 것은 '알지 못하다(부지不知)'의 뜻이며, 대운代韻에 있는 것은 '오류(오誤)'의 뜻이라고 하였다. 곽박의 「주」에 '음은 치현癡眩의 치癡다'라고 한 것과 '축지절丑脂切'은 서로 부합한다. '치癡'를 많은 판본에서 '반瘢'이라고 잘못 썼으나, 조의지曹毅之의 판본은 틀리지 않았다. 육서六書의 해성諧聲으로 고찰해보면, '칠

34 『玉篇』 言部: "謧, 丑脂・丑利二切. 不知也."

35 이 대목은 戴震이 기억에 의하여 썼기 때문인지, 『玉篇』의 본문과 차이가 있다. 『玉篇』의 言部에는 "誺, 力代反"라고 되어 있다.

36 『玉篇』 口部: "吉, 莫桑切. 使人問而不肯, 荅曰吉."

37 『廣韻』 下平聲: "吉, 不知也."

38 『方言疏證』에는 이 글자가 '誺'라고 되어 있으나, 戴震이 수정한 원문에 따르면 '謧'이라고 해야 맞다.

39 『廣雅・釋詁』: "否・弗・倗・粃, 不也."

40 『方言疏證』에는 '彼・此, 俱得'이라고 되어 있으나 '彼・比, 俱得'이 옳다.

誺'은 언言과 칠성桼聲으로 이루어졌으며, 지운脂韻과 지운至韻에 들어갈 수 있고, '치誺'는 언言과 래성來聲으로 이루어졌고 마땅히 대운代韻에 들어가야 하며, 지운脂韻이나 지운至韻에는 들어갈 수 없다. 『옥편』과 『광운』에서는 자형이 서로 비슷하기 때문에 그릇되게 되었고, 이에 혼합하여 하나로 만들어 버렸으니 틀렸다. '지성지전知聲之轉'이라고 한 것은 '지知'와 '자咨'가 성지변전聲之變轉이라는 뜻인데, 각 판본에서는 '지知'를 '여如'라고 잘못 썼으니, 지금 모두 바르게 고친다. 『옥편』에는 "가령 어떤 사람이 물었는데 답하려 하지 않는 것을 망㠵이라고 한다"는 말이 있다. 『광운』에 "망㠵은 알지 못하다(부지不知)의 뜻"이라고 하였다. 모두 『방언』에 근거하고 있으나 틀렸다. 『방언』의 '칠誺'은 서로 물었는데 답을 모르는 것을 말하며, '망㠵'은 '시켰는데 답하려 하지 않는 것을 말한다. 『옥편』과 『광운』은 그 뜻을 제대로 이해하지 못했다. 『광아』에 "비粃는 아니다(불不)의 뜻"이라고 하였고, 조헌의 『광아음석』에 "피彼와 비比, 둘 다 옳다"라고 하였다. 이 「주」에서 "독음이 비非와 유사하다(聲如非)"라고 하였는데, 각 지방에 따라 발음에 다소의 변화가 있는 것이다.

역해

① 誺[칠] : 알지 못하다. 沅澧之間에서 서로 물어 답을 알지 못할 때 誺라고 함. 곽박 「주」에 발음은 癡眩의 癡라고 했는데, 이에 근거한 상고음은 [*thrjəg]이다.(참조 : 곽박 당시에 江東에서는 咨라고 함)

② 不知[부지] : 알지 못하다. 不知는 誺, 秕의 풀이어휘.

③ 㠵[망] : 마음에 내키지 않는 대답소리. 沅澧之間에서 무언가를 시켰는데 답하려 하지 않을 때 㠵이라고 함. 곽박 「주」에 발음은 茫이라고

했는데, 이에 근거한 상고음은 [*maŋ]이다.(참조: 곽박 당시에 中國에서도 그렇게 말함)

④ 粃[비]: 알지 못하다.

방언 6

煤①【呼隗反】, 火②也. 楚轉語也. 猶齊言焜③【音毀】, 火也.

회煤[41]는 불(화火)의 뜻이다.【음은 호외반呼隗反이다】 초 지역의 전어轉語다. 제 지역에서 훼焜【음은 훼毁다】라고 하면 불(화火)을 뜻하는 것과 같다.

방언소증

案『詩·周南』: "王室如燬.[42]" 『毛傳』: "燬, 火也." 『釋文』云: "燬, 音毀. 齊人謂火曰燬. 字書作焜, 一音火尾反. 或云: 楚人名火曰煤, 齊人曰燬, 吳人曰焜. 此文俗訛語也." 『爾雅·釋言』: "燬, 火也.[43]" 郭璞「注」云: "燬, 齊人語." 疏全引『方言』此條文竝同. 『玉篇』云: "楚人呼火爲煤也.[44]" 『廣韻』: "焜, 齊人云火.[45]" 皆本此.

『시경·주남』에 "왕실은 불에 타는 듯하다(王室如燬)"라는 구절이 있

41 華學誠은 楚 지역 사람들은 '火'의 음을 '煤'라고 하고, 제 지역 사람들은 '焜'라고 하는 것이니, 이 두 글자는 모두 '火'의 方音轉語라고 하였다.

42 『詩經·周南·汝墳』: "魴魚赬尾, 王室如燬."

43 『爾雅·釋言』: "燬, 火也."

44 『玉篇』 火部: "煤, 呼隗切.楚人呼火爲煤也."

45 『廣韻』 上聲: "焜, 齊人云火."

는데 『모전毛傳』에서 "훼燬는 화火다"라고 하였다. 『경전석문』에 "훼燬의 음은 훼毁다. 제 지역 사람들은 화火를 훼燬라고 한다. 자서字書에서는 훼焜라고 쓰고, 또 화미반火尾反이라고도 발음한다. 혹은 초 지역 사람들은 화火를 회煤라고 하고, 제 지역 사람들은 훼燬라고 하며, 오 지역 사람들은 훼焜라고 한다고도 하는데, 이런 말은 일반인들이 잘못 쓰는 말(俗訛語)이다"라고 하였다. 『이아·석언』에 "훼燬는 불(화火)의 뜻"이라고 하였고, 곽박의 「주」에 "훼燬는 제 지역 사람들의 말"이라고 하였다. 「소」에서는 『방언』의 이 조항을 모두 다 인용하였는데 문장이 완전히 같다. 『옥편』에 "초 지역 사람들은 화火를 회煤라고 한다"고 하였으며, 『광운』에 "훼焜는 제 지역 사람들이 화火를 말하는 것이다"라고 하였는데, 모두 여기에 근거한다.

역해

① 煤[회(괴)] : 불. 煤와 火는 楚轉語. 곽박 「주」에 발음은 呼隗反이라고 했는데, 이에 근거한 상고음은 [*hwədx]이다.
② 火[화] : 불. 火는 煤, 焜의 풀이어휘.
③ 焜[훼] : 불. 불이 이글거리다. 齊에서는 焜라고 말함. 곽박 「주」에 발음은 毁라고 했는데, 이에 근거한 상고음은 [*hjiarx]이다.

방언 7

嘳①【音蒯】·無寫②, 憐③也【皆南鄙[46]之代語也】. 沅澧之原凡言相憐

46 『四部叢刊』本에는 두 글자가 빠졌으나, 戴震은 『永樂大典』本에 의거하여 '南鄙'를 보충하였다.

哀謂之嘳, 或謂之無寫, 江濱謂之思④【濱, 水邊[47]】. 皆相見驩喜有得亡之意也. 九嶷湘潭之間謂之人兮⑤【九嶷, 山名, 今在零陵營道縣】.

귀(괴)嘳[48]【음은 괴蒯다】・무사無寫[49]는 불쌍히 여기다(련憐)의 뜻이다.【모두 남쪽 변방 지역의 대어代語다】 원沅과 예澧, 두 물줄기의 상류에서는 무릇 서로 가엾이 여기며 슬퍼하는 것을 귀(괴)嘳라고 하거나, 혹은 무사無寫라고 한다. 장강의 주변에서는 사思【빈濱이란 물가를 말한다】라고 하며, 모두 서로 만나 기뻐서 어쩔 줄 모르는 것을 의미한다. 구억九嶷과 상담湘潭에 걸친 지역에서는 인혜人兮[50]【구억九嶷이란 산의 명칭으로, 오늘날(곽박 당시) 영릉零陵 영도현營道縣에 있다】라고 한다.

방언소증

案『說文』'嘳'卽'喟', "太息也.[51]" 『詩・小雅』: "我心寫兮.[52]" 『毛傳』: "我心寫矣. 輸寫其心也." 鄭「箋」云: "我心寫者, 輸寫其情意無留恨也." 據此, 則'無寫'爲無所輸寫. 『中庸』: "仁者人也.[53]" 鄭「注」云: "人也. 讀如相人偶之人, 以人意相存問之言." 「表記」: "仁者, 人也." 「注」

---

47 『四部叢刊』本에는 '也'가 있으나, 戴震의 『方言疏證』본에는 없음.

48 錢繹의 『方言箋疏』에서 "무릇 '喟然歎'이나 '嘳然息'이라고 하는 것은 모두 크게 탄식하며 한숨을 쉰다는 뜻이다. 哀와 愛는 서로 소리가 비슷하고 뜻이 같다"라고 하였다. 華學誠은 탄식한다는 것과 가엾이 여긴다는 것은 의미가 서로 관련이 있는 것이라고 하였다.

49 華學誠은 『方言校箋』에 대한 羅常培의 「序」에서 "無寫란 순수하게 문자를 음부로써 사용한 것이다"라고 하였는데, 羅常培의 이 설명이 옳다고 하였다.

50 華學誠은 『方言校箋』에 대한 羅常培의 「序」에서 "人兮란 순수하게 문자를 음부로써 사용한 것이다"라고 하였는데, 羅常培의 이 설명이 옳다고 하였다.

51 『說文解字』 口部: "喟, 大息也. 從口胃聲."

52 『詩經・小雅・南有嘉魚之什・蓼蕭』: "旣見君子, 我心寫兮."

53 『禮記・中庸』: "仁者, 人也, 親親爲大. 義者, 宜也, 尊賢爲大."

云 : "人也, 謂施以恩也." 『春秋傳』曰 : "執未有言舍之者, 此其言舍之何? 人也."[54] 「疏」云 : "引之者, 證人是人偶相存愛之義也." 此言'人兮', 與古語所謂相存偶義亦相近. 「注」內'南鄙之代語'謂語相更代, 諸刻作'秦漢之代語', 蓋不知者所妄改, 今從永樂大典本.

『설문해자』에 '귀(괴)嘳'는 곧 '위喟'이며, "탄식하다(태식太息)라는 뜻이다"라고 되어 있다. 『시경·소아』에 "내 마음 모두 털어놓네(我心寫兮)"라는 구절이 있는데 『모전』에서 "아심사의我心寫矣란 그 마음을 모두 털어놓는 것을 말한다"고 하였고, 정현의 『모시전』에서는 "아심사我心寫라는 것은 그 생각을 모두 털어놓아 아무런 한을 남기지 않는 것이다"라고 하였다. 이에 의거하면 '무사無寫'란 털어놓는 바가 없다는 뜻이 된다. 『중용』에 "인仁이란 사람(인人)이다"라는 구절이 있는데, 정현의 「주」에 말하기를, "인人이란 상인우相人偶, 즉 서로 친하고 존경한다는 의미의 인人처럼 읽는다. 이로써 인人이란 서로 위로하고 안부를 묻는다는 것을 의미한다는 것을 알 수 있다"고 하였다. 『예기·표기』에 "인仁이란 인人이다"라는 구절이 있는데 그 「주」에 말하기를, "인人이란 은혜를 베푸는 것을 말한다"고 하였다. 『춘추』 성공 16년[55] 『공양전』에 "잡았다가 놓아주었다는 말이 있지 아니한데, 놓아주었다고 하니 무슨 말인가? 그를 어질다고 여겼기 때문이다"라는 말이 있다. 「소」에서 말하기를, "이를 인용한 것은 인人이란 사람들이 서로 위로하고 안부를 물으며 아낀다(相存愛)는 뜻임을 증명하는 것"이라고 하였다. 여기에서 '인혜人兮'라고 한 것은 고어古語에서 말하는 서로 위로하고 안부를 묻는다는 뜻과 역시 가깝다. 「주」 안에 '남비南鄙의 대

54 『春秋公羊傳』 成拱 十六年 : "九月, 晉人執季孫行父, 舍之于招丘, 執未可言舍之者, 此其言舍之何? 仁之也." 戴震은 "仁之也"를 "人也"라고 잘못 기록했다.

55 『方言疏證』의 원문에는 "성공 16년"이라는 말이 없으나, 기존의 『춘추』 인용문에 비추어 역자가 보충하였다.

어代語'라고 한 것은 말이 서로 교체된다는 뜻이다. 여러 판각본에 '진한秦漢의 대어代語'라고 되어 있는데, 이는 모르는 자가 함부로 고친 것이다. 이제 『영락대전』본에 따른다.

역해

① 嘳[귀(괴)] : 가엾다. 불쌍하다. 沅澧之原에서 서로 가엾이 여기며 슬퍼하는 것을 嘳라고 함. 곽박 「주」에 발음은 蒯라고 했는데, 이에 근거한 상고음은 [*khwrədh]이다.

② 無寫[무사] : 한숨지며 슬퍼함. 沅澧之原에서 서로 가엾이 여기며 슬퍼하는 것을 無寫라고도 함.

③ 憐[련] : 불쌍히 여기다. 동정하다. 憐은 嘳, 無寫의 풀이어휘.

④ 思[사] : 서로 만나 기뻐하며 다 잊어버리는 것. 양자강의 주변 지역에서는 思라고 함.

⑤ 人兮[인혜] : 이 사람아! 라는 뜻으로 상대를 가엾게 여길 때 쓰는 말. 九嶷湘潭之間에서는 人兮라고 함.

방언 8

娗[①]【魚踐反】· 嫧[②]【音策】· 鮮[③], 好[④]也. 南楚之外通語也.

안娗【음은 어천반魚踐反이다】· 책嫧【음은 책策이다】· 선鮮은 아름답다(호好)의 뜻이다. 남초南楚 외부 지역의 통어通語다.

방언소증

案『說文』: "嫧, 齊也[56]." 『玉篇』: "婩, 好也[57]." 張湛「注」『列子』: "巧佞・愚直・婩斫・便辟.[58]" 引『字林』云: "婩, 齊也." 蓋'婩'與'嫧'皆容止整齊鮮潔之貌. 故'婩''嫧''鮮'同爲'好'也. 『廣雅』: "婩・嫧・鮮, 好也[59]." 義本此.

『설문해자』에 "책嫧은 단정하다(제齊)의 뜻"이라고 하였고, 『옥편』에 "안婩은 아름답다(호好)의 뜻"이라고 하였다. 장담이 『열자』의 "교녕巧佞・우직愚直・안작婩斫・편벽便辟"에 대하여 주해를 하면서 『자림』의 "안婩은 단정하다(제齊)의 뜻이다"라는 구절을 인용하였다. 대체로 '안婩'과 '책嫧'은 모두 풍채나 행동거지가 단정하고 정결한 모습이다. 그러므로 '안婩', '책嫧', '선鮮'은 모두 아름답다(호好)라는 뜻이 되는 것이다. 『광아』에 "안婩・책嫧・선鮮은 아름답다(호好)의 뜻이다"라고 하였는데, 그 뜻은 여기에 근거를 둔 것이다.

역해

① 婩[안]: 여자의 용모가 단정하고 아름답다. 南楚之外의 通語. 곽박「주」에 발음은 魚踐反이라고 했는데, 이에 근거한 상고음은 [*ŋjanx]이다.

---

56 『說文解字』 女部: "嫧, 齊也."

57 『玉篇』 女部: "婩, 魚踐切. 好也. 又午漢切. 齊也."

58 『列子・力命』: "巧佞・愚直・婩斫・便辟四人相與游于世, 胥如志也."

59 『廣雅・釋詁』: "媝・嬴・娃・嫷・孌・嬥・姚娧・純・珇・旺・婠・窔・窈窕・姅・忓・妧・媌・婩・嫧・鮮・頔・嬉・麗・佳・嫮・鈔・嫽・姣・祩・嫡・媉・嬹・膴・嬮・姝・媠・妃・嬞・嬻・婍・妍・婽・嬥・嫙・娙・蘣・襸・祖・襒・妙・嫖・媨・妭・嫣・嫈・嫛・覣・婥約・嫵媚・嬽・姍, 好也."

② 嫧[책] : 婧과 同字. 아름답고 좋다. 곽박「주」에 발음은 策이라고 했는데, 이에 근거한 상고음은 [*tshrik]이다.

③ 鮮[선] : 좋다. 아름답다.

④ 好[호] : 여자의 용모가 아름답다. 好는 㛤, 嫧, 鮮의 풀이어휘.

방언 9

嘳哰①【闌牢二音】·謰謱②【上音連, 下力口反】·拏③也【言譇拏也. 奴加反】. 東齊周晉之鄙曰嘳哰. 嘳哰亦通語也【平原人好嘳哰也】. 南楚曰謰謱, 或謂之支註④【支, 之豉反. 註, 音注】或謂之詀謕⑤【上託兼反, 下音啼】, 轉語也. 拏, 揚州會稽之語也. 或謂之惹,⑥【言情惹也. 汝邪反, 一音若】, 或謂之諵⑦【言誣諵也】.

난로嘳哰[60]【이 두 글자의 음은 난뢰闌牢다】·연루謰謱[61]【앞의 음은 연連이고, 뒤의 음은 역구반力口反이다】는 말이 중복되어 조리가 없다(나拏[62])【말다툼하다(차나譇拏)를 말한다. 음은 노가반奴加反이다】의 뜻이다. 동제東齊와 주周 진晉의 변두리에서는 난로嘳哰라고 한다. 난로嘳哰도 역시 통어通語다.【평원平原 지역의 사람들은 난로嘳哰하기를 좋아한다】 남초南楚에서는 연루謰謱라고 하거나, 혹은 지주支註라고 하거나,【지支는 음이 지고반之豉反이며, 주註의 음은 주注다】 혹은 참제詀謕라고 하는데,【앞 글자의 음은 탁겸반託兼反이고, 뒤의

60 華學誠은 말이 복잡하게 얽히고 일이 번거롭게 꼬여서 풀기 어려운 것을 嘳哰라고 하는데, 현재 장강과 회수 지역의 방언이며, 오吳 지방의 방언에도 이 말이 여전히 남아 있다고 하였다.

61 華學誠은 말이 지루하고 번쇄한 것을 일컬어 謰謱라고 하는데, 현재 上海의 말에 여전히 이 말이 남아 있다고 하였다.

62 華學誠은 현재 揚州 사람들은 말이 번잡하고 중복되는 것을 羅(去聲으로 발음)라고 하는데, 아마 옛날의 말이 전해져 남은 것으로 짐작된다고 하였다.

음은 제蹄다】 전어轉語다.[63] 나拏는 양주揚州나 회계會稽 지역의 말로, 혹은 야(약)惹[64]이라고도 하고,【정야(약)情惹를 말한다. 음은 여사반汝邪反이며, 약若이라고도 발음한다】 혹은 엄諵이라고도 한다.【헐뜯는 것을 말한다】

방언소증

案『廣雅』: "囒哰, 謰謱也[65]", "惹·諵, 拏也[66]." 皆本此. 『說文』: "拏, 牽引也[67]", "諸拏, 羞窮也." 又'言'部云'謰謱', '辵'部云'連遱'. 『玉篇』作'嗹嘍'. '拏'[68]又作'詉', 云: "諸詉, 言不可解."[69] "嗹嘍, 多言也."[70] "惹, 亂也."[71] "諵, 言輕也."[72] 諸, 『廣韻』作'儸'云: "囒哰·儸拏, 語不可解.[73]", "嗹嘍, 言語繁絮貌", "連嘍, 煩貌", "謰謱, 小兒語." 隨文立訓, 義可互見. 『廣韻』於'謕'字下云"轉語"[74], 則誤讀『方言』. 『後漢書·馮衍傳』: "禍拏未解, 兵連不息.[75]" 「注」云: "拏謂相連引也." 王逸「九思」: "媒女詘兮謰謱.[76]" 洪興祖『補注』引『方言』: "謰謱, 拏也. 南楚曰 謰

---

63 揚雄이 轉語라고 한 것은 支註와 詀謕의 관계를 가리켜 한 말이다. 支의 古音은 章母支部이고, 註의 고음은 端母侯部다. 詀의 고음은 端母談部이고 謕의 고음은 定母支部다. 支와 詀, 註와 謕는 준쌍성이다.

64 華學誠은 아마도 惹는 拏의 轉語일 것이라고 하였다.

65 『廣雅·釋訓』: "囒哰, 謰謱也."

66 『廣雅·釋詁』: "訡·訍·譼·惹·諵·謕, 拏也."

67 『說文解字』 手部: "拏, 牽引也. 從手, 奴聲."

68 『玉篇』: "拏, 尼牙切, 手拏也."

69 『玉篇』: "詉, 女加切. 諸詉, 言不可解."

70 『玉篇』: "嗹, 閭前切, , 嗹嘍, 多言也." 『玉篇』: "嘍, 力口切, 嗹嘍."

71 『玉篇』: "惹, 人者切, 亂也."

72 『玉篇』: "諵, 於劒切. 匿也, 言輕也."

73 『廣韻』 上平聲: "囒, 囒哰·儸拏, 語不可解."

74 『廣韻』 上平聲: "謕, 轉語. 又他兮切."

75 『後漢書·桓譚馮衍列傳』: "遠征萬里, 暴兵累年, 禍拏未解, 兵連不息, 刑法彌深, 賦斂愈重."

76 『楚辭·九思』: "嗟此國兮無良, 媒女詘兮謰謱."

謱." 又云 : "一曰謰謱, 語亂也." '東齊'各本訛作'東南', 從曹毅之本.

『광아』에 "난로嘛哰는 수다스럽고 두서없이 떠들다(연루謰謱)의 뜻"이라는 말이 있고, "야(약)惹·엄譕은 말이 중복되고 조리가 없다(나拏)의 뜻"이라는 구절이 있는데, 모두 여기에 근거한다. 『설문해자』에 "나拏는 끌어당기는 것이다", "차나謯拏는 수궁羞窮이다"라고 하였다. 또 언부言部에 '연루謰謱'가 있고, 착부辵部에 '연루連嘍'가 있다. 『옥편』에서는 '연루嗹嘍'라고 하였다. '나拏'는 또 '노詉'라고 쓰고서 말하기를, "차노謯詉는 말을 이해할 수가 없는 것"이라고 하였다. 『옥편』에 "연루嗹嘍는 말이 많은 것"이라고 하였으며, "야(약)惹는 어지럽다(난亂)의 뜻이다", "엄譕은 가벼운 것을 말한다"고 하였다. 차謯는 『광운』에서는 '사傞'라고 쓰고서 말하기를, "난로嘛哰·사나傞拏는 말을 이해할 수가 없는 것"이라고 하였고, "연루嗹嘍는 말이 많은 모습"이라고 하였으며, "연루連嘍는 괴롭고 답답한 모습이다", "연루謰謱는 어린 아이가 말을 따라하는 것"이라고 하였는데, 글자에 따라 뜻을 풀이하는 것으로서 그 의미는 서로 비슷하다. 『광운』에서는 '제謕'라는 글자에 대하여 '전어轉語'라고 했는데, 이는 『방언』을 오독한 것이다. 『후한서·풍연전』에, "화가 화를 불러 재난이 끊이지 않으며 전쟁이 연이어 일어나 끊이지 않으니"라는 구절이 있는데, 「주」에서 말하기를, "나拏는 서로 이어져 당기는 것"이라고 하였다. 왕일의 「구사」에 "영험한 무녀도 말이 서툴러 혼란스럽게 말하는구나"라는 구절이 있는데, 홍흥조의 『초사보주』에서 『방언』의 "연루謰謱는 나拏다. 남초南楚에서는 연루謰謱라고 한다"는 말을 인용하였다. 또 말하기를, "연謰이라고도 하는데, 이는 말이 어지러운 것"이라고 하였다. '동제東齊'를 각 판본에서는 '동남東南'이라고 잘못 썼는데, 조의지의 판본에 따른다.

역해

① 嚂哰[란뢰] : 알아듣을 수 없는 말. 東齊, 周晉之鄙에서는 嚂哰라고 함. 嚂哰는 通語. 곽박 「주」에 발음은 闌, 牢라고 했는데, 이에 근거한 상고음은 [*lan], [*ləgw]이다.

② 謰謱[련루] : 수다스럽고 두서없이 떠듦을 형용하는 말. 南楚에서는 謰謱라고 함. 곽박 「주」에 발음은 連, 力口反이라고 했는데, 이에 근거한 상고음은 [*ljan], [*lugx]이다.

③ 拏[나] : 말이 중복되어 조리가 없다. 拏는 揚州會稽의 말. 拏는 嚂哰, 謰謱의 풀이어휘. 곽박 「주」에 발음은 奴加反이라고 했는데, 이에 근거한 상고음은 [*nrar]이다.

④ 支註[지주] : 말이 수다스럽고 요점이 없음. 말이 많고 흐리멍덩함. 南楚에서는 支註라고도 함. 곽박 「주」에 발음은 之豉反, 注라고 했는데, 이에 근거한 상고음은 [*trjigh], [*tjugh]이다.

⑤ 詀謕[참제] : 말이 많고 수다스럽다. 南楚에서는 詀謕라고도 함. 곽박 「주」에 발음은 託兼反, 啼라고 했는데, 이에 근거한 상고음은 [*thiam, *thiamh], [*dig]이다.

⑥ 惹[야(약)] : 헐뜯다. 비방하다. 拏는 揚州會稽의 말인데, 또 惹라고도 함. 곽박 「주」에 발음은 汝邪反, 또 若이라고 했는데, 이에 근거한 상고음은 [*njiag]과 [*njiag]이다.

⑦ 諵[엄] : 헐뜯다. 拏는 揚州會稽의 말인데, 또 諵이라고도 함.

방언 10

氉①【音懿】·嗇[77]②, 貪③也.【謂慳貪也】荊汝江湘[78]之郊, 凡貪而不施謂之氉,【亦中國之通語】或謂之嗇, 或謂之恡④. 恡, 恨⑤也.【慳者多

惜[79]恨也】

의䏺・색嗇은 탐하다(탐貪)의 뜻이다.【간탐慳貪을 말한다. 발음은 의懿다】 형주荊州 여수汝水 및 강수江水와 상수湘水의 교외에서는 탐하여 베풀지 않는 것을 의䏺라고 하거나,【또한 중원지역(中國)의 통어通語다】 혹은 색嗇이라고 하거나, 혹은 린恡이라고 한다. 린恡은 원망하다(한恨)의 뜻이다. 【간慳이라는 것은 아까워하고 원망스러워하는 것이다】

방언소증

案陸機「謝平原內史表」: "豈臣蒙垢含吝, 所宜忝竊.[80]" 李善「注」引『方言』: "貪而不施謂之吝." '恡''吝', 古通用. 亦作'遴', '嗇'今作'嗇'. 『廣雅』: "䏺・嗇・遴, 貪也[81]." 義本此.

육기의 「사평원내사표」에 "신이 어찌 이런 치욕을 덮어쓰고 오욕을 잔뜩 머금고서 욕되게 이 자리에 거할 수 있으며 이 이름을 더럽힐 수 있겠습니까?"라는 구절이 있는데, 이선의 「주」에서 『방언』의 "탐하여 베풀지 않는 것을 린吝이라고 한다"는 구절을 인용하였다. '린恡'과 '린吝'은 옛날에는 통용되었으며, 또한 '린遴'이라고도 쓴다.

---

77 『四部叢刊』本에는 '嗇'라고 되어 있으나, 戴震은 '嗇'은 지금의 '嗇'이라고 하였다.

78 '荊汝江湘'을 『一切經音義』 제1권에서 인용하면서 '荊湘汝郢'이라고 하였다고 한다.

79 『四部叢刊』本에는 '情'이라고 되어 있으나, 戴震은 '惜'으로 수정하였다.

80 『文選・表・謝平原內史表』: "方臣所荷未足爲泰, 豈臣蒙垢含吝, 所宜忝竊, 非臣毁宗夷族所能上報."

81 『廣雅・釋詁』: "㥯・挦・㥊・忨・惏・饕餮・䏺・嗇・歁・欿・欲・婪・利・遴・茹・嗜・鳌・惨・餧, 貪也."

'색嗇'을 지금은 '색嗇'이라고 쓴다. 『광아』에 "의㥶・색嗇・린遴은 탐하다(탐貪)의 뜻"이라고 하였으니, 그 의미는 여기에 근거한다.

역해

① 㥶[의] : 탐욕스럽다. 인색하다. 荊汝江湘之郊에서 탐하여 베풀지 않는 것을 㥶라고 함. 곽박 「주」에 발음은 懿라고 했는데, 이에 근거한 상고음은 [*ʔjidh]이다.(참조 : 곽박 당시에는 中國의 通語)
② 嗇[색] : 탐하다. 탐내다. 荊汝江湘之郊에서 탐하여 베풀지 않는 것을 또 嗇이라고도 함.
③ 貪[탐] : 탐하다. 貪은 㥶, 嗇의 풀이어휘.
④ 悋[린] : 吝의 本字. 인색하다. 荊汝江湘之郊에서 탐하여 베풀지 않는 것을 또 悋이라고도 함.
⑤ 恨[한] : 한하다. 원망하다. 유감스럽다. 어기다. 거역하다. 恨은 悋의 풀이어휘.

방언 11

遙①・窕②, 淫[82]③也. 九嶷荊郊[83]之鄙謂淫曰遙【言心遙蕩也】, 沅湘之間謂之窕【䆗窕冶[84]容】.

---

82 『四部叢刊』本에는 '滛'라고 되어 있으나, 戴震은 '淫'으로 수정하였다.
83 盧文弨의 『重校方言』에서 '荊郊'는 '荊郢'의 오류로 의심된다고 지적하였으나, 여기서는 글자 그대로 해석하였다.
84 『四部叢刊』本에는 '治'라고 되어 있으나, 戴震은 '冶'로 수정하였다.

요遙·조窕는 음탕하다(음淫)의 뜻이다. 구억九嶷과 형주 교외의 변두리에서는 음淫을 요遙라고 한다.【마음이 저 멀리 흩어지는 것을 말한다】 원수沅水와 상수湘水에 걸친 지역에서는 조窕라고 한다.【요조窈窕는 용모를 꾸미다(冶容)의 뜻이다】

방언소증

案『廣雅』:"遙·窕, 婬也[85]." 義本此. '淫''婬'同. 『荀子·禮論篇』:"故其立文飾也. 不至於窕冶.[86]" 楊倞「注」云:"窕讀爲姚." 姚冶, 妖美也.

『광아』에 "요遙·조窕는 음탕하다(음婬)의 뜻"이라고 하였으니, 그 의미는 여기에 근거한다. 음淫과 음婬은 같다. 『순자·예론』에 "그러므로 문식을 하더라도 요사스러운 데까지는 이르지 않는다"라는 구절이 있는데, 양경의 「주」에 말하기를, "조窕는 요姚라고 읽는다. 요야姚冶는 아름답게 가꾸다(요미妖美)의 뜻"이라고 하였다.

역해

① 遙[요]: 음란하다. 향락에 빠지다. 九嶷荊郊之鄙에서는 淫을 遙라고 함.
② 窕[요]: 요염하다. 姚와 통용. 沅湘之間에서는 窕라고 함.
③ 淫[음]: 여색을 탐하다. 음탕하다. 淫은 遙, 窕의 풀이어휘.

---

85 『廣雅·釋詁』:"夸·蒸·通·媱·窕·劮婸·報, 婬也."
86 『荀子·禮論』:"故其立文飾也, 不至於窕冶, 其立麤惡也,"

방언 12

潛① · 涵②【音含, 或古南反】, 沉③也. 楚郢以南曰涵, 或曰潛. 潛, 又遊也.【潛行水中, 亦爲遊[87]也】

잠潛[88] · 함涵【음은 함含, 혹은 고남반古南反이다】은 물에 가라앉다(침沉)의 뜻이다. 초영楚郢의 이남 지역에서는 함涵이라고 하거나, 혹은 잠潛이라고 한다. 잠潛은 또 헤엄치다(유遊)의 뜻이다.【물속에서 침수하여 다니는 것이 유遊다】

방언소증

案左思「吳都賦」: "涵泳乎其中.[89]" 劉逵「注」云 : "涵, 沈也. 揚雄『方言』曰 : 南楚謂沈爲涵." 『廣雅』: "潛 · 沈, 没也."

좌사의 「오도부」에 "그 가운데 빠져들고"라는 구절이 있는데 유규의 「주」에 말하기를, "함涵은 물속에 가라앉다(침沈)의 뜻이다. 양웅의 『방언』에 남초南楚에서는 침沈을 함涵이라고 한다"고 하였다. 『광아』에 "잠潛 · 침沈은 물에 가라앉다(몰没)의 뜻"이라고 하였다.

87 『四部叢刊』本에는 '游'라고 되어 있으나, 戴震은 '遊'로 수정하였다.

88 潛은 '침몰하다'의 뜻이며, '물에 잠겨 건너다'라는 뜻이 되기도 한다. 현재의 의미도 역시 그러하다.

89 『文選 · 賦丙 · 吳都賦』: "涵泳其中, 方覺其妙."

역해

① 潛[잠] : 헤엄쳐 물을 건너다. 물이 땅 속으로 흐르다. 楚郢以南에서는 또 潛이라고 함. 곽박 「주」에 潛에는 또 헤엄치다. 유영하다의 遊의 뜻이 있다.

② 涵[함] : 물기가 많다. 잠기다. 楚郢以南에서 涵이라고 함. 곽박 「주」에 발음은 含, 또 古南反이라고 했는데, 이에 근거한 상고음은[*gəm]과 [*kəm]이다.

③ 沉[침] : 물에 가라앉다. 물속에 던져 넣다. 沉은 潛, 涵의 풀이어휘.

방언 13

宲[90]①・安②, 靜③也. 江湘九嶷之郊謂之宲.

적宲[91]・안安[92]은 고요하다(정靜)의 뜻이다. 강수江水와 상수湘水 지역과 구억九嶷의 교외에서는 적宲이라고 한다.

방언소증

案'宲'各本訛作'家', 筆畫之舛遂成或體. 『說文』云 : "宲, 無人聲[93]."

---

90 『四部叢刊』本에는 '家'이라고 되어 있으나, 戴震은 '宲'으로 수정하였다.

91 戴震은 '宲'을 각 판본에서는 '家'이라고 잘못 썼다고 하였는데, 盧文弨는 본래 '家'이라는 글자가 있어서 사용되었으므로, 굳이 고칠 필요가 없다고 하였다. 華學誠은 '宲', '家', '寂'이 모두 같다고 하였다.

92 安의 뜻이 고요하다(靜)라는 것은 오늘날도 여전히 그렇다.

93 『說文解字』 宀部 : "宲 : 無人聲。從宀尗聲."

『楚辭・遠遊』: "野宋漠其無人.[94]" '宋'亦或作'家'. 江淹「別賦」: "道已寂而未傳[95]." 范蔚宗「樂遊應詔詩」: "虛寂在川岑.[96]" 李善「注」竝引『方言』: "寂, 安靜也." '寂'卽'宋'. 『廣雅』: "宋・安, 靜也[97]." 義本此. '宋'與'安'皆訓'靜'. 李善連引'安'字殊誤.

'적宋'을 각 판본에서는 '적家'이라고 잘못 썼는데, 필획이 어그러져서 결국 별체자가 되기에 이른 것이다. 『설문해자』에 말하기를, "적宋은 사람 소리가 없는 것"이라고 하였다. 『초사・원유』에 "들판은 적막하여 사람 하나 없구나"라는 구절이 있는데, 적宋을 또 적家이라고도 쓴다. 강엄의 「별부」에 "도술이 이미 미묘한 경지에는 들어갔으나 아직 최고의 경계에는 이르지 못했으니"라는 구절이 있고, 범위종의 「악유응조시」에 "허무와 정적이 산봉우리에 걸려있고"라는 구절이 있는데, 이선의 「주」에서는 이 둘에 대하여 모두 『방언』의 "적寂은 고요하다는 뜻이다"라는 말을 인용하였다. 적寂은 바로 적宋이다. 『광아』에 "적宋・안安은 평온하다(정靜)의 뜻"이라고 하였는데, 그 의미는 여기에 근거한 것이다. 적宋과 안安은 모두 고요하다는 뜻으로 풀이한다. 이선이 안정安靜이라고 이어서 인용한 것은 틀린 것이다.[98]

---

94 『楚辭・遠遊』: "野家漠其無人."

95 『文選・賦辛・別賦』: "術既妙而猶學, 道已寂而未傳. 守丹灶而不顧, 煉金鼎而方堅."

96 『文選・詩甲・樂遊應詔詩』: "崇盛歸朝闕, 虛寂在川岑."

97 『廣雅・釋詁』: "恬・倓・憺・怕・怗・嫫・宋・埘・安・倩, 靜也."

98 "宋・安, 靜也"라는 구문을 李善은 "宋, 安靜也"이라고 인용하였으므로 그것을 오류라고 지적한 것이다.

역해

① 宋[적] : 寂과 같다. 적막하고 고요하다. 江湘九嶷之郊에서 宋이라고 함.
② 安[안] : 평온하다.
③ 靜[정] : 평온하다. 안정되다. 静은 宋, 安의 풀이어휘.

방언 14

拌①【音伴, 又普槃反】, 棄②也. 楚凡揮棄物謂之拌, 或謂之敲③【恪校反. 今汝潁間語亦然. 或云撅也】. 淮汝之間謂之投[99]④.【江東又呼擫[100]. 音黶, 又音揞[101]】

반拌은 버리다(기棄)의 뜻이다.【음은 반伴이며, 또 보반반普槃反이라고도 읽는다】 초楚 지역에서는 물건을 던져 버리는 것을 반拌이라고 하거나, 혹은 고敲라고 한다.【음은 각교반恪校反이다. 오늘날(곽박 당시) 여수汝水와 영수潁水에 걸친 지역에서도 역시 마찬가지며, 혹은 궐撅이라고도 한다】 회수淮水와 여수汝水에 걸친 지역에서는 투投라고 한다.【강동江東 지역에서는 또 엽擫이라고도 하는데, 음은 염黶이라고도 하며, 또 다른 음은 암揞이다】

99 『四部叢刊』本에는 '役'이라고 되어 있으나, 戴震은 '投'로 수정하였다.
100 『四部叢刊』本에는 '撅'이라고 되어 있으나, 戴震은 '擫'으로 수정하였다.
101 『四部叢刊』本에는 '又音犳音豹'라고 되어 있으나, 戴震은 '又音揞'으로 수정하였다.

방언소증

案『廣雅』: "拌・墽・投, 棄也[102]." 曹憲『音釋』: "墽, 苦孝反, 又苦交反", 是'墽'與'敲', 字異音義同. 『春秋』文公十八年『左傳』: "投諸四裔.[103]" 杜預「注」云 : "投, 棄也." 「注」內'江東又呼擫', 各本'擫'訛作'撅', 與上'或云撅也', 相亂而訛, '又音揞'三字訛作'又音犳音豹'五字, 今訂正. 『廣韻』: "揞, 吳人云抛也[104]." 黶, 於琰切, 揞, 於陷切, 語輕重異耳.

『광아』에 "반拌・교墽・투投는 버리다(기棄)의 뜻"이라는 구절이 있다. 조헌의 『광아음석』에 "교墽는 음이 고효반苦孝反이고, 또 다른 음은 고교반苦交反이다"라고 하였는데, 이 교墽와 고敲는 글자는 다르지만 음과 뜻은 같다. 『춘추』 문공 18년 『좌전』에 "사방의 변경으로 쫓아내다"라는 구절이 있는데, 두예杜預의 「주」에 말하기를, "투投는 버리다(기棄)의 뜻"이라고 하였다. 곽박의 「주」 안에 있는 '강동 지역에서는 또 엽擫이라고도 한다'는 구절 가운데 '엽擫'을 각 판본에서 '궐撅'로 잘못 썼는데, 이는 위에서 '혹은 궐撅이라고도 한다'라는 구절과 서로 뒤섞여서 잘못된 것이다. 곽박 「주」 안에 있는 '우음암又音揞'이라는 세 글자를 '우음작음표又音犳音豹'라는 다섯 글자로 썼는데, 지금 바르게 수정한다. 『광운』에 "암揞을 오吳 지역 사람들은 포抛라고 한다"고 하였다. '염黶'은 음이 '어염절於琰切'이고 '암揞'은 음이 '어함절於陷切'이니, 이는 말의 경중이 다를 뿐이다.

---

102 『廣雅・釋詁』: "拌・墽・捐・振・䙴・投・委・擿, 棄也."

103 『春秋左傳』文公 十八年 : "舜臣堯, 賓于四門, 流四凶族, 渾敦、窮奇、檮杌、饕餮, 投諸四裔, 以禦螭魅."

104 『廣韻』去聲 : "揞, 吳人云抛也."

역해

① 拌[반] : 버리다. 내던지다. 楚에서 물건을 던져버리는 것을 拌이라고 함. 곽박 「주」에 발음은 伴, 또 普槃反이라고 했는데, 이에 근거한 상고음은 [*banx]과 [*phan]이다.
② 棄[기] : 버리다. 포기하다. 棄는 拌의 풀이어휘.
③ 敲[고] : 내던지다. 팽개치다. 楚에서 물건을 던져버리는 것을 또 敲라고 함. 곽박 「주」에 발음은 格校反이라고 했는데, 이에 근거한 상고음은 [*khragwh]이다.(참조 : 곽박 당시에 汝潁間에서도 그렇게 말하거나, 또 擫라고도 말함)
④ 投[투] : 버려두다. 던지다. 淮汝之間에서 投라고 함.(참조 : 곽박 당시에 江東에서는 또 擫라고 함. 擫의 발음은 곽박 「주」에 黶, 또 揞이라고 했는데, 이에 근거한 상고음은 [*ʔjiamx]과 [*ʔəmx]이다)

방언 15

諑[105]①, 愬②也【諑譖亦通語也】. 楚以南謂之諑.

착諑은 하소연하다(소愬)의 뜻이다.【착찬諑譖도 역시 통어通語다】 초楚 지역 이남에서는 착諑이라고 한다.

---

105 『四部叢刊』本에는 '諑'이라고 되어 있으나, 戴震은 '諑'으로 수정하였다.

방언소증

案『離騷』: "謠諑謂余以善淫.[106]" 王逸「注」云: "諑猶譖也." 洪興祖『補注』引『方言』此條文竝同. '愬'亦作'訴'. 『廣雅』: "諑, 訴也[107]", "諑·訴, 諻也[108]." 曹憲『音釋』云: '諻音毁', 卽諻謗之'諻', 今'毁'乃訓壞.

『이소』에 "나를 음란하다고 헐뜯는다"라는 구절이 있는데, 왕일의 「주」에서 말하기를, "착諑은 참譖과 같다"고 하였다. 홍흥조의 『초사보주』에서는 『방언』의 이 조항을 인용했는데, 문장이 완전히 같다. '소愬'는 '소訴'라고도 쓴다. 『광아』에 "착諑은 하소연하다(소訴)의 뜻이다", "착諑·소訴는 헐뜯다(훼諻)의 뜻이다"라고 하였다. 조헌의 『광아음석』에 '훼諻의 음은 훼毁', 훼방諻謗의 '훼諻'인데, 오늘날 '훼毁'는 어그러졌다는 뜻이라고 했다.

역해

① 諑[착]: 하소연하다. 楚以南에서 諑이라고 함. 곽박 「주」에 諑讚도 통어라고 함.
② 愬[소]: 하소연하다. 고발하다. 訴와 같다. 愬은 諑의 풀이어휘.

---

106 『文選·騷上·離騷』: "衆女嫉余之蛾眉兮, 謠諑謂余以善淫."
107 『廣雅·釋言』: "諑, 訴也."
108 『廣雅·釋詁』: "閒·諑·諀·訾·誹·詆·傷·譖·謗·訴·辠·訕, 諻也."

방언 16

戲①【音羲[109]】·泄②, 歇③也. 楚謂之戲. 泄·奄④, 息⑤也. 楚揚謂之泄.

희戲【음은 희羲다】·설泄[110]은 그치다(헐歇)의 뜻이다. 초楚 지역에서는 희戲라고 한다. 설泄과 엄奄은 휴식하다(식息)의 뜻이다. 초楚 지역과 양주揚州에서는 설泄이라고 한다.

방언소증

案'戲''歇'一聲之轉. '泄'亦作'渫'. 曹植「七啓」: "於是爲歡未渫.[111]" 李善「注」引『方言』: "渫, 歇也." 又作'洩'. 顏延之「赭白馬賦」: "畜怒未洩.[112]" 「注」引『方言』: "洩, 歇也." 司馬相如「上林賦」: "掩細柳.[113]" 「注」引『方言』: "掩者, 息也." 枚乘「七發」: "掩青蘋.[114]" 「注」引『方言』: "掩, 息也." '奄''掩', 古通用. 『廣雅』: "奄, 息也[115]." 義本此.

'희戲'와 '헐歇'은 일성지전一聲之轉이다. '설泄'은 '설渫'이라고도 쓴다.

---

109 『四部叢刊』本에는 '義'라고 되어 있으나, 戴震은 '羲'로 수정하였다.

110 『方言』 원문의 歇은 歇息이나 止息으로 풀이해야 한다. 이어서 나오는 "奄, 息也. 楚揚謂之泄"이 바로 그 증거가 된다. 錢繹의 『方言箋疏』에서 "泄과 息도 역시 聲之轉이다"라고 하였다.

111 『文選·七上·七啓』: "於是爲歡未渫, 白日西頹."

112 『文選·賦庚·赭白馬賦』: "踠跡回唐, 畜怒未洩. 乾心降而微怡, 都人仰而朋悅."

113 司馬相如 「上林賦」: "登龍臺, 掩細柳. 觀士大夫之勤略, 均獵者之所得獲."

114 『文選·七上·七發』: "掩青蘋, 游清風. 陶陽氣, 蕩春心."

115 『廣雅·釋詁』: "喘·喙·咶·氣·欬欥·欯·奄·尳, 息也."

조식의 「칠계」에 "이때 향락과 쾌락은 그칠 줄 모르고"라는 구절이 있는데, 이선의 「주」에서 『방언』의 "설渫은 그치다(헐歇)의 뜻"이라는 구절을 인용하였다. '설泄'은 또 '설洩'이라고도 쓴다. 안연지의 「자백마부」에 "쌓이고 쌓인 분노가 그치지 않고"라는 구절이 있는데, 「주」에서 『방언』의 "설洩은 그치다(헐歇)의 뜻"이라는 구절을 인용하였다. 사마상여의 「상림부」에 "갑자기 세류영細柳营에 들르다(掩細柳)"라는 구절이 있는데, 「주」에서 『방언』의 "엄掩이란 휴식하다(식息)의 뜻"이라는 말을 인용하였다. 매승의 「칠발」에 "청록색의 부평초에서 쉬며"라는 구절이 있는데, 「주」에서 『방언』의 "엄掩이란 휴식하다(식息)의 뜻"이라는 말을 인용하였다. '엄奄'과 '엄掩'은 옛날에는 통용되었다. 『광아』에 "엄奄이란 휴식하다(식息)의 뜻"이라고 하였는데, 그 의미는 여기에 근거한다.

역해

① 戲[희] : 쉬다. 楚에서 戲라고 함. 곽박 「주」에 발음은 義라고 했는데, 이에 근거한 상고음은 [* ŋ jiarh]이다.

② 泄[설] : 그치다. 발설하다. 楚揚에서 泄이라고 함.

③ 歇[헐] : 쉬다. 歇은 戲, 泄의 풀이어휘.

④ 奄[엄] : 그치다. 쉬다.

⑤ 息[식] : 멈추다. 정지하다. 息은 泄, 奄의 풀이어휘.

방언 17

攓①【音騫, 一曰騫[116]】, 取②也. 楚謂之攓.

건攐【음은 건蹇이며, 건騫이라고도 발음한다】은 가지다(취取)의 뜻이다. 초楚에서는 건攐이라고 한다.

방언소증

案攐, 取也. '南楚曰攐', 已見卷一.

건攐은 가지다(취取)의 뜻이다. '남초南楚에서는 건攐이라고 한다'는 구절은 이미 제1권에 나왔다.[117]

역해

① 攐[건] : 뽑아가지다. 楚에서 攐이라고 함. 곽박 「주」에 발음은 蹇, 또 騫이라고 했는데, 이에 근거한 상고음은 [*kjianx], [*khjian]이다.
② 取[취] : 취하다. 손에 쥐다. 받아가지다. 取는 攐의 풀이어휘.

방언 18

咈① · 曬②, 乾物③也. 揚楚通語也.【咈音費[118], 亦皆北方常語耳. 或云

116 『四部叢刊』本과 『方言疏證』본에 모두 "音騫, 一曰騫"이라고 되어 있으나, 王念孫은 手校本에서 "音騫, 一曰騫" 가운데 앞의 騫을 蹇이라고 했다. 盧文弨의 『重校方言』에서도 "音蹇은 제1권의 음과 부합되며, 아래 부분은 一音騫이라고 해야 한다"고 하였다. 역자도 盧文弨의 견해에 따라 번역하였다.

117 『方言』 제1권의 제30번째 항목에 "攐, 取也. 南楚曰攐"라는 구절이 있다.

118 『四部叢刊』本에는 '非'라고 되어 있으나, 戴震은 '費'로 수정하였다.

暩[119]】

비晸·쇄曬[120]는 물건을 햇볕에 말리는 것이다. 양주揚州와 초楚 지역의 통어通語다.【비晸의 음은 비費이며, 역시 모두 북방에서 상용하는 말이다. 혹은 표暩라고도 한다】

방언소증

案『廣雅』: "晸·暩·曬, 曝也[121]." 『玉篇』云: "晸, 乾物也[122]", "曬, 暴乾物也[123]", "暩, 置風日中令乾." 「注」內'費', 諸刻訛作'曬', 今從曹毅之本. '常', 諸刻訛作'通', 又脫'耳'字, 從『永樂大典』本.

『광아』에 "비晸·표暩·쇄曬는 말리다(폭曝)의 뜻"이라고 하였다. 『옥편』에 "비晸는 물건을 말리는 것"이라고 하였고, "쇄曬는 햇볕에 쬐어 물건을 말리는 것"이라고 하였으며, "표暩는 바람과 햇볕에 두어 마르게 하는 것"이라고 하였다. 곽박의 「주」 안에 있는 '비費'라는 글자를 여러 판각본에서는 '쇄曬'라고 잘못 썼는데, 지금 조의지의 판본에 따라 고친다. 곽박의 「주」 안에 있는 '상常'을 여러 판각본에서 '통通'이라고 잘못 썼고, 또 '이耳'라는 글자를 빼먹었는데, 『영락대전』본에 따라 고친다.

---

119 『四部叢刊』本에는 '瞟'라고 되어 있으나, 戴震은 '暩'로 수정하였다.

120 『方言』 제7권의 제15번째 항목에 "曬, 曓(暴와 같음)也. …… 曓五穀之類, 秦晉之間謂之曬"라는 구절이 있는데, 여기에서 말하는 것과 지역에 차이가 있다.

121 『廣雅·釋詁』: "曝·膊·晸·炕·煬·烈·晒·暩·曬, 曝也."

122 『玉篇』日部: "晸, 孚未切. 乾物也."

123 『玉篇』日部: "曬, 所賣切. 暴乾物也. 亦作㬥."

역해

① 晞[비] : 햇볕에 쪼이다. 햇볕에 말리다. 揚楚의 通語. 곽박 「주」에 발음은 費라고 했는데, 이에 근거한 상고음은 [*pjiədh]이다.(참조 : 이는 모두 당시의 北方 常語이며, 또 표膘라고도 함)
② 曬[쇄] : 볕을 쬐다. 햇볕에 쬐어 말리다.
③ 乾物[건물] : 마른 식품. 물건을 말림. 乾物은 晞, 曬의 풀이어휘.

방언 19

蘖①【音斐】, 卒[124]②也【謂倉卒也】. 江湘之間凡卒相見謂之蘖, 相見或曰突③【他骨反】.

비蘖【음은 비斐다】는 갑자기(졸卒)의 뜻이다.【갑작스러운 것을 말한다】 강수江水와 상수湘水에 걸친 지역에서는 무릇 갑작스럽게 만나는 것을 비蘖라고 하며, 서로 만나는 것을 어떤 경우에는 돌突【음은 타골반他骨反이다】이라고도 한다.

방언소증

案『詩 · 齊風』: "突而弁兮.[125]" 『釋文』引『方言』: "凡卒相見謂之突." 『廣雅』: "蘖 · 突, 猝也[126]." '卒''猝', 古通用. 『玉篇』云 : "江湖之閒凡卒

124 『四部叢刊』本에는 '猝'이라고 되어 있으나, 戴震은 '卒'로 수정하였다.
125 『詩經 · 齊風 · 甫田』: "未幾見兮, 突而弁兮."
126 『廣雅 · 釋詁』: "懸朴 · 鹽雜 · 趚 · 屌 · 造 · 棐 · 突 · 纂暫, 猝也."

見謂之𦿙也[127].” ‘湖’乃‘湘’之訛.

『시경 · 제풍』에 “갑자기 관을 쓴 어른이 되었다던데”라는 구절이 있는데, 『경전석문』에서 『방언』의 “갑작스럽게 만나게 되는 것을 돌突이라고 한다”는 구절을 인용하였다. 『광아』에 “비𦿙 · 돌突은 갑자기(졸卒)의 뜻”이라는 조항이 있는데, ‘졸卒’과 ‘졸猝’은 옛날에는 통용되었다. 『옥편』에 “강호江湖에 걸친 지역[128]에서는 대개 갑자기 만나는 것을 일컬어 비𦿙라고 한다”는 말이 있는데, 여기에서 ‘호湖’는 ‘상湘’의 오류다.

역해

① 𦿙[비] : 갑자기. 江湘之間에서 갑자기 서로 만나는 것을 𦿙라고 함. 곽박 「주」에 발음은 斐라고 했는데, 이에 근거한 상고음은 [*pjəd]이다.
② 卒[졸] : 갑자기. 돌연. 서로 만나는 것을 또 突이라고 함. 猝은 𦿙의 풀이어휘.
③ 突[돌] : 갑자기. 돌연. 곽박 「주」에 발음은 他骨反이라고 했는데, 이에 근거한 상고음은 [*thuət]이다.

방언 20

迹迹① · 屑屑②, 不安③也.【皆往來之貌也】 江沅之間謂之迹迹, 秦晉謂之屑屑, 或謂之塞塞④, 或謂之省省⑤, 不安之語也.

---

127 『玉篇』艸部 : “𦿙, 甫尾切. 江湖之閒兄卒相謂之𦿙也.”
128 이는 대체로 吳, 楚 지역에 해당된다.

적적迹迹・설설屑屑은 불안하다(不安)의 뜻이다.【이것은 모두 왕래하는 모습이다】 장강長江의 중류로부터 원강沅江에 이르는 일대의 지역에서는 적적迹迹이라고 하고, 진秦 진晉 지역에서는 설설屑屑라고 하거나, 혹은 색색塞塞라고 하거나, 혹은 성성省省이라고 한다. 불안하다는 것을 의미하는 말이다.[129]

방언소증

案『後漢[130]・王良傳』: "何其往來屑屑, 不憚煩也.[131]" 「注」引『方言』: "屑屑, 不安也. 秦晉曰屑屑." 又引郭「注」: "往來貌." 潘岳「閒居賦」: "尙何能違膝下色養, 而屑屑從斗筲之役乎?[132]" 李善「注」引『方言』: "屑屑, 不靜也." 卽'不安'之訛. 『廣雅』: "屑屑・迹迹・塞塞・省省, 不安也[133]." 義本此.

『후한서・왕량전』에 "어찌 그리 불안하게 오가는 것인가. 번거롭지도 않은가"라는 구절이 있다. 그 「주」에서 『방언』의 "설설屑屑은 불안한 것이다. 진秦 진晉 지역에서는 설설屑屑이라고 한다"고 하였으며, 또 곽박의 「주」에 있는 "오가는 모양이다"라는 말을 인용하였다. 반악의 「한거부」에 "어찌 슬하의 어린 아이들과 부모 봉양하는 일을 어기고서, 불안해하면서 보잘것없는 부림 받는 일을 좇을 수 있겠는

129 華學誠은 迹迹・屑屑・塞塞・省省은 모두 배회하며 불안해하는 모습이라고 하였다. 錢繹의 『方言箋疏』에서 "屑屑・塞塞・省省은 모두 一聲之轉이며, 迹迹의 變轉이다"라고 하였다.

130 『方言疏證』에는 '後漢'이라고 되어 있으나 '後漢書'에서 탈자가 생긴 것이 아닐까 생각된다.

131 『後漢書・王良傳』: "不有忠言奇謀而取大位, 何其往來屑屑不憚煩也?"

132 『文選・賦辛・閒居賦』: "尙何能違膝下色養, 而屑屑從斗筲之役乎?"

133 『廣雅・釋訓』: "屑屑・迹迹・塞塞・省省・耿耿・警警, 不安也."

가?"라는 구절이 있다. 이선의 「주」에서는 『방언』을 인용하여 "설설屑屑은 불안정하다는 뜻이다(不靜也)"라고 하였는데, 이는 '불안(不安)'을 잘못 쓴 것이다. 『광아』에 "설설屑屑·적적迹迹·색색塞塞·성성省省은 불안하다는 뜻"이라고 하였으니, 그 의미는 여기에 근거한다.

역해

① 迹迹[적적] : 불안하다. 江沅之間에서는 迹迹이라고 함.
② 屑屑[설설] : 부지런히 바쁘게 애쓰는 모양. 秦晉에서는 屑屑이라고 함.
③ 不安[불안] : 불안하다. 不安은 迹迹, 屑屑의 풀이어휘.
④ 塞塞[색색] : 이리저리 움직이는 모양. 秦晉에서는 또 塞塞이라고 함.
⑤ 省省[성성] : 불안한 모양. 秦晉에서는 또 省省이라고 함.

방언 21

潣沭①【潣音閾】·征伀②, 遑遽③也. 江湘之間凡窘猝怖遽謂之潣沭,【喘喈貌也】 或謂之征伀.

혁술潣沭[134]【혁潣의 음은 혁閾이다】·정종征伀은 두렵고 불안하다(황거遑遽)의 뜻이다. 강수江水와 상수湘水에 걸친 지역에서는 무릇 갑자기 닥치

134 『方言』 제1권의 제15번째 항목에 "脅閱, 懼也. …… 宋衛之間凡怒而噎噫謂之脅閱"라는 구절이 있는데, 이에 대한 郭璞의 「注」에서 "脅閱은 潣沭과 같다"라고 하였다. '潣沭'은 다른 문헌에는 보이지 않지만, 『方言』의 제1권과 여기에 나타나는 것을 토대로 미루어보자면, 그 의미는 돌연히 공포스러운 것과 만날 때 발하게 되는 놀랍고 두려운 소리와 표현되어 나오는 경악하는 모습으로서, 놀라서 어쩔 줄 몰라 하는 모습이다.

는 두려움(군졸포거窘猝怖遽)을 혁술潤沭이라고 하거나【숨을 헐떡거리는 모습이다】 혹은 정종征伀이라고 한다.

방언소증

案王褒「四子講德論」: "百姓征伀, 無所措其手足.[135]" 李善「注」引『方言』: "征伀, 惶遽也." 『廣雅』: "潤沭, 怖懅也[136]", "征人, 伀懼也[137]", "屏營, 征伀也[138]." '遑''惶'同. '遽''懅'同. 曹憲『音釋』: "征音征, 伀音鍾." 『玉篇』云: "『方言』潤沭或謂之征伀也[139]." '潤'亦作'憪', '沭'亦作'怵', '征伀'亦作'怔伀'. 『玉篇』云: "怔忪, 懼貌[140]."

왕포의 「사자강덕론」에 "백성들이 두렵고 불안하여 손발을 어디에 두어야할 지를 모른다"라는 구절이 있는데, 이선의 「주」에서 『방언』을 인용하여 "정종征伀은 두렵고 불안하다(황거惶遽)의 뜻"이라고 하였다. 『광아』에 "혁술潤沭은 두려워하다(공거怖懅)의 뜻이다", "정종征伀은 두려워하다(구懼)의 뜻이다", "병영屏營은 두려워하고 불안하다(정종征伀)의 뜻이다"라고 하였다. '황遑'은 '황惶'과 같고, '거遽'는 '거懅'와 같다. 조헌의 『광아음석』에 "정征의 음은 정征이고, 종伀의 음은 종鍾이다"라고 하였다. 『옥편』에 말하기를, "『방언』에서 혁술潤沭을 혹은 정종征伀이라고도 한다"고 하였다. '혁潤'은 '혁憪'이라고도 쓰고, '술沭'은

135 『文選·論一·四子講德論』: "百姓征伀, 無所措其手足. 嗷嗷愁怨 遂亡秦族."
136 『廣雅·釋訓』: "潤沭, 怖懅也."
137 『廣雅·釋詁』: "惶·怖·甂·傴·猜·忦·嘽咺·謾台·脅鬩·怵·惕·蛩慎·征伀·悭㥏·畏恐·遽, 懼也."
138 『廣雅·釋訓』: "屏營, 征伀也."
139 『玉篇』人部: "伀, 職容切. 『方言』曰: 潤沭或謂之征伀也."
140 『玉篇』心部: "怔, 之成切. 怔忪, 懼皃."

‘출怵’이라고도 쓰며, ‘정종佂伀’은 ‘정종怔忪’이라고도 쓴다. 『옥편』에 “정종怔忪은 두려워하는 모습이다”라고 하였다.

역해

① 潤沭[혁술] : 놀라서 허둥대는 모양. 江湘之間에서 갑작스러워 놀라고 두려워하는 것을 潤沭이라고 함. 곽박 「주」에 潤의 발음은 闃이라고 했는데, 이에 근거한 상고음은 [*gik]이다.
② 佂伀[정종] : 놀라서 두려워하는 모양. 급히 가는 모양. 江湘之間에서 갑작스러워 놀라고 두려워하는 것을 또 佂伀이라고 함.
③ 遑遽[황거] : 두렵고 불안함. 遑遽는 潤沭, 佂伀의 풀이어휘.

방언 22

翥①, 舉②也.【謂軒翥也】楚謂之翥.

저翥는 들다(거舉)의 뜻이다.【수레를 들어올리다(헌저軒翥)를 말한다】 초楚 지역에서는 저翥라고 한다.

방언소증

案潘岳「射雉賦」: “鬱軒翥以餘怒.[141]” 徐爰「注」引『方言』: “翥, 舉也.”

141 『文選・賦戊・射雉賦』: “鸎綺翼而䞓撾, 灼繡頸而袞背. 鬱軒翥以餘怒, 思長鳴以效態.”

『楚辭・遠遊』: “鸞鳥軒翥而翔飛.[142]” 洪興祖『補注』引『方言』此條, 文竝同. 『說文』云 : “翥, 飛擧也.[143]”

반악의 「사치부」에 “수풀 우거진 처마 위로 날아올라 넉넉히 떨쳐 일어나는구나”라는 구절이 있는데, 서원의 「주」에서 『방언』을 인용하여 “저翥는 들어 올리다(거擧)의 뜻”이라고 하였다. 『초사・원유』에 “봉황새는 날개를 치며 높이 날아오르는구나”라는 구절이 있는데, 홍흥조의 『초사보주』에서 『방언』의 이 조항을 인용하였으며 문장이 모두 같다. 『설문해자』에 말하기를 “저翥는 날아오르는 것”이라고 하였다.

역해

① 翥[저] : 높이 날다. 날아오르다. 楚에서는 翥라고 함.
② 擧[거] : 들다. 擧는 翥의 풀이어휘.

방언 23

忸怩①, 慚[144]踀②也.【踀猶苦者[145]】 楚郢江湘之間謂之忸怩, 或謂之嗇咨③.【子六・莊伊二反】

---

142 『楚辭・遠遊』: “雌蜺便娟以增撓兮, 鸞鳥軒翥而翔飛.”
143 『說文解字』 羽部 : “翥, 飛擧也.”
144 『四部叢刊』本에는 ‘慙’이라고 되어 있으나, 『方言疏證』本에는 ‘慚’으로 되어 있다.
145 盧文弨는 『重校方言』에서 “踀猶苦者”의 ‘者’는 아마도 본래 ‘也’일 것이라고 하였다.

뉴(뉵)니忸怩[146]는 부끄러워하다(참삽慚澀)의 뜻이다.【삽澀은 고苦와 같다】 초楚 영郢 지역과 강수江水와 상수湘水에 걸친 지역에서는 뉴(뉵)니忸怩라고 하거나 혹은 축자䐹咨라고 한다.【이 두 글자의 음은 자육반子六反과 장이반莊伊反이다】

방언소증

案「晉語」: "君忸怩顏.[147]" 韋昭「注」云: "忸怩, 慙貌." 趙岐注『孟子』云: "忸怩而慙."[148] 『廣雅』: "忸怩, 䐹咨[149]." '忸怩''䐹咨'竝雙聲. 「注」內'莊伊反', '莊'字乃類隔, 改音和爲'卽伊反'.

『국어·진어』에 "임금은 부끄러워 주저하고"라는 말이 있는데, 위소의 「주」에서 "뉴(뉵)니忸怩는 부끄러워하는 모습"이라고 하였다. 조기가 『맹자』에 주해하여 말하기를, "부끄러워 수치스러워하다"라고 하였다. 『광아』에 "뉴(뉵)니忸怩는 부끄러워하는 것"이라고 하였다. '뉴(뉵)니忸怩'와 '축자䐹咨'는 모두 쌍성雙聲이다. 곽박의 「주」 안에 '장이반莊伊反'이라는 음이 기록되어 있는데, '장莊'이라는 글자는 유격類隔이며, 음화音和로 고치면 '즉이반卽伊反'이다.[150]

---

146 華學誠은 忸怩에 대하여 두 가지 설이 있는데, 하나는 부끄러워하는 모습을 뜻한다는 것이고, 다른 하나는 마음으로 부끄러워함을 뜻한다는 것이라고 하였다.

147 『國語·晉語』: "君忸怩, 乃趣赦之."

148 『孟子·萬章』에 나오는 "忸怩"라는 구절에 대하여 "忸怩而慙"이라고 주해한 것이다.

149 『廣雅·釋訓』: "忸怩, 䐹咨也."

150 '유격'과 '음화'라는 용어에 관해서는 「부록 2」를 참조할 것.

역해

① 忸怩[뉴(눅)니] : 부끄러움. 위축되어 나아가지 못하거나 움츠리고 기를 펴지 못하는 모양. 楚郢江湘之間에서는 忸怩라고 함.
② 慙䀢[참삽] : 부끄럽다. 부끄러워하다. 慙䀢은 忸怩의 풀이어휘.
③ 䠞咨[축자] : 부끄러워하는 모양. 楚郢江湘之間에서 또 䠞咨라고 함. 곽박 「주」에 발음은 子六反, 莊伊反이라고 했는데, 이에 근거한 상고음은 [*tsjəkw], [*tsjid]이다.

방언 24

垤①・封②, 場[151]③也. 楚郢以南蟻土謂之封[152]. 垤, 中齊語也.

질垤・봉封은 개미둑(상場)의 뜻이다. 초楚 영郢의 이남에서는 의토蟻土를 봉封이라고 한다. 질垤은 중제中齊 지역의 말이다.

방언소증

案『詩・豳風』: "鸛鳴于垤.[153]" 『毛傳』: "垤, 螘冢也." 『孟子』: "泰山

151 『四部叢刊』本에는 '塲'으로 되어 있으나 『方言疏證』本은 '場'으로 되어 있다.
152 『四部叢刊』本에는 '垤'이라고 되어 있으나, 戴震은 '封'으로 고쳤다. 그러나 周祖謨의 『方言校箋』에서는 "玄應의 『一切經音義』 제19권에서 '楚郢以南蟻土謂之垤. 垤亦中齊語也'라는 『方言』의 본 조항을 인용하고 있는데, 玄應이 의거했던 판본에도 '謂之垤'이라고 되어 있었다"고 하였으며, 王念孫도 『廣雅疏證』에서 같은 구절을 역시 '謂之垤'로 인용하고 있어 華學誠은 戴震의 설을 따르지 않는다고 하였다.
153 『詩經・豳風・東山』: "我來自東, 零雨其濛. 鸛鳴于垤, 婦嘆于室."

之於丘垤.[154]" 趙岐「注」云: "垤, 蟻封也." '螘''蟻'同. 『廣雅』: "封・垤, 場也[155]." 義本此. '謂之封'各本訛作'謂之垤'. 『太平御覽』及吳淑「事類賦」「注」引『方言』: "楚郢以南蟻土謂之封." 據以訂正.

『시경・빈풍』에 "개미둑에서는 황새가 울다"라는 구절이 있는데 『모전』에서 "질垤은 개미둑"이라고 하였다. 『맹자』에 "태산이 언덕에 대한 것"이라는 구절이 있는데, 조기의 「주」에서 "질垤은 개미둑"이라고 하였다. '의螘'와 '의蟻'는 같다. 『광아』에 "봉封・질垤은 개미둑(상場)을 말한다"고 하였는데, 그 의미는 여기에 근거한다. '위지봉謂之封'을 각 판본에서는 '위지질謂之垤'이라고 잘못 썼다. 『태평어람』 및 오숙의 「사류부」의 「주」에서 『방언』을 인용하여 "초楚 영郢의 이남 지역에서는 의토蟻土를 가리켜 봉封이라고 한다"고 하였는데, 이에 근거하여 바르게 고친다.

역해

① 垤[질] : 개밋둑. 蟻封. 작은 구릉. 불룩하게 튀어나오다. 楚郢以南에서는 개밋둑을 垤이라고 함. 垤은 中齊語.

② 封[봉] : 개밋둑.

③ 場[상] : 부풀은 흙. 場은 垤, 封의 풀이어휘.

154 『孟子・公孫丑(上)』: "豈惟民哉! 麒麟之於走獸, 鳳凰之於飛鳥, 泰山之於丘垤, 河海之於行潦, 類也."

155 『廣雅・釋詁』: "封・垤・坻, 場也."

방언 25

譴①, 過②也.【謂罪過也. 音賾, 亦音適, 罪罰也】 南楚以南凡相非議人謂之譴, 或謂之衇[156]【血脈】.③ 衇, 又慧④也.【今名黠爲[157]鬼衇】.

적(석)譴은 과실, 잘못(과過)의 뜻이다.【죄과罪過를 말한다. 음은 색賾이다. 또 다른 음은 적適이며, 죄벌罪罰을 말한다】 남초南楚의 이남에서는 무릇 서로 비난하는 것을 적(석)譴이라고 하거나 혹은 맥衇【음은 혈맥血脈의 맥脈이다[158]】이라고 한다. 맥衇은 또 지혜로움(慧)을 뜻하기도 한다.【오늘날(곽박 당시) 힐黠을 귀맥鬼衇이라고 한다】

방언소증

案『列子 · 力命篇』: "窮年不相譴發.[159]" 張湛「注」云: "譴, 謂責其過也." 『詩 · 商頌』: "歲事來辟, 勿予禍適.[160]" 『毛傳』: "適, 過也." '譴' '適', 古通用, 亦作'謫'. 『說文』云: "謫, 罰也."[161] 潘岳「射雉賦」: "靡聞而驚, 無見自驚.[162]" 徐爰「注」引『方言』「注」曰: "俗謂黠爲鬼脈", 言雉

156 華學誠은 '衇'이라는 글자가 '서로 비난한다'는 의미로 풀이되는 이유는 아마도 方音으로 인하여 그런 의미를 얻었기 때문일 것이라고 하였다. 丁惟汾의 『方言音釋』에 "衇의 고음은 末이었고, 罵의 雙聲音轉이다"라고 하였는데, 華學誠은 이런 주장은 증거가 필요하지만, 발음으로써 뜻을 구한다는 기본적인 사고방식에서는 옳다고 보았다.

157 『四部叢刊』本에는 '爲'가 없으나 戴震이 보충해 넣었는데, 華學誠은 戴震이 옳다고 했다.

158 戴震의 설에 따라 이와 같이 번역하였다.

159 『列子 · 力命』: "眠娗 · 諈諉 · 勇敢 · 怯疑四人相與游于世, 胥如志也. 窮年不相譴發, 自以行無戾也."

160 『詩經 · 商頌 · 歲事』: "歲事來辟, 勿予禍適, 稼穡匪解."

161 『說文解字』 言部: "謫, 罰也. 從言啻聲."

性警鬼黠, '脈'卽'䜇'. 「注」內'血脈'當作'音血脈之脈'.

『열자·역명편』에 "몇 해가 지나도 서로 잘못을 책하는 경우가 없었다"라는 구절이 있는데, 장담의 「주」에서 말하기를, "적讁은 그 과오를 책한다는 것이다"라고 하였다. 『시경·상송』에 "제후가 매년 천자를 알현하러 오니 그들을 견책하지 말라"라는 구절이 있는데 『모전』에서 "적適은 과실(과過)의 뜻이다"라고 하였다. '적(석)讁'과 '적適'은 옛날에는 통용되었으며, '적謫'이라고도 쓴다. 『설문해자』에 "적謫은 벌하다(벌罰)의 뜻"이라고 하였다. 반악의 「사치부」에 "듣지 않고도 놀라고 보지 않고도 놀란다"라는 구절이 있는데, 서원의 「주」에서 『방언』의 곽박 「주」를 인용하여 "일반적으로 힐黠을 귀맥鬼脈이라고 한다"고 하였으며, "치雉의 성질이 귀힐鬼黠을 경계함을 말한다"고 하였다. '맥脈'은 곧 '맥䜇'이다. 곽박의 「주」 안의 '혈맥血脈'은 마땅히 '음은 혈맥의 맥(音血脈之脈)'이라고 해야 한다.

역해

① 讁[적(석)] : 견책하다. 꾸짖다. 결점. 과실. 南楚以南에서는 서로 비난하는 것을 讁이라고 함. 곽박 「주」에 발음은 賾, 또 다른 음은 適이라고 했는데, 이에 근거한 상고음은 [*dzrik]과 [*tjik]이다.
② 過[과] : 과실. 실수. 꾸짖다. 나무라다. 過는 讁의 풀이어휘.
③ 䜇[맥] : 비난하다. 지혜. 南楚以南에서는 서로 비난하는 것을 또 䜇이라고 함. 곽박 「주」에 발음은 血脈의 脈이라고 했는데, 이에 근거한 상고음은 [*mrik]이다.

---

162 『文選·賦戊·射雉賦』: "亦有目不步體, 邪眺旁剔. 靡聞而驚, 無見自驚."

④ 慧[혜] : 지혜. 慧는 䖍의 풀이어휘.

방언 26

膊①, 兄②也.【皆音義所未詳】 荊揚之鄙謂之膊, 桂林之中謂之䳭[163].

박膊[164]은 형(형兄)의 뜻이다.【두 글자 모두 음과 뜻을 잘 알 수 없다】 형주荊州와 양주揚州의 변두리에서는 박膊이라고 하고, 계림桂林 지역에서는 䳭라고 한다.

방언소증

案'膊'訓'暴', 又見前卷七內.[165]

박膊은 말리다(폭暴)라는 뜻으로, 앞의 제7권에도 나온다.

역해

① 膊[박] : 형. 곽박 「주」에 音義가 모두 미상이라고 했다. 荊揚之鄙에서

163 華學誠은 이 글자가 역대의 어떤 字書에도 보이지 않는 것으로서, 발음도 뜻도 모두 알 수 없다고 하며, 아마도 잘못된 글자(譌字)일 것이라고 하였다.

164 華學誠은 膊이라는 말은 伯을 말하는 것으로, 荊州와 揚州의 변두리에서는 伯이라는 발음을 膊과 같이 했는데, 『方言』에 그것을 '膊'이라고 기재한 것이리라 추측한다.

165 『方言』 제7권의 제15번째 항목을 참조할 것.

는 膊이라고 함.

② 兄[형] : 형. 兄은 膊의 풀이어휘.

③ 䨓 : 형. 桂林之中에서는 䨓이라고 함.

방언 27

謇①·極②, 吃③也. 楚語也【亦北方通語也】. 或謂之軋,④【鞅軋, 氣不利也. 烏八反】 或謂之澀⑤【語澀難也. 今江東[166]又名吃爲㗢, 苦葉反[167]】.

건謇·극極[168]은 말을 더듬다(흘吃[169])의 뜻이다. 초어楚語다.【또한 북방의 통어通語다】 혹은 알軋이라고 하거나,【앙알鞅軋이란 기운이 순조롭지 않다는 것이다. 음은 오팔반烏八反이다】 혹은 삽澀이라고 한다.【껄끄럽고 어렵다는 것을 말한다. 지금(곽박 당시) 강동江東 지역에서는 또 흘吃을 㗢이라고도 한다. 㗢의 음은 고엽반苦葉反이다】

방언소증

案'謇'亦通用'蹇', '極'亦作'慼'. 『列子·力命篇』: "㺄伢·情露·謇

---

166 『四部叢刊』本에는 '南'로 되어 있으나, 戴震은 '東'으로 수정하였다.

167 戴震은 '若葉反'이라는 구절에 대해서 아무런 설명을 하지 않았으나, 王念孫, 盧文弨는 모두 '苦葉反'으로 고쳤고, 華學誠도 이에 따랐다. 역자도 이들의 견해에 따라 번역하였다.

168 華學誠은 현대어에도 말을 더듬는 것을 '결結'이라고 하며 揚州·西安·武漢·洛陽 등지에 모두 이런 말이 있다고 하였다. 또, 많은 지역에서 말더듬이를 '結巴'라고 하는데 이는 옛 말이 남아 있는 것이라고 하였다.

169 華學誠은 '口吃'(말을 더듬는다는 뜻)이라는 말이 현재에도 상용어라고 하였다.

極·凌誶四人相與游于世, 胥如志也. 窮年不相曉悟, 自以爲才之得也.[170]" 張湛「注」云: "『方言』: 謇, 吃也. 極, 急也. 謂語急而吃." 『說文』云: "吃, 言謇難也.[171]" 『廣雅』: "謇·極·軋·蹈, 吃也[172]." 義本此.

'건謇'은 역시 건'蹇'과 통용되고, '극極'은 또 '극㥛'이라고도 쓴다. 『열자·역명편』에 "교가㺒伢·정로情露·건극謇極·능수凌誶 네 사람은 서로 어울려 이 세상에서 노닐면서도 서로 뜻대로만 하여 몇 해가 지나도 서로를 깨닫지 못하고, 자신만이 재능을 터득했다고 여겼다"라는 구절이 있는데, 장담의 「주」에서 "『방언』에 건謇은 말을 더듬다(흘吃)의 뜻이다. 극極은 급하다(급急)의 뜻이다. 말이 급하고 더듬는 것(흘吃)을 말한다"고 하였다. 『설문해자』에, "흘吃은 말을 더듬고 말하기가 어려운 것이다"라고 하였다. 『광아』에 "건謇·극極·알軋·삽䟶은 말을 더듬다(흘吃)의 뜻이다"라고 하였으니, 그 의미는 여기에 근거한다.

역해

① 謇[건]: 謇는 謇(더듬거리다)과 같다. 楚語. 곽박 「주」에 당시에도 또한 北方通語라고 했다.
② 極[극]: 말을 더듬거리다.
③ 吃[흘]: 말을 더듬거리다. 吃은 謇, 極의 풀이어휘.
④ 軋[알]: 말을 더듬다. 곽박 「주」에 軋의 발음은 烏八反이라고 했는데,

170 『列子·力命』: "㺒伢·情露·謇極·凌誶四人相與游于世, 胥如志也. 窮年不相曉悟, 自以爲才之得也."
171 『說文解字』 履部: "吃, 言蹇難也. 從口, 乞聲."
172 『廣雅·釋詁』: "謇·極·軋·䟶, 吃也."

이에 근거한 상고음은 [*ʔriat]이다.(참조 : 곽박 「주」에 鞅軋은 기운이 이롭지 않음을 말한다고 함)

⑤ 澀[삽] : 말이나 글이 껄끄럽다. 유창하지 못하다. 곽박 「주」에 당시 江東에서는 吃을 또 喋이라고 하며, 喋의 발음은 若葉反이라고 했는데, 이에 근거한 상고음은 [*njap]이다.

방언 28

呰①【昨啟反】・矲②【蒲楷[173]反】, 短③也. 江湘之會謂之呰. 凡物生而不長大亦謂之鮆④, 又曰癠.⑤【今俗呼小爲癠, 音薺菜】桂林之中謂短矲[174].⑥【言矲猎[175]也】矲, 通語也. 東陽之間謂之府⑦【言俯視之, 因名[176]】.

자呰【음은 작계반昨啓反이다】・패矲【음은 포해반蒲楷反이다】는 짧다(단短)의 뜻이다. 장강長江과 상수湘水가 만나는 지역에서는 자呰라고 한다. 무릇 어떤 것이 태어나서는 자라지 않는 것을 또한 제鮆라고 하거나, 또는 제癠라고도 한다.【지금(곽박 당시) 속칭하여 작은 것을 제癠라고 하는데, 음은 제채薺菜다】 계림桂林 지역에서는 단패短矲라고 한다.【짧다는 것(矲猎)을 말한다】 패矲는 통어通語다. 동양東陽[177] 지역에서는 부府라고 한다.【굽어 내려

---

173 『四部叢刊』本에는 '揩'로 되어 있으나, 戴震은 '楷'로 수정하였다.

174 周祖謨는 '短矲'에서 '短'의 다음에 아마도 '曰'이라는 글자가 탈락되었을 것이라고 하였다. 『方言疏證』에도 인용된 『經典釋文』의 『方言』 인용문을 보면 '桂林之間謂人短爲矲矮'라고 되어 있어 '短'의 다음에 '爲'라는 글자가 들어가 있었음을 알 수 있는데, 華學誠은 이에 근거하여, 『方言』의 원문에도 '短'의 다음에 '曰' 혹은 '爲'라는 글자가 있었는데 탈락된 것이라고 말한다.

175 『四部叢刊』本에는 '偕'로 되어 있으나, 戴震은 '猎'로 수정하였다.

176 『四部叢刊』本에는 '云'이 더 있으나, 『方言疏證』본에는 없다.

177 王念孫은 '東陽'의 陽을 揚으로 고쳤으며, 劉台拱의 『方言補校』에서도 마땅

다보는 것을 말하며, 이로 인하여 그렇게 부른다】

방언소증

案'呰'字兩見, 以下云'亦謂之鮆'證之, 皆應作'鮆'. 徐堅『初學記』引『方言』:"鮆・矲, 短也." 『廣韻』'癠'字引『方言』曰:"生而不長也[178]." 『廣雅』:"癠・鮆・府・矲, 短也[179]." 曹憲『音釋』:"癠, 在細反", "鮆, 籍禮反." 『周禮・春官・典同』「注」 "人短罷." 『釋文』云:"罷, 皮買反. 字或作'矲', 音同. 『方言[180]』: 桂林之閒謂人短爲矲矮. 矮, 音[181]苦買反." 「注」內'矲'訛作'偕'. 『廣韻』:"矲䂙, 短也[182]." 今據以訂正.

'저呰'라는 글자는 두 번 나오는데, 그 뒤에 "또한 제鮆라고도 한다"라는 말로 알 수 있듯이, 모두 마땅히 '제鮆'라고 써야 한다. 서견의 『초학기』에서 『방언』을 인용하여 "제鮆・패矲는 짧다(단短)의 뜻"이라고 하였다. 『광운』에서는 '제癠'자에 대한 항목에서 『방언』을 인용하여 "태어나서는 자라지 않는다는 뜻이다"라고 하였다. 『광아』에 "제癠・제鮆・부府・패矲는 짧다(단短)의 뜻"이라고 하였으며, 조헌의 『광

히 陽을 揚으로 고쳐야 한다고 말했다. 周祖謨는 "『太平御覽』의 인용문에도 東揚이라고 되어 있으니 마땅히 이에 의거하여 고쳐야 한다. 또 아래에도 '東揚之郊'라는 표현이 나오는데(본권의 제33번 항목에 나온다), 명칭이 이와 같다"고 하였다. 華學誠 역시 '東揚'이라고 고쳐야 한다고 말했다. 東揚은 揚州의 동쪽 지역을 가리키는 것으로 보인다.

178 『廣韻』 上聲:"癠, 病也. 『方言』曰: 生而不長也."

179 『廣雅・釋詁』:"侏儒・㹀㺜・䊇䊅・矬・癠・鮆・痵・府・腱・矲・䂌・䄸・孑・孓・升, 短也."

180 『方言疏證』에는 『方言』이라는 글자가 들어가 있으나, 『經典釋文』에는 빠져 있다

181 '音'이라는 글자가 『方言疏證』에는 없지만, 『經典釋文』에는 들어가 있다.

182 『廣韻』 上聲:"矲, 矲䂙, 短也."

아음석』에서 "제瘠는 음이 재세반在細反이다", "제鮆는 음이 적례반籍禮反이다"라고 하였다. 『주례・춘관・전동』의 「주」에 "인단파人短罷"라는 구절이 있다. 『경전석문』에서 "파罷는 음이 피매반皮買反이다. 글자는 '패矲'라고도 쓰며, 음은 같다. 『방언』에 말하기를, 계림 지역에서는 사람의 키가 작은 것을 패왜矲矮라고 한다고 하였다. 왜矮는 음이 고매반苦買反이다"라고 하였다. 곽박의 「주」 안에 있는 '개䅣'는 '해偕'라고 잘못 되어 있다. 『광운』에 "패개矲䅣는 짧다(단短)의 뜻"이라고 하였으니, 지금 이에 근거하여 바르게 고친다.

역해

① 𧿧[자]: 모자라다. 江湘之會에서는 𧿧라고 함. 곽박 「주」에 발음은 昨啓反이라고 했는데, 이에 근거한 상고음은 [*dzigx]이다.
② 矲[패]: 짧다. 矲는 通語다. 곽박 「주」에 발음은 蒲揩反이라고 했는데, 이에 근거한 상고음은 [*brid]이다.
③ 短[단]: 짧다. 短은 𧿧, 矲의 풀이어휘.
④ 鮆[제]: 짧다. 또는 약하다. 𧿧와 통용. 무릇 만물이 생겨나 자라지 않는 것도 鮆라고 함.
⑤ 瘠[제]: 왜소하다. 무릇 만물이 생겨나 자라지 않는 것을 또 瘠라고 함. 곽박 「주」에 발음은 菜의 薺라고 했는데, 이에 근거한 상고음은 [*dzidx]이다.(참조: 곽박 당시에는 작은 것을 속칭 瘠라고 함)
⑥ 短矲[단패]: 짧고 작음. 왜소함. 短罷. 桂林之中에서는 短矲라고 함.
⑦ 府[부]: 짧다. 東陽之間에서는 府라고 함.

방언 29

鉗①【鉗害, 又[183]惡也】·疲②【疲恎, 惡腹也. 妨反反】·憋③【憋忲, 急性也. 妨滅反】, 惡④也. 南楚凡人殘罵謂之鉗【殘猶惡也】, 又謂之疲.

겸鉗【겸해鉗害는 말을 모질고 나쁘게 하는 것이다】·반疲【반질疲恎은 나쁜 마음이다. 음은 방반반妨反反이다】·별憋【憋忲는 급한 성격이다. 음은 방멸반妨滅反이다】은 나쁘다(惡)의 뜻이다. 남초南楚 지역에서는 무릇 사람을 나쁘게 욕하는 것을 겸鉗이라고 하며,【잔殘은 악惡과 같다】 또 반疲이라고도 한다.

방언소증

案徐爰「注」潘岳「射雉賦」云 : "鷩, 性悍憋.[184]" 李善引『方言』: "憋, 惡也." 『後漢書·董卓傳』: "敝腸狗態.[185]" 「注」云 : "『續漢書』'敝'作'憋'. 『方言』: 憋, 惡也. 郭璞曰 : 憋忲, 急性也." 『列子·力命篇』: "憋懯.[186]" 張湛「注」: "懯音敷". '懯''忲'字異音義同. 『廣雅』: "憋·鉗·瓣, 惡也[187]." 義本此.

서원이 반악의 「사치부」를 주해하면서 말하기를, "붉은 꿩은 본성이 용맹스럽고 흉악하다"고 하였는데, 이선은 『방언』을 인용하여 "별

183 『四部叢刊』本과 『方言疏證』本에 모두 '又'로 되어 있으나 王念孫은 '又'를 '口'로 수정하였고, 華學誠은 王念孫의 학설을 따랐다. 역자도 이에 의거해 번역하였다.

184 『文選·賦戊·射雉賦』에 대한 徐爰「注」에 "鷩, 性悍憋"라는 구절이 있다.

185 『後漢書·董卓傳』: "羌胡敝腸狗態, 臣不能禁止, 輒將順安慰, 增異複上."

186 『列子·力命篇』: "墨屎·單至·嘽咺·憋懯四人相與游于世, 胥如志也."

187 『廣雅·釋詁』: "畏·仇·懯·患·慝·凶·虐·誹·謗·訧·辱·咎·憋·讟·惱·鉗·憚·疲·痓·羸·嫉·毒·貉·倴·倰·憎·憎·孱, 惡也."

憋은 악하다는 뜻"이라고 하였다. 『후한서·동탁전』에 "나쁜 마음가짐이 마치 개와 같다"라는 구절이 있는데, 그 「주」에서 말하기를, "『속한서』에서 '폐敝'를 '별憋'이라고 적었다. 『방언』에 '별憋은 나쁘다(악惡)의 뜻이다'라는 구절이 있는데, 곽박이 주해에 '별부憋怤는 성질이 급하다는 뜻'이라고 하였다"고 되어 있다. 『열자·역명편』에 "별부憋敷"라는 구절이 있는데, 장담의 「주」에서 "별敷의 음은 부敷다"라고 하였다. '부敷'와 '부怤'는 글자는 다르지만 음과 뜻은 같다. 『광아』에 "별憋·겸鉗·판辧은 나쁘다(악惡)의 뜻"이라고 하였으니, 그 의미는 여기에 근거한다.

역해

① 鉗[겸] : 나쁘다. 南楚에서는 사람을 잔인하게 욕하는 것을 鉗이라고 함.
② 疲[반] : 몹시 미워하다. 심하게 욕하다. 南楚에서는 사람을 잔인하게 욕하는 것을 또 疲라고 함. 곽박 「주」에 발음은 妨反反이라고 했는데, 이에 근거한 상고음은 [*phjan]이다.
③ 憋[별] : 흉악하다. 곽박 「주」에 발음은 妨滅反이라고 했는데, 이에 근거한 상고음은 [*phjiat]이다.
④ 惡[악] : 나쁘다. 惡은 鉗, 疲, 憋의 풀이어휘.

방언 30

癡①, 騃②也.【吾駭反】 揚越之郊[188]凡人相侮[189]以爲無知謂之眲③.

---

188 戴震이 『方言疏證』에서 인용한 張湛의 「注」를 보면 '揚越之郊'가 '揚越之間'으로 되어 있다.

【諾革反】 眲, 耳目不相信也.【因字名也】 或謂之斫④.【斫卻・斫[190], 頑直之貌, 今關西語亦皆然】

치癡는 어리석다(애騃)의 뜻이다.【음은 오해반吾駭反이다】 양주揚州와 월越의 교외에서는 무릇 사람들이 서로 무지하다고 모욕을 줄 때 액眲[191]이라고 한다.【음은 낙혁반諾革反이다】 액眲은 귀와 눈이 서로 믿지 못하는 것이다.【글자로 말미암아 그렇게 말하는 것이다】 혹은 작斫[192]이라고도 한다.【작각斫卻・안작婩斫은 완직頑直한 모습이다.[193] 오늘날(곽박 당시) 관서 지방의 말도 역시 그러하다】

방언소증

案『列子・黃帝篇』: "顧見商丘開年老力弱, 面目黎黑, 衣冠不儉, 莫不眲之.[194]" 張湛「注」引『方言』: "揚越之閒凡人相輕侮以爲無知謂之眲. 眲, 耳目不相信也." 『說文』: "癡, 不慧也[195]." 『廣雅』: "騃, 癡也[196]."

---

189 戴震이 『方言疏證』에서 인용한 張湛의 「注」를 보면 '凡人相侮'가 '凡人相輕侮'로 되어 있다.

190 周祖謨는 『方言校箋』에서 '斫'의 앞에 '婩'이라는 글자가 탈락되었을 것이라고 하면서, 『列子・力命篇』의 "巧佞・愚直・婩斫・便闢四人, 相與遊於世……"라는 구절에 대한 張湛의 「注」에서 '婩斫이란 깨닫지 못한 모습이다'라고 하였다는 것을 근거로 들었다.

191 華學誠은 서남 지방의 관화에는 여전히 이 말이 남아 있다고 하였다.

192 華學誠은 '斫'은 글자로써 음을 기록한 것으로, '婩斫'의 略語라고 하였다.

193 周祖謨와 華學誠의 견해에 의거하여 이와 같이 번역하였다.

194 『列子・黃帝篇』: "子華之門徒皆世族也, 縞衣乘軒, 緩步闊視. 顧見商丘開年老力弱, 面目黎黑, 衣冠不檢, 莫不眲之."

195 『說文解字』 頤部: "癡, 不慧也. 從疒, 疑聲. 字俗作痴. 『方言』十: 癡, 騃也."

196 『廣雅・釋詁』: "疒・騃・僮・惛・狴・誖・脊・眊・瘍, 癡也."

『열자·황제편』에 "상구개가 늙고 힘이 없는데다가 얼굴도 검고 의관도 변변치 못한 것을 보자 너나 나나 없이 얕보았다"는 구절이 있다. 장담의 「주」에서 『방언』을 인용하여 '양揚 월越에 걸친 지역에서는 무릇 사람들이 서로 무지하다고 모욕을 줄 때 액䫉이라고 한다. 액䫉이란 귀와 눈이 서로 믿지를 못하는 것이다'라고 했다. 『설문해자』에 "치癡는 슬기롭지 못한 것이다"라는 말이 있으며, 『광아』에서는 "애騃란 어리석다(치癡)의 뜻"이라고 하였다.

역해

① 癡[치] : 어리석다. 미련하다.

② 騃[애] : 어리석다. 멍청하다. 騃는 癡의 풀이어휘. 곽박 「주」에 발음은 吾駭反이라고 했는데, 이에 근거한 상고음은 [* ŋ rəgx]이다.

③ 䫉[액] : 얕보다. 揚越之郊에서는 사람들이 서로 무지하다고 모욕을 줄 때 䫉이라고 함. 䫉은 귀와 눈이 서로 믿지 못하는 것이다. 곽박 「주」에 발음은 諾革反이라고 했는데, 이에 근거한 상고음은 [*nrək]이다.

④ 斫[작] : 어리석다. 우직한 모양. 또 斫이라고도 함. 곽박 「주」에 斫은 頑直한 모습이며, 당시의 關西語도 그렇게 말한다고 했다.

방언 31

惃①【衮衣】·𢕹②【音敎】·頓愍③, 惛④也.【謂迷惛[197]也】 楚揚謂之惃, 或謂之𢕹. 江湘之間謂之頓愍,【頓愍猶頓悶也】 或謂之氐惆⑤【丁弟,

197 『四部叢刊』本에는 '昏'으로 되어 있으나, 戴震은 '惛'으로 수정하였다.

丁牢二反】. 南楚飲毒藥懣[198]謂之氐惆, 亦謂之頓愍, 猶中齊言眠眩⑥也. 愁恚憒憒, 毒而不發, 謂之氐惆【氐惆, 猶懊憹也】.

곤惃[199]【곤의袞衣】・발愂【음은 발敎이다】・돈민頓愍은 정신이 혼미하다(혼惛)의 뜻이다.【미혹되어 혼미함을 말한다】 초楚 지역과 양주揚州에서는 곤惃이라고 하거나 혹은 발愂라고 한다. 강수江水와 상수湘水에 걸친 지역에서는 돈민頓愍【돈민頓愍은 돈민頓悶과 같다】이라고 하거나, 혹은 저추氐惆[200]라고 한다.【이 두 글자의 음은 정제반丁弟反과 정뢰반丁牢反이다】 남초南楚에서는 독한 약을 마셔 그 기운이 가득 차는 것을 저추氐惆라고 하거나, 또 돈민頓愍라고도 한다. 이는 마치 중제中齊에서 면현眠眩라고 하는 것과 같다. 시름겹고 성이 나 독한 기운을 밖으로 발하지 못하는 것을 저추氐惆라고 한다.【저추氐惆는 오농懊憹과 같다】

방언소증

案『廣雅』: "惃・愂・頓愍・眠眩, 亂也[201]." 義本此. 『商書・說命』:

---

198 王念孫의 『廣雅疏證』에서 『方言』의 이 대목을 인용하면서 "飮毒藥懣"을 "飮藥毒懣"이라고 하였고, 周祖謨 역시 『方言校箋』에서 "飮毒藥懣"은 "飮藥毒懣"의 오류라고 지적하였다. 또한 『方言』의 제3권에 "凡飮藥傅藥而毒, 南楚之外謂之瘌"이라는 구절이 있는 것으로 미루어 역자 또한 "飮藥毒懣"이 옳다고 생각하여 이에 따라 번역하였다.

199 華學誠은 "惃의 고음은 見母文部이고, 惛은 曉母文部로서, 두 글자는 첩운이고, 旁紐雙聲이다. 惃과 惛은 서로 소리가 비슷하고 뜻이 통한다"라고 하였다.

200 錢繹은 『方言箋疏』에서 "汗襦를 袛裯라고 하고, 낡은 옷을 袛裯라고 하며, 혼란스러운 것을 氐惆라고 하는데, 이들은 모두 형용하는 말로 정해진 글자가 없고, 정해진 이름도 없다. 오늘날 吳 지역 사람들은 어린아이가 짜증내고 괴로워하는 소리를 躋遭라고 하는데, 이는 氐惆의 轉語다"라고 하였다.

201 『廣雅・釋詁』: "惃・愂・頓愍・眠眩・惑・蚩・愮・擾・撓・慁・攪・猾・

"若藥弗瞑眩.[202]" 孔穎達「疏」曰 : "瞑眩者, 令人憤悶之意也. 『方言』云, 凡飲藥而毒, 東齊海岱間或謂之瞑, 或謂之眩. 郭璞云, 瞑眩, 亦通語也." 見前卷三內.[203] '瞑''眠'古字同.

『광아』에 "곤惃·발愂·돈민頓愍·면현眠眩은 혼란스럽다(亂)의 뜻"이라고 했는데, 그 의미는 여기에 근거한 것이다. 『상서·열명』에 "이런 약은 머리가 어지럽거나 현기증을 일으키지 않는다"라는 구절이 있는데, 공영달의 「소」에서 "명현瞑眩은 번민에 차 답답하게 느끼는 마음을 뜻한다. 『방언』에 "마시는 약이 독한 것을 동제東齊 해대海岱 지역에서는 혹은 명瞑이라고 하고, 혹은 현眩이라고 한다는 구절이 있는데, 곽박은 명현瞑眩도 또한 통어通語다"라고 했다. 앞의 제3권에 보인다. 명瞑과 면眠은 옛 글자가 같다.

역해

① 惃[곤] : 어지럽다. 혼미하다. 楚揚에서는 惃이라고 함. 곽박 「주」에 발음은 袞衣의 袞이라고 했는데, 이에 근거한 상고음은 [*kwənx]이다.
② 愂[발] : 혼란하다. 楚揚에서 또 愂이라고도 함. 곽박 「주」에 발음은 敎이라고 했는데, 이에 근거한 상고음은 [*bət]이다.
③ 頓愍[돈민] : 적합한 의미 없음. 頓昧 : 몹시 피로하여 정신이 혼미한 모양. 江湘之間에서는 頓愍라고 함. 南楚에서 약을 마셨는데 독 기운이 퍼지는 것을 또 頓愍이라고도 함.

粉·縕·惷·妄·忣·憒·叛·殽·逆, 亂也."

202 『尙書·說命』: "若藥弗瞑眩, 厥疾弗瘳."

203 『方言』 제3권의 제13번째 항목에 다음과 같은 구절이 있다. "凡飲藥傅藥而毒, 南楚之外謂之瘌, 北燕朝鮮之間謂之癆, 東齊海岱之間謂之眠, 或謂之眩."

④ 惛[혼] : 정신이 멍하다. 흐리멍덩하다. 惛은 惃, 憝, 頓愍의 풀이어휘.

⑤ 氐惆[저추] : 혼란하고 불안한 모양. 마음이 답답하고 괴로워 개운하지 않음. 江湘之間에서는 또 氐惆라고 함. 南楚에서 약을 마셨는데 독 기운이 가득 차 퍼지는 것을 氐惆라고 함. 시름겹고 성이 나 독한 기운을 밖으로 발하지 못하는 것을 氐惆라고 함. 곽박 「주」에 발음은 丁弟反, 丁牢反이라고 했는데, 이에 근거한 상고음은 [*tidx, *tidh], [*təgw]이다.

⑥ 眠眩[면현] : 약의 중독. 곧 머리가 어지럽거나 정신이 몽롱한 상태를 이른다. 이는 中齊에서 眠眩이라고 하는 것과 같음.

방언 32

悅① · 舒②, 蘇③也.【謂蘇息也】 楚通語也.

열悅 · 서舒는 숨을 돌리다(소蘇)의 뜻이다.【숨을 돌리거나 숨을 쉬는 것(소식蘇息)을 말한다】 초楚 지역의 통어通語다.

방언소증

案『廣韻』: "穌, 息也. 舒, 悅也.[204]" 義本此. '穌''蘇', 古通用.

『광운』에 "소穌는 숨 쉬다(식息)의 뜻이다. 서舒는 되살아나다(열悅)의 뜻이다"라고 하였는데, 그 의미는 여기에 근거한다. '소穌'와 '소蘇'는

204 『廣韻』 上平聲 : "穌, 息也. 舒也. 悅也. 死而更生也."

옛날에는 통용되었다.

역해

① 悅[열] : 되살아나다. 소생하다. 楚의 通語다.
② 舒[서] : 숨을 돌리다.
③ 蘇[소] : 숨을 돌리다. 회복하다. 蘇는 悅, 舒의 풀이어휘.

방언 33

眠娗①【莫典・涂[205]殄二反】・脈[206]蜴②【音析】・賜施③【輕易】・茭媞④【恪交[207]・得懈二反】・譠謾⑤【託蘭・莫蘭二反】・㥜㤈⑥【麗・醯二音】，皆欺謾⑦之語也. 楚郢以南東揚之郊通語也.【六者[208]中國相輕易蚩弄之言也】

면전眠娗【이 두 글자의 음은 莫典反과 涂殄反이다】・맥석脈蜴[209]【음은 析이다】・사시賜施[210]【輕易】・교제茭媞【이 두 글자의 음은 恪交反과 得懈反이다】・탄만譠謾【이 두 글자의 음은 탁란반託蘭反과 막란반莫蘭反이다】・려혜㥜㤈【음은 려麗와 혜醯이다】는 모두 기만하다(기만欺謾)의 뜻이다. 초楚 영郢 이남 지역과

---

205 『四部叢刊』本에는 '塗'로 되어 있으나, 戴震은 '涂'로 수정하였다.
206 『四部叢刊』本에는 '脉'으로 되어 있으나, 戴震은 '脈'으로 수정하고 '脉'과 '脈'은 같은 자라고 하였다.
207 『四部叢刊』本에는 '挍'로 되어 있으나, 戴震은 '交'로 수정하였다.
208 『四部叢刊』本에는 '亦'자가 더 있다.
209 錢繹은 脈蜴이 眠娗의 轉語라고 보았다.
210 錢繹은 賜施가 脈易의 轉語라고 보았다.

동양東揚[211] 교외의 통어通語다.【여섯 단어는 중국에서 서로 가벼이 보고 무시하는 말이다】

방언소증

案『列子・力命篇』: “眠娗・諈諉・勇敢・怯疑四人相與游於世, 胥如志也. 窮年不相謫發, 自以行無戾也.[212]” 張湛「注」引『方言』: “眠娗, 欺謾之語也.” 又引郭璞云: “謂相蚩弄也.” ‘脈蜴’當卽‘脈摘’, 語之轉耳. 劉熙『釋名』云: “脈摘, 猶譎摘也.”[213] 『玉篇』云: “譠謾, 欺也[214].” 『廣韻』云: “愕怹, 欺慢之語, 出『方言』[215].” ‘慢’乃‘謾’之訛. 「注」內‘輕易’當作‘音輕易之易’.

『열자・역명편』에 “면전眠娗・추위諈諉・용감勇敢・겁의怯疑 네 사람은 함께 어울려 이 세상에서 노닐면서도 서로 자신의 뜻대로만 하여 몇 해가 지나도 서로 잘못을 책하는 경우가 없었고, 자신의 행동이 가장 어긋남이 없다고 여겼다”라고 했는데, 장담의 「주」에서 『방언』을 인용하여 “면정眠娗은 기만欺謾을 나타내는 말이다”라고 했다. 또 곽박을 인용하여 “서로 무시하는 말”이라고 했다. ‘맥석脈蜴’은 곧 ‘휼적脈摘’이며, 어지전語之轉이다. 유희의 『석명』에 “맥적脈摘은 휼적譎摘과 같다”라고 했다. 『옥편』에 “탄만譠謾은 속이다(기欺)의 뜻”이라고 했다. 『광운』에 “려혜愕怹는 기만하다(기만欺慢)의 뜻이다. 『방언』에 보인

211 東揚은 揚州의 동쪽 지역을 가리키는 것으로 보인다.

212 『列子・力命』: “眠娗・諈諉・勇敢・怯疑四人相與游于世, 胥如志也. 窮年不相謫發, 自以行無戾也.”

213 『釋名・釋姿容』: “脈摘, 猶譎摘也. 如醫別人脈知疾之意見事者之稱也.”

214 『玉篇』 言部: “譠, 他丹切. 譠謾, 欺也. 慢言也.”

215 『廣韻』 上平聲: “愕, 愕怹. 欺慢之語. 出『方言』.”

다"고 했다. '만慢'은 '만謾'의 오류다. 곽박 「주」에 보이는 '경이輕易'는 마땅히 '음은 경이輕易의 이易'라고 해야 한다.

역해

① 眠娗[면전] : 조롱하고 속이는 말. 곽박 「주」에 발음은 莫典反, 塗殄反이라고 했는데, 이에 근거한 상고음은 [*miənx], [*diənx]이다.
② 脈蜴[맥석] : 속이다. 또는 얕보고 속이는 말. 곽박 「주」에 蜴의 발음은 析이라고 했는데, 이에 근거한 상고음은 [*sik]이다.
③ 賜施[사시] : 기만하다.
④ 茭媞[교제] : 업신여기는 말. 곽박 「주」에 발음은 恪校反, 得懈反이라고 했는데, 이에 근거한 상고음은 [*khragwh], [*trigh]이다.
⑤ 譠謾[탄만] : 속이다. 곽박 「주」에 발음은 託蘭反, 莫蘭反이라고 했는데, 이에 근거한 상고음은 [*than], [*man]이다.
⑥ 愒他[려혜] : 속이다. 기만하다. 곽박 「주」에 발음은 麗[*liarh], 醯[*hig]라고 했는데, 이에 근거한 상고음은 [*liarh], [*hig]이다.
⑦ 欺謾[기만] : 기만하다. 欺謾은 眠娗, 脈蜴, 賜施, 茭媞, 譠謾, 愒他의 풀이어휘. 眠娗, 脈蜴, 賜施, 茭媞, 譠謾, 愒他은 楚郢以南, 東揚之郊의 通語다.

방언 34

顪①【音旃裘】·頷②·顏③, 顙④也. 湘江[216]之間謂之顪,【今建平人[217]

[216] 盧文弨의 『重校方言』에서는 "湘·江"을 "江·湘"이라고 하였으며, 周祖謨 역시 『太平御覽』의 제364권에 인용된 문구에 의거하여 "江·湘"이 옳다고 하

頟爲𩕢】中夏謂之[218]頟, 東齊謂之顙, 汝潁淮泗[219]之間謂之顔.

전𩕢【음은 전구旃裘다】·액頟·안顔은 이마(顙)의 뜻이다. 상수湘水와 장강長江에 걸친 지역에서는 전𩕢라고 하고,【오늘날 건평建平 사람들은 이마(액頟)를 전𩕢이라고 한다. 음은 전구旃裘다】 중하中夏 지역에서는 액頟이라고 한다. 동제東齊에서는 상顙이라고 하며, 여수汝水와 영수潁水, 회수淮水와 사수泗水에 걸친 지역에서는 안顔이라고 한다.

방언소증

案「齊語」: "天威不違顔咫尺."[220] 韋昭「注」云 : "顔, 眉目之間." 『史記·高祖本紀』: "隆準而龍顔."[221] 『集解』: "應劭曰 : 顔, 頟顙也. 齊人謂之顙, 汝潁淮泗之間曰顔." 『後漢書·杜篤傳』: "於是同穴裘褐之域, 共川鼻飮之國, 莫不袒跣稽顙, 失氣虜伏."[222] 「注」云 : "『方言』曰 : 顙頟, 顙也. 『玉篇』引『方言』: 江淮之間謂頟爲𩕢, 中夏謂之頟, 東齊謂之顙." '淮'卽'湘'之訛. '頟''額'同. 『廣雅』: "𩕢·顔·顙, 頟也." 義本此. 沈彤『釋骨』云 : "橫在髮際前者曰額, 顱亦曰額, 額之中曰顔, 曰庭, 其旁曰額角, 眉間曰闕, 其下曰下極. 下極者, 目間也. 眉目間亦通曰顔."

였고, 華學誠도 마땅히 盧文弨의 견해에 의거하여 고쳐야 한다고 말했다.

217 『四部叢刊』本에는 '呼'가 더 있다.

218 『四部叢刊』本에는 '之謂'로 되어 있으나, 戴震은 '謂之'로 고쳤다.

219 華學誠은 『太平御覽』의 제364권에 인용된 바에 따르면 "汝·潁·淮·泗"는 "河·濟·淮·泗"라고 하였다.

220 『國語·齊語』: "桓公懼, 出見客曰 : 天威不違顔咫尺, 小白餘敢承天子之命."

221 『史記·高祖本紀』: "高祖爲人, 隆准而龍顔, 美鬚髯, 左股有七十二黑子."

222 『後漢書·文苑列傳』: "於是同穴裘褐之域, 共川鼻飮之國, 莫不袒跣稽顙, 失氣虜伏. 非夫大漢之世盛, 世借雍土之饒, 得禦外理內之術, 孰能致功若斯!"

『국어·제어』에 "천자의 위엄이 저의 눈 앞에 엄존하고 있습니다"라는 구절이 있는데, 위소의 「주」에 "안顏은 눈썹과 눈 사이"라고 했다. 『사기·고조본기』에 "고조는 콧날이 높고 이마가 튀어나와 용을 닮았다"라는 구절이 있는데, 『사기집해』에 "응소가 말하기를 안顏은 이마다. 제 나라 사람들은 상顙이라고 하고, 여汝 영潁 회淮 사泗 지역에서는 안顏이라고 한다"고 되어 있다. 『후한서·두독전』에 "이에 동혈同穴과 구갈裘褐(즉, 북적北狄)의 지역과, 공천共川 비음鼻飮의 나라에서는 웃통을 벗고 맨발로 이마를 땅에 대는 모습이 기운 없이 노복이 엎드리는 것과 같다"라는 구절이 있는데, 「주」에서 말하기를, "『방언』에 '상액顙額이란 이마(상顙)다'라는 구절이 있다. 『옥편』은 『방언』의 '강회江淮에 걸친 지역에서는 액額(이마)을 전顚이라고 하고, 중하中夏에서는 액額이라고 하며, 동제東齊에서는 상顙이라고 한다'는 구절을 인용하였다"라고 하였다. '회淮'는 '상湘'의 오류다. '액頟'과 '액額'은 같다. 『광아』에 "전顚·안顏·액顙은 액頟이다"라고 했는데, 의미가 여기에 근거하였다. 심동의 『석골』에 "머리털의 경계 부분에 옆으로 길게 놓여 있는 것을 액額이라고 하고, 머리뼈 역시 액額이라고 한다. 액額의 가운데를 안顏이라고 하며 정庭이라고도 한다. 그 옆을 액각額角이라고 하며, 미간眉間을 궐闕이라고 하고, 그 아랫부분을 하극下極이라고 한다. 하극下極이라는 것은 눈 사이를 말한다. 눈과 눈썹 사이를 통칭하여 안顏이라고 한다"고 하였다.

역해

① 顚[전]: 이마. 湘江之間에서 顚라고 함. 곽박 「주」에 발음은 旃裘의 旃이라고 했는데, 이에 근거한 상고음은 [*tjan]이다.(참조: 곽박 당시에 建平人은 이마를 顚이라 함)

② 額[액] : 이마. 中夏에서는 額이라고 함.

③ 顔[안] : 이마. 汝潁淮泗之間에서는 顔이라고 함.

④ 顙[상] : 이마. 東齊에서는 顙이라고 함. 顙은 顚, 頟, 顔의 풀이어휘.

방언 35

頷① · 頤②, 頜③也【謂頷車也】. 南楚謂之頷【亦今通語耳[223]】. 秦晉謂之頜. 頤, 其通語也.

함頷 · 이頤는 턱(합頜)의 뜻이다.【함거頷車를 말한다】 남초南楚 지역에서는 함頷이라고 하고,【역시 오늘날의 통어通語다】 진秦 진晉 지역에서는 이頤라고 한다. 이頤는 그 통어通語다.

방언소증

案『廣雅』: "頷 · 頤, 頜也[224]." 義本此. 『春秋』宣公五年『公羊傳』: "絶其頷.[225]" 何休「注」云 : "頷, 口." 馬融「長笛賦」: "寒熊振頷."[226] 李善「注」引『方言』: "頷, 頤也." 『玉篇』引『方言』: "頷 · 頤, 頜也[227]." '頜', 『說文』作'顄', 云 : "頤也[228]." 『釋名』云 : "輔車或曰牙車, 或曰頷, 或曰

223 『四部叢刊』本에는 '爾'로 되어 있으나, 戴震은 '耳'로 고쳤다.

224 『廣雅 · 釋親』: "顄 · 頤, 頜也."

225 『春秋公羊傳』 宣公 六年 : "祁彌明逆而踆之, 絶其頷."

226 『文選 · 賦壬 · 長笛賦』: "寒熊振頷, 特麚昏髟."

227 『玉篇』 頁部 : "頷, 公荅切. 『公羊傳』: 絶其頷口也. 『方言』: 頷 · 頤, 頜也. 『說文』乎感切. 顄也."

228 『說文解字』 𦣝部 : "頤也. 從頁函聲."

頰車, 或曰鰜車."[229] 沈彤『釋骨』云: "耳下曲骨載頰在頷後者曰頰車, 曰曲頰, 曰巨屈." 『說文』'頷'[230]與'頤'[231]同訓'顄', 蓋從口内言之. 若從口外言, 則兩旁爲頷, 頷前爲頤, 不容相假, 故『内經』無通稱者.

『광아』에 "함頷・이頤는 아래턱(합頷)의 뜻"이라고 했는데, 그 의미는 여기에 근거한 것이다. 『춘추』 선공 5년 『공양전』에 "그 아래턱을 비틀었다"라고 했다. 하휴의 「주」에 "함頷은 입(口)이다"라고 했다. 마융의 「장적부」에 "추위로 언 곰은 턱을 떨고"라고 했는데, 이선의 「주」에서 『방언』을 인용하여 "함頷은 턱(頤)"이라고 했다. 『옥편』은 『방언』을 인용하여 "함頷・이頤는 아래턱(함頷)의 뜻"이라고 했다. '합頷'은 『설문해자』에 '함顄'라고 되어 있으며, "턱(頤)"이라고 풀이했다. 『석명』에 "보거輔車를 혹은 아거牙車라고 하며, 혹은 합頷이라고 하고, 혹은 협거頰車라고 하고, 혹은 겸거鰜車라고 한다"고 했다. 심동의 『석골』에 "귀 아래 굽은 뼈가 양 볼에 얹혀 있는데, 아래턱 뒤에 있는 것을 협거頰車라고 하거나 곡협曲頰이라고도 하고 거굴巨屈이라고 한다"라고 했다. 『설문해자』에서 '함頷'과 '이頤'을 모두 함顄으로 풀이했는데, 대체로 입안을 말한 것이다. 만약 입 밖을 말한다면, 양쪽은 함頷이라고 하고 함頷의 앞쪽은 이頤라고 하는데, 서로 통용되지 않았다. 그러므로 『황제내경』에는 통칭이 없다.

229 『釋名・釋形體』: "頤, 或曰輔車, 或曰頰車, 或曰鰜車. 凡繫於車皆取在下載上物也."

230 『說文解字』 頁部: "頷: 顄也。從頁合聲."

231 『說文解字』 頁部: "頤: 擧目視人皃。從頁臣聲."

역해

① 頷[함] : 턱. 南楚에서는 頷이라고 함. 당시의 通語.
② 頤[이] : 턱. 아래턱. 秦晉에서는 頤라고 함. 頤는 通語.
③ 頜[합] : 턱. 뺨. 볼. 頜은 頷, 頤의 풀이어휘.

방언 36

紛怡①, 喜②也. 湘潭之間曰紛怡, 或曰巸已③【嬉·怡二音】.

분이紛怡는 기쁘다(희喜)의 뜻이다. 상수湘水와 담수潭水에 걸친 지역에서는 분이紛怡라고 하거나 혹은 희이巸已라고 한다.【발음은 희嬉와 이怡다】

방언소증

案『廣雅』: "紛怡, 喜也[232]." 義本此.

『광아』에 "분이紛怡는 기쁘다(희喜)의 뜻"이라고 하였는데, 그 의미는 여기에 근거한다.

232 『廣雅·釋詁』: "嬹·悅·忻愉·㥏·㪅·謳·娎·歡·欣·休·禔·紛怡, 喜也."

역해

① 紛怡[분이] : 기쁘다. 湘潭之間에서는 紛怡라고 함.
② 喜[희] : 기쁘다. 즐겁다. 喜는 紛怡의 풀이어휘.
③ 配已[희이] : 화락한 모양. 곽박 「주」에 발음은 嬉와 怡라고 했는데, 이에 근거한 상고음은 [*hjəg], [*rəg]이다.

방언 37

𨛭①【酒酣】, 或②也. 沅澧之間凡言或如此者曰𨛭如是【此亦憨[233], 聲之轉耳】.

감𨛭【음은 주감酒酣의 감酣이다[234]】은 혹(或)의 뜻이다. 원수沅水, 예수澧水에 걸친 지역에서는 '어쩌면 이와 같다(혹여차或如此)'라는 말을 '감여시𨛭如是'라고 한다.【이는 감憨이라고도 한다. 성지전聲之轉이다】

방언소증

案'或''𨛭'一聲之轉. 「注」內'酒酣', 當作'音酒酣之酣', '此亦憨'三字有舛誤. '𨛭''憨'語輕重異耳, 當是'亦言憨'. 『廣韻』: "邯, 江湘人言也[235]." 言下應脫一'或'字.

---

233 『四部叢刊』本에는 '亦此憨'로 되어 있으나, 戴震은 '此亦憨'으로 고쳤다.
234 戴震의 『方言疏證』에 따라 이처럼 번역하였다.
235 『廣韻』 下平聲 : "邯, 江湘人言也. 又音寒."

'혹或'과 '감𨛜'은 일성지전一聲之轉이다. 곽박의 「주」에서 '주감酒酣'이라고 한 것은 마땅히 '음은 주감酒酣의 감酣이다'라고 해야 한다. '차역감此亦憨'이라는 세 글자는 오류가 있다. '감𨛜'와 '감憨'은 말에 경중이 다를 뿐으로, 마땅히 '또 감憨이라고도 한다'라고 해야 한다. 『광운』에 "감邯은 장강長江 가운데 상수湘水 일대로 흐르는 지역의 사람들이 '혹或'이라고 할 때 쓰는 말이다"[236]라고 하였다. 이 구절에서 '강상인언야江湘人言也'는 '강상인언혹야江湘人言或也'라고 해야 하는데, '언言' 다음에 '혹或'이라는 글자가 탈자된 것이다.

역해

① 𨛜[감] : 혹. 혹은. 혹시. 沅澧之間에서 𨛜이라고 함. 곽박 「주」에 발음은 酒酣의 酣이라고 했는데, 이에 근거한 상고음은 [*gam]이다.
② 或[혹] : 혹. 혹은. 或은 𨛜의 풀이어휘.

방언 38

愮①・療②, 治③也. 江湘郊會謂醫治之曰愮【俗云厭愮病, 音曜】. 愮, 又憂也.【博異義也】 或曰療.

요愮・요療는 치료하다(치治)의 뜻이다. 강수江水와 상수湘水가 만나는 지역에서는 치료하는 것을 요愮라고 한다.【민간에서는 병을 다스리는 것을 말한다. 음은 요曜다】 요愮는 또 근심하다(우憂)의 뜻이다.【넓은 의미의 다른

---

236 『方言疏證』에 따라 '江湘人言或也'라고 바꾸어 해석하였다.

뜻이다] 혹은 료療라고도 한다.

방언소증

案『春秋』襄公二十六年『左傳』: "不可救療.[237]" 杜預「注」云: "療, 治也." 『玉篇』云: "愮, 憂也[238]." '療''愮', 語之變轉, 故愮可從療爲治, 療又可從愮爲憂. 『廣雅』: "搖·療, 治也[239]." '搖''愮', 古通用.

『춘추』 양공 26년 『좌전』에 "고칠 수가 없다"는 구절이 있는데, 두예의 「주」에 "요療는 치료하다(치治)의 뜻"이라고 하였다. 『옥편』에서 "요愮는 근심하다(우憂)의 뜻"이라고 하였다. '료療'와 '요愮'는 어지변전語之變轉이다. 그러므로 요愮는 료療와의 관계를 통해 치治(치료하다)가 되고, 료療는 또 요愮와의 관계를 통해 우憂(근심)가 된다. 『광아』에 "요搖·요療는 치료하다(治)의 뜻"이라고 하였다. '요搖'와 '요愮'는 옛날에는 서로 통용되었다.

역해

① 愮[요]: 치료하다. 江湘郊會에서 愮라고 함. 愮는 또 근심하다(憂)의 뜻. 곽박 「주」에 발음은 曜라고 했는데, 이에 근거한 상고음은 [*ragwh]이다.

---

237 『春秋左傳』 襄公 二十六年: "今楚多淫刑, 其大夫逃死於四方, 而爲之謀主, 以害楚國, 不可救療, 所謂不能也."

238 『玉篇』 心部: "愮, 余招切. 憂也. 『詩』曰: 憂心愮愮."

239 『廣雅·釋詁』: "修·歓·略·道·旬·越·抑·葴·撤·撥·對·繕·傳·列·疏·竘·貌·攻·捲·刑·搖·療·亂·理·湀, 治也."

② 療[료] : 치료하다.
③ 治[치] : 치료하다. 治는 愮, 療의 풀이어휘.

방언 39

芔[①]【凶位反】·莽[②]【嫫母反】, 草[③]也. 東越揚州之間曰芔, 南楚曰莽.

훼芔【음은 흉위반凶位反이다】·무(망)莽【음은 모모반嫫母反이다】는 풀(초草)의 뜻이다. 동월東越과 양주揚州에 걸친 지역에서는 훼芔라고 한다. 남초南楚에서는 무(망)莽라고 한다.

방언소증

案『詩·小雅』: "卉木萋萋.[240]" 『毛傳』: "卉, 草也." 陸機「赴洛道中詩」: "安轡遵平莽.[241]" 李善「注」引『方言』: "草南楚謂之莽." 又見前卷三內.[242]

『시경·소아』에 "초목이 무성하게 자라고"라는 구절이 있는데, 『모전』에서 "훼卉는 풀(草)이다"라고 하였다. 육기의 「부락도중시」에 "말고삐를 늦추어 평평한 풀밭을 따라 천천히 가니"라는 구절이 있는

240 『詩經·小雅·鹿鳴之什·出車』: "春日遲遲, 卉木萋萋. 倉庚喈喈, 采蘩祁祁.
241 『文選·詩丁·赴洛道中』: "振策陟崇丘. 按轡遵平莽. 夕息抱景寐. 朝徂銜思往."
242 『方言』 제3권의 제8번째 항목을 참조할 것.

데, 이선의 「주」에서 『방언』을 인용하여 "풀(草)은 남초南楚에서는 무(망)莽라고 한다"고 했다. 이는 앞의 제3권에도 보인다.

역해

① 芔[훼] : 풀의 총칭. 卉의 古字. 東越揚州之間에서는 芔라고 함. 곽박「주」에 발음은 凶位反이라고 했는데, 이에 근거한 상고음은 [*hwjədh]이다.
② 莽[무(망)] : 풀. 잡초. 南楚에서는 莽이라고 함. 곽박「주」에 발음은 嫫母反이라고 했는데, 이에 근거한 상고음은 [*məgx]이다.
③ 草[초] : 풀. 草는 芔, 莽의 풀이어휘.

방언 40

惐鰓[①]【惐, 音良愅. 鰓, 音魚鰓】· 乾都[②]【乾音干】· 耇[③]【音垢】· 革[④], 老[⑤]也【皆老者皮色枯瘁之形也】. 皆南楚江湘之間代語也【凡以異語相易謂之代也】.

극새惐鰓【극惐은 음이 양격良愅이다. 새鰓는 음이 어새魚鰓이다】· 건도乾都【건乾의 음은 간干이다】· 구耇【음이 구垢다】· 혁革은 늙다(노老)의 뜻이다.【모두 늙은이의 피부나 기색이 마르고 여윈 모습을 형용하는 말이다】 모두 남초南楚 강상江湘에 걸친 지역의 대어代語다.【무릇 다른 말로 서로 바꾸어 사용할 수 있는 것을 일컬어 대代라고 한다】

방언소증

案『三國志・蜀書・彭羕傳』: “老革荒悖, 可復道邪.[243]” 裴松之「注」引『方言』: “㓕鰓・乾都・耇・革, 老也.” 又引郭璞「注」曰: “皆老者皮毛枯瘁之形也.” ‘㓕’卽‘悈’之訛, ‘耇’卽‘耈’之訛, ‘毛’卽‘色’之訛. 『玉篇』云: “悈, 老也[244].” 義本此. 「注」內‘良悈’, ‘悈’本作‘諽’. 『說文』云: “飭也. 讀若戒[245].” 『玉篇』云: “或作悈[246].” 『廣韻』: “諽, 謹也[247].” ‘良悈’之語, 蓋猶言‘良謹’, 楷革反.

『삼국지・촉서・팽양전』에 “늙은 병사 쇠퇴하고 혼미해졌으니 어찌 도를 다시 회복할 수 있을까”라고 했는데, 배송지의 『소』에서 『방언』을 인용하여 “멸새㓕鰓・건도乾都・기耇・혁革은 늙다(老)의 뜻이다”라고 했으며, 또 곽박의 「주」를 인용하여 “모두 늙은이의 피부와 터럭이 마르고 여윈 모습을 형용하는 말이다”라고 했다. ‘멸㓕’은 ‘극(계)悈’의 오류다. ‘기耇’는 ‘구耈’의 오류다. ‘모毛’는 ‘색色’의 오류다. 『옥편』에 “극(계悈)은 늙다(노老)의 뜻이다”라고 했는데, 그 의미는 여기에서 근거하였다. 곽박의 「주」에 나오는 ‘양격良悈’의 ‘격悈’은 본래 ‘격諽’이다. 『설문해자』에 “칙飭이다. 계戒처럼 읽는다”라고 했다. 『옥편』에 “혹은 격悈라고도 쓴다”고 했다. 『광운』에 “격諽은 경계하다(謹)의 뜻이다”라고 했다. ‘양격良悈’이라는 말은 ‘양근良謹’이라는 말과 같다. 음은 해혁반楷革反이다.

---

243 『三國志・蜀書・彭羕傳』: “老革荒悖, 可復道邪!”
244 『玉篇』 心部: “悈, 居薤切. 疾也. 老也. 飾也.”
245 『說文解字』 頣部: “諽, 飭也. 從言, 革聲, 讀若戒.”
246 『玉篇』 心部: “悈, 公翮切. 更也. 變也. 飭也. 或作諽.”
247 『廣韻』 入聲: “諽, 謹也.”

역해

① 㥾鰓[극새] : 노쇠하다. 곽박 「주」에 발음은 良悴의 悴, 魚鰓의 鰓라고 했는데, 이에 근거한 상고음은 [*kjək], [*səg]이다.
② 乾都[건도] : 노인의 마른 피부색을 형용하는 말. 곽박 「주」에 乾의 발음은 干이라고 했는데, 이에 근거한 상고음은 [*kan]이다.
③ 耇[구] : 늙다. 장수하다. 늙은 사람. 곽박 「주」에 발음은 垢라고 했는데, 이에 근거한 상고음은 [*kugh]이다.
④ 革[혁] : 늙다.
⑤ 老[로] : 늙은이. 㥾鰓, 乾都, 耇, 革의 풀이어휘. 南楚江湘之間의 代語.

방언 41

拯①【神[248]祕】·抌②【都感反. 亦音甚】, 推③也. 南楚凡相推搏曰拯, 或曰搰④【苦骨反】. 沅涌澧[249]幽之語,【澧水, 今在桂陽, 音扶. 涌水, 今在南郡華容縣也】 或曰攩.⑤【今江東人亦名推爲攩, 音晃】

비拯【음은 신비神祕의 비祕다[250]】·담(심)抌【음은 도감반都感反이다. 심甚이라고도 발음한다】은 밀치다(추推)의 뜻이다. 남초南楚에서는 무릇 서로 밀고 치는 것을 비拯라고 하거나 혹은 골搰이라고 한다.【음은 고골반苦骨反이다】 원沅 용湧 부澧 유幽 지역의 말이다.【부수는 오늘날 계양桂陽에 있다. 음은 부扶다. 용수涌水는 오늘날(곽박 당시) 남군南郡 화영현華容縣에 있다】 또는 황攩이라고 한다.【오늘날(곽박 당시) 강동 지역의 사람들은 추推를 황攩이라고 하는데, 발음

248 『四部叢刊』本에는 '揰'이라고 되어 있으나, 戴震은 '神'으로 고쳤다.
249 『四部叢刊』本에는 '湧澧'라고 되어 있으나, 戴震은 '涌澧'로 고쳤다.
250 戴震의 설에 따라 이와 같이 번역하였다.

은 황晃이다】

방언소증

案『列子・黃帝篇』: "旣而狎侮欺詒, 攩㧙挨扰, 亡所不爲.[251]" 張湛「注」云: "『方言』: 今江東人亦名推爲攩. 又音晃." 此乃「注」文, 『方言』下應脫一'注'字. 又云: "『方言』: 凡相推搏曰㧙." 又'扰'字下云: "『方言』: 擊, 背也." 此語『方言』所無, 「注」內'神祕', 當作'音神祕之祕', 諸刻'神'訛作'揰'.

『열자・황제편』에 "업신여기고 놀렸으며, 밀치고 때리고 하여 못 하는 짓이 없었다"라는 구절이 있는데, 장담의 「주」에 "『방언』에 오늘날 강동江東 지역의 사람들은 또한 추推를 황攩이라고 한다. 또 음은 황晃이다'라고 했다"고 하였다. 그러나 이 말은 곽박의 「주」에 나오는 문장으로서, 『방언』 다음에 '주'라는 글자가 하나 빠진 것이다. 또 "『방언』에 '무릇 서로 밀고 치는 것을 비㧙라고 한다'고 했다"라고 하였고, '담(심)扰'자의 아래 "『방언』에 격擊은 등지다(背)의 뜻(擊, 背也)"이라고 했는데, 이 말은 『방언』에 없다. 「주」에 '신비神祕'는 마땅히 '음은 신비神祕의 비祕다'라고 해야 한다. 여러 판본에 '신神'을 '충揰'라고 잘못 썼는데 이는 오류다.

---

251 『列子・黃帝』: "旣而狎侮欺詒, 攩㧙挨扰, 亡所不爲."

역해

① 挑[비] : 손으로 물건을 치다. 南楚에서는 서로 밀고 치는 것을 挑라고 함. 곽박 「주」에 발음은 神祕의 祕라고 했는데, 이에 근거한 상고음은 [*pjidh]이다.

② 抌[담(심)] : 밀치다. 곽박 「주」에 발음은 都感反, 또 다른 음은 甚이라고 했는데, 이에 근거한 상고음은 [*təmx]과 [*djəmx]이다.

③ 推[추] : 밀다. 밀고 나아가다. 推는 挑, 抌의 풀이어휘.

④ 揔[골] : 치다. 南楚에서는 서로 밀고 치는 것을 또 揔이라고 함. 곽박 「주」에 발음은 苦骨反이라고 했는데, 이에 근거한 상고음은 [*khwət]이다.

⑤ 攩[황] : 때리다. 치다. 沅湧幽의 말이며, 또 攩이라고 함. 곽박 「주」에 발음은 晃이라고 했는데, 이에 근거한 상고음은 [*gwaŋx]이다.(참조: 곽박 당시에 江東人은 推를 攩이라 함)

방언 42

食閻[1]【音鹽】·慫涌[2]【上子竦反, 下音涌】, 勸[3]也. 南楚凡己不欲喜而旁人說之, 不欲怒而旁人怒之謂之食閻, 或謂之慫涌.

식염食閻【음은 염鹽이다】·종용慫涌【첫 글자(上)는 자송반子竦反이고, 다음 글자(下)는 음이 용涌이다】은 권하다, 힘쓰다(勸)의 뜻이다. 남초南楚에서는 무릇 자신은 기뻐하지 않으면서 남에게 기뻐하라고 하고, 자신은 노여워하지 않으면서 남은 노여워하게 만드는 것을 식염食閻이라고 하며, 혹은 종용慫涌이라고 한다.

방언소증

案『廣雅』: “食閻・慫慂, 勸也[252].” 本此. 『廣韻』引『方言』: “慫慂, 歡也[253].” ‘歡’卽‘勸’之訛.

『광아』에 “식염食閻・종용慫慂은 권하다, 힘쓰다(권勸)의 뜻이다”라고 한 것은 여기에 근거한 것이다. 『광운』에서는 『방언』을 인용하여 “종용慫慂은 기쁘다(환歡)의 뜻이다”라고 했는데, 이때의 ‘환歡’은 바로 ‘권勸’의 오류이다.

역해

① 食閻[식염] : 권유함. 종용함. 南楚에서는 무릇 자신은 기뻐하지 않으면서 남에게는 기뻐하라고 하고, 자신은 화내지 않으면서 남은 화나게 하는 것을 食閻이라고 함. 곽박 「주」에 閻의 발음은 鹽이라고 했는데, 이에 근거한 상고음은 [*ram]이다.

② 慫慂[종용] : 옆에서 선동하여 부추김. 권함. 南楚에서는 무릇 자신은 기뻐하지 않으면서 남에게는 기뻐하라고 하고, 자신은 화내지 않으면서 남은 화나게 하는 것을 또 慫慂이라고 함. 곽박 「주」에 발음은 子竦反, 涌이라고 했는데, 이에 근거한 상고음은 [*tsjuŋx], [*ruŋx]이다.

③ 勸[권] : 힘쓰도록 권하다. 권장하다. 勸은 食閻, 慫慂의 풀이어휘.

252 『廣雅・釋詁』: “食閻・慫㥟・勵, 勸也.”

253 『廣韻』 上聲: “慂, 『方言』云: 慫涌, 歡也.”

방언 43

欸①【音醫, 或音塵埃】・醫②【⿱殹言, 烏醫】, 然③也. 南楚凡言然者曰欸, 或曰⿱殹言.

애欸【음은 의醫다. 혹은 진애塵埃라고 발음한다】・예⿱殹言【음은 부예烏醫의 예醫다[254]】는 그러하다(연然)의 뜻이다. 남초南楚에서는 무릇 그렇다고 말할 때 애欸라고 하거나 또는 예⿱殹言라고 한다.

방언소증

案『楚辭・涉江篇』: "欸秋冬之緒風.[255]" 王逸「注」云: "欸, 歎也." 洪興祖『補注』引『方言』: "欸, 然也. 南楚凡言然者曰欸." 韋孟「諷諫詩」: "勤唉厥生[256]." 李善「注」引『方言』曰: "唉, 歎辭也." 此非『方言』文. 『廣雅』: "欸・⿱殹言・然, 譍也[257]." 『廣韻』: "⿱殹言, 相言應辭[258]." '譍''應', 古通用. '不烏醫'當作'音烏醫之醫'.

『초사・섭강편』에 "가을 겨울의 찬바람을 향하여 탄식하네"라고 했으며, 왕일의 「주」에 "애欸는 탄식(탄歎)이다"라고 했다. 홍흥조의 『초사보주』에서는 『방언』을 인용하여 "애欸는 그러하다(然)의 뜻이다. 남초南楚에서는 무릇 그러하다(然)라고 말할 때 애欸라고 한다"고 했다.

---

254 戴震의 설에 따라 이와 같이 번역하였다.

255 『楚辭・九章』: "乘鄂渚而反顧兮, 欸秋冬之緒風. 步余馬兮山皐, 邸余車兮方林."

256 『文選・詩甲・諷諫詩』: "我祖斯微, 遷于彭城. 在予小子, 勤唉厥生."

257 『廣雅・釋詁』: "譺・吁・款・⿱殹言・唯・諾・然・誒, 譍也."

258 『廣韻』上平聲: "⿱殹言, 相言應辞."

위맹의 「풍간시」에 "그 생을 근심하고 한탄한다"라는 구절이 있다. 이선의 「주」에서 『방언』을 인용하여 "애唉는 한탄하는 말(歎辭)"이라고 했는데, 이는 『방언』의 문장이 아니다. 『광아』에 "애欸・예譥・연然은 응답하는 소리(응譍)다"라고 했다. 『광운』에 "예譥는 서로 응답하는 소리(相言應辭)다"라고 했다. '응譍'과 '응應'은 옛날에는 통용되었다. '불부예不鳧鷖'는 마땅히 '음은 부예鳧鷖의 예鷖다'라고 해야 한다.

역해

① 欸[애] : 응답하는 소리. 승낙하는 소리. 南楚에서 그렇다고 말하는 것을 欸라고 함. 곽박 「주」에 발음은 醫, 또는 塵埃의 埃라고 했는데, 이에 근거한 상고음은 [*ʔidh], [*ʔəg]이다.
② 譥[예] : 응답하는 소리. 南楚에서 그렇다고 말하는 것을 또 譥라고 함. 곽박 「주」에 발음은 鳧鷖의 鷖라고 했는데, 이에 근거한 상고음은 [*ʔid]이다.
③ 然[연] : 허락하다. 그러하다. 승낙하다. 然은 欸, 譥의 풀이어휘.

방언 44

緤①・末②・紀③, 緒④也. 南楚皆曰緤【音薛】. 或曰端⑤, 或曰紀, 或曰末, 皆楚轉語也.

설緤・말末・기紀는 실마리(서緒)의 뜻이다. 남초南楚 지역에서는 모두 설緤【음은 설薛이다】이라고 한다. 혹은 단端이라고 하고, 혹은 기紀라고 하거나, 혹은 말末이라고 한다. 모두 초楚 지역의 전어轉語다.

방언소증

案歐陽建「臨終詩」: "成此禍福端.[259]" 盧諶「覽古詩」: "昭襄欲負力, 相如折其端.[260]" 李善「注」皆引『方言』: "端, 緒也." 『說文』云: "紀, 絲別也[261]", "緒, 絲耑也[262]." 『廣雅』: "耑・緒, 末也[263]." '端''耑', 古通用.

구양건의 「임종시」에 "이번 재난의 원인이 되었네"라는 구절이 있고, 노심의 「남고시」에 "소양왕이 그 힘을 등지려고 하고, 상여는 그 단서를 꺾었다"라는 구절이 있는데, 이선의 「주」에서는 모두 『방언』을 인용하여 "단端은 실마리(서緖)의 뜻이다"라고 하였다. 『설문해자』에 말하기를, "기紀는 사별絲別이다", "서緖는 사단絲耑이다"라고 하였다. 『광아』에 "단耑・서緖는 끝(말末)의 뜻이다"라고 하였는데, '단端'과 '단耑'은 옛날에는 통용되었다.

역해

① 緤[설]: 실마리. 단서. 南楚에서는 모두 緤이라고 함. 곽박 「주」에 발음은 薛이라고 했는데, 이에 근거한 상고음은 [*sjat]이다.
② 末[말]: 사물의 끝. 南楚에서는 또 末이라고 함.
③ 紀[기]: 실마리. 실의 첫머리. 南楚에서는 또 紀라고 함.
④ 緖[서]: 실마리. 실의 첫머리. 緖는 緤, 末, 紀의 풀이어휘. 모두 楚語의 轉語.

259 『文選・詩丙・臨終詩』: "潛圖密已構, 成此禍福端."
260 『文選・詩乙・覽古詩』: "昭襄欲負力. 相如折其端. 眥血下沾襟. 怒髮上衝冠."
261 『說文解字』 糸部: "紀, 絲別也. 從糸己聲."
262 『說文解字』 糸部: "緒, 絲耑也."
263 『廣雅・釋詁』: "梼・耑・標・顛・杓・緒・杪・流・苗・裔・㦃, 末也."

⑤ 端[단] : 실마리. 두서. 南楚에서는 또 端이라고 함.

방언 45

睃①【音總[264]】·䚷②【音麗】·闚③ ·貼④【敕[265]纖反】·占⑤ ·伺⑥, 視⑦也. 凡相竊視南楚謂之闚, 或謂之睃, 或謂之貼, 或謂之占, 或謂之䚷. 䚷, 中夏語也.【亦言騾[266]也】 闚, 其通語也. 自江而北謂之貼, 或謂之覗⑧. 凡相候謂之占, 占猶瞻也.

종睃【음은 총總이다】·려䚷【음은 려麗다】·규闚 ·점貼【음은 칙섬반敕纖反이다】·점占 ·사伺는 보다, 살펴보다(시視)의 뜻이다. 무릇 서로 슬쩍 바라보는 것을 남초南楚 지역에서는 규闚라고 하거나, 혹은 종睃이라고 하거나, 혹은 점貼이라고 하거나, 혹은 점占이라고 하거나, 혹은 려䚷라고 한다. 려䚷는 중하中夏 지역의 말이다.【또 루騾라고도 한다】 규闚는 그것의 통어通語다. 장강으로부터 북쪽 지역에서는 점貼라고 하거나, 혹은 사覗라고 한다. 무릇 서로 찾아가 보는 것을 점占이라고 한다. 점占은 첨瞻과 같다.

방언소증

案郭璞「江賦」: "爾乃䚷雰祲於清旭.[267]" 李善「注」引『方言』: "䚷, 視

---

264 『四部叢刊』本에는 '揔'이라고 되어 있으나, 戴震은 '總'으로 고쳤다.
265 『四部叢刊』本에는 '敇'로 되어 있으나, 戴震은 '勅'으로 고쳤다.
266 『四部叢刊』本에는 '睞'로 되어 있으나, 戴震은 '騾'로 고쳤다.
267 『文選·賦己·江賦』: "爾乃䚷雰祲於清旭, 覘五兩之動靜."

也.” 班固「西都賦」:“魚窺淵.”[268] 李善「注」引『方言』:“窺, 視也.” ‘窺’卽‘闚’. 『禮記 · 檀弓篇』:“我喪也斯沾.[269]” 鄭「注」云:“沾, 讀曰覘. 覘, 視也.” 又:“晉人之覘宋者.”[270] 「注」云:“覘, 闚視也.” 「學記」:“呻其佔畢.[271]” 「注」云, “佔, 視也.” 「晉語」:“公使覗之.” 韋昭「注」云:“覗, 微視也.” ‘覗’‘貼’同, 通用‘佔’. ‘覗’‘伺’同. 『廣雅』:“窺 · 覘 · 覗 · 瞜 · 占, 視也[272].” 義本此. 『廣韻』‘瞜’字引『方言』云:“南人竊視[273].” 「注」內‘瞘’各本訛作‘睞’, 今訂正. ‘瞘’‘䫜’, 一聲之轉. 『玉篇』:“瞘, 視也[274].”

곽박의 「강부」에 “당신은 새벽녘이 되면 그 요기妖氣를 볼 수 있을 것이다”라는 구절이 있는데, 이선의 「주」에서 『방언』을 인용하여 “려䫜는 보다(시視)의 뜻”이라고 하였다. 반고의 「서도부」에 “물고기는 깊은 연못을 엿보고”라는 구절이 있는데, 이선의 「주」에서 『방언』을 인용하여 “규窺는 보다(시視)의 뜻”이라고 하였다. ‘규窺’는 바로 ‘규闚’다. 『예기 · 단궁편』에 “내가 죽으면 반드시 사람들이 모두 나를 보러 올 것이니”라는 구절이 있는데, 정현의 「주」에 말하기를, “첨沾은 첨覘이라고 읽는다. 첨覘은 보다(시視)의 뜻이다”라고 하였다. 또 같은 「단궁편」에 “진나라 사람으로서 송나라를 정탐하던 자”라는 구절이 있는데, 「주」에서 말하기를, “첨覘은 엿보는 것이다”라고 하였다. 『예기 · 학기편』에 “입으로는 서책을 외우고 있지만(마음으로는 통달하지 못함)”

268 『文選 · 賦甲 · 西都賦』:“鳥群翔, 魚窺淵. 招白鷳, 下雙鵠.”

269 『禮記 · 檀弓篇』:“我喪也斯沾. 爾專之, 賓爲賓焉, 主爲主焉婦人從男子皆西鄉.”

270 『禮記 · 檀弓篇』:“晉人之覘宋者反報於晉侯”

271 『禮記 · 學記篇』:“今之敎者, 呻其佔畢, 多其訊.”

272 『廣雅 · 釋詁』:“覞 · 睎 · 望 · 目 · 略 · 眥 · 際 · 窺 · 覘 · 覩 · 覞 · 闞 · 盼 · 觀 · 窺 · 覵 · 眽 · 晛 · 睌 · 覤 · 覗 · 看 · 瞭 · 覿 · 睥睨 · 睞 · 瞰 · 睇 · 瞡 · 眂 · 瞗 · 䚕 · 瞜 · 睴 · 矙 · 瞍 · 眷 · 眩 · 占 · 省 · 覰 · 睋 · 診 · 覭, 視也.”

273 『廣韻』 上聲:“瞜, 『方言』云: 南人竊視.”

274 『玉篇』 目部:“瞘, 力隹切. 視也. 亦作矋.”

이라는 구절이 있는데, 「주」에 말하기를, "점佔은 보다의 뜻"이라고 하였다. 『국어·진어』에 "공이 그에게 잠시 보도록 했다"라고 했는데, 위소의 「주」에서 말하기를 "사覗는 잠시 보다(微視)의 뜻"이라고 했다. '사覗'는 '점䀡'과 같으며, '점佔'과 통용된다. '사覗'와 '사伺'는 같다. 『광아』에 "규䙆·첨覘·사覗·종䁓·점占은 보다(시視)의 뜻이다"라고 하였으니, 그 의미는 여기에 근거한다. 『광운』에서는 '총䁓'이라는 글자에 대하여 『방언』을 인용하여 말하기를, "남인들이 몰래 살펴보는 것을 말한다(南人竊視)"라고 했다. 「주」의 '루瞜'라는 글자는 각 판본에서 '과䁔'라고 잘못 썼는데, 지금 바르게 고친다. '루瞜'와 '려䚕'는 일성지전一聲之轉이다. 『옥편』에서 "루瞜는 보다(시視)의 뜻"이라고 하였다.

역해

① 䁓[종] : 엿보다. 몰래 서로 엿보는 것을 南楚에서는 또 䁓이라고 함. 곽박 「주」에 발음은 總이라고 했는데, 이에 근거한 상고음은 [*tsuŋx]이다.

② 䚕[려] : 훔쳐보다. 몰래 서로 엿보는 것을 南楚에서는 또 䚕라고 함. 䚕는 中夏語. 곽박 「주」에 발음은 麗라고 했는데, 이에 근거한 상고음은 [*liarh]이다.

③ 闚[규] : 좁은 틈이나 구멍으로 엿보다. 훔쳐보다. 몰래 서로 엿보는 것을 南楚에서는 闚라고 함. 闚는 通語.

④ 䀡[점] : 보다. 또는 엿보다. 몰래 서로 엿보는 것을 南楚에서는 또 䀡이라고 함. 양자강의 북쪽 지역에서는 䀡이라고 함. 곽박 「주」에 발음은 敕纖反이라고 했는데, 이에 근거한 상고음은 [*thjam]이다.

⑤ 占[점] : 보다. 엿보다. 살피다. 몰래 서로 엿보는 것을 南楚에서는 또 占이라고 함. 서로 찾아가 인사하는 것을 占이라고 함. 占은 瞻과 같음.

⑥ 伺[사] : 엿보다. 살피다. 노리다.
⑦ 視[시] : 보다. 살피다. 視는 睃, 䁤, 闚, 貼, 占, 伺의 풀이어휘.
⑧ 覗[사] : 훔쳐보다. 양자강의 북쪽지역에서는 또 覗라고 함.

방언 46

䆵[①]【惡孔反】・貜[②]【奴動反】・晠[③], 多[④]也. 南楚凡大而多謂之䆵, 或謂之貜. 凡人語言過度及妄施行亦謂之貜.

옹䆵【음은 악공반惡孔反이다】・농貜【음은 노동반奴動反이다】・성晠은 많다(다多)의 뜻이다. 남초南楚 지역에서는 무릇 크고 많은 것을 옹䆵이라고 하거나, 혹은 농貜이라고 한다. 무릇 사람이 말이 지나치게 많고 헛되이 시행하는 것도 또한 농貜라고 한다.

방언소증

案『後漢書・崔駰傳』: "若夫紛纕塞路.[275]" 「注」引『方言』: "纕, 盛多也." 音奴董反. '纕''貜', 古通用. '盛''晠', 古通用. 『廣雅』: "䆵・貜・盛・饒, 多也.[276]"

『후한서・최인전』에 "그런 어지럽고 상서롭지 못한 일이 길을 가득 메우고"라는 구절이 있는데, 「주」에서 『방언』을 인용하여 "농纕은

275 『後漢書・崔駰列傳』: "若夫紛纕塞路, 凶虐播流, 人有昏墊之厄, 主有疇咨之憂."
276 『廣雅・釋詁』: "䆵・貜・錁・矮・絯・䞓・䝅・辨・䍿・䪥・䟅・繁・盛・饒・僉・恕・興・植, 多也."

풍성하고 많다(盛多)의 뜻이다. 음은 노동반奴董反이다"라고 하였다. '농繷'과 '농襛'은 옛날에는 통용되었고, '성盛'과 '성晠'은 옛날에는 통용되었다. 『광아』에 "옹䚊·농襛·성盛·요饒는 많다(多)의 뜻이다"라고 하였다.

역해

① 䚊[옹] : 많다. 크고 많다. 南楚에서는 크고 많은 것을 䚊이라고 함. 곽박 「주」에 발음은 惡孔反이라고 했는데, 이에 근거한 상고음은 [*ʔuŋx]이다.

② 襛[농] : 많다. 말이 지나치거나 망령되게 시행하다. 南楚에서는 크고 많은 것을 또 襛라고 함. 곽박 「주」에 발음은 奴動反이라고 했는데, 이에 근거한 상고음은 [*nuŋx]이다.

③ 晠[성] : 성대하다. 밝다.

④ 多[다] : 많다. 多는 䚊, 襛, 晠의 풀이어휘.

방언 47

抯①【相棃[277]】·摣②【仄[278]加反】, 取③也. 南楚之間凡取物溝泥中謂之抯[279], 或謂之摣[280].

---

277 『四部叢刊』本에는 '黎'로 되어 있으나, 戴震은 '棃'로 고쳤다.
278 『四部叢刊』本에는 '以'로 되어 있으나, 戴震은 '仄'으로 고쳤다.
279 『四部叢刊』本에는 '柤'로 되어 있으나, 戴震은 '抯'로 고쳤다.
280 『四部叢刊』本에는 '樝'로 되어 있으나, 戴震은 '摣'로 고쳤다.

저抯[281]【相梨】·사摣【음은 측가반仄加反이다】는 취하다(취取)의 뜻이다. 남초南楚에 걸친 지역에서는 무릇 도랑이나 진흙에서 무언가를 취하는 것을 저抯라고 하거나, 혹은 사摣라고 한다.

방언소증

案『廣雅』: "摣·抯, 取也[282]." 義本此. 『說文』云: "抯, 挹也. 若樝梨之樝.[283]" 此「注」作'相梨'同. '仄加反', 各本'仄'訛作'以'. 『廣雅』, 曹憲『音釋』作'反', 亦傳寫之訛. 『玉篇』作'仄', 今據以訂正.

『광아』에 "사摣·저抯는 취하다(취取)의 뜻"이라고 하였는데, 그 의미는 여기에 근거한다. 『설문해자』에 말하기를, "저抯는 뜨다(읍挹)의 뜻이다. 독음은 자리樝梨의 자樝와 같다"고 하였는데, 이는 곽박 「주」의 '사리相梨'와 같다. '측가반仄加反'은 각 판본에서 '측仄'을 '이以'라고 잘못 썼다. 『광아』와 조헌의 『광아음석』에는 '반反'이라고 되어 있지만, 이 또한 전사傳寫 과정에서 생긴 오류다. 『옥편』에는 '측仄'이라고 되어 있는데, 지금 이것을 근거로 바르게 고친다.

---

281 段玉裁는 '抯'와 '摣'는 본래 같은 글자이므로 『說文解字』에 전자만 있고 후자는 없다고 하였다. 그러나 華學誠은 揚雄이 "抯라고 하거나 혹은 摣라고 한다"라고 하였던 것으로 미루어보면, 두 글자의 발음이 南楚 지역의 방언에서는 차이가 있었을 것이라고 추정한다.

282 『廣雅·釋詁』: "龕·岑·資·欿·采·掇·搴·摭·芼·集·摡·扱·捉·摘·擥·素·撈·撟·穌·賴·摣·摷·撩·挨·抯·收·斂·捕·揣·扱·有·撤·挻·摻·銛·抍·攟·掩·竊·略·剟·剿·捋·捊, 取也."

283 『說文解字』手部: "抯, 挹也. 從手且聲, 讀若樝梨之樝."

역해

① 担[저] : 건져내다. 南楚之間에서 도랑이나 진흙에서 무언가를 취하는 것을 担라고 함. 곽박 「주」에 발음은 租黎의 租라고 했는데, 이에 근거한 상고음은 [*tsrag]이다.

② 摣[사] : 취하다. 움켜잡다. 南楚之間에서 도랑이나 진흙에서 무언가를 취하는 것을 또 摣라고 함. 곽박 「주」에 발음은 仄加反이라고 했는데, 이에 근거한 상고음은 [*tsrag]이다.

③ 取[취] : 취하다. 取는 担, 摣의 풀이어휘.

방언 48

伄①【音汎】· 僄②【飄零】, 輕③也. 楚凡相輕薄謂之相伄, 或謂之僄也.

범伄【음은 범汎이다】· 표僄【음은 표령飄零의 표飄다[284]】는 가볍다(경輕)의 뜻이다. 초楚 지역에서는 무릇 서로 경박輕薄하게 구는 것을 상범相伄이라고 하거나, 혹은 표僄라고 한다.

방언소증

案『廣雅』: "僄 · 伄, 輕也[285]." 義本此. 『玉篇』引『方言』: "伄, 輕也[286]." 『荀子 · 修身篇』: "怠慢僄弃.[287]" 楊倞「注」云 : "僄, 輕也. 謂自

284 『方言疏證』의 말에 따라 이같이 해석하였다.

285 『廣雅 · 釋詁』: "僄 · 毛 · 媥 · 娍 · 狎 · 傷 · 蚩 · 侮 · 伄 · 㦒 · 忽, 輕也."

輕其身也. 『方言』: 楚謂相輕薄爲僄." 『後漢書・班固傳』: "雖輕迅與僄狡.[288]" 「袁紹傳」: "僄狡鋒俠.[289]" 「注」皆引『方言』 '僄, 輕也.' 音'匹妙反'. '仍僄'亦作'汎剽'. 左思「魏都賦」: "過以汎剽之單慧.[290]" 劉逵「注」云: "揚雄『方言』曰: 汎・剽, 輕也." 曹植樂府詩 「白馬篇」: "勇剽若豹螭.[291]" 李善「注」引『方言』: "剽, 輕也." 「注」內'飄零'當作'音飄零之飄'.

『광아』에 "표僄・범仍은 가볍다(경輕)의 뜻이다"라고 하였는데, 그 의미는 여기에 근거한다. 『옥편』에서는 『방언』을 인용하여 "범仍은 가볍다(경輕)의 뜻이다"라고 하였다. 『순자・수신편』에 "태만하고 경망하다"라는 구절이 있는데, 양경의 「주」에 "표僄는 가볍다(경輕)의 뜻이다. 스스로 자신의 몸을 가벼이 한다는 것을 말한다. 『방언』에 초楚 지역에서는 서로 경박하게 하는 것을 표僄라고 한다고 했다"라고 말했다. 『후한서・반고전』에 "비록 가벼이 바르고 경박하고 교활하다 해도"라는 말이 있고, 『후한서・원소전』에는 "경박하고 간교하며 날카롭고 가볍다"는 구절이 있는데, 양자에 대한 「주」에서 모두 『방언』을 인용하여 "표僄는 가볍다(경輕)의 뜻이다"라고 하였으며, 음은 필묘반匹妙反이라고 하였다. '범표仍僄'는 또 '범표汎剽'라고도 쓴다. 좌사의 「위도부」에 "가볍고 천박한 지혜가 잘못을 범하였기 때문에"라는 구절이 있는데, 유규의 「주」에 이르기를 "양웅의 『방언』에 범汎・표剽는 가볍다(경輕)의 뜻"이라고 하였다. 조식의 악부시 「백마편」에 "날쌔고 빠르기가 마치 표범과 규룡 같다"라는 구절이 있는데, 이선의

286 『玉篇』 人部: "仍, 扶形・孚劍二切. 『方言』云: 仍輕也."
287 『荀子・修身』: "怠慢僄弃, 則炤之以禍災."
288 『文選・賦甲・西都賦』: "雖輕迅與僄狡, 猶愕眙而不能階."
289 『後漢書・袁紹劉表列傳』: "操姦閹遺醜, 本無令德, 僄狡鋒俠, 好亂樂禍."
290 『文選・賦丙・魏都賦』: "過以汎剽之單慧, 歷執古之醇聽."
291 『文選・詩戊・白馬篇』: "狡捷過猴猿, 勇剽若豹螭."

「주」에서 『방언』을 인용하여 "표剽는 가볍다(경輕)의 뜻"이라고 하였다. 곽박의 「주」에 있는 '표령飄零'은 마땅히 '음은 표령飄零의 표飄다'라고 해야 한다.

역해

① 伵[범] : 경박하다. 가볍다. 楚에서 輕薄한 것을 伵이라고 함. 곽박 「주」에 발음은 汎이라고 했는데, 이에 근거한 상고음은 [*phjamh]이다.
② 僄[표] : 가볍다. 경박하다. 楚에서 輕薄한 것을 또 僄라고 함. 곽박 「주」에 발음은 飄零의 飄라고 했는데, 이에 근거한 상고음은 [*phjiagw]이다.
③ 輕[경] : 가볍다. 輕은 伵, 僄의 풀이어휘.

방언 제11권

輶軒使者絕代語釋別國方言 第十一

방언 1

蛥蚗①,【蛥, 音折. 蚗, 於列反, 一音玦】 齊謂之螇螰②【奚鹿二音】, 楚謂之蟪蛄,③【『莊子』曰 : “蟪蛄不知春秋也.”[1]】 或謂之蛉蛄④【音零】, 秦謂之蛥蚗. 自關而東謂之虭蟧⑤【貂料二音】. 或謂之蝭蟧⑥【蝭, 音啼】[2], 或謂之蜓蚞⑦【廷木二音】, 西楚與秦通名也【江東人呼蟂蟧】.

쓰르라미(설결蛥蚗)를【설蛥의 발음은 절折이고, 결蚗의 발음은 우열반於列反이며, 혹은 결玦이라고도 발음한다】 제齊 지역에서는 혜록螇螰이라고 하고,【이 두 글자의 음은 해록奚鹿이다】 초楚 지역에서는 혜고蟪蛄라고 하거나,【『장자』에 이르기를, 쓰르라미(혜고蟪蛄)는 봄, 가을을 알지 못한다고 하였다】 혹은 영

1 『莊子・逍遙遊』 : “奚以知其然也. 朝菌不知晦朔, 蟪蛄不知春秋, 此小年也.”

2 『四部叢刊』本에는 ‘(音啼)’라고 되어 있으나, 戴震은 ‘(蝭, 音啼)’로 고쳤다.

고蛉蛄라고 하며,【음은 영零이다】 진秦 지역에서는 설결蛥蚗이라고 한다. 함곡관으로부터 동쪽 지역에서는 도로虭蟧라고 하거나,【이 두 글자의 음은 초료貂料다】 혹은 제로蝭蟧라고 하거나,【음은 제帝다】 혹은 정목蜓蛛이라고 하며,【이 두 글자의 음은 정목廷木이다】 서초西楚와 진秦 지역의 통명通名이다.【강동江東 사람들은 교로蟂蟧라고 부른다】

방언소증

案「夏小正」: 七月, "寒蟬鳴, 蟬也者, 蝭蠑也."[3] '蠑'卽'蟧'. 『爾雅』: "蜓蛛, 螇螰[4]." 郭璞「注」云: "卽蝭蟧也. 一名蟪蛄, 齊人呼螇螰." 「疏」全引『方言』此條文竝同. '蟪'亦通用'惠'. 『莊子 · 逍遙遊篇』『釋文』 司馬云: "惠蛄, 寒蟬也. 一名蝭蟧." 崔云: "蛁, 蟧也. 或曰山蟬, 秋鳴者不及春, 春鳴者不及秋." 『楚辭 · 招隱士篇』: "蟪蛄鳴兮啾啾."[5] 洪興祖『補注』引『方言』: "蛥蚗, 齊謂之螇螰, 楚謂之蟪蛄." 『廣雅』: "蛥蚗, 蛪也[6]", "蟪蛄 · 蛉蛄 · 蟧蛁, 蟟也[7]." '蹄'卽'蝭', '蟟'卽'蟧', 以'蛥蚗'爲'蛪', 與『方言』異.

『대대례기 · 하소정』에 칠월에는 "한선寒蟬이 운다. 선蟬이란 제락蝭蠑이다"라는 구절이 있는데, '락蠑'은 바로 '로蟧'다. 『이아』에 "정목蜓蛛은 혜록螇螰이다"라는 구절에 대하여 곽박의 「주」에 말하기를 "곧 제

3 『大戴禮記 · 夏小正』: 七月 "漢案戶. 漢也者, 河也. 案戶也者, 直戶也. 言正南北也. 寒蟬鳴, 寒蟬也者, 蝭蠑也."

4 『爾雅 · 釋蟲』: "蜩, 蜋蜩, 螗蜩. 蛪, 蜻蜻. 蠽, 茅蜩. 蝒, 馬蜩. 蜺, 寒蜩. 蜓蛛, 螇螰."

5 『楚辭 · 招隱士篇』: "王孫游兮不歸, 春草生兮萋萋. 歲暮兮不自聊, 蟪蛄鳴兮啾啾."

6 『廣雅 · 釋蟲』: "蛥蚗, 蛪也."

7 『廣雅 · 釋蟲』: "蟪蛄 · 蛉蛄 · 蹄蟧, 蛁蟟也."

로蝭蟧다. 또 달리 혜고蟪蛄라고도 하며, 제 지역 사람들은 혜록螇螰이라고도 한다"고 하였다. 「소」에서는 『방언』의 이 조항을 모두 인용하였는데 문장도 완전히 같다. '혜蟪'는 또 '혜惠'와 통용된다. 『장자 · 소요유편』에 대하여 『경전석문』에서 사마씨[8]가 말하기를, "쓰르라미(혜고惠蛄)는 한선寒蟬이다. 일명 제로蝭蟧라고도 한다"고 하였다. 최씨[9]가 말하기를 "초蛁는 로蟧이며, 혹은 산선山蟬이라고도 한다. 가을에 우는 것은 봄까지는 가지 못하고, 봄에 우는 것은 가을까지는 이르지 못한다"고 하였다. 『초사 · 초은사편』에 "어느새 쓰르라미 슬피우는구나"라고 했는데, 홍흥조의 『초사보주』에서 『방언』을 인용하여 "쓰르라미(설결蛥蚗)를 제齊 지역에서는 혜록螇螰이라고 하고, 초楚 지역에서는 혜고蟪蛄라고 한다"고 하였다. 『광아』에 "쓰르라미(설결蛥蚗)는 씽씽매미(찰蚻)다", "혜고蟪蛄 · 영고蛉蛄 · 제로蟧蟧는 참매미(조료蛁蟟)다"라는 구절이 있다. '제蟧'는 바로 '제蝭'이고, '료蟟'는 곧 '로蟧'다. 『광아』에서 쓰르라미(설결蛥蚗)를 씽씽매미(찰蚻)라고 한 것은 『방언』과 다르다.

역해

① 蛥蚗[설결] : 매미의 일종. 秦에서는 蛥蚗이라고 함. 西楚와 秦의 通名. 곽박 「주」에 蛥의 발음은 折, 蚗의 발음은 於列反 또는 玦이라고 했는데, 이에 근거한 蛥의 상고음은 [*djat], 蚗의 상고음은 [*ʔjat] 또는 [*kwiat]이다.(참조 : 곽박 당시에 江東人들은 蠮蟧라고 함)

② 螇螰[혜록] : 매미의 일종→蟪蛄. 齊에서는 螇螰이라고 함. 곽박 「주」에 螇螰의 발음은 奚, 鹿이라고 했는데, 이에 근거한 상고음은 [*gig], [*luk]이다.

---

8 사마씨란 司馬彪(ca. 243-306)를 말한다. 『莊子注』 21권이 있었다고 한다.

9 최씨는 崔言巽을 말한다.

③ 蟪蛄[혜고] : 씽씽매미. 楚에서는 蟪蛄라고 함.

④ 蛉蛄[령고] : 여치의 다른 이름. 楚에서는 또 蛉蛄라고 함. 곽박 「주」에 蛉의 발음은 零이라고 했는데, 이에 근거한 상고음은 蛉[*liŋ]이다.

⑤ 蛁蟧[조료] : 매미의 일종. 함곡관으로부터 동쪽 지역에서는 蛁蟧라고 함. 곽박 「주」에 발음은 貂, 料라고 했는데, 이에 근거한 상고음은 [*tiagw], [*liagw]이다.

⑥ 蝭蟧[제료] : 매미의 일종. 일설에는 씽씽매미라고 함. 함곡관으로부터 동쪽 지역에서는 또 蝭蟧라고 함. 곽박 「주」에 蝭의 발음은 帝라고 했는데, 이에 근거한 상고음은 [*tigh]이다.

⑦ 蜓蚞[정목] : 말매미의 별칭. 함곡관으로부터 동쪽 지역에서는 또 蜓蚞이라고 함. 곽박 「주」에 발음은 廷, 木이라고 했는데, 이에 근거한 상고음은 [*diŋ], [*muk]이다.

방언 2

蟬①, 楚謂之蜩②,【音調】 宋衛之間謂之螗蜩③,【今胡蟬也. 似蟬而小, 鳴聲清亮, 江南呼螗蛦[10]】 陳鄭之間謂之蜋蜩④,【蜋, 音良】 秦晉之間謂之蟬, 海岱之間謂之蛴.⑤【齊人呼爲巨蛴, 音技】 其大者謂之蟧⑥, 或謂之蝒馬⑦,【按『爾雅』, 蝒者馬蜩[11], 非別名蝒馬也.[12] 此『方言』誤耳】 其小者謂之麥蚻⑧,【如蟬而小, 音札[13]. 今關西呼麥䘃[14], 音癰癥之癥】 有文者謂

10 周祖謨의 『方言校箋』에 "『太平御覽』 제944권에 인용된 문장에는 '呼螗蛦'의 '呼' 다음에 '爲'라는 글자가 있다"라고 되어 있다.

11 『四部叢刊』本에는 '蝒馬者蜩'라고 되어 있으나, 戴震은 '蝒者馬蜩'로 고쳤다.

12 『爾雅·釋蟲』: "蜩, 蜋蜩, 螗蜩. 蚻, 蜻蜻. 䘃, 茅蜩. 蝒, 馬蜩. 蜺, 寒蜩. 蜓蚞, 螇螰."

13 『四部叢刊』本에는 '青色'이라고 되어 있으나, 戴震은 '音札'이라고 고쳤다. 그러나 周祖謨는 『方言校箋』에서 "『爾雅·釋蟲』의 '䘃茅蜩'라는 항목에 대한 곽박의 주해에 '강동 지역에서는 茅䘃이라고 부르는데, 매미와 비슷하지만

之蜻蜻⑨,【卽蛰也. 『爾雅』云耳】 其雌蜻[15]謂之尐[16]⑩,【祖一反.[17]】 大而黑者謂之蝬⑪,【音棧】 黑而赤者謂之蜺⑫.【雲霓】

매미(선蟬[18])는 초楚 지역에서는 조蜩라고 하고,【음은 조調다】 송宋 위衛에 걸친 지역에서는 당조螗蜩[19]라고 한다.【오늘날(곽박 당시)의 호선胡蟬이다. 매미와 비슷하나 그보다 작으며, 울음소리는 청량하다. 강남江南에서는 당이螗蛦라고 한다】 진陳 정鄭에 걸친 지역에서는 낭조蜋蜩[20]라고 하고,【낭蜋의 음은 양良이다】 진秦 진晉에 걸친 지역에서는 선蟬이라고 하며, 해대海岱 지역에서는 기蚔라고 한다.【제齊 지역 사람들은 거기巨蚔라고 하는데, 음은 기技다】 이들 중에 큰 것은 노蟧라고 하거나, 혹은 면마蝒馬라고 하고,【『이아』에 따르면 "면蝒은 마조馬蜩이며, 따로 면마蝒馬라는 별칭이 있었던 것은 아니다. 이는 『방언』의 오류이다】 작은 것은 맥찰麥蚻[21]이라고 하며,【매미와 같으나 크기가

작고 청색이다(江東呼爲茅蠽, 似蟬而小靑色)'라고 하였으니, '靑色'이라는 두 글자는 없어서는 안 될 것"이라고 하였다.

14 周祖謨의 『方言校箋』에 "『太平御覽』에서 인용한 부분을 보면 '呼' 다음에 '爲'라는 글자가 있다"라고 하였다. 또한 바로 앞의 주해에 나온 구절인 '江東呼爲茅蠽'을 보면 역시 '呼' 다음에 '爲'라는 글자가 있다. 『太平御覽』의 제944권에 인용된 바에 의하여 마땅히 '爲'가 보충되어야 한다.

15 『太平御覽』 제944권의 인용문을 보면 '雌蜻'이 아니라 '雌'라고 되어 있고, 『集韻』 質韻에서 인용한 문장에는 '雌者'라고 되어 있다. 華學誠은 '雌者'가 맞다고 하였다.

16 『四部叢刊』本에는 '疋'이라고 되어 있으나, 戴震은 '尐'로 고쳤다.

17 『四部叢刊』本에는 '祖反一'이라고 되어 있으나, 戴震은 '祖一反'으로 고쳤다.

18 蟬은 통칭이고 그 종류는 매우 많은데, 머리와 더듬이가 모두 짧다. 수컷은 복부에 발성기관이 있고, 날카로운 소리를 지속적으로 낼 수 있다. 암컷은 소리를 내지 못하며, 복부에 청음기관이 있다.

19 郝懿行의 『爾雅義疏』에 "蜋蜩는 馬蜩보다 작고, 등이 청록색이며 머리는 화관을 두른 듯하다. 또 울기를 좋아하는데 그 소리는 맑고 원만하여 마치 '吳友'라고 말하는 것 같다. 吳友와 胡蛦의 소리가 서로 변전하며, 蛦와 蝘의 소리도 또한 변전한다"고 하였다.

20 螗과 蜋은 첩운이다. 螗蜩와 蜋蜩는 아마도 모두 각 지역 발음의 轉語다.

21 錢繹은 "茅와 麥은 같은 소리이고, 蠽과 蚻은 같은 글자다. 그러므로 다음 조항(본래는 '이 조항의 아래 부분'이라고 되어 있었지만 戴震은 항목을 나누

작으며, 발음은 찰札이다. 오늘날 관서關西 지역에서는 맥절麥蠽이라고 부르는데, 음은 옹절癰癥의 절癥이다】 무늬가 있는 것은 정정蜻蜻이라고 한다.【즉 씽씽매미(찰蚻)다. 『이아』에서 이와 같이 말하고 있다】 암컷 씽씽매미를 절䘉이라고 하고,【음은 조일반祖一反이다】 크고 검은 것을 잔蝬이라고 하며,【음은 잔棧이다】 검고 붉은 색을 띤 것을 예蜺라고 한다.【음은 운예雲霓의 예霓다[22]】

방언소증

案「夏小正」: 四月, "鳴札. 札者, 寧縣也."[23] 五月, "良蜩鳴, 良蜩也者, 五彩具. 匽之興, 五日翕, 望乃伏. 望也者, 月之望也. 五日也者, 十五日也. 唐蜩鳴, 唐蜩者, 匽也."[24] 郭璞「注」『爾雅』引「夏小正」, '札'作'蚻', '寧縣'作'虎縣', '良'作'蜋'. '匽'作'蝘', '唐'作'螗'. 『詩 · 小雅』: "鳴蜩嘒嘒."[25] 『毛傳』: "蜩, 蟬也." 「豳風」: "五月鳴蜩."[26] 『毛傳』: "蜩, 螗也." 「疏」引『方言』: "楚謂蟬爲蜩, 宋衛謂之螗蜩, 陳鄭謂之蜋蜩, 秦晉謂之蟬." 「大雅」: "如蜩如螗."[27] 『毛傳』: "蜩, 蟬也. 螗, 蝘也." 「衛風」: "螓首蛾眉."[28] 鄭「箋」云: "螓謂蜻蜻也." 「月令」: "孟秋之月, 寒蟬

었으므로 역자가 이와 같이 바꾸어 번역하였다)에서도 蓋蜩라고 한 것이다."

22 戴震의 설에 따라 이와 같이 번역하였다.

23 『大戴禮記 · 夏小正』: 四月, "鳴蚻. 蚻者, 寧縣也. 鳴而後知之, 故先鳴而後蚻".

24 『大戴禮記 · 夏小正』: 五月, "良蜩鳴. 良蜩也者, 五采具. 匽之興, 五日翕, 望乃伏. 其不言'生'而稱'興', 何也? 不知其生之時, 故曰'興'. 以其興也, 故言之'興'. 五日翕也. 望也者, 月之望也. 而伏云者, 不知其死也, 故謂之'伏'. 五日也者, 十五日也. 翕也者, 合也. 伏也者, 入而不見也. 啓灌藍蓼. 啓者, 別也, 陶而疏之也. 灌也者, 聚生者也. 記時也. 鳩爲鷹. 唐蜩鳴. 唐蜩者, 匽也."

25 『詩經 · 小雅 · 小弁』: "菀彼柳斯, 鳴蜩嘒嘒."

26 『詩經 · 豳風 · 七月』: "四月秀葽, 五月鳴蜩.

27 『詩經 · 大雅 · 蕩』: "如蜩如螗, 如沸如羹."

28 『詩經 · 衛風 · 碩人』: "螓首蛾眉, 巧笑倩兮, 美目盼兮."

鳴."[29] 鄭「注」云 : "寒蟬, 寒蜩, 謂蜺也." 「考工記」: "以旁鳴者."[30] 鄭「注」云 : "旁鳴, 蜩蜺類." 『爾雅』: "蜩, 蜋蜩, 螗蜩, 蚻, 蜻蜻, 蠽, 馬蜩, 蜺, 寒蜩[31]." 舍人「注」云 : "皆蟬也. 方語不同. 三輔以西爲蜩, 梁宋以東謂蜩爲蝘, 楚地謂之蟪蛄." 孫炎「注」引『方言』'有文者謂之蜻', 郭璞「注」所引同. 郭「注」'馬蜩'云 : "蜩中最大者爲馬蜩." 「注」'寒蜩'云 : 寒螿也. 似蟬而小, 青色." 「疏」引『方言』此條 文並同. 王褒「洞簫賦」: "秋蜩不食."[32] 李善「注」引『方言』: "楚謂蟬爲蜩." 『廣雅』: "蟧, 蟬也[33]." '尐'各本訛作'疋', 今訂正. 「注」內'雲霓', 當作'音雲霓之霓'.

『대대례기 · 하소정』에 4월에는 "매미가 운다. 찰札이란 매미(영현寧縣)다"라는 구절이 있다. 오월에 대한 내용에는 "양조良蜩가 운다. 양조良蜩란 오색이 갖추어져 있다. 언匽(매미의 일종)이 일어나면 5일에 모이고, 망望에는 곧 복伏한다. 망이란 그 달의 보름이다. 5일이란 15일이다. 당조唐蜩가 운다. 당조唐蜩란 언匽(매미의 일종)이다"라는 구절이 있다.[34] 곽박이 『이아』에 주해를 하면서 「하소정」을 인용하였는데 찰札을 찰蚻로 썼고, 영현寧縣을 호현虎縣으로 썼으며, 양良을 낭蜋으로 썼고, 언匽을 언蝘으로 썼으며, 당唐을 당螗으로 썼다. 『시경 · 소아』에 "맴맴매앰 매미 한가하게 울고"라는 구절이 있는데 『모전』에서는 "조蜩는 매미(선蟬)"라고 하였다. 『시경 · 빈풍 · 오월』에 "(오월에) 매미 운다"라는 구절이 있는데 『모전』에 "조蜩는 씽씽매미(당螗)다"라고 하

29 『禮記 · 月令』: "仲夏之月蟬始鳴, 孟秋之月寒蟬鳴."

30 『周禮 · 冬官考工記 · 梓人』: "外骨內骨, 卻行仄行, 連行紆行, 以脰鳴者, 以注鳴者, 以旁鳴者, 以翼鳴者, 以股鳴者, 以胸鳴者, 謂之小蟲之屬, 以爲雕琢."

31 『爾雅 · 釋蟲』: "蜩, 蜋蜩. 螗蜩. 蚻, 蜻蜻. 蠽, 茅蜩. 蠽, 馬蜩. 蜺, 寒蜩. 蜓蚞, 螇螰."

32 『文選 · 賦壬 · 洞簫賦』: "秋蜩不食, 抱樸而長吟兮, 玄猿悲嘯, 搜索乎其間."

33 『廣雅 · 釋蟲』: "蟧 · 蛣, 蟬也."

34 앞의 원문에서 보듯이 이렇게 서술되어 있는 것이 아니라 중간에 생략된 부분이 많이 있다.

였다. 「소」에서는 『방언』을 인용하여 "초楚 지역에서는 매미(선蟬)를 조蜩라고 부르고, 송宋 위衛 지역에서는 당조螗蜩라고 하며, 진陳 정鄭 지역에서는 낭조蜋蜩라고 하고, 진秦 진晉 지역에서는 선蟬이라고 한다"고 하였다. 『시경 · 대아』에 "매미처럼"이라는 구절이 있는데, 『모전』에 "조蜩는 매미(선蟬)다. 당螗은 매미의 일종(언蝘)이다"라고 하였다. 『시경 · 위풍』에 "매미 같은 이마에 나방의 눈썹"이라는 구절이 있는데, 정현의 『모시전』에서 말하기를 "씽씽매미(진螓)를 정정蜻蜻이라고 한다"고 하였다. 『예기 · 월령』에 "음력 7월에는 가을 매미가 운다"고 하였는데, 정현의 「주」에서 "한선寒蟬, 한조寒蜩는 쓰르라미(예蜺)를 말한다"고 하였다. 『주례 · 고공기』에 "옆구리로 우는 것"이라는 구절이 있는데, 정현의 「주」에 말하기를, "방면旁鳴은 매미(조예蜩蜺)의 부류"라고 하였다. 『이아』에 "조蜩 · 낭조蜋蜩 · 당조螗蜩 · 찰蚻 · 정정蜻蜻 · 면蝒 · 마조馬蜩 · 예蜺는 가을매미(한조寒蜩)다"라는 구절이 있는데, 곽사인의 「주」에 말하기를, "모두 매미(선蟬)인데, 각 지방의 말이 서로 다른 것이다. 삼보三輔[35]의 서쪽 지역에서는 조蜩라고 하고, 양梁 송宋의 동쪽 지역에서는 조蜩를 언蝘이라고 하며, 초楚 지역에서는 혜고蟪蛄라고 한다"고 하였다. 손염의 「주」에서는 『방언』을 인용하여, 무늬가 있는 것은 진螓이라고 한다고 말했다. 곽박의 「주」에서 인용한 것과 같다. 곽박은 『이아』의 마조馬蜩에 대한 주해에서 말하기를, 조蜩 가운데 가장 큰 것을 마조馬蜩라고 한다"고 하였다. 또 한조寒蜩에 대하여 주해하여 말하기를, "한장寒螿이다. 매미(선蟬)와 비슷하지만 몸집이 작고, 청색이다"라고 하였다. 「소」에서는 『방언』의 이 조항을 인용하였는데, 문장이 완전히 같다. 왕포의 「동소부」에 "가을 쓰르라미는 먹지 않는다"는 구절이 있는데, 이선의 「주」에서 『방언』을 인용하여 "초楚

35 三輔란 서한 시대에 京畿 지역에 설치된 京兆尹, 左馮翊, 右扶風의 合稱으로, 秦 혹은 關西 안에 응당 포함되어 있는 것이며, 오늘날 陝西省 關中 지역에 해당된다.

지역에서는 매미(선蟬)를 조蜩라고 한다"고 하였다. 『광아』에 "기蟜는 매미(선蟬)다"라고 하였다. 절㐖이라는 글자를 각 판본에서는 필疋이라고 잘못 썼는데, 지금 바르게 고친다. 곽박의 「주」 안에 '운예雲霓'라고 되어 있는 것은 마땅히 '음은 운예雲霓의 예霓다'라고 해야 한다.

역해

① 蟬[선] : 매미. 秦晉之間에서는 蟬이라고 함.

② 蜩[조] : 매미.(그림자료 11-2 참조) 楚에서는 蜩라고 함. 곽박 「주」에 발음은 調라고 했는데, 이에 근거한 상고음은 [*diəgw]이다.

③ 螗蜩[당조] : 몸집이 작은 매미의 한 종류. 宋衛之間에서는 螗蜩라고 함. 곽박 당시의 胡蟬이며 매미와 같으나 작고 소리가 맑다고 함. 江南에서는 螗蛦라고 함.

④ 蜋蜩[랑조] : 매미의 일종. 陳鄭之間에서는 蜋蜩라고 함. 곽박 「주」에 발음은 良이라고 했으며, 이에 근거한 상고음은 [*ljaŋ]이다.

⑤ 蟜[기] : 매미. 海岱之間에서 蟜라고 함. 곽박 「주」에 발음은 技라고 했는데, 이에 근거한 상고음은 [*gjigx]이다.(참조 : 곽박 당시에 齊人들은 巨蟜라고 함)

⑥ 蟧[료] : 매미. 그 가운데 큰 것을 蟧라고 함.

⑦ 蝒馬[면마] : 매미의 다른 이름. 그 가운데 큰 것을 또 蝒馬라고 함.

⑧ 麥蚻[맥찰] : 작은 매미. 그 가운데 작은 것을 麥蚻이라고 함. 곽박 「주」에 발음은 癰癥의 癥이라고 했는데, 이에 근거한 상고음은 [*tsrit]이다.(참조 : 곽박 당시에 關西에서는 麥蠽이라 함)

⑨ 蜻蜻[정정] : 작은 매미의 일종.(그림자료 11-2 참조) 무늬가 있는 것을 蜻蜻이라고 함.

⑩ 㐖[질] : 무늬가 있는 암매미. 암매미를 㐖라고 함. 곽박 「주」에 발음은

祖一反이라고 했는데, 이에 근거한 상고음은 [*tsjat]이다.

⑪ 蠽[잔] : 매미이름. 크고 검은 것을 蠽이라고 함. 곽박 「주」에 발음은 棧이라고 했는데, 이에 근거한 상고음은 [*dzrianx]이다.

⑫ 蜺[예(얼)] : 가을매미. 또는 쓰르라미. 검고 붉은 것을 蜺라고 함. 곽박 「주」에 발음은 雲霓의 霓라고 했는데, 이에 근거한 상고음은 [*ŋig]이다.

방언 3[36]

蜩蟧①謂之蓋蜩②【江東呼爲蓋蠽也】.

조로蜩蟧를 모조蓋蜩라고 한다.【강동江東 지역에서는 모절蓋蠽이라고 부른다】

방언소증

案『爾雅』: "蠽, 茅蜩[37]." 郭璞「注」云 : "江東呼爲茅截, 似蟬而小, 青色." 茅截卽蓋蠽.

『이아』에 "절蠽은 모조茅蜩다"라는 구절이 있는데, 곽박의 「주」에서 "강동江東 지역에서는 모절茅截이라고 부르는데, 매미와 비슷하나 크기가 작으며 색깔은 청색이다"라고 하였다. 모절茅截은 바로 모절蓋蠽

---

36 戴震은 제2조, 제3조, 제4조로 나누었지만, 周祖謨는 『方言校箋』에서 이는 본래 하나의 항목일 것이라고 하였다. 그 근거는 戴震이 제4조로 나눈 대목에 나오는 郭璞의 「注」에 "이러한 것은 모두 매미의 이름으로서, 『爾雅』에 나온다(此諸蟬名通出『爾雅』)"라는 말을 보면 알 수 있다고 하였다.

37 『爾雅·釋蟲』: "蜩, 蜋蜩. 螗蜩. 蚻, 蜻蜻. 蠽, 茅蜩. 蝒, 馬蜩. 蜺, 寒蜩. 蜓蚞, 螇螰."

이다.

역해

① 蜩蟧[조료] : 매미의 일종.
② 蓋蜩[모조] : 매미의 일종. 곽박 당시에 江東에서는 蓋蠽라고 함.

방언 4

蜌①謂之寒蜩②, 寒蜩, 瘖蜩③也.【按『爾雅』以蜺爲寒蜩[38], 「月令」亦曰, "寒蜩鳴"[39], 知寒蜩非瘖者也. 此諸蜩[40]名, 通出『爾雅』而多駁雜, 未可詳據也. 寒蜩, 蟷也. 似小蟬而色青[41]. 蜌, 音應】

매미의 일종인 응蜌을 한조寒蜩라고 하는데, 한조寒蜩는 음조瘖蜩[42]다.【『이아』에서는 예蜺를 한조寒蜩라고 하였고, 「월령」에서도 '한조가 운다'고 하였

38 『爾雅·釋蟲』: "蜩, 蜋蜩. 螗蜩. 蚻, 蜻蜻. 蠽, 茅蜩. 蝒, 馬蜩. 蜺, 寒蜩. 蜓蚞, 螇螰."

39 寒蜩鳴 : 周祖謨는 『方言校箋』에서 "『玉燭寶典』에서 인용한 문장에서는 '寒蟬鳴'이라고 하였다"고 하였다.

40 『四部叢刊』本에는 '蟬'이라고 되어 있으나, 戴震은 '蜩'라고 하였다.

41 盧文弨의 『重校方言』에서는 曹毅之의 판본에 근거하여 "似小蟬而色青"을 "似蟬而小色青"이라고 고쳤다. 周祖謨는 『爾雅·釋蟲』의 "蜺는 寒蜩다"라는 조항에 대한 곽박의 주해에서 "寒蟷이다. 매미와 비슷하나 크기가 작으며 색깔은 청적색이다(似蟬而小色青赤)"이라고 되어 있으며, 『玉篇』의 '蜌'이라는 글자에 대하여 "寒蜩다. 매미와 비슷한데 작다(似蟬而小)"라고 되어 있는 것을 근거로 盧文弨의 교정이 맞다고 하였다.

42 周祖謨의 『方言校箋』에 "瘖은 『玉燭寶典』 제7권과 『太平御覽』 제944권에서 인용한 것을 보면 모두 闇으로 되어 있고, 주해 역시 마찬가지다"라고 하였고, 華學誠은 『廣雅·釋蟲』편에서도 역시 闇으로 썼다고 지적하였다.

으니, 한조가 울지 않는 벙어리매미가 아님을 알 수 있다. 이와 같은 여러 가지 매미 이름은 『이아』에 나오는데, 상당히 뒤섞여 있어서 명확한 근거로 삼기 어렵다. 한조寒蜩는 쓰르라미(장蟼)로, 작은 매미와 비슷하고 색은 청색이다. 응蜸의 음은 응應이다】

방언소증

案『廣雅』: "闇蜩, 蜸也[43]." 本此. '闇''瘖'通用.

『광아』에 "암조闇蜩는 응蜸이다"라고 하였는데, 여기에 근거한다. '암闇'과 '음瘖'은 서로 통용된다.

역해

① 蜸[응] : 쓰르라미. 곽박 「주」에 발음은 應이라고 했는데, 이에 근거한 상고음은 [*ʔjə ŋ]이다.

② 寒蜩[한조] : 벙어리매미. 곽박 「주」에 寒蜩는 蟼을 말하며, 작은 매미와 비슷하고 청색이라고 함.

③ 瘖蜩[음조] : 매미의 일종. 찬 이슬이 내리고 서늘한 바람이 불 때가 되어야 우는 매미.

43 『廣雅 · 釋蟲』: "闇蜩, 蜸也."

방언 5

蛣詘①謂之杜蛒②【音格】. 螻蛞③【音窒塞】謂之螻蛄④, 或謂之蟓蛉⑤【象鈴二音】. 南楚謂之杜狗⑥, 或謂之蛞螻⑦.

땅강아지(고예蛣詘[44])는 두객杜蛒[45]이라고 한다.【음은 격格이다】 땅강아지(루질螻蛭[46])는 루고螻蛄[47]라고 하며,【음은 질색窒塞의 질窒이다[48]】 혹은 상령蟓蛉[49]이라고 한다.【발음은 상령象鈴이다】 남초南楚에서는 두구杜狗라고 하거나 혹은 괄루蛞螻[50]라고 한다.

---

44 盧文弨의 『重校方言』에서는 '蛣詘'를 '蛣諸'로 고쳤다. 劉台拱의 『方言補校』에서 "盧文弨가 교정한 것이 맞다. 『集韻』에도 '蛣諸'라고 되어 있다"라고 하였다. 錢繹의 『方言箋疏』에서 "『이아』의 「소」에 인용된 부분에서는 '者'라고 썼다. 아마도 '諸'라는 글자에서 반쪽을 잘못 탈락시켰을 것이다"라고 하였다. 華學誠은 "盧文弨의 교정에 따라 바르게 고쳐야 하며, '蛣諸'는 '蛞螻'의 轉語다. 도치하면 '螻蛄'가 된다"고 하였다.

45 錢繹의 『方言箋疏』에서 "杜蛒과 杜狗는 一聲之轉이다"라고 하였다.

46 華學誠은 "螻蛭은 同義複詞로서, '螻'는 螻蛄를, '蛭' 역시 螻蛄를 말한다"고 하였다.

47 郝懿行은 『爾雅義疏』에서 "螻蛄는 그 날개로 멀리 날지 못한다. 황색이고 네 다리가 있으며, 머리는 개의 머리를 닮아서 속칭 土狗라고 한다. 특히 밤에 울기를 좋아하며, 그 소리는 蚯蚓(지렁이라는 뜻이지만, 여기에서는 그 발음을 말하는 것으로 보인다)과 같고, 밝은 빛에 다가가기를 좋아한다"라고 하였다.

48 『方言疏證』에서는 지적하고 있지 않지만, 郭璞 「注」의 "音窒塞"는 "音窒塞之窒"이라고 고쳐야 할 것으로 보인다. 번역도 이와 같이 하였다.

49 劉師培는 『爾雅蟲名今釋』에서 "螻의 음이 전변하여 蝷가 되었고, 또 다시 전변하여 蛉이 되었다"고 하였다. 華學誠은 '蟓蛉'에 대해서는 자세히 알 수가 없다고 하였다.

50 戴震은 '蛞螻'라고 썼지만, 『四部叢刊』本에는 '蛞螻'라고 되어 있으며, 戴震이 『方言疏證』에서 인용하고 있는 『廣雅』에도 '蛞螻'가 아니라 '蛞螻'로 되어 있다.

방언소증

案「夏小正」: 三月, "𣪊則鳴. 𣪊, 天螻也."[51] 王褒「洞簫賦」: "螻蟻蝘蜓."[52] 李善「注」引『方言』: "南楚謂螻蛄爲蛞螻." 枚乘「七發」: "蚑蟜螻蟻聞之."[53] 「注」引『方言』: "南楚或謂蛄爲螻." 此所引脫誤. 『爾雅』: "𣪊, 天螻.[54]" 郭璞「注」云: "螻, 蛄也." 又: "蝚, 蛖螻." 「注」云: "蛖螻螻蛄類." 「疏」全引『方言』此條, '詣'訛作'者'[55], 餘並同. '蛄'亦作'姑'. 『廣雅』: "蟓蛉·蛞螻, 螻姑也[56]." 本此.

『대대례기·하소정』에 3월에는 "곡𣪊이 운다. 곡𣪊은 땅강아지(천루天螻)다"라는 구절이 있다. 왕포의 「동소부」에 "개미와 도마뱀"이라는 구절이 있는데, 이선의 「주」에서 『방언』을 인용하여 "남초南楚 지역에서는 루고螻蛄를 괄루蛞螻라고 한다"고 하였다. 매승의 「칠발」에 "기어다니는 벌레와 땅강아지 및 개미들은 이 노랫소리를 듣고서"라는 구절이 있는데, 이선의 「주」에서 『방언』을 인용하여 "남초南楚 지역에서는 혹은 땅강아지(고蛄)를 루螻라고도 한다"고 했다. 여기서 인용한 문장에는 빠뜨린 곳이 있다. 『이아』에 "곡𣪊은 땅강아지(천루天螻)다"라는 구절이 있는데, 곽박의 「주」에 "루螻는 땅강아지(고蛄)다"라고 하였다. 또 "유蝚는 땅강아지(방루蛖螻)다"라는 구절이 있는데, 곽박의 「주」에 "방루蛖螻는 누고螻蛄와 비슷한 것이다"라고 하였다. 「소」에서는 『방

51 『大戴禮記·夏小正』: 三月 "𣪊則鳴𣪊天螻也. 頒冰, 頒冰也者, 分冰以授大夫也."

52 『文選·賦壬·洞簫賦』: "是以蟋蟀蠖, 蚑行喘息, 螻蟻蝘蜓, 蠅蠅栩栩."

53 『文選·七上·七發』: "野獸聞之, 垂耳而不能行, 蚑蟜螻蟻聞之, 拄喙而不能前."

54 『爾雅·釋蟲』: "螜, 天螻."

55 戴震이 보았던 『爾雅注疏』의 판본에는 '者'라고 되어 있었는지 확인할 수 없으나, 『十三經注疏』本에는 '諸'라고 되어 있다.

56 『廣雅·釋蟲』: "炙鼠·津姑·螻蛪·蟓蛉·蛞螻, 螻姑也."

언』의 이 조항을 전부 인용하였는데, '예詣'를 '제諸'라고 잘못 썼고, 그 나머지는 모두 같다. '고蛄'는 '고姑'라고도 쓴다. 『광아』에 "상령蟓蛉·괄루蛞螻는 땅강아지(루고螻姑)다"라고 하였으니, 여기에 근거한 것이다.

역해

① 蛄詣[고예] : 땅강아지.

② 杜蛒[두객] : 땅강아지의 다른 이름. 곽박 「주」에 蛒의 발음은 格이라고 했는데, 이에 근거한 상고음은 [*kak]이다.

③ 螻蛭[루질] : 땅강아지. 螻蛭는 螻蛄, 蟓蛉의 풀이어휘. 곽박 「주」에 蛭의 발음은 窒塞의 窒이라고 했는데, 이에 근거한 상고음은 [*tit]이다.

④ 螻蛄[루고] : 땅강아지.(그림자료 11-5 참조)

⑤ 蟓蛉[상령] : 땅강아지. 곽박 「주」에 발음은 象, 鈴이라고 했는데, 이에 근거한 상고음은 [*rjaŋx], [*liŋ]이다.

⑥ 杜狗[두구] : 땅강아지의 다른 이름. 南楚에서는 杜狗라고 함.

⑦ 蛞螻[괄루] : 땅강아지의 다른 이름. 南楚에서는 또 蛞螻라고 함.

방언 6

蛚蝏[①]【卽趨織也. 精列二音】, 楚謂之蟋蟀[②], 或謂之蛬[③]【梁國呼蛬, 音鞏】. 南楚之間謂之蚟孫[④]【孫一作絲】.

청렬蜻蛚[57]【바로 추직趨織[58]이다. 음은 정렬精列이다】을 초楚 지역에서는 실

57 錢繹은 『方言箋疏』에서 "率은 古音에서는 律과 같이 읽으며, 蜻蛚과 蟋蟀은 一聲之轉이다"라고 하였다.

솔蟋蟀이라고 하거나 혹은 공蛬이라고 한다.【양梁나라에서는 공蛬[59]이라고 부르는데, 그 음은 공鞏이다】 남초南楚에 걸친 지역에서는 왕손虹孫[60]이라고 한다.【손孫은 사絲라고 되어 있는 곳도 있다】

방언소증

案「考工記」: "以注鳴者."[61] 鄭「注」云: "注鳴, 精列屬." '精列'卽'蜻蛚'. 「疏」全引『方言』此條, '虹'作'王', 餘並同. 『詩・唐風』: "蟋蟀在堂."[62] 『毛傳』: "蟋蟀, 蛬也." 『淮南鴻烈・時則篇』: "蟋蟀居奧."[63] 高誘「注」云: "蟋蟀・蜻蛚, 促織也." 『廣雅』: "蛬・趗織・虹孫, 蜻蛚也[64]". '趗''促'同.

『주례・고공기』에 "부리로 우는 것(以注鳴者)"이라는 구절이 있다. 정현의 「주」에 말하기를, "주명注鳴이란 귀뚜라미(정렬精列)의 부류다"라

58 周祖謨는 『方言校箋』에서 "'趨'는 마땅히 '趣'라고 써야 한다. 『詩經・蟋蟀』 시에 대한 陸機의 「疏」에 말하기를, '蟋蟀을 幽州 사람들은 趣織이라고 한다'고 하였고, 『文選・古詩』에 말하기를, '趣織鳴東壁'이라고 하였으니, 이것이 그 증거다"라고 하였다. 華學誠도 周祖謨의 견해가 옳다고 하면서, 『藝文類聚』 제97권에서 『方言』의 郭璞 「注」를 인용하면서 '趣'라고 썼다고 지적하였다.

59 蛬은 蟋蟀의 異名이다.

60 虹孫은 蟋蟀의 異名이다. 華學誠은 『藝文類聚』의 제97권에 인용된 구절에서는 '王'이라고 되어 있는데, 『廣雅・釋蟲』에는 '虹孫'이라고 되어 있다고 하면서, 아마도 본래는 '王孫'이었는데, 벌레(蟲)와 관계가 있는 글자이므로 후에 '虫'이 부가되었으리라고 하였다.

61 『周禮・考工記』: "外骨・內骨・卻行・仄行・連行・紆行, 以脰鳴者, 以注鳴者, 以旁鳴者, 以翼鳴者, 以股鳴者, 以胸鳴者, 謂之小蟲之屬, 以爲雕琢."

62 『詩經・唐風・蟋蟀』: "蟋蟀在堂, 歲聿其莫. 今我不樂, 日月其除."

63 『淮南子・時則訓』: "涼風始至, 蟋蟀居奧."

64 『廣雅・釋蟲』: "蛬・趗織・虹孫, 蜻蛚也."

고 하였는데, 정렬精列은 바로 귀뚜라미(청렬蜻蛚)다. 「소」에서는 『방언』의 이 조항을 전부 다 인용하였는데, 왕蚟을 왕王이라고 썼으며 그 나머지는 완전히 같다. 『시경·당풍』에 "귀뚜라미(실솔蟋蟀) 집안에 드니"라는 구절이 있는데, 『모전』에 "실솔蟋蟀은 귀뚜라미(蛬)다"라는 구절이 있다. 『회남홍렬·시칙편』에 "귀뚜라미는 집안 깊은 곳에 있으며"라는 구절이 있는데, 고유의 「주」에 말하기를 "실솔蟋蟀·청렬蜻蛚은 귀뚜라미(촉직促織)다"라고 하였다. 『광아』에 "공蛬·촉직趗織·왕손蚟孫은 귀뚜라미(청렬蜻蛚)다"라고 하였다. '촉趗'과 '촉促'은 같다.

역해

① 蜻蛚[청렬] : 귀뚜라미. 蜻蛚은 蟋蟀, 蛬, 蚟孫의 풀이어휘. 곽박 「주」에 발음은 精, 列이라고 했는데, 이에 근거한 상고음은 [*tsjiŋ], [*ljat]이다.
② 蟋蟀[실솔] : 귀뚜라미.(그림자료 11-6 참조) 楚에서는 蟋蟀이라고 함.
③ 蛬[공] : 귀뚜라미. 楚에서는 또 蛬이라고 함. 곽박 「주」에 발음은 鞏이라고 했는데, 이에 근거한 상고음은 [*kjuŋx]이다.
④ 蚟孫[왕손] : 귀뚜라미. 南楚之間에서는 蚟孫이라고 함.

방언 7

螳螂①謂之髦②,【有斧蟲也. 江東呼爲石蜋, 又名齕肬[65]】 或謂之虰③,【按『爾雅』云 : 螳蜋, 蛑[66], 虰[67]義自應下屬, 『方言』依此說, 失其指也】 或謂之

65 『四部叢刊』本에는 '肬'로 되어 있으나 戴震은 '朧'으로 고쳤으나, 王念孫은 "이 글자를 朧로 쓴 판본도 있지만 이는 '肬'의 오류다"라고 했다.
66 『爾雅·釋蟲』: "莫貈, 螳蜋, 蛑."

蛘蛘④.

사마귀(당랑螳螂[68])를 모髦라고 하는데,【앞에 뿔이 달린 곤충이다. 강동江東 지역에서는 석랑石蜋이라고 부르며, 또한 흘우虼肬라고도 말한다】 혹은 정虰[69]이라고도 하고,【『이아』에 "당랑螳蜋은 모蛑"라고 하였고, 정虰은 의미상 그 다음의 부류에 속하는 것으로 되어 있다.[70] 『방언』은 이 설에 따르면 가리키는 바가 틀렸다】 혹은 양양蛘蛘이라고도 한다.

방언소증

案'螂'亦作'蜋',「月令」:"仲夏之月, 螳蜋生."[71] 鄭「注」云:"螳蜋, 螵蛸母也." 歐陽詢『藝文類聚』云:"王瓚問曰:『爾雅』云莫貈, 螳蜋[72], 同類物也. 今沛魯以南謂之蟷蠰, 三河之域謂之螳蜋, 燕趙之際謂之食肬, 齊濟以東謂之馬敫. 然名其子則同, 云螵蛸. 是以「注」云螳蜋, 螵蛸母也." 此所引蓋『鄭志』[73]文, 唐時猶存, 而孔穎達『正義』於「月令」

---

67 『四部叢刊』本에는 '虸'으로 되어 있으나, 戴震은 '虰'으로 고쳤다.

68 華學誠은 "일반적으로 '螳蜋'이라고 통칭하는 곤충은 전신이 녹색이거나 혹은 황토색이고, 머리는 삼각형 모양이며, 움직임이 매우 빠르고 더듬이는 실 모양이다. 흉부가 가늘고 길며, 두 쌍의 날개가 있다. 앞다리는 鐮刀, 즉 낫 모양이다. 따라서 刀螂이라고도 한다"고 하였다.

69 郭璞은 '虰'이 이 항목에 잘못 들어가게 된 사정에 대해서 지적하였는데, 華學誠은 郭璞의 이 주장이 옳다고 하였다.

70 『爾雅·釋蟲』에 "莫貈, 螳蜋, 蛑"라는 구절이 있고, 바로 다음 조항이 "虰蛵, 負勞"이다. 그런데 아래의 조항에 속하는 정虰이라는 글자를 앞의 조항인 "莫貈, 螳蜋, 蛑"에 이어 같은 의미로 보고서 『方言』의 이 조항에서 "혹은 虰이라고 한다"는 말을 쓴 것은 잘못된 것이라고 지적하고 있다.

71 『禮記·月令』:"仲夏之月, …… 小暑至, 螳蜋生. 鵙始鳴, 反舌無聲."

72 『爾雅·釋蟲』:"莫貈, 螳蜋, 蛑."

73 『隋書·經籍志』에 의하면 『鄭志』 11卷은 魏나라 侍中인 鄭小同이 찬한 것이라고 되어 있으나, 여기에서 말하는 『鄭志』는 『後漢書·鄭玄傳』에 기록된

引『方言』云:“潭魯以南謂之螳蠰, 三河之域謂之蝗蜋, 燕趙之際謂之食厖, 齊杞以東謂之馬穀. 然名其子同, 云螵蛸也.” 所引亦卽『鄭志』, 當是不知者妄改爲『方言』. 『爾雅·疏』又襲其誤, 後人遂疑今本『方言』脫此數語, 非也. ‘潭’卽‘沛’之訛, ‘厖’‘朧’聲義同, ‘食朧’猶‘齕朧’也. ‘馬穀’, 『爾雅·疏』作‘馬穀’. 『淮南鴻烈·時則篇』高誘「注」云:“螳蜋世謂之天馬, 一名齕朧, 兗豫謂之巨斧也.” 『爾雅』:“不過, 蟷蠰. 其子蜱蛸.[74]”, “莫貈, 螳蜋, 蛑.[75]” 郭璞「注」云:“螳蜋, 有斧蟲, 江東呼爲石蜋.” 孫叔然以『方言』說此義, 亦不了. 「疏」全引『方言』此條, ‘蝆’作‘芈’, 餘並同, ‘蛑’‘髦’, 一聲之轉. 『廣雅』:“芈芈·齕朧, 螳蜋也.”[76]

‘랑螂’은 또 ‘랑蜋’이라고도 쓴다. 『예기·월령』에 “중하仲夏의 달에는 사마귀(당랑螳蜋)가 나온다”라는 구절이 있는데, 정현의 「주」에 말하기를, “당랑螳蜋은 사마귀알(표소螵蛸)의 모충이다”라고 하였다. 구양순이 『예문유취』에서 “왕찬이 물어 말하기를, 『이아』에 ‘막맥莫貈과 당랑螳蜋은 같은 류에 속한다’고 하였다. 지금 패沛와 노魯의 이남 지역에서는 당낭蟷蠰이라고 하고, 삼하三河의 유역에서는 당랑螳蜋이라고 하며, 연燕 조趙에 걸친 지역에서는 식몽食朧이라고 하고, 제齊 지역과 제수濟水의 동쪽 지역에서는 마교馬敫라고 부른다. 그러나 그 새끼를 부르는 이름은 같으니 모두 다 표소螵蛸다. 그러므로 곽박의 「주」에서 ‘당랑螳蜋은 표소螵蛸의 모충’이라고 한 것이다”라고 하였다. 여기에서 인용한 것은 아마도 『정지』일 것이니, 그 문장은 당나라 때에 여전히 존재하고 있었던 것이다. 공영달의 『예기정의』는 「월령」에서 『방언』을 인용하여 말하기를, “담潭 노魯의 남쪽 지역에서는 당낭蟷蠰이라고 하고,

---

바, 鄭玄의 제자들이 스승의 학설을 정리하여 남긴 책이라 생각된다.

74 『爾雅·釋蟲』:“不過·蟷蠰, 其子蜱蛸.”

75 『爾雅·釋蟲』:“莫貈·螳蜋, 蛑.”

76 『廣雅·釋蟲』:“芈芈·齕朧, 螗蜋也.”

삼하三河의 유역에서는 당랑螳螂이라고 하며, 연燕 조趙에 걸친 지역에서는 식방食厖이라고 하고, 제齊와 기杞의 동쪽 지역에서는 마곡馬穀이라고 한다. 그러나 그 새끼를 부르는 것은 같으니 모두 표소螵蛸다"라고 하였다. 여기에서 인용한 것도 바로 『정지』가 옳은데, 잘 모르는 자가 망령되이 『방언』이라고 잘못 고쳤다. 『이아·소』 또한 그 잘못된 것을 답습하였으므로, 후대 사람들이 마침내 금본 『방언』이 위의 대목에서 인용한 이 몇 마디를 빼먹었다고 여겼으니, 이는 옳지 않다. '담潭'은 '패沛'의 오류이며, '방厖'과 '몽朧'은 발음과 뜻이 서로 같으므로, '식방食朧'은 '흘몽齕朧'과 같다. '마곡馬穀'을 『이아·소』에서는 '마곡馬穀'이라고 썼다. 『회남자·시칙편』의 고유의 「주」에서 말하기를 "사마귀(당랑螳螂)는 세상 사람들이 말하는 천마天馬로서, 일명 흘몽齕朧이라고도 한다. 연주兗州와 예주豫州 지역에서는 거부巨斧라고 한다"고 하였다. 『이아』에 "불과不過·당낭螳蠰은 그 새끼를 비소蜱蛸라고 한다"는 대목이 있고, 또 "막맥莫貈·당랑螳螂은 모蛑다"라는 대목이 있다. 곽박의 「주」에서 말하기를, "당랑螳螂은 앞에 뿔이 달린 곤충으로, 강동江東 지역에서는 이를 석랑石螂이라고 부른다"고 하였다. 손숙연[77]은 『방언』에서 이 조항의 뜻이 여전히 불분명하다고 하였다. 「소」에서는 『방언』의 이 조항을 모두 인용하였는데, '양蛘'을 '미芈'로 썼으며 그 나머지는 모두 같다. '모蛑'와 '모髦'는 일성지전一聲之轉이다. 『광아』에 "미미芈芈·흘몽齕朧은 사마귀(당랑螳螂)다"라는 구절이 있다.

77 孫叔然은 바로 孫炎을 말하며, 그는 鄭玄의 학생이었다. 그의 저서 『爾雅音義』는 이미 전해지지 않으나, 唐代 陸德明의 『經典釋文』에 孫炎의 反切 68개 조항이 수록되었다.

역해

① 螳螂[당랑] : 사마귀. 버마재비. 螳螂은 髦, 虰, 蛘蛘의 풀이어휘.
② 髦[모] : 사마귀. 곽박 당시에 江東에서는 石蜋, 또는 齕肬이라고 함.
③ 虰[정] : 밀잠자리. 곽박 「주」에 『爾雅』에 "螳蜋, 蛑, 虰" 등이 함께 나열되어 있는데, 이는 오류로 虰은 다음 조항에 속하는 어휘이며, 『方言』도 이에 근거하여 같은 오류를 범하고 있다고 함.
④ 蛘蛘[양양] : 사마귀의 다른 이름.

방언 8

姑䗐①謂之强蛘②【米中小黑甲蟲也. 江東名之蛒, 音加. 建平人呼蛘子, 音芊[78], 芊卽姓也】.

쌀에 생기는 벌레 바구미(고시姑䗐[79])를 강미强蛘라고 한다.【쌀에서 생기는 작고 검은 갑충甲蟲이다. 강동江東 지역에서는 가蛒라고 하며, 음은 가加다. 건평建平 지역 사람들은 미자蛘子라고 부르는데, 음은 미芊다. 미蛘는 곧 성姓이다】

78 戴震은 이 조항의 郭璞 「注」와 『方言疏證』에서 모두 '芊'이라고 썼다. 그러나 華學誠은 『爾雅・釋蟲』의 邢昺 「疏」에서 이 조항을 인용하면서 "음은 楚의 姓인 羋의 羋다(音楚姓羋之羋)"라고 되어 있는 것으로 알 수 있듯이, '芊'을 모두 '羋'로 써야 한다고 하였다.

79 郝懿行은 『爾雅義疏』에서 "이 벌레는 크기가 기장이나 쌀알 정도이고 색은 적흑색이다. '牛子'라고 부르는데 음은 '甌子'와 같으며, 登萊 사람들의 말이다. 廣東 사람들은 '米牛'라고 부르며, 紹興 사람들은 '米象'이라고 부른다. 이는 모두 생긴 모습으로 인하여 명칭이 된 것이다"라고 하였다.

방언소증

案『爾雅』: "蛄𧓱, 强蛘.[80]" 郭「注」云: "今米穀中蠹, 小黑蟲是也, 建平人呼爲蛘子." 「疏」引『方言』此條及「注」. '米中'作'今米穀中', '甲'作'蠹', '芈卽姓也' 作'楚姓芈', 餘並同.

『이아』에 "고시蛄𧓱는 강양强蛘이다"라는 구절이 있는데, 곽박의 「주」에서 말하기를, "오늘날(곽박 당시) 미곡 안에 생기는 좀벌레 같은 것으로 작고 검은 벌레가 그것이다. 건평建平 지역의 사람들은 양자蛘子라고 부른다"고 하였다. 「소」에서는 『방언』의 이 조항과 곽박의 주해를 인용하였다. '쌀 안에서(米中)'라는 대목을 '오늘날 미곡 안에서(米穀中)'라고 썼고, '갑甲'을 '두蠹'라고 썼고, '미芈는 곧 성姓이다(芈卽姓也)'라는 대목을 '초성미(楚姓芈)'이라고 썼으며, 그 나머지는 모두 같다.

역해

① 蛄𧓱[고시]: 벌레이름. 强蛘와 같음. 蛄𧓱는 强蛘의 풀이어휘. 곽박 「주」에 곽박 당시에 江東에서는 蛪라 했으며 발음은 加라고 했는데, 이에 근거한 상고음은 [*krar]이다.
② 强蛘[강미]: 쌀이나 보리 따위에 사는 작고 검은 벌레. 蛄𧓱와 같음. 곽박 「주」에 발음은 芈이라고 했는데, 이에 근거한 상고음은 [*mjigx]이다.(참조: 곽박 당시에 建平人들은 蛘子라고 함)

80 『爾雅·釋蟲』: "蛄𧓱, 强蛘."

방언 9

蛨①,【卽蝗也. 莫鯁反】 宋魏之間謂之蚮②,【音貸】 南楚之外謂之蟅蛨③,【蟅音近詐, 亦呼吒陌[81]】 或謂之蛨, 或謂之螣④.【音滕】

메뚜기(맹蛨[82])【바로 황蝗이다. 음은 막경반莫鯁反이다】를 송宋 위魏에 걸친 지역에서는 대蚮라고 한다.【음은 대貸다】 남초南楚의 외곽 지역에서는 자맹蟅蛨[83]이라고 하거나,【자蟅의 음은 사詐에 가까우며, 또한 타획吒陌이라고도 한다】 혹은 맹蛨이라고 하거나, 혹은 등螣[84]이라고 한다.【음은 등滕이다】

방언소증

案『詩經·小雅』: "去其螟螣."[85] 『毛傳』: "食葉曰螣." 『釋文』云: "螣字亦作蟘, 徒得反." 「月令」: "仲夏之月, 百螣時起."[86] 鄭「注」云: "螣蝗之屬, 言百者明, 衆類竝爲害." 『爾雅』: "食葉, 蟘.[87]" 『釋文』云: "蟘,

81 『四部叢刊』本에는 '吒蛨'이라고 되어 있으나, 戴震은 '吒陌'으로 고쳤다.

82 華學誠은 "蛨은 蜢과 같고, 바로 오늘날의 蚱蜢을 가리키는 것이다. 蝗科에 속하므로, 郭璞의 「注」에서 '바로 蝗이다'라고 한 것이다"라고 하였다. 錢繹은 『方言箋疏』에서 "蛨과 螟은 一聲之轉이다. 『爾雅』와 『說文解字』는 양자를 나누어 말하였지만, 『方言』은 합하여 말했다. …… 蛨 역시 蝗의 변형일 것이다"라고 하였다.

83 錢繹은 『方言箋疏』에서 "오늘날 吳 지역 사람들은 蝗類 가운데 작은 것을 蚱蜢이라고 하는데, 이는 바로 蟅蛨이나 虴蛨이 변화된 것이다. 거꾸로 뒤집어 말하면 蛨虴이다. 『玉篇』에서 '蛨은 亡百切이며, 蛨蚱이다'라고 하였다. 오늘날 북방 사람들이 말하는 蛨蚱도 또한 도치하여 말하는 것이다"라고 하였다)

84 華學誠은 '螣'은 후에 생긴 本字로, 螟蟘를 螣으로 쓴 것은 본래는 그런 글자가 없었으므로 가차했던 것이라고 하였다.

85 『詩經·小雅·大田』: "去其螟螣, 及其蟊賊."

86 『禮記·月令』: "行春令, 則五穀不孰, 百螣時起, 其國乃饑."

字又作蟘, 又作貣, 同徒得反." 『說文』引『詩』作'去其螟蟘'[88], 是'貣'. '螣'字異音義同. 『廣雅』: "蟅蟒, 貣也[89]." 本此而有'貣'則無'螣', 此類不宜別立名及强讀異音. 正文'或謂之螣', '螣'卽'貣'耳. 「注」文'音滕'則是'螟螣之螣' 與'螣蛇之螣', 同一音矣, 未詳.

『시경 · 소아』에 "마디충과 황충을 없앴다"라는 구절이 있는데, 『모전』에 "잎사귀를 먹는 것을 특螣이라고 한다"라고 하였다. 『경전석문』에서 "특螣이라는 글자는 또 특貣이라고도 쓴다. 음은 도득반徒得反이다"라고 하였다. 『예기 · 월령』에 "중하의 달에 백등百螣(온갖 해충들)이 수시로 발생하여"라는 구절이 있는데, 정현의 「주」에 말하기를, "특螣이란 황蝗의 부류로, 백자百者, 즉 온갖 해충들이라고 한 것은 여러 부류가 한꺼번에 일어나니 해가 된다는 것을 밝힌 것이다"고 하였다. 『이아』에 "잎을 갉아먹는 벌레를 특貣이라고 한다"고 하였고, 『경전석문』에 말하기를 "특蟘라는 글자는 특蟘이라고도 쓰고, 또 대貣와도 같은 글자다. 발음은 도득반徒得反이다"라고 하였다. 『설문해자』에서 인용한 『시경』의 문구에는 "마디충과 황충을 없앴다"[90]라고 되어 있다. 이 대貣이라는 글자는 특螣이라는 글자와 발음은 다르지만 뜻은 같다. 『광아』에 "자망蟅蟒은 황충이다"라는 구절이 있는데, 이는 여기에 근거한 것이다. 그런데 대貣이라는 글자는 있지만 등螣이라는 글자는 없다. 따라서 이 둘은 따로 조항을 세워서 이름을 붙이거나 다른 음으로 읽는 것이 부적합하다. 『방언』의 원문에서도 "혹은 등螣이라

87 『經典釋文(爾雅音義 · 釋蟲)』: "食苗心, 螟. 食葉, 蟘. 食節, 賊. 食根, 蟊." 孫炎의 『爾雅音義』에 '貣'이라는 글자를 '蟘'이라고도 쓴다고 하였다. 戴震이 보았던 『爾雅』에는 '貣'이라고 되어 있었으나, 『十三經注疏』本에는 '蟘'이라고 되어 있다.

88 『說文解字』 蟲部: "蟘, 蟲, 食苗葉者. 吏乞貸則生蟘. 從蟲從貸, 貸亦聲. 『詩』曰: '去其螟蟘.'"

89 『廣雅 · 釋蟲』: "蟅蟒, 貣也."

90 『十三經注疏』本에 실린 바로는 "去其螟螣"이다.

고 한다"고 하였으니, 등䲢은 곧 대蛍이다. 곽박의 「주」에 "음은 등滕이다"라고 하였으니, 명등螟䲢의 등䲢과 등사䲢蛇의 등䲢은 동일한 음일 것이나 상세히는 알 수 없다.

역해

① 蟒[맹] : 메뚜기. 南楚之外에서는 또 蟒이라고 함. 곽박 「주」에 발음은 莫鯁反이라고 했는데, 이에 근거한 상고음은 [*mraŋx]이다.

② 蛍[대] : 벼메뚜기. 宋魏之間에서는 蛍라고 함. 곽박 「주」에 발음은 貸라고 했는데, 이에 근거한 상고음은 [*thəgh]이다.

③ 蟅蟒[자맹] : 메뚜기의 일종. 벼메뚜기. 南楚之外에서는 蟅蟒이라고 함. 곽박 「주」에 蟅의 발음은 詐에 가깝다고 했는데, 이에 근거한 상고음은[*tsragh]이다.

④ 䲢[등] : 螣와 같다. 특(螣) : 풀무치. 메뚜깃과의 곤충.(그림자료 11-9 참조) 南楚之外에서는 䲢이라고도 함. 곽박 「주」에 발음은 滕이라고 했는데, 이에 근거한 상고음은 [*dəŋ]이다.

방언 10

蜻蛉①謂之蝍蛉②.【六足四翼蟲也. 音靈. 江東名爲狐黎, 淮南人呼蠊蛜. 蠊, 音康. 蛜, 音伊】

잠자리(청령蜻蛉[91])를 즉령蝍蛉[92]이라고 한다.【다리가 여섯 개이고 네 날개

91 錢繹은 『方言箋疏』에서 "이 곤충은 다리가 네 개밖에 없다. 다리가 여섯 개라고 한 것은 모두 오류다. 색은 청색도 있고 적색도 있으며 청백이 섞인 것

를 가진 곤충으로, 음은 령靈이다. 강동江東 지역에서는 호려狐黎[93]라고 하고, 회남淮南 지역의 사람들은 강이蝷蛜[94]라고 한다. 강蝷의 발음은 강康이며, 이蛜의 발음은 이伊다】

방언소증

案『爾雅』: "虰蛵, 負勞.[95]" 郭璞「注」云 : "或曰卽蜻蛉也. 江東呼狐棃. 所未聞." '棃''黎'同. 「疏」引『方言』此條文竝同. 『廣雅』: "蜻蛉・蝍蛉, 倉螘也[96]."

『이아』에 "잠자리(정형虰蛵)는 부로負勞다"라는 구절이 있는데, 곽박의 「주」에 말하기를, "혹은 곧 청령蜻蛉이라고도 한다. 강동江東 지역에서는 호리狐棃라고 하는데, 아직은 들어본 바가 없다"라고 하였다. '리棃'와 '려黎'는 같다. 「소」에서 『방언』의 이 조항을 인용하였는데, 문장이 완전히 같다. 『광아』에 "청령蜻蛉과 즉령蝍蛉은 잠자리(창의倉螘)다"라고 하였다.

도 있다"고 하였다.

92 錢繹은 『方言箋疏』에서 "蝍蛉 역시 적백색이 섞여 있는 것의 이름이다"라고 하였다.

93 王念孫의 『廣雅疏證』에서 그는 『古今注』에 말하기를 '蜻蛉을 일명 靑亭이라고도 하며, 색은 청색이며 큰 것이 이것이다. 작고 누런색을 띠는 것이 胡棃라고 하며, 胡離라고도 한다. 작고 붉은 색을 띠는 것은 赤卒이라고 하고, 일명 絳騶라고도 한다. 또 赤衣使者라고도 하며, 赤弁丈人이라고도 하는데, 물 위에 모이기를 좋아한다'라고 한 것을 인용하였다.

94 華學誠은 "현재 長江과 淮水 지방의 방언이며, 粵 지역의 말 중에 여전히 이런 호칭이 있는데, 그 이름의 기원은 알 수가 없다"고 하였다.

95 『爾雅・釋蟲』: "虰蛵, 負勞."

96 『廣雅・釋蟲』: "蜻蛉・蝍蛉, 倉螘也."

역해

① 蜻蛉[청령] : 잠자리. 일설에는 물잠자리. 蜻蛉은 蝍蛉의 풀이어휘. 곽박 「주」에 蛉의 발음은 靈이라고 했는데, 이에 근거한 상고음은 [*liŋ] 이다. 곽박 당시에 江東에는 또 狐黎라는 것이 있는데 이것을 淮南人들은 蝾蛜이라고 부르며 발음은 康, 伊라고 했다. 이에 근거한 상고음은 [*khaŋ][*ʔjid]이다.

② 蝍蛉[즉령] : 잠자리.

방언 11

春黍①謂之螽蝑②【從[97], 音藂. 蝑, 音墻[98]沮反[99]. 又名蚣螽, 江東呼虴蜢[100]】.

여치(용서春黍)를 총서螽蝑[101]라고 한다.【총螽의 발음은 총藂이고, 서蝑의 발

97 『四部叢刊』本에는 '螽'이라고 되어 있으나, 『方言疏證』본에는 '從'으로 되어 있다.

98 『四部叢刊』本에는 '壞沮反'으로 되어 있으나, 戴震이 '墻沮反'으로 고쳤는데, 華學誠은 '墻沮反'이 '牆沮反'의 판각상의 오류일 것이라고 했다. 역자는 華學誠의 설에 따라 번역하였다.

99 盧文弨는 『重校方言』에서 曹毅之의 판본에 따라 '思沮反'이라고 썼다. 周祖謨는 『方言箋疏』에서 "郭璞의 「注」에 있는 '反'이라는 글자는 마땅히 없애야 한다. 蝑는 郭璞의 음에서 壞沮의 沮다. 『經典釋文』에서는 『詩經·螽斯』 및 『爾雅·釋蟲』에 대하여 모두 蝑는 郭璞의 음에서 才與反이라고 하였다. 才與反은 바로 沮라는 음이다. …… 郭璞은 蝑를 沮와 같은 음으로 읽었다는 것을 알 수 있다"고 하였다. 華學誠 역시 '反'이라는 글자를 빼야 한다고 했다. 이상의 내용을 종합해보자면, 戴震이 "蝑音牆沮反"라고 쓴 부분은 "蝑音, 壞沮之沮也"라는 정도로 바꾸어야 할 것이다. 그러나 여기에서는 戴震의 판본에 따라 번역하였다.

100 『四部叢刊』本에는 '蛨'으로 되어 있으나, 戴震은 '蜢'으로 고쳤다.

음은 장저반牆沮反이다. 또 공총蚣蠑이라고도 하며, 강동江東 지역에서는 책맹虴蜢이라고 부른다】

방언소증

案『詩・周南』: "螽斯羽."[102] 『毛傳』: "螽斯蚣蝑也." 『釋文』云 : "蚣, ……『字林』作蜙. …… 郭璞, 先工反"[103] "蝑, 粟居反. …… 郭璞, 才與反. …… 揚雄, 許愼皆云, 舂黍. …… 郭璞注『方言』云, 江東呼爲虴蜢. 虴, 竹白反. 蜢音猛."[104] 「豳風」: "五月斯螽動股."[105] 『毛傳』: "斯螽蚣蝑也."「考工記」: "以股鳴者."[106] 鄭「注」云 : "股鳴, 蚣蝑, 動股屬." 『爾雅』: "蜤螽, 蜙蝑.[107]" 郭璞「注」云 : "蜙, 蜤也. 俗呼舂黍[108]." 『釋文』云 : "蜤本又作蟴, 『詩』作斯." 「注」內'牆'各本訛作'壞', '蜢'訛作'蛨'. 今據『詩』『釋文』訂正.

『시경・주남・종사』에 "여치 날개 소리 쓰르륵 쓰르륵 울려대고"라는 구절이 있는데 『모전』에 "종사螽斯는 여치(서蝑)다"라고 하였다.

---

101 華學誠은 蠑蝑가 舂黍의 轉語라고 하였다.

102 『詩經・周南・螽斯』: "螽斯羽, 詵詵兮. 宜爾子孫, 振振兮."

103 『經典釋文』: "蚣, 粟容反, 『字林』作蜙. 先凶反. 郭璞, 先工反. 許愼, 思弓反."

104 『經典釋文』: "蝑, 粟居反. 許愼・呂忱並先呂反. 郭璞, 才與反. …… 揚雄, 許愼皆云, 舂黍. …… 郭璞注『方言』云, 江東呼爲虴蜢. 虴(宋刻本에는 蜢으로 잘못 되어 있다), 竹白反. 蜢音猛.."

105 『詩經・豳風・七月』: "五月斯螽動股, 六月莎雞振羽. 七月在野, 八月在宇, 九月在戶."

106 『周禮・冬官考工記』: "外骨・內骨・卻行・仄行・連行・紆行, 以脰鳴者, 以注鳴者, 以旁鳴者, 以翼鳴者, 以股鳴者, 以胸鳴者, 謂之小蟲之屬, 以爲雕琢."

107 『爾雅・釋蟲』: "皁螽・蠜・草螽・負蠜・蜤螽・蜙蝑・蟿螽・螇蚸・土螽・蠰谿."

108 郭璞의 『爾雅・注』에는 舂黍가 蠢蠢로 되어 있다.

『경전석문』에 "여치(공蚣)를 『자림』에서는 송蜙이라고 썼다. 곽박은 선공반先工反이라고 하였다"라고 하였고, 또 "서蝑(여치)는 속거반粟居反이다. 곽박은 재여반才與反이라고 하였다. 양웅과 허신은 모두 용서舂黍라고 했다. 곽박은 『방언』에 주를 달면서 '강동江東 지역에서는 책맹虴蜢이라고 부른다. 책虴은 죽백반竹白反이고, 맹蜢의 음은 맹猛이다'라고 하였다"고 되어 있다. 『시경 · 빈풍』에 "오월에는 여치가 운다"는 구절이 있는데, 『모전』에서 "사종斯螽은 여치(공서蚣蝑)다"라고 하였다. 『고공기』에 "다리로 우는 것(以股鳴者)이다"라는 구절이 있는데, 정현의 「주」에 말하기를, "고명股鳴과 공서蚣蝑는 다리를 움직이는 부류다"라고 하였다. 『이아』에 "사종蜤螽은 여치(송서蜙蝑)다"라는 구절이 있는데, 곽박의 「주」에 "여치(송종蜙蜙)다. 속칭 용서舂黍라고 한다"고 하였다. 『경전석문』에 말하기를, "사蜤는 본래 또 사蟴라고도 쓴다. 『시경』에서는 사斯라고 썼다"고 하였다. 곽박의 「주」 안에 '장牆'이라는 글자를 각 판본에서는 '괴壞'라고 잘못 썼으며, '맹蜢'이라는 글자는 '맥蛨'이라고 잘못 썼는데, 지금 『시경』과 『경전석문』에 의거하여 바르게 고친다.

역해

① 舂黍[용서] : 여치. 메뚜기과의 곤충. 舂黍는 蚣蝑의 풀이어휘.
② 蚣蝑[종서] : 여치. 곽박 「주」에 발음은 蔠, 墻沮反(墻은 牆과 같은 글자)라고 했는데, 이에 근거한 상고음은 [*dzuŋ], [*dzjag]이다.(참조 : 곽박 당시 또 다른 명칭으로 蚣蚣이 있으며, 江東에서는 또 虴蜢라고도 함)

방언 12

蟦蠀①謂之蚇蠖②.【卽蹴二音. 蠖, 烏郭反, 又呼步屈.[109]】

자벌레(즉축蟦蠀[110])를 척확蚇蠖이라고 한다.【두 글자의 음은 즉축卽蹴이다. 확蠖의 발음은 오곽반烏郭反이며, 또 보굴步屈이라고도 부른다】

방언소증

案'蚇'古通用'尺'. 『易·繫辭』: "尺蠖之屈, 以求信也."[111] 『爾雅』: "蠖, 尺蠖.[112]" 郭璞「注」云: "今蝍蠀." 「疏」引『方言』此條文竝同. 潘尼「贈侍御史王元貺詩」: "蠖屈固小往."[113] 李善「注」云: "郭璞『方言·注』曰, 尺蠖又呼爲步屈也." 『廣雅』: "尺蠖, 蟦蠀也[114]." 本此. 『說文』云: "尺蠖, 屈申蟲也[115]." 「考工記」: "麋筋斥蠖灂."[116] 鄭「注」云: "斥蠖屈蟲也." '斥蠖'卽'尺蠖'. 『太平禦覽』引郭「注」云: "尺蠖有呼步屈, 其色青而細小, 或在草木葉上, 今蜾蠃所負爲子者." '有'卽'又'之訛. 今『方言』各本無其色以下二十字, 或屬脫文.

---

109 '又呼步屈'이라고 되어 있는 부분에는 戴震이 『方言疏證』에서 말한 바와 같이 20자의 탈문이 있는 것으로 보인다.

110 華學誠은 蟦蠀은 곧 尺蠖蛾의 유충으로, 움직일 때 몸이 위쪽으로 굽어 활모양이 되므로 이런 이름이 붙었다고 하였다.

111 『易經·繫辭傳』: "尺蠖之屈, 以求信也. 龍蛇之得以存身也."

112 『經典釋文(爾雅音義·釋蟲)』: "蠖. 蚇蠖."

113 『文選·詩丙·贈侍禦史王元貺』: "蠖屈固小往, 龍翔迺大來."

114 『廣雅·釋蟲』: "尺蠖, 蟦蠀也."

115 『說文解字』 虫部: "蠖, 尺蠖, 屈申蟲也. 從蟲蒦聲."

116 『周禮·考工記·弓人』: "角環灂, 牛筋蕡灂, 麋筋斥蠖灂."

'척蚇'은 옛날에는 '척尺'과 통용되었다. 『주역·계사전』에 "자벌레(尺蠖)가 몸을 구부리는 것은 펼치기 위해서다"라는 말이 있다. 『이아』에 "확蠖은 자벌레(척확尺蠖)다"라는 구절이 있는데, 곽박의 「주」에서 말하기를, "오늘날(곽박 당시) 즉축蝍蛾이라고 부르는 것이다"라고 하였다. 「소」에서 『방언』의 이 조항을 인용하였는데, 문장은 완전히 같다. 반니의 「증시어사왕원황시」에 "자벌레가 몸을 구부리던 것과 같은 상황이 이제는 끝나고"라는 구절이 있다. 이선의 「주」에 말하기를, "곽박의 『방언·주』에 척확尺蠖은 또 보굴步屈이라 부른다"고 하였다. 『광아』에 "척확尺蠖은 자벌레(즉축蠀蛾)다"라고 하였으니, 그 뜻은 여기에 근거한다. 『설문해자』에 말하기를 "척확尺蠖은 굴신충屈申蟲이다"라고 하였다. 『주례·고공기』에 "사슴의 힘줄은 척확에 담근다"라는 구절이 있는데, 정현의 「주」에 말하기를, "척확斥蠖은 굴충屈蟲이다"라고 하였다. 척확斥蠖은 곧 척확尺蠖이다. 『태평어람』에서는 곽박의 「주」를 인용하여 말하기를, "척확尺蠖은 보굴步屈이라고도 불리며, 그 색은 청색이고 매우 작다. 어떤 것은 초목의 잎 위에서 산다. 오늘날 말하는 나나니벌(蜾蠃)이 업어다 키운 새끼다"라고 하였다. '유有'는 '우又'를 잘못 쓴 것이다. 오늘날의 『방언』의 각 판본에는 '기색其色' 이하의 20글자가 없으니, 어쩌면 탈문인지도 모르겠다.

역해

① 蠀蛾[즉축] : 자벌레. 蠀蛾는 蚇蠖의 풀이어휘. 곽박 「주」에 발음은 卽, 踧이라고 했는데, 이에 근거한 상고음은 [*tsjək], [*diəkw]이다.

② 蚇蠖[척확] : 자벌레. 곽박 「주」에 蠖의 발음은 烏郭反라고 했는데, 이에 근거한 상고음은 [*ʔwak]이다.(참조 : 곽박 당시에는 步屈이라는 명칭도 있음)

방언 13

蠭[117]①, 燕趙之間謂之蠓螉[118]②【蠓翁二音】. 其小者謂之蠮螉[119]③【小細腰蠭也. 音躗噎】, 或謂之蚴蛻④【幽悅二音】. 其大而蜜[120]謂之壺蠭⑤.【今黑蠭穿竹木作孔亦有蜜者, 或呼笛師[121]】

벌(봉蠭)을 연燕 조趙에 걸친 지역에서는 몽옹蠓螉【이 두 글자의 음은 몽옹蒙翁이다】이라고 한다. 그 중에 작은 것은 열옹蠮螉이라고 하거나,【작고 허리가 가는 벌이다. 음은 경일躗噎이다】 혹은 유세蚴蛻라고 하며,【이 두 글자의 음은 유세幽悅다】 그 중에 크고 꿀을 생산하는 것을 호봉壺蠭이라고 한다.【오늘날 대나무에 구멍을 내고 꿀을 저장하는 검은 벌을 혹은 적사笛師라고 부른다】

---

117 『四部叢刊』本에는 '螽'으로 되어 있으나, 『方言疏證』본에는 '蠭'으로 되어 있다.

118 丁惟汾은 『方言音釋』에서 "蠭은 蠓螉이 합한 소리이며, 蠓螉은 바로 蠭의 소리다"라고 하였다.

119 '蠮螉'을 盧文弨의 『重校方言』에서는 '蠮'로 바꾸어 썼으며, "蠮을 '蠍'이라고도 쓰는데, 옛 판본에서는 '蠮'라고 잘못 썼다. 이 글자는 자서에 없다. 여기에서 바르게 고친다"고 하였다. 周祖謨는 『方言校箋』에서 "盧文弨의 판본에서 蠮이라고 고친 것이 옳다"고 하였고, 華學誠도 盧文弨의 교정이 옳다고 하였다. 따라서 '蠮'를 모두 '蠮'이라고 고쳐 번역하였다.

120 盧文弨의 『重校方言』에서 '蜜'이라는 글자 다음에 '者'라는 글자가 있다고 하였다.

121 郭璞은 笛師가 壺蠭의 다른 이름이라고 하며 꿀을 만들 수 있다고 하였다. 錢繹은 笛師가 蠮螉의 다른 이름이며, 꿀을 만들지 못한다고 하였다. 華學誠은 笛師라는 이름은 문헌적인 근거가 없으나, 郭璞의 설은 당시 사람들의 언어로부터 나온 것이므로 함부로 잘못 되었다고 말할 수는 없다고 하였다.

案『詩・小雅』: “螟蛉有子, 蜾蠃負之.”[122] 『毛傳』: “螟蛉, 桑蟲也. 蜾蠃, 蒲盧也.” 鄭「箋」云: “蒲盧取桑蟲之子, 去煦嫗養之, 以成其子.”[123] 「中庸」: “夫政也者, 蒲盧也.”[124] 鄭「注」云: “蒲盧, 蜾蠃謂土蜂也.” ‘蜂’‘蠭’同. 『爾雅』: “果蠃, 蒲盧.[125]” 郭璞「注」云: “卽細腰蠭也. 俗呼爲蠮螉.” ‘果’‘蜾’同. 「疏」引『方言』此條文竝同. 『廣雅』: “蚴蜕・土蜂, 蠮螉也[126].” 本此.

『시경・소아』에 “뽕나무벌레(명령螟蛉)가 애벌레를 두면, 나나니벌(과라蜾蠃)이 그것을 업어간다”는 구절이 있는데, 『모전』에 “명령螟蛉은 뽕나무벌레(상충桑蟲)다. 과라蜾蠃는 나나니벌(포로蒲盧)이다”라고 하였다. 정현의 『모시전』에 “포로蒲盧는 상충의 애벌레를 취하여 그것을 업어다가 따듯하게 해주어 길러주면 그 새끼가 된다”고 하였다. 『예기・중용』에 “무릇 정치란 것은 포로蒲盧와 같다”[127]라는 구절이 있는데, 정현의 「주」에 말하기를 “포로蒲盧・괴리蜾蠃는 땅벌(토봉土蜂)이다”라고 하였는데, ‘봉蜂’과 ‘봉蠭’은 같다. 『이아』에 “과라果蠃는 포로蒲盧다”라는 구절이 있는데, 곽박의 「주」에 “이는 바로 허리가 가는 벌레다. 속칭 열옹蠮螉이다”라고 하였다. ‘과果’와 ‘과蜾’는 같다. 「소」에서는 『방언』의 이 조항을 인용하였는데, 그 문장이 완전히 같다. 『광아』에

122 『詩經・小雅・小宛』: “螟蛉有子, 蜾蠃負之. 教誨爾子, 式穀似之.”

123 鄭玄의 『毛詩箋』에는 “蒲盧, 取桑蟲之子, 負持而去, 煦嫗養之, 以成其子”이라고 되어 있다. 戴震이 이 구절을 인용하면서 ‘負持而’라는 세 글자를 빠뜨렸다. 본래의 문장에 의하여 번역하겠다.

124 『禮記・中庸』: “人道敏政, 地道敏樹. 夫政也者, 蒲盧也.”

125 『爾雅・釋蟲』: “果蠃・蒲盧・螟蛉・桑蟲.”

126 『廣雅・釋蟲』: “蚴蜕・土蜂, 蠮螉也.”

127 가장 보편적으로 읽히는 朱熹의 『中庸章句集注』에서는 蒲盧를 쉽게 자라는 일종의 갈대로 이해한다.

"유태蚴蛻·토봉土蜂은 나나니벌(열옹蠮螉)이다"라고 하였는데, 이는 여기에 근거한 것이다.

역해

① 蠭[봉] : 벌.(그림자료 11-13 참조)

② 蠓螉[몽옹] : 벌. 燕趙之間에서는 蠓螉이라고 함. 곽박 「주」에 발음은 蒙, 翁이라고 했는데, 이에 근거한 상고음은 [*muŋ], [*ʔuŋ]이다.

③ 蠮螉[열옹] : 나나니벌. 그 가운데 작은 것을 蠮螉이라고 함. 곽박 「주」에 蠮의 발음은 鯁噎의 噎이라고 했는데, 이에 근거한 상고음은 [*ʔit]이다.

④ 蚴蛻[유열] : 나나니벌. 그 가운데 작은 것을 또 蚴蛻이라고도 함. 곽박 「주」에 발음은 幽, 悅이라고 했는데, 이에 근거한 상고음은 [*ʔjiəgw], [*ruat]이다.

⑤ 壺蠭[호봉] : 말벌. 그 가운데 크고 꿀을 생산하는 것을 壺蠭이라고 함. 곽박 당시에 대나무에 구멍을 내고 꿀을 저장하는 검은 벌을 笛師라고도 한다고 함.

방언 14

蠅①, 東齊謂之羊②.【此亦語轉耳. 今江東人呼羊聲如蠅. 凡此之類皆不宜別立名也】陳楚之間謂之蠅, 自關而西秦晉之間謂之羊[128].

---

128 『四部叢刊』本에는 '蠅'이라고 되어 있으나, 戴震은 '羊'이라고 고쳤다. 그러나 盧文弨는 『重校方言』에서 이 글자와 앞에 나온 것이 모두 '羋'라고 주장했다. 劉台拱은 이 글자를 '蠅'이라고 주장했으며, 錢繹은 戴震의 설을 따라 '羊'이

승蠅을 동제東齊 지역에서는 양羊이라고 한다.【이는 역시 어전語轉이다. 오늘날(곽박 당시) 강동江東 지역 사람들이 양羊이라는 글자를 발음하는데 승蠅과 비슷하게 한다. 무릇 이러한 종류는 모두 달리 이름을 세우지 않아야 한다】 진陳 초楚에 걸친 지역에서는 승蠅이라고 하고, 함곡관으로부터 서쪽 지역의 진秦 진晉에 걸친 지역에서는 승蠅이라고 한다.

방언소증

案'蠅''羊', 一聲之轉. '羊'可呼'蠅', '蠅'亦可呼爲'羊'. 方音旣異, 遂成兩名. 書中皆此類, 注以爲不宜別立名, 非也.

'승蠅'과 '양羊'은 일성지전一聲之轉이다. '양羊'은 '승蠅'이라고도 부를 수 있고, '승蠅' 또한 '양羊'이라고도 부를 수 있다. 각 지방의 음이 서로 다르므로 두 가지의 이름이 되었다. 책에서 나열한 이런 종류는 「주」에서 모두 따로 이름을 세우지 않아야 한다고 했는데, 이는 잘못이다.

역해

① 蠅[승]: 파리.(그림자료 11-14 참조) 陳楚之間에서는 蠅이라고 함. 함곡관으로부터 서쪽 秦晉之間에서는 蠅이라고 함.

라고 했다. 周祖謨는 郭璞 「注」의 '蠅'이 옳다고 하였다. 華學誠은 戴震의 '羊'과 盧文弨의 '羊'가 모두 옳지 않으며, 慧琳의 『一切經音義』에 "함곡관으로부터 서쪽 지역에서는 蠅이라고 한다"는 구절을 증거로 들어 劉台拱과 周祖謨의 '蠅'이라는 주장이 옳다고 하였다. 역자는 '蠅'이라는 설에 따라 번역하였다.

② 羊[양] : 파리. 東齊에서는 羊이라고 함.

방언 15

蚍蜉①【毗浮二音, 亦呼蟞蜉】, 齊魯之間謂之蚼蟓②【駒養二音】, 西南梁益之間謂之玄蚼③,【『法言』云[129], 玄駒之步, 是[130]】 燕謂之蛾蛘[131]④.【蟻養二音. 建平人呼蚳, 音侈】 其場謂之坻⑤,【直尸反】 或謂之垤⑥.【亦言冢也】

왕개미(비부蚍蜉[132])를【이 두 글자의 음은 비부毗浮다. 또한 별부蟞蜉라고도 부른다】 제齊 로魯에 걸친 지역에서는 구양蚼蟓이라고 하고,【이 두 글자의 음은 구양駒養이다】 서남쪽에 위치한 양梁 익益에 걸친 지역에서는 현구玄蚼【『법언』에 현구玄駒의 걸음이라는 말이 있는데 바로 이것이다】라고 하며, 연燕 지역에서는 의양蛾蛘이라고 한다.【이 두 글자의 음은 의양蟻養이다. 건평建平 지역의 사람들은 지蚳라고 하는데 그 음은 치侈다】 비부가 모여 있는 곳을 지坻라고 하거나,【음은 직시반直尸反이다】 혹은 질垤이라고 한다.【총冢이라고도 한다】

---

129 『四部叢刊』本에는 '曰'이라고 되어 있으나, 『方言疏證』本에는 '云'으로 되어 있다.

130 『法言 · 先知』: "吾見玄駒之步, 雉之晨雊也. 化其可以已矣哉."

131 『四部叢刊』本에는 '蛘'으로 되어 있으나, 『方言疏證』本에는 '蛘'으로 되어 있다. 華學誠은 "'蛘'을 후세에 '蛘'으로 썼으며, 명대의 抄本에 '蛘'이라고 되어 있다. '蛾蛘'은 '蟻蛘'과 같다. 후세의 방언 가운데 여전히 이런 호칭이 있으며, 글자는 '蟻羊'으로 쓴다"고 하였다.

132 華學誠은 『爾雅 · 釋蟲』에 "蚍蜉는 큰 개미(大螘)이고, 작은 것은 螘라고 한다"는 구절을 들어 『方言』에서는 크기의 대소를 구분하지 않고 섞어서 다루고 있다고 하였다.

案「夏小正」: 十有二月, "玄駒賁. 玄駒也者, 螘也. 賁者, 何也, 走於地中也."[133] 『禮記 · 檀弓篇』: "蟻結於四隅."[134] 鄭「注」云: "蟻, 蚍蜉也. 殷之蟻結似今蛇文畫." 「學記」: "蛾子時術之."[135] 注云: "蛾, 蚍蜉也. 蚍蜉之子, 微蟲耳. 時術蚍蜉之所爲, 其功乃復成大垤." 『釋文』云: "蛾, 魚起反. 本或作蟻." 『爾雅』: "蚍蜉, 大螘, 小者螘. 其子蚳.[136]" 郭璞「注」云: "齊人呼螘爲蛘. 蚳, 螘卵"也. 『釋文』云: "螘, 魚綺反. 本亦作蛾, 俗作蟻字, 音同." 又引『字林』云: "北燕人謂蚍蜉曰蟻蛘."[137] 「疏」全引『方言』此條, '蟓'訛作'蠓', 餘竝同. 『廣雅』: "蛾蛘 · 玄蚼 · 蚼蟓 · 蟞蜉, 螘也[138]." 曹憲『音釋』: 蟞, 匹結反. 「夏小正」: 二月, " 抵蚳. 抵, 猶推也. 蚳, 螘卵也. 爲祭醢也."[139] 「魯語」: "蟲舍蚳蟓."[140] 韋昭「注」云: "蚳, 螘子. 子可以爲醢." 坻, 已見前卷六內. 垤, 已見前卷十內.

『대대례기 · 하소정』의 십이월에 "현구玄駒가 기어 다닌다(賁). 현구玄駒라는 것은 개미(螘)다. 분賁이라는 것은 무엇인가? 땅속에서 기이 다니는 것이다"라는 구절이 있으며, 『예기 · 단궁편』에 "네 귀퉁이에 의결蟻結을 하고"라는 구절이 있는데, 정현의 「주」에 "의蟻는 왕개미(蚍

---

133 『大戴禮記 · 夏小正』: 十有二月, "玄駒賁. 玄駒也者, 螘也. 賁者何也, 走於地中也."

134 『禮記 · 檀弓篇』: "子張之喪, 公明儀爲志焉. 褚幕丹質, 蟻結於四隅, 殷士也."

135 『禮記 · 學記』: "『記』曰: '蛾子時術之.' 其此之謂乎!"

136 『爾雅 · 釋蟲』: "蚍蜉, 大螘. 小者螘, 蠪朾螘, 螱飛螘, 其子蚳."

137 『經典釋文(爾雅音義 · 釋蟲)』: "蛘, 以丈反. 郭云: 齊人呼蟻也. 『字林』云: 北燕人謂蚍蜉曰蟻蛘."

138 『廣雅 · 釋蟲』: "蛾蛘 · 元蚼 · 蚼蟓 · 蟞蜉, 螘也."

139 『大戴禮記 · 夏小正』: 二月, " 昆小蟲抵蚳. …… 何也? 萬物至是, 動而後著. 抵, 猶推也. 蚳, 螘卵也. 爲祭醢也."

140 『國語 · 魯語』: "且夫山不槎蘖, 澤不伐夭, 魚禁鯤鮞, 獸長麑麌, 鳥翼鷇卵, 蟲舍蚳蟓, 蕃庶物也. 古之訓."

蜉)다. 은殷의 의결蟻結은 오늘날 뱀이 그린 무늬와 같다"라고 하였다. 『예기 · 학기』에 "개미 같은 벌레도 집을 짓기 위해서 흙을 입에 머금는 일을 배운다"라는 구절이 있는데, 「주」에서 "의蛾는 개미(蚍蜉)다. 개미새끼는 미미한 벌레일 뿐이다. 그러나 때로 하찮은 개미도 일을 배우고 익혀 꾸준히 일하여 그 공이 커다란 개밋둑을 완성하는데 이른다"라고 했다. 『경전석문』에 "의蛾는 음은 어기반魚起反이다. 본래 의蟻라고도 쓴다"라고 했다. 『이아』에 "비부蚍蜉는 큰 개미(大螘)다. 작은 것은 의螘라고 하고, 그 새끼는 지蚳라고 한다"고 했다. 곽박의 「주」에 "제齊 지역 사람들은 의螘를 양蛘이라고 한다"고 했다. 지蚳는 개미알(螘卵)이다. 『경전석문』에 "의螘는 음이 어기반魚綺反이다. 본래 의蛾라고도 쓴다. 속자俗字로 의蟻라고도 쓰는데, 음은 같다"고 했다. 『경전석문』에서는 또 『자림』을 인용하여 "북연北燕 지역의 사람들은 개미(蚍蜉)를 의양蟻蛘이라고 한다"고 했다. 「소」에서는 전부 『방언』의 이 항목을 인용하였는데 '상蟓'을 '몽蠓'으로 잘못 썼으며 나머지는 모두 동일하다. 『광아』에 "의양蛾蛘 · 현구玄蚼 · 구양蚼蟓 · 별부蟞蜉는 개미(螘)다"라고 했다. 조헌의 『광아음석』에 "별蟞의 음은 필결반匹結反이다"라고 했다. 『대대례기 · 하소정』의 2월에 "개미 알이 밀고나온다. 저抵는 추推(밀다)와 같다. 지蚳는 개미알(螘卵)이다. 제사를 위해 소금에 절인다"고 했다. 『국어 · 노어』에 "벌레는 알을 위해 집을 짓는다"라는 구절이 있는데, 위소의 「주」에 "지蚳는 개미알(螘子)이다. 알은 소금에 절일 수 있다"고 했다. 지坻는 이미 앞의 제6권에 나왔다.[141] 질垤은 이미 앞의 제10권에 나왔다.[142]

---

141 『方言』 제6권의 29번째 항목을 참조할 것.

142 『方言』 제10권의 24번째 항목을 참조할 것.

역해

① 蚍蜉[비부] : 왕개미. 곽박 「주」에 발음은 毗, 浮라고 했는데, 이에 근거한 상고음은 [*bjid], [*bjəgw]이다.(참조 : 곽박 당시에는 또 蟞蜉라고도 함)

② 蚼蟓[구양] : 개미의 다른 이름. 齊魯之間에서는 蚼蟓이라고 함. 곽박 「주」에 발음은 駒, 養이라고 했는데, 이에 근거한 상고음은 [*kjug], [*raŋx]이다.

③ 玄蚼[현구] : 왕개미. 西南梁益之間에서는 玄蚼라고 함.

④ 蛾蛘[의양] : 개미. 燕에서는 蛾蛘이라고 함. 곽박 「주」에 발음은 蟻, 養이라고 했는데, 이에 근거한 상고음은 [*ŋjiarx], [*raŋx]이다.(참조 : 곽박 당시에 建平人들은 蚳라고 했으며, 곽박은 주에서 蚳의 발음이 侈라고 했다. 이에 근거한 상고음은 [*thjarx]이다)

⑤ 坻[지] : 개밋둑. 개밋둑을 坻라고 함. 곽박 「주」에 발음은 直尸反이라고 했는데, 이에 근거한 상고음은 [*drjid]이다.

⑥ 垤[질] : 개밋둑. 개밋둑을 또 垤이라고 함.

방언 16

蠀螬①謂之蟦②【翡翠[143]】. 自關而東謂之蝤蠀③【酋䊑兩音】, 或謂之卷[144]蠾④【書卷】, 或謂之蝖螜⑤【亦呼當齊[145], 或呼地蠶[146], 或呼蟦蝖. 喧斛

143 『四部叢刊』本에는 '反'이 있으나, 戴震이 삭제하였다.

144 『四部叢刊』本에는 '蜷'라고 되어 있으나, 『方言疏證』本에는 '卷'으로 되어 있다.

145 錢繹은 『方言箋疏』에서 '當齊'에서 '當'은 아마도 '曹'를 잘못 쓴 것으로, 바로 司馬彪가 말하는 蠀蠐일 것이라고 의심하였다. 華學誠은 蠀蠐는 바로 蠐螬를 도치한 말이라고 하였다.

兩音】. 梁益之間謂之蛒⑥【音格】, 或謂之蝎⑦, 或謂之蛭蛒⑧【蛭, 音質】. 秦晉之間謂之蠹⑨, 或謂之天螻⑩【按『爾雅』云 : "螜, 天螻.[147]" 謂螻蛄耳, 而『方言』以爲蝎, 未詳其義也】. 四方異語而通者也.

굼벵이(자조蠀螬[148])를 비蠀라고 한다.【음은 비취翡翠의 비翡다[149]】 함곡관으로부터 동쪽 지역에서는 추자蝤蠀라고 하거나,【이 두 글자의 음은 추자酋資다】 혹은 권촉蚕蠾이라고 하거나,【음은 서권書卷의 권卷이다[150]】 혹은 훤곡蝖螜이라고 한다.【당제當齊라고도 부르며, 혹은 지잠地蠶[151]이라고 부르거나 혹은 비훤蠀蝖이라고도 부른다. 이 두 글자의 음은 훤곡喧斛이다】 양梁 익益에 걸친 지역에서는 격蛒[152]【음은 격格이다】이라고 하거나, 혹은 갈蝎[153]이라고 하거나, 혹은 질격蛭蛒이라고 한다.【질蛭의 음은 질質이다】 진秦 진晉에 걸친 지역에서는 두蠹라고 하거나, 혹은 천루天螻라고 한다.【『이아』에 따르면 "곡螜, 천루天螻"는 루고螻蛄를 말하는데, 『방언』에서는 이를 갈蝎이라고 하였다. 이에 대해서는 그 뜻을 상세히 알지 못하겠다】 사방四方의 이어異語로 서로 통하는 것이다.

---

146 『四部叢刊』本에는 '蛇蟹'이라고 되어 있으나, 戴震은 '地蠶'으로 고쳤다.

147 『爾雅·釋蟲』: "螜, 天螻."

148 李海霞의 『漢語動物命名硏究』에서 "蠀螬는 풍뎅이(金龜子)의 유충으로, 누에고치 모양으로 두툼하며 유백색으로, 몸은 늘 C자형으로 굽어져 있다. 땅 속에 굴을 파며 식물의 뿌리줄기를 먹는다. 전통적으로는 뽕나무하늘소(桑天牛) 등의 유충 등 수증의 囊蟲을 가리키기도 한다"고 하였다.

149 戴震의 설에 따라 이와 같이 번역하였다.

150 역시 戴震의 의견에 따라 이같이 번역하였다.

151 華學誠은 地蠶의 모습이 누에처럼 생겼고, 땅 속에 굴을 파기 때문에 그렇게 이름 지은 것이라고 하였다.

152 華學誠은 "蛒의 古音은 見母鐸部이고, 蝎의 古音은 匣母月部이다. 蛒과 蝎은 아마도 방언의 轉語일 것이다"라고 하였다.

153 蝎은 풍뎅이(金龜子) 유충의 이름이며, 또 나무 안에 사는 나무굼벵이(蠹)의 이름이기도 하다.

案'蟦'又作'蠐'. 『詩・衛風』: "領如蝤蠐."[154] 『毛傳』: "蝤蠐, 蝎也." 『爾雅』: "蟦, 蠐螬.[155]" 郭璞「注」云: "在糞土中", 又: "蝤蠐, 蝎."[156] 「注」云: "在木中, 今雖通名爲蝎, 所在異." 又: "蝎, 蛣蝠."[157] 「注」云: "木中蠹蟲." 又: "蝎, 桑蠹."[158] 「注」云: "卽蛣蝠." 孫炎「注」云: "蠐螬謂之蟦, 關東謂之蝤蠐, 梁益之閒謂之蝎." 『廣雅』: "蛭蛒・蝵蠾・地蠶・蠹・蟦, 蠐螬也."[159] 「注」內'翡翠', '書卷'當作'音翡翠之翡', '音書卷之卷', 各本訛作'翡翠反', 今訂正. 地蠶, 『永樂大典』本訛作'肥蚕'. 今據『廣雅』證之, 從諸刻爲正.

'자蟦'는 또 '제蠐'라고도 한다. 『시경・위풍』에 "목은 흰 나무벌레 같고"라는 구절이 있는데 『모전』에 말하기를 "추제蝤蠐는 갈蝎"이라고 하였다. 『이아』에 "비蟦는 굼벵이(제조蠐螬)다"라는 구절이 있는데, 곽박의 「주」에 말하기를, "분토糞土 안에 있다"고 하였다. 또 『이아』의 "추제蝤蠐(나무굼벵이)는 갈蝎(나무좀)"이라는 구절에 대해서는 곽박의 「주」에서 말하기를, "나무속에 있다. 지금 비록 통틀어 갈蝎이라고 하나, 있는 곳이 다르다"라고 하였다. 또 『이아』의 "갈蝎은 길굴蛣蝠(나무좀)"이라는 구절에 대해서는 곽박의 「주」에서 말하기를, "나무속에 있는 두충蠹蟲(좀벌레)"이라고 하였다. 또 『이아』의 "갈蝎은 상두桑蠹(뽕나무에 기생하는 일종의 벌레)"라는 구절에 대해서 곽박의 「주」에 말하기를,

154 『詩經・衛風・碩人』: "手如柔荑, 膚如凝脂, 領如蝤蠐, 齒如瓠犀, 螓首蛾眉, 巧笑倩兮, 美目盼兮."
155 『爾雅・釋蟲』: "蟦, 蠐螬."
156 『爾雅・釋蟲』: "蝤蠐, 蝎."
157 『爾雅・釋蟲』: "蝎, 蛣蝠."
158 『爾雅・釋蟲』: "蠍, 桑蠹."
159 『廣雅・釋蟲』: "蛭蛒・蝵蠾・地蠶・蠹・蟦, 蠐螬也."

"바로 길굴蛣蝠(나무좀)이다"라고 하였다. 손염의 「주」에서 말하기를 "제조蠐螬(굼벵이)는 비蟦라고도 하는데, 함곡관으로부터 동쪽 지역에서는 추제蝤蠐라고 하고, 양梁 익益에 걸친 지역에서는 갈蝎이라고 한다"고 하였다. 『광아』에 "질격蛭蛒 · 권촉蛬蠋 · 지잠地蠶 · 두蠹 · 비蟦는 굼벵이(자조蟦螬)다"라고 하였다. 곽박의 「주」 안에 있는 '비취翡翠'와 '서권書卷'은 마땅히 '음은 비취翡翠의 비翡다', '음은 서권書卷의 권卷이다'라고 해야 한다. 각 판본에 '비취반翡翠反'이라고 잘못 되어 있는데, 지금 바르게 고친다. 지잠地蠶을 『영락대전』본에서는 '비공肥蛩'이라고 하였는데, 지금 『광아』에 의거하여 그것을 밝혔으니, 여러 판각본들에 따라 바르게 하였다.

역해

① 蟦螬[자조] : 풍뎅이의 애벌레. 蟦螬는 蟦의 풀이어휘.

② 蟦[비] : 굼벵이. 곽박 「주」에 발음은 翡翠의 翡라고 했는데, 이에 근거한 상고음은 [*bjədh]이다.

③ 蝤蟦[추재] : 나무굼벵이. 하늘소의 애벌레.(그림자료 11-16 참조) 함곡관으로부터 동쪽 지역에서는 蝤蟦라고 함. 곽박 「주」에 발음은 猶, 餈라고 했는데, 이에 근거한 상고음은 [*rəgw, *dzjəgw], [*dzjid]이다.

④ 蛬蠋[권촉] : 풍뎅이의 애벌레. 함곡관으로부터 동쪽 지역에서는 또 蛬蠋이라고 함. 곽박 「주」에 蛬의 발음은 書卷의 卷이라고 했는데, 이에 근거한 상고음은 [*gwjan]이다.

⑤ 蝖螜[훤곡] : 풍뎅이의 애벌레. 함곡관으로부터 동쪽 지역에서는 또 蝖螜이라고 함. 곽박 「주」에 발음은 喧, 斛이라고 했는데, 이에 근거한 상고음은 [*hjuan], [*guk]이다. 곽박은 당시 또 當齊라고도 하고, 蚍蠶이라고도 하고, 蟦蝖라고도 한다고 함.

⑥ 蛒[격] : 풍뎅이의 애벌레. 梁益之間에서는 蛒이라고 함. 곽박 「주」에 발음은 格이라고 했는데, 이에 근거한 상고음은 [*kak]이다.

⑦ 蝎[갈] : 전갈.(그림자료 11-16 참조) 梁益之間에서는 또 蝎이라고 함.

⑧ 蛭蛒[질격] : 그리마. 梁益之間에서는 또 蛭蛒이라고 함. 곽박 「주」에 蛭의 발음은 質이라고 했는데, 이에 근거한 상고음은 [*trjidh]이다.

⑨ 蠹[두] : 나무좀. 좀. 秦晉之間에서는 蠹라고 함.

⑩ 天螻[천루] : 땅강아지. 秦晉之間에서는 또 天螻라고 함.

방언 17

蚰蜒①【由延二音】, 自關而東謂之螾蜇②【螾, 音引】, 或謂之入耳③, 或謂之蜄蠷④【音麗】. 趙魏之間或謂之蚨虷⑤【扶于二音】. 北燕謂之蚭蚭⑥【蚭, 奴六反. 蚭, 音尼. 江東又呼蛩, 音鞏】.

그리마(유연蚰蜒[160])를【이 두 글자의 음은 유연由延이다】 함곡관으로부터 동쪽에서는 인연螾蜇[161]이라고 하며,【인螾의 음은 인引이다】 혹은 입이入耳[162]라고 하거나, 혹은 장려蜄蠷[163]라고 한다.【음은 麗다】 조趙 위魏에 걸친 지역에서 혹은 부우蚨虷라고도 하며,【이 두 글자의 음은 부우扶于다】 북연北燕

160 華學誠은 "이 곤충이 사람의 귀 속으로 들어가기 좋아한다는 설이 있는데, 이는 아마도 후세 사람들이 '入耳'라는 이름을 보고 부회했을 것이라고 하였다.

161 華學誠은 螾蜇이 蚰蜒의 轉語라고 하였다.

162 錢繹은 『方言箋疏』에서 "蚭蚭가 聲轉하여 入耳가 된 것이다. 많은 이들이 '귀로 들어간다(入耳)'라는 뜻에 부회한 설들은 아마도 오류일 것이다"라고 하였다.

163 華學誠은 "蜄은 길다는 뜻으로 이 벌레의 몸체가 가늘고 길다는 뜻이다. 蠷는 이 벌레가 움직일 때 몸을 굽혔다 폈다 하는 모습을 말한 것이다. 그러므로 蜄蠷란 벌레의 생긴 형태와 움직이는 모습으로 인하여 얻은 명칭이다"라고 하였다.

에서는 뉵니蚔蛻라고 한다.【뉵蚔은 노육반奴六反이며, 니蛻의 음은 니尼다. 강동江東 지역에서는 또 공蛩이라고도 하는데 그 음은 공蛩이다】

방언소증

案『爾雅』: "螾衙 · 入耳.[164]" 郭璞「注」云 : "蚰蜒." 『釋文』云 : "衙, 本又作蜒.[165] 『方言』: 宋魏之間蚰蜒謂之入耳." 所引有脫誤. 又引『字林』云 : "北燕人謂蚰蜒爲蚔蛻."[166] 「疏」全引『方言』此條文竝同. 『廣雅』: "蛷蠷 · 蚔蛻 · 蚨虷, 蚰蜒也[167]." 本此.

『이아』에 "인연螾衙은 그리마(입이入耳)다"라는 구절이 있는데, 곽박의 「주」에 말하기를, "그리마(유연蚰蜒)다"라고 하였다. 『경전석문』에 말하기를 "연衙은 본래 연蜒이라고도 쓴다. 『방언』에 송宋 위魏 지역에서는 유연蚰蜒을 입이入耳라고 한다는 말이 있다"라고 하였는데, 인용한 문장에 탈자와 오자가 있다. 또 『자림』을 인용하여 말하기를, "북연北燕 지역의 사람들은 그리마(유연蚰蜒)를 육니蚔蛻라고 한다"고 하였다. 「소」에서는 『방언』의 이 조항을 전부 인용하였는데, 그 문장이 완전히 같다. 『광아』에 "장려蛷蠷 · 뉵니蚔蛻 · 부우蚨虷는 그리마(유연蚰蜒)다"라고 하였는데, 이는 여기에 근거한다.

---

164 『爾雅 · 釋蟲』: "螾衙 · 入耳."
165 『經典釋文(爾雅音義 · 釋蟲)』: "衙, 以善反. 本又作蜒."
166 『經典釋文(爾雅音義 · 釋蟲)』: "蜒, 音延. 『方言』云 : '宋魏之間, 蚰蜒謂之入耳.' 『字林』云 : '北燕人謂蚰蜒爲蚭蛻.' 上音奴六反, 下音女其反."
167 『廣雅 · 釋蟲』: "蛷蠷 · 蚔蛻 · 蚨虷, 蚰蜒也."

역해

① 蚰蜒[유연] : 그리마. 곽박 「주」에 발음은 由, 延이라고 했는데, 이에 근거한 상고음은 [*rəgw], [*ran]이다.

② 螾蜑[인연] : 그리마. 함곡관으로부터 동쪽에서는 螾蜑이라고 함. 곽박 「주」에 螾의 발음은 引이라고 했는데, 이에 근거한 상고음은 [*rinx]이다.

③ 入耳[입이] : 그리마. 함곡관으로부터 동쪽에서는 또 入耳라고 함.

④ 蛝蠟[장려] : 갈거미. 장수갈거미. 함곡관으로부터 동쪽에서는 또 蛝蠟라고 함. 곽박 「주」에 蠟의 발음은 麗라고 했는데, 이에 근거한 상고음은 [*liarh]이다.

⑤ 蚨虶[부우] : 그리마의 다른 이름. 趙魏之間에서는 또 蚨虶라고 함. 곽박 「주」에 발음은 扶, 於라고 했는데, 이에 근거한 상고음은 [*pjag], [*ʔag]이다.

⑥ 蚭蚭[뉵니] : 그리마의 다른 이름. 北燕에서는 蚭蚭라고 함. 곽박 「주」에 발음은 奴六反, 尼라고 했는데, 이에 근거한 상고음은 [*njəkw], [*nrjid]이다. 곽박 당시에 江東에서는 또 蛩라고도 했으며 발음은 鞏이라고 했는데, 이에 근거한 상고음은 [*kjuŋx]이다.

방언 18

鼅鼄①【知株二音】, 鼄蝥②也【音無】. 自關而西秦晉之間謂之鼄蝥【今江東呼蝃蝥168, 音掇】. 自關而東趙魏之郊謂之鼅鼄, 或謂之蠾蝓③.

168 錢繹은 『方言箋疏』에서 “鼅鼄는 다리가 여덟 개이고 몸은 짧고 복부는 커서 거미줄을 쳐서 날아다니는 벌레들을 잘 잡는다. …… 혹은 蝃蝥라고 하고 혹은 蠾蝓라고도 하며, 혹은 蠩蜍라고도 한다. 모두 몸체가 짧다는 것으로 인하여 이름이 붙여진 것이다”라고 하였다.

【燭臾二音】蠾蝓者, 侏儒語之轉也. 北燕朝鮮洌水之間謂之蝳蜍④. 【齊人又呼社公, 亦言罔工[169], 音毒餘】

지주䵻鼄[170]는【이 두 글자의 음은 지주知株다】거미(주모鼄蝥[171])다.【음은 무無다】함곡관으로부터 서쪽의 진秦 진晉에 걸친 지역에서는 주모鼄蝥라고 한다.【오늘날(곽박 당시) 강동江東 지역에서는 체모蝃蝥라고 하는데, 음은 철掇이다】함곡관으로부터 동쪽의 조趙 위魏의 교외 지역에서는 지주䵻鼄라고 하거나, 혹은 촉유蠾蝓[172]【이 두 글자의 음은 촉유燭臾다】라고 한다. 촉유蠾蝓는 주유侏儒의 어지전語之轉이다. 북연北燕 조선朝鮮 열수洌水에 걸친 지역에서는 독여蝳蜍라고 한다.【제齊 지역 사람들은 사공社公이라고도 하고, 또 망공罔工이라고도 한다. 음은 독여毒餘다】

방언소증

案『爾雅』: "次蟗 · 䵻鼄 · 䵻鼄 · 鼄蝥.[173]" 郭「注」云: "今江東呼蝃蝥." 「疏」全引『方言』此條及「注」, '罔'作'網', 餘竝同. 『廣雅』: "蛛蝥 · 罔工 · 蠾蝀, 蝳蜍也[174]." '蝀''蝓'同, 次蟗, 『說文』作'鼅鼄'云: "作罔蛛鼄也[175]." 「注」內'罔工'各本訛作'周公'. 今據『廣雅』及『爾雅 · 疏』所引訂正. 『廣韻』引『方言』: "䵻鼄, 自關而東趙魏之郊或謂之蠾蝓[176]." '䵻'卽

169 『四部叢刊』本에는 '周公'이라고 되어 있으나, 戴震은 '罔工'으로 고쳤다.

170 華學誠이 말하기를, 䵻鼄는 거미(蜘蛛)와 같다고 하였다.

171 錢繹은 『方言箋疏』에서 "鼄蝥의 '蝥'는 '務'를 말하는 것이다"라고 하였다.

172 蠾蝓란 侏儒를 말하는 것이다. 역시 그 길이가 짧다는 것으로 인하여 이름이 붙여진 것이다.

173 『爾雅 · 釋蟲』: "次蟗, 䵻鼄. 䵻鼄, 鼄蝥. 土䵻鼄, 艸䵻鼄."

174 『廣雅 · 釋蟲』: "蛛蝥 · 罔工 · 蠾蝀, 蝳蜍也."

175 『說文解字』 蚰部: "鼅, 鼅鼄, 作罔蛛鼄也. 從蚰𢇍聲. 𢇍, 古絶字."

176 『廣韻』 入聲: "蠾, 蚕也. 『方言』云: 䵻鼄自關而東趙魏之郊或謂之蠾蝓."

‘鼅’之省.

『이아』에 “차추次鼄는 지주鼅鼄다. 지주鼅鼄는 거미(주모鼄蝥)다”라는 구절이 있는데, 곽박의 「주」에서 말하기를, “오늘날 강동江東 지역에서는 체모蝃蝥라고 부른다”고 하였다. 「소」에서는 『방언』의 이 조항 및 곽박의 「주」를 모두 인용하였다. 망罔은 망網으로 썼으며, 그 나머지는 모두 완전히 같다. 『광아』에 “주모蛛蝥·망공罔工·촉유蠾蝓는 독여蝳蜍다”라는 구절이 있는데, 유蝓와 유蝓는 같다. 차추次鼄는 『설문해자』에 ‘주모鼅蟊’라고 쓰고 말하기를, “그물을 만드는 거미다”라고 하였다. 「주」에 ‘망공罔工’이라고 되어 있는 것을 각 판본에서는 ‘주공周公’이라고 잘못 썼는데, 지금 『광아』 및 『이아·소』에서 인용한 바에 의거하여 바르게 고친다. 『광운』은 『방언』의 “지주鼅鼄를 함곡관으로부터 동쪽 조趙 위魏의 교외 지역에서는 혹은 지주鼅鼄라고 한다”라는 구절을 인용하였다. 지鼅는 곧 지鼅의 생략된 형태다.

역해

① 鼅鼄[지주] : 거미. 함곡관으로부터 동쪽 趙魏之郊에서는 鼅鼄라고 함. 곽박 「주」에 발음은 知, 株라고 했는데, 이에 근거한 상고음은 [*trjig], [*trjug]이다.

② 鼄蝥[주모] : 거미. 함곡관으로부터 서쪽 秦晉之間에서는 鼄蝥라고 함. 곽박 「주」에 蝥의 발음은 無라고 했는데, 이에 근거한 상고음은 [*mag]이다. 곽박 당시에 江東에서는 또 蝃蝥라고 했으며 蝃의 발음은 掇이라고 했는데, 이에 근거한 상고음은 [*tuat]이다.

③ 蠾蝓[촉유] : 거미의 별칭. 함곡관으로부터 동쪽 趙魏之郊에서는 또 蠾蝓라고 함. 곽박 「주」에 발음은 燭, 臾라고 했는데, 이에 근거한 상고

음은 [*tjuk], [*gwjiədh]이다.

④ 蠾蝓[독여] : 거미. 北燕, 朝鮮洌水之間에서는 蠾蝓라고 함. 곽박 「주」에 발음은 毒, 餘라고 했는데, 이에 근거한 상고음은 [*dəkw], [*rag]이다.(참조 : 곽박 당시에 齊人은 社公, 또는 罔公이라고 한다고 함)

방언 19

蜉蝣①【浮由二音】, 秦晉之間謂之蝶蠚.②【似天牛而小, 有甲角, 出糞土中, 朝生夕死】

하루살이(부류蜉蝣)를【이 두 글자의 음은 부유浮由다】 진秦 진晉에 걸친 지역에서는 거략蝶蠚이라고 한다.【천우天牛와 비슷하지만 그보다 작다. 등딱지와 뿔이 있고, 더러운 땅 속에서 나오며, 아침에 생겨났다가 저녁에는 죽는다】

방언소증

案'蜉蝣'亦作'浮遊'. '蝣'又作'蝣', '蝶蠚'亦作'渠略'. 『夏小正』: 五月, "浮遊有殷. 殷, 衆也. 浮遊, 殷之時也. 浮遊者, 渠略也. 朝生而莫死."[177] 『詩・曹風』: "蜉蝣之羽."[178] 『毛傳』: "蜉蝣, 渠略也. 朝生夕死." 『荀子・大略篇』: "不飮不食者, 蜉蝣也."[179] 『爾雅』: "蜉蝣, 渠略.[180]" 舍人「注」云 : "南陽以東曰蜉蝣, 梁宋之閒曰渠略." 郭璞「注」云 :

177 『大戴禮記・夏小正』: 五月, "…… 浮遊有殷. 殷, 衆也. 浮遊, 殷之時也. 浮遊者, 渠略也. 朝生而莫死. 稱'有', 何也? 有見也."

178 『詩經・曹風・蜉蝣』: "蜉蝣之羽, 衣裳楚楚. 心之憂矣, 於我歸處? 蜉蝣之翼, 采采衣服."

179 『荀子・大略篇』: "飮而不食者, 蟬也, 不飮不食者, 浮蝣也."

"似蛣蜣, 身狹而長, 有角, 黃黑色, 叢生, 糞土中朝生莫死, 豬好啖之."

'부류蜉蟧'를 또 '부유浮遊'라고도 쓴다. '류蟧'는 또 '유蝣'라고도 쓰며, '거략蟝蠚'은 또 '거략渠略'이라고도 쓴다. 『대대례기 · 하소정』의 오월에 "부유浮遊가 상당히 많아진다. 부유가 성해지는 시기다. 부유浮遊란 거략渠略이다. 아침에 생겨나서 해가 저물 무렵 죽는다"고 하였다. 『시경 · 조풍 · 부유』에 "하루살이의 깃털"이라는 구절이 있는데, 『모전』에서는 "부유蜉蝣는 하루살이(거략渠略)다. 아침에 태어나 저녁에 죽는다"라고 하였다. 『순자 · 대략편』에 "마시지도 먹지도 않는 것은 하루살이(부유蜉蝣)다"라는 구절이 있다. 『이아』에 "부유蜉蝣는 하루살이(거략渠略)다"라는 구절이 있는데, 곽사인의 「주」에 말하기를 "남양南陽의 동쪽 지역에서는 부유蜉蝣라고 하고, 양梁 송宋에 걸친 지역에서는 거략渠略이라고 한다"고 하였다. 곽박의 「주」에 말하기를 "길강蛣蜣과 닮았는데, 몸체가 좁고 길며 뿔이 있다. 누런 흑색을 띠고 있으며 무더기로 생긴다. 분토糞土 안에서 아침에 생겨나서 저녁에 죽으며, 돼지가 그것을 먹기 좋아한다"고 하였다.

역해

① 蜉蟧[부류] : 하루살이.(그림자료 11-19 참조) 곽박 「주」에 발음은 浮, 由라고 했는데, 이에 근거한 상고음은 [*bjəgw], [*rəgw]이다.
② 蟝蠚[거략] : 하루살이. 秦晉之間에서는 蟝蠚이라고 함.

180 『爾雅 · 釋蟲』: "蜉蝣, 渠略."

방언 20

馬蚿①【音弦】, 北燕謂之蛆蟝②【蝍蛆】. 其大者謂之馬蚰③【音逐. 今關西云】.

노래기(마현馬蚿)를【음은 현弦이다】 북연北燕에서는 저거蛆蟝라고 한다.【즉저蝍蛆】 그 중에 큰 것은 마유馬蚰라고 한다.【음은 축逐이다. 지금(곽박 당시) 관서關西 지방에서 이렇게 말한다】

방언소증

案『廣雅』: "蛆渠・馬蠈, 馬蚿也[181]." 『莊子・秋水篇』: "夔憐蚿."[182] 『釋文』司馬云: "馬蚿, 蟲也. 夔一足, 蚿多足." 『廣韻』: "馬蚿, 蟲. 一名百足[183]."

『광아』에 "저거蛆渠, 마축馬蠈은 노래기(마현馬蚿)다"라고 하였다. 『장자・추수편』에, "발이 하나밖에 없는 기夔는 발이 많은 노래기를 부러워하고"라는 말이 있는데, 『경전석문』에서 사마씨는 "노래기다. 기夔는 다리가 하나고, 현蚿은 다리가 여러 개다"라고 하였다. 『광운』에 "마현馬蚿이라는 벌레는 일명 백족百足이라고도 한다"고 하였다.

---

181 『廣雅・釋蟲』: "蛆蟝・馬蠈, 馬蚿也."
182 『莊子・秋水篇』: "夔憐蚿, 蚿憐蛇, 蛇憐風, 風憐目, 目憐心."
183 『廣韻』 下平聲: "蚿, 馬蚿, 蟲. 一名百足."

역해

① 馬蚿[마현] : 노래기. 곽박 「주」에 蚿의 발음은 弦이라고 했는데, 이에 근거한 상고음은 [*gian]이다.

② 蛆蟝[저거] : 노래기. 北燕에서는 蛆蟝라고 함.

③ 馬蚰[마유] : 노래기. 그 가운데 큰 것을 馬蚰라고 함. 곽박 「주」에 蚰의 발음은 逐이라고 했는데, 이에 근거한 상고음은 [*drjəkw]이다.(참조 : 곽박 당시에 關西지역에서 이 어휘를 여전히 사용하고 있다고 함)

방언 제12권

輶軒使者絶代語釋別國方言 第十二

방언 1

爰① · 喛②, 哀③也.【喛, 哀而恚也. 音段[1]】

원爰 · 환喛은 슬프다(애哀)의 뜻이다.【환喛은 슬프면서도 화가 나는 것이다. 음은 단段이다】

1 『四部叢刊』本에는 '叚'라고 되어 있으나, 戴震은 '段'으로 고쳤다. 盧文弨는 曹毅之 본에 '喚'으로 되어 있으나 오류인 것 같다고 했으며, 錢繹과 周祖謨는 '段'이 맞다고 보았다. 그러나 吳承仕는 '殹'이며, '毀'의 轉寫 誤謬라고 했다. 華學誠은 직접적인 증거는 없지만 吳承仕의 주장이 일리가 있다고 했다.

방언소증

案前卷六內"爰・喛, 恚也. 楚曰爰, 秦晉曰喛."[2] 「注」云 : "謂悲恚." 此「注」云 : "哀而恚." 蓋義可互見. 『廣雅』: "爰・喛, 愁也."[3] 曹憲『音釋』云 : "『方言』音段." '段'卽'段'之訛.

앞의 제6권에 "원爰・환喛은 화를 내다(에恚)의 뜻이다. 초楚 지역에서는 원爰이라고 하고, 진秦 진晉 지역에서는 환喛이라고 한다"는 내용이 있는데, 그 「주」에서 "슬프고 화가 나는 것을 말한다"고 하였다. 이 조항의 「주」에서 "슬프면서도 화가 나는 것"라고 하였으니, 대체로 그 뜻이 서로 비슷하다. 『광아』에 "원爰・환喛은 근심하다(수愁)의 뜻"이라고 하였고, 조헌의 『광아음석』에서 "『방언』에서는 음을 단段"이라고 하였는데, '단段'은 바로 '단段'을 잘못 쓴 것이다.

역해

① 爰[원] : 슬퍼하다. 끝없이 슬퍼하다.
② 喛[환] : 슬퍼하다. 곽박 「주」에 발음은 段이라고 했는데, 이에 근거한 상고음은 [*duanh]이다. 그러나 喛의 상고음은 [*hwanh, *hwjan]이어서 곽박 「주」에 표기한 발음과 상당한 차이를 보이고 있다.
③ 哀[애] : 슬프다. 비통하다. 哀는 爰, 喛의 풀이어휘.

2 『方言』 제6권 52번째 항목을 참조할 것.
3 『廣雅・釋詁』: "爰・喛・慍・愁, 恚也."

방언 2

儒輸①, 愚②也.【儒輸猶懦[4]撰也】

유수儒輸는 어리석다(우愚)의 뜻이다.【유수儒輸는 나찬懦撰과 같다】

방언소증

案『荀子・修身篇』: "勞苦之事, 則偷懦轉脫.[5]" 楊倞「注」云: "或曰偷當爲輸. 揚子『方言』云懦輸, 愚. 郭「注」謂懦撰也." 此所引并『方言』正文亦作懦, 非也. 陸德明『經典釋文』於『春秋』僖公二年『左傳』'懦而不能强諫.'[6], 列'乃亂''乃貨'二反. 又引『字林』'愞', 音'乃亂反', '偄', 音'讓犬反'. 是合'懦'與'愞''偄'爲一. 『廣雅』: "儒輸, 愚也."[7] '儒'卽'儒'之訛. 『釋文』於『易・需卦』云: "從雨, 重而者非." 可證'需'轉寫訛作'需'. 以雙聲疊韻考之, '儒輸'疊韻也, 不當作'懦'. 「注」內'懦撰'亦疊韻也. 懦, 讓犬反, 撰, 士免反. 各本'懦'訛作'儒', 今據『荀子』「注」訂正.

『순자・수신편』에 "수고로운 일은 나약하여 모면하려 들다"라는 구절이 있는데, 양경의 「주」에 "혹자는 이 투偷가 마땅히 수輸여야 한다고 말한다. 양웅의 『방언』에 말하기를 '나수懦輸는 우愚라고 하였다'고 되어 있고, 곽박의 「주」에는 나찬懦撰이라고 하였다"고 말했다. 여기에서 인용한 『방언』의 본문에 '나懦'라고 한 것은 틀린 것이다. 육

4 『四部叢刊』本에는 '儒'로 되어 있으나, 戴震은 '懦'로 고쳤다.

5 『荀子・修身篇』: "勞苦之事, 則偷儒轉脫, 饒樂之事, 則佞兌而不曲."

6 『春秋左傳』 僖公 二年: "對曰: 宮之奇之爲人也. 懦而不能强諫, 且少長於君, 君暱之, 雖諫, 將不聽."

7 『廣雅・釋詁』: "頑・嚚・怐愗・儒輸・娍・戇・惷, 愚也."

덕명의 『경전석문』은 『춘추』 희공 2년 『좌전』의 '유약하여 능히 강하게 간하지 못할 것이며(懦而不能强諫)'라는 구절을 설명하면서 '나懦'에 대하여 '내란乃亂과 내화乃貨'라는 두 가지 반절을 들고 있다. 또 『자림』을 인용하여 '나愞는 음이 내란반乃亂反이며', '난偄은 음이 양견반讓犬反'이라고 했다. 따라서 '나懦'와 '나愞', '난偄'은 모두 같다. 『광아』에 "유수儒輸는 우愚다"라고 하였는데, '유儒'는 바로 '유懦'를 잘못 쓴 것이다. 『경전석문』의 『주역 · 수괘』에 "우雨를 부수로 한다. 이而를 두 개 겹쳐 쓴 것은 잘못된 것"이라고 하였는데, 이로써 '수需'를 '이𦓔'로 잘못 전사했었다는 것을 증명할 수 있다. 쌍성첩운이라는 것을 가지고 생각해보면, '유수儒輸'는 첩운이므로 '나懦'라고 써서는 안 된다. 곽박의 「주」 안에 있는 '나찬懦撰' 또한 첩운이다.[8] '나懦'는 양견반讓犬反이며, '찬撰'은 사면반士免反이다. 각 판본에 '나懦'는 '유儒'라고 잘못 되어 있는데, 지금 『순자』의 「주」에 의거하여 바르게 고친다.

역해

① 儒輸[유수] : 오활하고 어리석음.
② 愚[우] : 어리석다.

방언 3

愋① · 諒②, 知③也.

8 나懦의 발음이 양견반讓犬反이면, '난'이라고 발음하며, 찬撰과 첩운관계이다. 그러나 『漢韓大辭典』에는 '나'라는 음만 수록하였다.

훤愋[9] · 량諒[10]은 알다(지知[11])의 뜻이다.

방언소증

案'知'讀爲'智'. 『廣雅』: "愋 · 諒, 㲋也[12]." 義本此. '㲋'古'智'字. 曹憲『音釋』: "愋, 音爰".

'지知'는 '지智'로 읽는다. 『광아』에 "훤愋 · 량諒은 지혜로움(㲋)의 뜻"이라고 하였는데, 그 의미는 여기에 근거한다. '지㲋'는 '지智'의 옛 글자다. 조헌의 『광아음석』에 "훤愋의 음은 원爰"이라고 하였다.

역해

① 愋[훤] : 지혜롭다.

② 諒[량] : 지혜롭다.

③ 知[지] : 알다. 知는 愋, 諒의 풀이어휘.

---

9 錢繹의 『方言箋疏』에 말하기를 "지혜로우나 그 지혜를 잘못 사용하면 기만하는 것이 된다"고 하였다. 華學誠은 『方言』 제1권의 2번 조항에 "儇, 慧也"라는 항목이 있는데, '儇'과 '愋'은 그 고음이 모두 曉母元部에 속하고, '慧'와 '智'는 의미가 서로 가까우니, '愋'은 '儇'과 같다고 하였다.

10 錢繹은 『方言箋疏』에서 '諒'과 '智'의 뜻이 서로 통한다고 하였는데, 華學誠은 錢繹의 이 주장은 받아들이기 어렵다고 하면서, 『方言』 제1권에 "黨, 知也. 楚謂之黨"이라는 내용이 있는데, 이때의 '黨'은 후대의 '懂'이라는 사실을 지적하였다.

11 『釋名 · 釋言語』에 "智는 알다(知)의 뜻으로, 모르는 것이 없다는 말"이라고 하였다.

12 『廣雅 · 釋詁』: "愋 · 諒 · 惾 · 䚦 · 覺 · 叡 · 忓諝 · 黨 · 聞 · 曉 · 哲, 㲋也."

방언 4

拊撫①, 疾②也.【謂急疾也. 音府】

부무拊撫[13]는 빠르다(질疾)의 뜻이다.【급하고 빠름(급질急疾)을 말한다. 음은 부府다】

방언소증

案'撫'亦作'舞'. 『廣雅』: "拊・舞, 疾也[14]." 義本此. 曹憲『音釋』: "拊, 方於反". 據『廣雅』, '拊撫'應讀'夫舞'兩音.

'무撫'는 '무舞'로도 쓴다. 『광아』에 "부무拊舞는 빠르다(질疾)의 뜻"이라고 하였는데, 그 의미는 여기에 근거한다. 조헌의 『광아음석』에서 "부拊는 방우반方於反"이라고 하였다. 『광아』에 근거하면, '부무拊撫'는 마땅히 '부무夫舞'라는 음으로 읽어야 한다.

역해

① 拊撫[부무] : 빠르다. 곽박 「주」에 拊의 발음은 府라고 했는데, 이에 근거한 상고음은 [*pjugx]이다.

---

13 華學誠은 '拊'는 '빠르다(駙)'를 의미하고 '撫'도 '빠르다(䳵)'를 의미하므로, 拊撫는 이음절 동의어이며, 급하고 빠르게 움직이는 모습이나 혹은 급하고 빠른 소리를 말하는 것이리라고 하였다.

14 『廣雅・釋詁』: "敏・逞・佝・傀・趨・頪・儵・倏・倢・眺・蹂・躁・駛・獧・挑・搖・扇・拊・舞・勮・軭・汩・悠・颮・赴・鶩・跋・越・齊, 疾也."

② 疾[질] : 빠르다. 급하다. 疾은 拊撫의 풀이어휘.

방언 5

菲①【音翡】· 惄②, 悵③也.【謂惋惆也】

비菲[15]【음은 비翡다】· 녁惄[16]은 한탄하다(창悵)의 뜻이다.【한탄하다(완추惋惆)를 말한다】

방언소증

案'菲'亦作'蕜'.『廣雅』: "蕜·惄, 悵也[17]." 義本此. 曹憲『音釋』: "蕜, 音翡, 又芳尾反." 應卽'不悱不發'[18]之'悱'.

'비菲'는 '비蕜'로도 쓴다.『광아』에 "비蕜·녁惄은 한탄하다(창悵)의 뜻"이라고 하였는데, 그 의미는 여기에 근거한다. 조헌의『광아음석』에 "비蕜의 음은 비翡다. 또 다른 음은 방미반芳尾反"이라고 하였다. 마땅히 '말로 표현하지 못해 괴로워하지 않으면 일깨워주지 않는다(불비불발不悱不發)'의 '비悱'일 것이다.

---

15 王念孫의 手校明本에서는 '菲'를 '蕜'로 고쳤고, 盧文弨의『重校方言』에서도 역시 '蕜'로 고쳤으니『廣雅』제3권에 실린 내용과 합치된다.

16 『方言』제1권의 10번 항목에 '근심하다(憂)'라는 말을 함곡관으로부터 서쪽 秦 晉 지역에서는 '惄'이라고 한다는 내용이 있다. '근심하다(憂)'라는 뜻이 '悵'에 가깝다.

17 『廣雅·釋詁』: "蕜·惄·悢·惆, 悵也."

18 『論語·述而』: 子曰, "不憤不啓, 不悱不發. 擧一隅, 不以三隅反, 則不復也."

역해

① 菲[비] : 섭섭하다. 실망하다. 곽박 「주」에 발음은 翡라고 했는데, 이에 근거한 상고음은 [*bjədh]이다.

② 惄[녁] : 뜻대로 되지 않다.

③ 悵[창] : 실의하여 한탄하다. 悵은 菲, 惄의 풀이어휘.

방언 6

鬱[19]① · 熙[20]②【音怡】, 長③也.【謂壯大也】

울鬱 · 이熙【음은 이怡다】는 왕성하고 크다(장長)의 뜻이다.【웅장하고 크다는 것을 말한다】

방언소증

案'熙'各本訛作'熙', 今訂正. 『廣雅』: "鬱 · 熙, 長也[21]." 義本此. 司馬相如「長門賦」: "鬱並起而穹崇.[22]" 李善「注」云 : "郭璞『方言 · 注』曰,

---

19 錢繹은 『方言箋疏』에서 "鬱은 蘊과 서로 통용하여 쓴다. 『詩經 · 大雅 · 雲漢』편에 '蘊隆蟲蟲'이라는 구절이 있는데, 『經典釋文』에서 말하기를 '蘊을 『韓詩』에서는 鬱이라고 썼다'고 하였다. 鬱隆도 또한 길고 크다(長大)는 뜻이다. 鬱, 蘊, 菀은 모두 一聲之轉"이라고 하였다.

20 『四部叢刊』本에는 '熙'라고 되어 있으나, 戴震은 '熙'로 고쳤다. 華學誠은 戴震이 『廣雅』에 의거하여 '熙'를 '熙'라고 고친 것은 郭璞의 음인 '怡'와도 부합하니, 마땅히 이에 의거하여 바르게 고쳐야 한다고 하였다.

21 『廣雅 · 釋詁』: "鬱 · 熙 · 俊 · 儠 · 櫢 · 筩 · 椭 · 矧 · 呂 · 僙 · 迒 · 暘 · 從 · 挻 · 鉪 · 抒 · 隑 · 脩 · 敻 · 繹 · 覃 · 尋 · 將 · 攸 · 袤, 長也.

鬱, 壯大也."

'이巸'는 각 판본에 '희熙'라고 잘못 되어 있는데, 지금 바로 잡는다. 『광아』에 "울鬱·이巸는 웅장하고 크다(장長)의 뜻"이라고 하였는데, 그 의미는 여기에 근거한다. 사마상여의 「장문부」에 "장대하게 서서 높이 하늘을 찌를 듯하다"라는 구절이 있는데, 이선의 「주」에 "곽박의 『방언·주』에 울鬱은 장대한 것이라고 하였다"고 되어 있다.

역해

① 鬱[울] : 크다. 왕성하다.
② 巸[이] : 융성하다. 성대하다. 성한 기운. 곽박 「주」에 巸의 발음은 怡라고 했는데, 이에 근거한 상고음은 [*rəg]이다.
② 長[장] : 왕성하다. 흥성하다. 長은 鬱, 巸의 풀이어휘.

방언 7

娋①·孟②, 姊[23]③也.【外傳曰 : "孟啖我", 是也. 今江東山越間呼姊聲如市, 此因字誤遂俗也. 娋音義未詳】

초娋·맹孟은 큰 언니(자姊[24])의 뜻이다.【외전外傳[25]에 "맹孟이 나를 초대하

22 『文選·賦辛·長門賦』: "正殿塊以造天兮, 鬱並起而穹崇. 間徙倚於東廂兮, 觀夫靡靡而無窮."
23 『四部叢刊』本에는 '姉'로 되어 있으나, 戴震은 '姊'로 고쳤다.
24 華學誠은 吳琯의 『古今逸史』본, 程榮의 『漢魏叢書』본, 明代 李珏의 刻本, 명대의 佚名 각본, 陳與郊의 『方言類聚』본에도 모두 '姉'라고 되어 있으며, 盧

여 먹이고자 한다(孟啖我)"[26]라는 구절이 있는데, 이것이다. 오늘날(곽박 당시) 강동江東 산월山越에 걸친 지역에서는 자姊의 발음이 마치 시市와 같다. 이는 당시의 습관에 따른 글자의 오류로 인한 것이다. 초娋의 음과 뜻은 잘 알 수가 없다】

방언소증

案『廣雅』: "娋・孟, 姊也[27]." 本此. 曹憲『音釋』: "娋, 所交反". 『玉篇』別作'嫈', 云: "姊也. 所交切.[28]" 『廣韻』'嫈'字「注」云: "齊人呼姊.[29]" 可取以補『方言』之略及郭「注」所闕.

『광아』에 "초娋・맹孟은 큰 언니(자姊)의 뜻"이라고 하였는데, 이는 여기에 근거한 것이다. 조헌의 『광아음석』에 "초娋의 음은 소교반所交反"이라고 하였다. 『옥편』은 이와 달리 '嫈'라고 쓰고는 "큰 언니(자姊)의 뜻이다. 음은 소교절所交切"이라고 하였다. 『광운』에 '嫈'라는 글자의 「주」에서 말하기를, "제 지역 사람들은 지姊라고 말한다"고 되어 있으니, 이를 취하여 『방언』의 간략함이나 곽박이 「주」에서 아무 설명도 하지 않은 것을 보충할 수 있다.

文弨의 『重校方言』에도 역시 '姉'라고 하였다. 華學誠은 戴震이 '姊'라고 곧바로 바꾸어 썼으나 기존의 글자가 잘못되었다는 이유를 제시하지 않았다고 지적하였다.

25 여기에서 말하는 外傳이란 『國語』를 말하는 것으로 보인다. 이 구절은 『國語・晉語(二)』에 나오는 것으로, 그 앞뒤 맥락은 다음과 같다: "中飮, 優施起舞, 謂里克妻曰: 主孟啗(啖과 같음)我, 我教茲暇豫事君."

26 이 대목에서는 優施가 里克의 부인을 높여서 부르는 말이다.

27 『廣雅・釋親』: "娋・孟, 姉也."

28 『玉篇・女部』: "嫈, 山交反. 姉."

29 『廣韻』 下平聲: "嫈, 齊人呼姊."

역해

① 姊[초] : 큰누이. 큰언니. 곽박 「주」에 姊의 音義는 未詳이라고 했다.
② 孟[맹] : 맏이. 형제자매 중의 맏이.
③ 姉[자] : 손위 누님. 언니. 姉는 姊, 孟의 풀이어휘.

방언 8

築【度六反, 『廣雅』作妯】娌①, 匹②也.【今關西兄弟婦相呼爲築娌】

축築【음은 도육반度六反이고, 『광아』에서는 축妯으로 썼다】리娌는 동서(필匹)의 뜻이다.【오늘날(곽박 당시) 관서關西 지역에서는 형제의 아내끼리 서로 축리築娌라고 부른다】

방언소증

案『廣雅』: "妯娌・娣姒, 先後也[30]." 『爾雅』: "長婦謂稚婦爲娣婦, 娣婦謂長婦爲姒婦.[31]" 郭璞「注」云 : "今相呼先後, 或曰妯娌." 『釋文』引郭「注」『方言』云 : "今關西兄弟婦相呼爲妯娌.[32]" 『漢書・郊祀志』: "見神於先後宛若.[33]" 顔師古「注」云 : "古謂之娣姒, 今關中俗呼爲先後, 吳楚俗呼之爲妯娌." 劉熙『釋名』云 : "少婦謂長婦曰姒, 言其先來, 己所當

30 『廣雅・釋親』: "妯娌・娣姒, 先後也."

31 『爾雅・釋親』: "長婦謂稚婦爲娣婦, 娣婦謂長婦爲姒婦."

32 『經典釋文・釋親』: "妯娌, 音逐, 下音裏. 『廣雅』云 : 先後也. 郭注 『方言』云 : 今關西兄弟婦相呼爲妯娌."

33 『漢書・郊祀志』: "神君者, 長陵女子, 以乳死, 見神於先後宛若."

法似也.[34]", "長婦謂少婦曰娣, 娣, 弟也. 己後來也. 或曰先後, 以來先後言之也.[35]" 『廣韻』引『方言』云 : "先後猶娣姒.[36]" 此非『方言』之文. 「注」內'度六反'乃類隔, 改音和則'直六反'.

『광아』에 "축리妯娌·제사娣姒는 형제의 선후先後를 나타낸다"고 하였다. 『이아』에 "큰 며느리가 어린 며느리를 제부娣婦라고 한다. 큰 며느리는 사부姒婦라고 한다"라는 구절이 있는데, 곽박의 「주」에서 "오늘날 동서를 서로 부르는 말로 또는 축리妯娌라고도 한다"고 하였다. 『경전석문』에서는 곽박의 『방언·주』를 인용하여 "오늘날 관서關西에서 형제의 아내끼리 서로 축리妯娌라고 한다"고 하였다. 『한서·교사지』에 "영혼이 동서지간이었던 완약宛若이 있는 곳에 나타났다"라는 구절이 있는데, 안사고의 「주」에 "옛날에 동서를 부르던 말이다. 오늘날 관중關中에서는 속칭俗稱으로 '선후先後'라고 부른다. 오吳 초楚 지역에서는 속칭俗稱으로 축리妯娌라고 부른다"고 했다. 유희의 『석명』에 "어린 며느리가 큰 며느리를 사姒라고 부르는데, 이는 먼저 시집을 와서 자신이 본받고 따라야 할 법도와 같다는 것을 나타낸다", "큰 며느리는 어린 며느리를 제娣라고 부르는데, 제娣는 아우라는 의미다. 자신이 후에 왔기 때문에 또 선후先後라고도 하는데 이는 먼저 오고 나중에 온 것을 의미한다"라는 구절이 있다. 『광운』에서는 『방언』을 인용하여 "선후先後는 제사娣姒와 같다"고 했는데, 이는 『방언』의 문장이 아니다. 곽박 「주」의 '도육반度六反'은 유격類隔이며, 음화音和로 고치면 '직육반直六反'이다.[37]

---

34 『釋名·釋親屬』: "少婦謂長婦曰姒, 言其先來已. 所當法似也."

35 『釋名·釋親屬』: "長婦謂少婦曰娣, 娣, 弟也. 已後來也. 或曰先後, 以來先後言之也."

36 『廣韻』 去聲 : "後, 『方言』云 : 先後猶娣姒."

37 유격, 음화 등에 대해서는 「부록 2」를 참조할 것.

역해

① 築娌[축리] : 형제의 아내끼리 서로 부르는 칭호. 동서. 곽박 「주」에 築의 발음은 度六反이라고 했는데, 이에 근거한 상고음은 [*djəkw]이다. (참조 : 곽박 당시에 關西지역에서 兄弟의 부인들이 서로를 築娌라고 부름)

② 匹[필] : 짝. 배우자. 배필.

방언 9

娌①, 耦②也.[38]

리娌[39]는 짝, 배우자(우耦[40])의 뜻이다.

---

38 盧文弨의 『重校方言』은 이 조항의 내용을 앞의 조항과 연결하여 하나의 조항으로 취급하였으며, 錢繹의 『方言箋疏』, 周祖謨의 『方言校箋』에서는 盧文弨의 견해를 따랐다. 華學誠 역시 앞의 조항과 연결하는 것이 의미상 더 낫다고 하였다.

39 錢繹의 『方言箋疏』에 "『廣雅』에 '耦・娌・匹, 二也'라는 구절이 있고, 『說文解字』에 '二, 地之數也. 從偶一'이라고 하였다. 偶는 耦와 같다. 『方言』 제2권의 郭璞 「注」에 '耦亦匹'이라고 하였다.(戴震본에는 '耦亦疋'이라고 되어 있으나 華學誠은 '耦亦匹'이 옳다고 하였다) 娌는 麗를 말한다. 『說文解字』에 '麗, 旅行也'라고 하였고, 儷라고도 쓴다. ……『方言』 제3권에 '陳楚之間凡人嘼乳而雙產謂之釐孳, 秦晉之間謂之僆子'라는 구절이 있다. 麗, 儷, 離, 孋, 釐 등은 소리가 娌와 비슷하며, 僆과 娌는 또 聲之轉이다."

40 耦는 偶와 같다.

방언소증

案『廣雅』: "耦 · 娌, 二也."[41]

『광아』에 "우耦 · 리娌는 둘(二)의 뜻"이라고 하였다.

역해

① 娌[리] : 짝. 둘. 쌍. 동서.
② 耦[우] : 짝. 배우자. 耦는 娌의 풀이어휘.

방언 10

礝①【音盈】· 裔②, 習③也.【謂玩習也】

영礝[42]【음은 영盈이다】· 예裔는 연습하다(습習)의 뜻이다.【완습玩習을 말한다】

---

41 『廣雅 · 釋詁』: "雙 · 耦 · 娌 · 匹 · 孿 · 息 · 日 · 貳 · 棄 · 艂 · 再 · 兩, 二也."

42 礝은 古辭書에는 보이지 않으며, 『方言』에 처음 보인다. 『玉篇』 石部에 '礝'를 '翫習'으로 풀이하였는데, 이는 아마도 郭璞의 「注」에 근거한 것이리라 생각된다. 『集韻』의 淸韻에서 '礝'을 돌의 이름(石名)이라고 하였으니 『方言』의 뜻과는 부합되지 않는다. 이는 古辭書에도 역시 『方言』을 증명해주는 바가 없다는 것이다. 丁惟汾의 『方言音釋』에 '礝과 裔는 쌍성으로, 仍因의 성모로 인한 차용이다. 『爾雅 · 釋音』에 '仍, 因也'라고 하였으니, 仍因은 곧 頑習이다'라고 하였다. 丁惟汾의 聲借라는 주장은 증거가 될 수 없으며 신뢰하기 어렵다. 이에 대해서는 상세히 알 수 없으니 후의 연구를 기다려야 한다.

방언소증

案『廣雅』: "𥗽・裔, 習也[43]." 義本此. 裔, 『說文』作'㤹', 云: "習也[44]."

『광아』에 "영𥗽・예裔는 연습하다(습習)의 뜻"이라고 하였는데, 그 의미는 여기에 근거한다. 예裔를 『설문해자』에서는 '예㤹(익히다, 밝다)'라고 하고서 "연습하다(습習)의 뜻이다"라고 하였다.

역해

① 𥗽[영] : 연습하다. 곽박 「주」에 발음은 盈이라고 했는데, 이에 근거한 상고음은 [*riŋ]이다.
② 裔[예] : 연습하다.
③ 習[습] : 배우다. 연습하다. 習은 𥗽, 裔의 풀이어휘.

방언 11

躔①【度展反】・逡②【逡巡】, 循[45]③也.

전躔【음은 도전반度展反이다】・준逡【음은 준순逡巡의 준逡이다[46]】은 따르다(순循)의 뜻이다.

---

43 『廣雅・釋詁』: "𥗽・裔・翫・肄・俗, 習也."
44 『說文解字』 心部: "㤹, 習也. 從心, 曳聲."
45 『四部叢刊』本에는 '佰'으로 되어 있으나, 戴震은 '循'으로 고쳤다.
46 戴震의 『방언소증』에 따라서 이같이 바꾸어 해석하였다.

방언소증

案『爾雅・釋獸』: "其跡, 躔.[47]" 『釋文』引『方言』: "躔, 循也.[48]" 『廣雅』: "躔・逡, 循也[49]." 義本此. 「注」內'逡巡', 當作'音逡巡之逡'.

『이아・석수』에 "그 궤적을 전躔이라고 한다"는 구절이 있다. 『경전석문』에서는 『방언』을 인용하여 "전躔은 따르다(순循)의 뜻"이라고 하였다. 『광아』에 "전躔・준逡은 따르다(순循)의 뜻"이라고 하였는데, 그 의미는 여기에서 근거한다. 곽박의 「주」에 '준순逡巡'이라고 되어 있는 것은 마땅히 '음은 준순逡巡의 준逡이다'라고 해야 한다.

역해

① 躔[전] : 따르다. 발자국. 발자취. 곽박 「주」에 발음은 度展反이라고 했는데, 이에 근거한 상고음은 [*drjanx]이다.
② 逡[준] : 물러서다. 뒷걸음질하다. 곽박 「주」에 발음은 逡巡의 逡이라고 했는데, 이에 근거한 상고음은 [*tshjən]이다.
③ 循[순] : 따르다. 준수하다. 循은 躔, 逡의 풀이어휘.

47 『爾雅・釋獸』 第十八 : "麋 : 牡, 麔, 牝, 麎, 其子, 麇, 其跡, 躔, 絶有力, 狄. 鹿 : 牡, 麚, 牝, 麀, 其子, 麛, 其跡, 速, 絶有力, 麉. 麕 : 牡, 麌, 牝, 麜, 其子, 麆, 其跡, 解, 絶有力, 豜."

48 『經典釋文(爾雅音義・釋獸)』: "躔, 郭直連反, 又持展反. 『方言』云 : 躔, 循也. 歷也. 行也."

49 『廣雅・釋詁』: "尋・緣・遵・躔・逡・所・揗, 循也."

방언 12

纏[50]① · 歷[51]②, 行③也.【纏猶踐也】 日運爲纏, 月運爲逡.【運猶行也】[52]

전纏 · 력歷은 다니다, 운행하다(행行)의 뜻이다.【전纏은 천踐과 같다】 해가 운행하는 것은 전纏이고, 달이 운행하는 것은 준逡이다.【운運이란 행行과 같다】

방언소증

案張衡「思玄賦」: "纏建木於廣都兮.[53]" 李善「注」引『方言』: "日運爲纏, 纏, 行也." 左思「吳都賦」: "未知英雄之所纏也.[54]" 「注」引『方言』: "纏 · 歷, 行也." 謝莊「月賦」: "北陸南纏."[55] 「注」引『方言』: "日運爲纏. 纏, 歷行也." 『爾雅【釋文】』引『方言』: "纏, 歷也. 行也." 衍上也字. 『廣雅』: "纏 · 歷, 行也[56]." 義本此.

장형의 「사현부」에 "그 자취는 광도산에 신비로운 나무를 심었네"

---

50 『說文解字』 足部에 '纏, 踐也'라는 말이 있는데, 郭璞의 '纏猶踐也'라는 주해는 여기에 근거한 것이다.

51 『說文解字』 止部에 '歷, 過也'라는 구절이 있는데, 過는 行과 같다.

52 盧文弨의 『重校方言』에서 이 조항을 앞의 조항에 연결하여 기록하였고, 錢繹도 이를 따랐다.

53 『文選 · 賦辛 · 思玄賦』: "纏建木於廣都兮, 摭若華而躊躇. 超軒轅於西海兮, 跨汪氏之龍魚."

54 『文選 · 賦丙 · 吳都賦』: "習其弊邑而不睹上邦者, 未知英雄之所纏也."

55 『文選 · 賦庚 · 月賦』: "于時斜漢左界, 北陸南纏."

56 『廣雅 · 釋詁』: "纏 · 歷 · 逝 · 去 · 趨 · 徥 · 流 · 步 · 遵 · 違 · 蹠 · 逯 · 般 · 從 · 遂 · 轉 · 隨 · 巡 · 充 · 略 · 將 · 進 · 由 · 駕 · 帶 · 貫 · 躾 · 逭 · 遒 · 踚 · 遡 · 吉, 行也."

라는 구절이 있는데, 이선의 「주」에서 『방언』을 인용하여 "해가 운행하는 것을 전躔이라 한다. 전躔은 다니다(行)의 뜻이다"라고 했다. 좌사의 「오도부」에 "영웅이 다니는 곳을 알지 못 한다"라는 구절이 있는데, 「주」에서 『방언』을 인용하여 "전躔・력歷은 운행하다(行)의 뜻이다"라고 했다. 사장의 「월부」에 "북쪽의 황도가 남쪽으로 기울어졌네"라고 했는데, 「주」에서는 『방언』을 인용하여 "태양이 운행하는 궤도를 전躔이라고 하니, 전躔이란 지나가는 것을 말한다"라고 했다. 『경전석문』에 『이아』 부분에서 『방언』을 인용하여 "전躔은 력歷이다. 행行이다"라고 했는데, 위 문장으로 인해 '야也'라는 글자가 더 들어간 것이다. 『광아』에 "전躔・력歷은 다니다(行)의 뜻이다"라고 했는데, 그 의미는 여기서 근거하였다.

역해

① 躔[전] : 운행하다. 행하다. 곽박 「주」에 躔은 踐과 같다고 함.
② 歷[력] : 일월성신이 黃道 상에서 운행하다. 또는 그 운행의 궤적.
③ 行[행] : 운행하다. 다니다. 行은 躔과 歷의 풀이어휘.

방언 13

逭①【音換, 亦管】・遹②【陽六反】, 轉③也. 逭④・遹⑤, 步⑥也.【轉相訓耳】

환逭[57]【음은 환換이며, 또 관管이라고도 한다】・육遹[58]【음은 양육반陽六反이다】은 돌아다니다(전轉)의 뜻이다. 환逭・육遹은 걷다(보步)의 뜻이다.【이들은

모두 전轉하여 서로의 의미를 풀이할 수 있다】

방언소증

案『廣雅』: "步·轉·逭·逌, 行也[59]", "逭·逌, 轉也." 皆本此. 『禮記·緇衣篇』: "不可以逭."[60] 鄭「注」云: "逭, 逃也."

『광아』에 "보步·전轉·환逭·육逌은 다니다(행行)의 뜻"이라고 하였고, "환逭·육逌은 돌아다니다(전轉)의 뜻"이라고 하였는데, 모두 여기에 근거한다. 『예기·치의편』에 "도망갈 수가 없다"는 대목이 있는데, 정현의 「주」에 말하기를, "환逭은 도망하다(도逃)의 뜻"이라고 하였다.

역해

① 逭[환]: 걷다. 다니다. 곽박 「주」에 발음은 換, 또 管이라고 했는데, 이에 근거한 상고음은 [*guanh]과 [*kuanx]이다.
② 逌[육]: 다니다. 곽박 「주」에 발음은 陽六反이라고 했는데, 이에 근거

57 章炳麟의 『新方言·釋言』에 "오늘날 사물이 땅에서 구르는 것을 말할 때, 사람이 땅에서 구르는 것을 逭이라고 하는데, 管音으로부터 轉하여 袞이 되었으며, 또 滾이라고도 쓴다. 달아나는 것(奔逃)을 역시 滾이라고도 하고 혹은 滾蛋이라고 하는데, 가차하여 逭遯이 된다. 『說文解字』에 '逭, 逃也', '遯, 逃也'라는 말이 있다"고 하였다.

58 華學誠은 이 글자가 문헌상에서는 근거를 찾기 어렵다고 하였다.

59 『廣雅·釋詁』: "躔·歷·逝·去·趨·�·流·步·遵·遳·蹠·遂·般·從·遂·轉·隨·巡·充·略·將·進·由·駕·帶·貫·躸·逭·逌·踚·遡·吉, 行也."

60 『禮記·緇衣篇』: "…… 太甲曰, 天作孽, 可違也. 自作孽, 不可以逭."

한 상고음은 [*rjəkw]이다.

③ 轉[전] : 전전하다. 옮기다. 轉은 逭, 遹의 풀이어휘.

④ 逭[환] : 걷다. 다니다.

⑤ 遹[육] : 다니다.

⑥ 步[보] : 걷다. 다니다. 步는 逭, 遹의 풀이어휘.

방언 14

逢①·虞②, 望③也.【今云烽火是也】

봉逢·우虞는 바라보다(망望)의 뜻이다.【오늘날(곽박 당시)의 봉화烽火라고 하는 것이 바로 이것이다】

방언소증

案'逢''烽'同. 班固「西都賦」: "擧烽命釂.[61]" 李善「注」云 : "『方言』曰, 逢·虞, 望也. 郭璞曰, 今烽火是也." 『廣雅』: "逢·虞·候, 望也[62]." 『說文』云 : "逢燧, 候表也. 邊有警則擧火.[63]"

'봉逢'과 '봉烽'은 같다. 반고의 「서도부」에 "봉화를 들어 술잔을 다 들이키도록 명하네"라는 구절이 있다. 이선의 「주」에 "『방언』에 봉逢·우虞는 바라보다(망望)의 뜻이라고 하였으며, 곽박은 오늘날의 봉

61 『文選·賦甲·西都賦』: "陳輕騎以行炰, 騰酒車以斟酌. 割鮮野食, 擧烽命釂."
62 『廣雅·釋詁』: "睎·睢·逢·虞·䦧·俟, 望也."
63 『說文解字』 火部 : "逢, 燧, 候表也. 邊有警則擧火. 從火逢聲."

화가 바로 이것이라고 하였다"고 되어 있다. 『광아』에 "봉㷭·우虞·후候는 바라보다(망望)의 뜻"이라고 하였다. 『설문해자』에 "봉㷭과 수燧는 후표候表다. 그 부근에 경계할 만한 일이 있으면 불을 피워 올린다"라고 하였다.

역해

① 㷭[봉] : 봉화.
② 虞[우] : 바라다. 기대하다.
③ 望[망] : 바라보다. 기다리다. 望은 㷭, 虞의 풀이어휘. 곽박 당시에는 烽火라고 함.

방언 15

揄[64]① · 㯐[65]②, 脫③也.

유揄·타㯐는 떨어지다, 빠지다(탈脫)의 뜻이다.

---

64 『四部叢刊』本에는 '楡'로 되어 있으나, 戴震은 '揄'로 고쳤다.
65 『四部叢刊』本에는 '㯐'로 되어 있으나, 戴震은 '㯐'로 고쳤으나, 王念孫과 周祖謨는 '撱'라고 했다. 華學誠은 이 글자를 마땅히 '撱'라고 해야 하며, 明代의 抄本에서도 '撱'라고 썼다고 하였다. '撱'와 '墮'는 서로 통한다고 했다.

방언소증

案'揄'各本訛作'榆', '墮'訛作'椿', 今訂正. 枚乘「七發」: "揄棄恬怠.[66]" 李善「注」引『方言』: "揄, 脫也." 『廣雅』: "揄・墮, 脫也", 義本此. 曹憲『音釋』: "揄, 以珠反".

'유揄'는 각 판본에서 '유榆'라고 잘못 썼으며, '타墮'는 '타椿'라고 잘못 썼는데, 지금 바르게 고친다. 매승의 「칠발」에 "안일함과 권태로움을 내던지다"라는 구절이 있는데, 이선의 「주」에서 『방언』을 인용하여 "유揄는 빠지다(탈脫)의 뜻"이라고 했다. 『광아』에 "유揄・타墮는 빠지다(탈脫)의 뜻"이라고 되어 있는데, 그 의미는 여기에 근거하였다. 조헌의 『광아음석』에 "유揄는 음이 이주반以珠反"이라고 하였다.

역해

① 揄[유]: 줄다.

② 墮[타]: 길쭉하다. 초목 따위가 마르다. 민둥민둥하다.

③ 脫[탈]: 떨어지다. 빠지다. 脫은 揄, 墮의 풀이어휘.

방언 16

解① ・ 輸②, 挩[67]③ 也.【挩猶脫耳[68]】

---

66 『文選・七上・七發』: "揄棄恬怠, 輸寫淟濁. 分決狐疑, 發皇耳目."

67 『四部叢刊』本에는 '棁'로 되어 있으나, 戴震은 '挩'으로 고쳤다.

68 耳라는 글자가 명대의 판각본들에는 모두 也로 되어 있다.

해解・수輸[69]는 벗다(탈挩[70])의 뜻이다.【탈挩은 탈脫과 같다】

방언소증

案'挩'各本訛作'梲',「注」內同. '梲'乃侏儒柱, 不與'脫'通.『說文』云: "挩, 解挩也[71]."『廣韻』'挩'字「注」云: "或作脫." 今據以訂正.

'탈挩'을 각 판본에서는 '탈梲'이라고 잘못 썼으며, 곽박의「주」안에 있는 글자도 마찬가지다. '탈梲'은 바로 동자기둥[72]이니, '탈脫'과 서로 통할 수 없다.『설문해자』에 "탈挩은 해탈解挩이다"라고 하였고,『광운』의 '탈挩'이라는 글자에 대한「주」에서 "혹은 탈脫이라고도 쓴다"고 하였다. 지금 이에 근거하여 바르게 고친다.

역해

① 解[해]: 벗다. 풀다. 통달하다.
② 輸[수]: 다 내놓다. 바치다. 진력하다.
③ 挩[탈]: 벗어나다. 벗다. 해탈하다. 脫과 통용. 挩은 解, 輸의 풀이어휘. 곽박「주」에 挩은 脫과 같다고 함.

69 王念孫은 '輸, 脫은 聲之轉이다'라고 하였다.
70 盧文弨의『重校方言』은 '梲'이라고 하였고, "『荀子・禮論』에 '凡禮始乎梲'이라는 구절이 있는데,『大戴禮記』및『史記』에서 모두 脫로 적었으니, 이 梲과 脫은 같다.『說文解字』는 모두 手를 부수로 하고 있다"라고 하였다.
71『說文解字』手部: "挩, 解挩也. 從手兌聲."
72 대들보 위에 세워 서까래를 지탱하는 데 쓰는 짧은 기둥을 말한다.

방언 17

賦① · 與②, 操③也.【謂操持也】

부賦[73] · 여與[74]는 잡다, 쥐다(조操)의 뜻이다.【붙잡고 있는 것을 말한다】

방언소증

案'操'如「曲禮」: "獻民虜者操右袂, 獻米者操量鼓, 獻孰食者操醬齊, 獻田宅者操書致.[75]", "凡以弓劍, 苞苴, 簞笥問人者, 操以受命, 如使之容.[76]" 皆操之而與, 故因以爲義.

'조操'는 『예기 · 곡례』의 "포로로 잡아온 노비를 바치는 자는 그들의 오른편 소매를 잡고[77], 쌀을 바치는 자는 양고量鼓를 올리며[78], 익은 음식을 바치는 자는 장제醬齊를 올리며[79], 전지나 가사를 바치는

---

73 華學誠은 "『說文解字』 手部에 '操, 把持也'라는 말이 있는데, 把持와 取는 의미가 서로 통하며, 賦는 取와 같다"고 하였다.

74 與를 操로 풀이하는 것은 문헌상 근거가 분명하지 않다.

75 『禮記 · 曲禮(上)』: "獻民虜者操右袂. 獻粟者執右契, 獻米者操量鼓. 獻孰食者操醬齊. 獻田宅者操書致." 戴震의 인용문에는 "獻粟者執右契"라는 한 구절이 빠져 있다.

76 『禮記 · 曲禮(上)』: "凡以弓劍, 苞苴, 簞笥問人者, 操以受命, 如使之容."

77 그들이 딴 마음을 품을까 경계하고 막기 위한 것이라고 한다.

78 이 구절의 앞에 생략된 서속을 바치는 자는 割符, 즉 어음의 오른 쪽 조각을 올린다(獻粟者執右契)고 되어 있고, 쌀을 바치는 자는 量器를 올린다고 되어 있다. 어음의 오른 쪽을 올리는 이유는 오른 쪽을 더 높은 것으로 여기기 때문에 右符를 바치어 그에게 소유권을 넘긴다는 뜻이다. 쌀을 바칠 때 양기를 올린다고 할 때의 양기는 斛, 즉 곡식 열 말의 용량을 잴 수 있는 도구를 뜻하는데, 이런 차이가 나는 까닭은 서속이 저장하는 것임에 반해, 쌀은 곧 식량으로 사용할 수 있기 때문이라고 한다.

자는 그에 대한 자세한 명세서를 바친다[80]"라는 구절 및 "무릇 궁검弓劍, 포저苞苴(선물꾸러미), 단사簞笥를 남에게 보내줄 때에는 가는 사람이 명령을 받으면 그 가지고 갈 물건들을 잡고 (위의威儀와 진퇴 절차를 익혀 이미 저 곳에 도착한) 사자使者와 같은 의용儀容을 짓는다"라는 구절에서 사용되는 조操의 뜻과 같다. 모두 그것을 잡고 있다가 준다는 뜻이다. 그러므로 이로 말미암아 그러한 뜻이 된 것이다.

역해

① 賦[부] : 잡다. 쥐다.
② 與[여] : 주다. 쓰다. 만들다.
③ 操[조] : 잡다. 쥐다. 操는 賦, 與의 풀이어휘.

방언 18

盝①【音鹿】・歇②【泄气[81]】, 涸③也.【謂渴[82]也. 音鶴】

록盝[83]【음은 록鹿이다】・헐歇[84]【기가 다하다】은 물이 마르다(학涸)의 뜻이

79 익은 음식을 바칠 때는 漿劑, 즉 조미료를 바침으로써 익음 음식을 올린다는 사실을 알리는 것이다.
80 書致란 많고 적음을 상세히 적어 남에게 보내는 것이므로, 전지나 가사를 바칠 때에는 그 명세서를 써서 올린다는 뜻이라고 한다.
81 气는 氣의 古字다.
82 渴은 竭과 통한다. 明代의 抄本과 淸代의 抄本에는 竭로 되어 있다.
83 『原本玉篇殘卷』에서 '漉'字에 대해서 『方言』의 '漉, 涸也'라는 구절을 인용하였다. '盝'字의 풀이에서 말하기를, '字書에 漉字도 있다. 혹은 盝자로도 쓰며, 皿部에 있다'고 하였다.

다.【갈渴(목마르다)을 말한다. 음은 학鶴이다】

방언소증

案「考工記」: "清其灰而盝之, 而揮之.[85]" '盝'同'盪'. 『爾雅 · 釋詁』: "揮 · 盝 · 歇 · 涸, 竭也.[86]" 『說文』: "涸, 渴也. 讀若狐貈之貈.[87]", "渴, 盡也."[88] 『廣雅』: "渴 · 盪 · 涸, 盡也[89]." 「注」內'泄氣'二字與『說文』'渴'字「注」: "一曰氣越泄"合. 气, 古'氣'字.

『주례 · 고공기』에 "그 재를 맑게 걸러서 말리고 나서 그것을 없애고"라고 했다. '록盝'과 '록盪'은 같다. 『이아 · 석고』에 "휘揮 · 록盝 · 헐歇 · 학涸은 목이 마르다(갈竭)의 뜻"이라고 하였다. 『설문해자』에 "학涸은 목이 마르다(갈渴)의 뜻이다. 독음은 호학狐貈의 학貈과 같다"고 하였고, 또 "갈渴은 다하다(진盡)의 뜻"이라고 하였다. 『광아』에 "갈渴 · 록盪 · 학涸은 다하다(진盡)의 뜻"이라고 하였다. 곽박의 「주」 안에 '설기泄氣'라는 두 글자는 『설문해자』의 '갈渴'이란 글자에 대한 풀이에[90] 보이는 "일설에는 기가 넘쳐서 새는 것"이라고 했던 것과 부합된다. '기

84 『爾雅 · 釋詁』에, '歇 · 涸, 竭也'라는 구절에 대해서 곽박의 「주」에 '歇, 通語'라고 하였다.

85 『周禮 · 冬官考工記』: "清其灰而盝之, 而揮之. 而沃之, 而盝之. 而塗之, 而宿之."

86 『爾雅 · 釋詁』: "揮 · 盝 · 歇 · 涸, 竭也."

87 『說文解字』 水部: "涸, 渴也. 從水固聲. 讀若狐貈之貈. 㵐, 涸亦從水鹵舟."

88 『說文解字』 水部: "渴 : 盡也。從水曷聲."

89 『廣雅 · 釋詁』: "殫 · 索 · 既 · 滲 · 溘 · 涸 · 急 · 汽 · 熮 · 湫 · 澌 · 涖 · 釂 · 殧 · 靠 · 寫 · 罄 · 爽 · 鋌 · 央, 盡也."

90 戴震은 『說文解字』의 '渴'이라는 글자에 대한 풀이에 나온다고 하였으나, 渴이 아니라 歇이라는 글자에 다음과 같은 내용이 있다. 『說文解字』 欠部: "歇, 息也. 一曰氣越泄也. 從欠, 曷聲."

气'는 옛날의 '기氣'라는 글자다.

역해

① 漉[록] : 물이 마르다. 목이 마르다. 곽박 「주」에 발음은 鹿이라고 했는데, 이에 근거한 상고음은 [*luk]이다.

② 歇[헐] : 다하다. 없어지다. 초목이 시들다.

③ 涸[학] : 다하다. 물이 마르다. 涸은 漉, 歇의 풀이어휘. 곽박 「주」에 발음은 鶴이라고 했는데, 이에 근거한 상고음은 [*gakw]이다.

방언 19

潎①【妨計反】· 澂②,【音澄】 清③也.

별潎[91]【음은 방계반妨計反이다】· 징澂[92]【음은 징澄이다】은 물이 맑다(청清)의 뜻이다.

---

91 물이 가볍고 빠르게 흐르는 것을 별이라고 하고, 물이 맑은 것 역시 별이라고 한다. 의미는 서로 관련이 된다. 이 항목에서 清이란 물이 맑다는 것을 말하며 형용사다.

92 『說文解字』 水部에 '澂, 清也. 從水, 徵省聲'이라고 하였고, 段玉裁의 『說文解字注』에 "澂은 持(유지하다)를 말한다. 무언가를 유지한 이후에 맑아지게 된다. 『方言』에 '澂은 清이다'라고 하였다. 澂과 澄은 古今字"이라고 하였다.

방언소증

案『廣雅』: "澂・潎, 清也." 義本此. '澂'亦作'澄'. 左思「詠史詩」: "左眄澄江湘.[93]" 李善「注」引『方言』: "澄, 清也." 「考工記」: "清其灰."[94] 鄭「注」云: "清, 澄也."

『광아』에 "징澂・별潎은 물이 맑다(청清)의 뜻"이라고 하였는데, 그 의미는 여기에 근거한다. '징澂'은 또 '징澄'이라고도 쓴다. 좌사의 「영사시」에 "왼쪽으로 맑은 장강과 상강을 바라보고"라는 대목이 있는데, 이선의 「주」에서 『방언』의 "징澄은 맑다(청清)의 뜻"이라는 구절을 인용하였다. 『주례・고공기』에 "그 재를 맑게 거르다"라는 구절이 있는데, 정현의 「주」에서 "청清은 맑다(징澄)의 뜻"이라고 하였다.

역해

① 潎[별] : 물이 맑다. 곽박 「주」에 발음은 妨計反이라고 했는데, 이에 근거한 상고음은 [*phidh]이다.
② 澂[징] : 물이 잔잔하고 맑다. 곽박 「주」에 발음은 澄이라고 했는데, 이에 근거한 상고음은 [*dəŋh]이다.
③ 清[청] : 물이 맑다. 清은 潎, 澂의 풀이어휘.

93 『文選・詩乙・詠史詩』: "左眄澄江湘, 右盼定羌胡."
94 『周禮・冬官考工記・㡛氏』: "清其灰而盝之而揮之."

방언 20

逯①【音鹿, 亦錄】・遡②【音素】, 行③也.

록逯[95]【음은 록鹿이며, 또 록錄이라고도 읽는다】・소遡【음은 소素다】는 다니다(행行)의 뜻이다.

방언소증

案『廣雅』: "逯・遡, 行也[96]." 義本此. 『說文』云: "逯, 行謹逯逯也[97]."

『광아』에 "록逯・소遡는 다니다(행行)의 뜻"이라고 하였는데, 그 의미는 여기에 근거한다. 『설문해자』에 "록逯은 행동함에 삼가고 조심스러운 것"이라고 하였다.

역해

① 逯[록]: 다니다. 마음 내키는 대로 다니다. 곽박 「주」에 발음은 鹿, 또 錄이라고 했는데, 이에 근거한 상고음은 [*luk], [*ljuk]이다.
② 遡[소]: 물을 거슬러 올라가다. 향하다. 곽박 「주」에 발음은 素라고 했는데, 이에 근거한 상고음은 [*sagh]다.

---

95 여기에서는 마음대로 다니는 것을 말한다. 이 逯은 行을 말한다.
96 『廣雅・釋詁』: "躔・歷・逝・去・趨・徥・流・步・遵・迒・蹠・遂・般・從・遂・轉・隨・巡・充・略・將・進・由・駕・帶・貫・躭・逭・道・踚・遡・吉, 行也."
97 『說文解字』辵部: "逯, 行謹逯逯也. 從辵彔聲."

③ 行[행]: 다니다. 行은 逯, 遡의 풀이어휘.

방언 21

墾① · 牧②, 司③也. 墾④, 力⑤也.【耕墾用力】牧⑥, 飤⑦也【謂放飤牛馬也】. 監⑧ · 牧⑨, 察⑩也.[98]

간墾 · 목牧은 맡다(사司)의 뜻이다[99]. 간墾은 힘쓰다(력力)의 뜻이다.【밭갈고 개간함에 힘을 쓰는 것이다】목牧은 먹이다(사飤)의 뜻이다[100].【소와 말을 놓아먹이는 것이다】감監 · 목牧은 살펴보다(찰察)의 뜻이다.

방언소증

案此皆展轉引伸之義. 『廣雅』: "墾, 力也[101]." 本此. 『周語』: "使監

98 錢繹의 『方言箋疏』에서 '察'의 앞에 '督'이라는 글자가 있어야 한다고 하면서 말하기를, "『重經音義』 제5권에서 『方言』을 인용하여 말하기를, '督 · 察, 理也'라고 하였고, 제7권에서 『方言』을 인용하여 말하기를, '督, 察也, 理也'라고 하였는데, 이는 두 조항의 문장을 합하여 말한 것이다. 『方言』의 제6권에 '督, 理也'라는 항목 아래 '察也'라는 글자는 없는데, 이는 이 항목 안에 '督'이라는 글자 하나가 탈락되었다는 것이니, 지금 이에 근거하여 고친다"라고 하였다. 周祖謨의 『方言校箋』에서도 이에 근거하여 "今本의 이 조항에 督이라는 글자가 없는데, 탈락되었을 것"이라고 하였다. 華學誠도 錢繹의 설에 따라 '督'자를 보충해야 한다고 하였고, 후세에 '督察'이라는 말은 衍文으로 사용되는 것이라고 하였다.

99 華學誠은 墾을 司로 풀이하는 것은 문헌상에서는 분명하지 않다고 하였다.

100 『說文解字』에 '飤, 糧也'이라고 하였고, 段玉裁의 『說文解字注』에 '俗作飤, 或作飼'라고 하였다. 후대에는 모두 飼로 쓴다.

101 『廣雅 · 釋詁』: "踊 · 膂 · 墾 · 劤 · 威, 力也."

謗者.[102]" 韋昭「注」云 : "監, 察也."

이 글자들은 모두 의미가 조금씩 바뀌거나 인신된 뜻을 가진 글자다. 『광아』에 "간墾은 힘쓰다(력力)의 뜻"이라고 한 것은 여기에 근거한 것이다. 『국어 · 주어』에 "자신의 잘못을 지적할 사람을 감시하도록 하였다"는 말이 있는데, 위소의 「주」에서 말하기를, "감監은 살피다(찰察)의 뜻"이라고 하였다.

역해

① 墾[간] : 맡다.
② 牧[목] : 통치하다. 일을 주관하는 관리.
③ 司[사] : 맡다. 주관하다. 司는 墾, 牧의 풀이어휘.
④ 墾[간] : 관리하다. 경작하다.
⑤ 力[력] : 힘쓰다. 力은 墾의 풀이어휘.
⑥ 牧[목] : 가축을 기르다. 가축을 방목하다.
⑦ 飤[사] : 飼와 같다. 먹이다. 飤는 牧의 풀이어휘.
⑧ 監[감] : 잘 살피다. 비추어 보다. 관찰하다.
⑨ 牧[목] : 살피다. 시찰하다.
⑩ 察[찰] : 자세히 살펴보다. 察은 監, 牧의 풀이어휘.

102 『國語 · 周語』: "召公告曰 : 民不堪命矣! 王怒, 得衛巫, 使監謗者, 以告, 則殺之."

방언 22

奞①【音歡】, 始②也. 奞③, 化④也.【別異訓也】

환奞[103]【음은 환歡이다】은 처음(시始)의 뜻이다. 환奞은 되다, 변화하다(화化)의 뜻이다.【앞의 뜻과는 다른 의미로 풀이된다】

방언소증

案『廣雅』: "奞, 匕也[104]." 義本此. 匕, 古'化'字. 『廣韻』'奞'字「注」云: "化也. 始也. 出『方言』.[105]"

『광아』에 "환奞은 되다, 변화하다(비匕)의 뜻"이라고 하였으니, 그 의미는 여기에 근거한다. 비匕는 화化의 옛 글자다. 『광운』에서는 '환奞' 이라는 글자를 주해하면서 말하기를, "되다(화化)의 뜻이다. 처음(시始)의 뜻이다. 『방언』에 나온다"고 하였다.

역해

① 奞[환]: 처음. 비로소. 곽박「주」에 발음은 歡이라고 했는데, 이에 근

103 錢繹은『方言箋疏』에서 奞은 雈의 다른 글자라고 하였으나, 華學誠은 증거가 없다고 지적하였고, '艹'를 '大'라고 잘못 썼으므로 雈을 奞으로 잘못 쓰게 된 것이라고 하였다. 權은 雈으로부터 발음을 얻게 되었으며, 짧게 말하면 '權'이고, 길게 말하면 '權輿'라고 하였다.

104 『廣雅·釋言』: "蔿·譌, 譁也."

105 『廣韻』上平聲: "奞, 化也. 始也. 出『方言』."

거한 상고음은 [*huan]이다.

② 始[시] : 처음. 始는 䆠의 풀이어휘.

③ 䆠[환] : 되다. 변화하다.

④ 化[화] : 바뀌다. 변화하다. 化는 䆠의 풀이어휘.

방언 23

鋪①・脾②, 止③也.【義有不同, 故異訓之[106]. 鋪, 妨孤反】

포鋪・비脾는 그치다(지止)의 뜻이다.【이 글자들에는 본래적인 의미 외에 다른 의미가 있다. 그러므로 다르게 풀이한다. 포鋪의 음은 방고반妨孤反이다】

방언소증

案此蓋釋『詩』'匪安匪舒, 淮夷來鋪'[107]之義, 言爲淮夷之故來止, 方與上'匪安匪遊, 淮夷來求'文義適合. 舊說讀'鋪'爲'痡', 謂爲淮夷而來, 當討而病之, 失於迂曲. 『廣雅』: "鋪・脾, 止也[108]." 義本此. '脾'之爲止, 不見於書傳, 與'鋪'一聲之轉, 方俗或云'鋪', 或云'脾'也.

이는 대체로 『시경』의 '편안하게 쉬는 게 아니라 회 지역의 오랑캐

106 周祖謨의 『方言校箋』에서, "義有不同, 故異訓之"라는 구절의 의미는 연결되는 바가 없으니, 아마도 앞의 항목의 주해에 "別異訓也"라는 구절의 뒤에 있었던 것인데, 여기로 잘못 찬입된 것이 아닌가 생각된다고 하였다.

107 『詩經・大雅・蕩之什・江漢』: "旣出我車, 旣設我旟. 匪安匪舒, 淮夷來鋪."

108 『廣雅・釋詁』: "禦・禁・掕・閣・坐・沈・宿・矣・竣・掛・礙・鋪・脾・絉・處・咹・跱・棖・拘・渟・憤・趕・躇・扼・騠・駐・躍・劵, 止也."

를 치려는 것이네'라는 구절의 '포鋪'를 풀이하는 것으로서, 회 지역의 오랑캐 때문에 와서 저지하려 함을 말한다는 것을 풀이해주니, 이 시 구절의 앞에 나오는 '편히 즐기거나 노는 것이 아니라 회 지역의 오랑캐를 찾아 가는 것이네'라고 했던 구절의 뜻과 들어맞는다. 옛 설에 '포鋪'를 '부痡'로 읽어야 한다고 하며, 회 땅의 오랑캐 때문에 왔으니 마땅히 그들을 토벌하고 책망해야 한다는 뜻이라고도 했지만, 지나치게 우원하며 잘못 되었다. 『광아』에 "포鋪・비脾는 그치다(지止)의 뜻"이라고 하였으니, 그 의미는 여기에 근거한다. 비脾가 지止라는 의미를 갖는 경우는 전적에는 보이지 않는다. '포鋪'와는 일성지전一聲之轉이다. 지방의 풍속에 따라 혹은 '포鋪'라고도 하고 혹은 '비脾'라고도 한다.

역해

① 鋪[포] : 멈추다. 곽박 「주」에 발음은 妨孤反이라고 했는데, 이에 근거한 상고음은 [*phag]이다.
② 脾[비] : 그치다.
③ 止[지] : 그치다. 止는 鋪, 脾의 풀이어휘.

방언 24

攘① · 掩②, 止③也.

양攘・엄掩은 그치다(지止)의 뜻이다.

방언소증

案潘岳「西征賦」: "揜細柳而撫劍, 快孝文之命帥.[109]" 李善「注」云: "『方言』掩, 止也." '掩'與'揜'同. 『廣韻』: "攘, 止也.[110]" 本此.

반악의 「서정부」에 "가느다란 버들가지를 잡아 칼을 어루만지며, 흔쾌히 효문제가 장수에게 명하네"라는 구절이 있는데, 이선의 「주」에서 "『방언』에 엄掩은 그치다(지止)의 뜻이라고 하였다"라고 말했다. '엄掩'과 '엄揜'은 같다. 『광운』에서 "양攘은 그치다(지止)의 뜻"이라고 한 것은 여기에 근거한 것이다.

역해

① 攘[양] : 멈추다. 그치다.
② 掩[엄] : 그치다. 멈추다.
③ 止[지] : 그치다. 止는 攘, 掩의 풀이어휘.

방언 25

幕①, 覆②也.

109 『文選·賦戊·西征賦』: "掩細柳而撫劍, 快孝文之命帥. 周受命以忘身, 明戎政之果毅."

110 『廣韻』 下平聲: "攘, 以手禦. 又竊也. 除也. 逐也. 止也. 揎袂出臂曰攘. 又音讓."

막幕은 가리다(복覆)의 뜻이다.

방언소증

案『廣雅』: "幕, 覆也[111]." 義本此. 『說文』云 : "帳在上曰幕, 覆食案亦曰幕."[112]

『광아』에 "막幕은 가리다(복覆)의 뜻"이라고 하였으니, 그 의미는 여기에 근거한다. 『설문해자』에 말하기를 "휘장이 위에 드리워져 있는 것을 막幕이라고 하며, 식탁을 덮는 것 역시 막幕이라고 한다"고 하였다.

역해

① 幕[막] : 덮다. 가리다. 뒤덮다.
② 覆[복] : 가리다. 덮어 감추다. 보호하다. 覆는 幕의 풀이어휘.

방언 26

侗【他動反】胴①【挺挏】, 狀②也.【謂形狀也】

111 『廣雅・釋詁』: "幬・幏・幎・幔・帡・幕・茨・葺・蔓・燾・幠・賵・弇・冒, 覆也."

112 『說文解字』 巾部 : "幕, 帷在上曰幕, 覆食案亦曰幕. 從巾莫聲."

동侗【음은 타동반他動反이다】동胴[113]【음은 정동挺挏의 동挏이다[114]】은 어떤 모습(장狀)을 말한다.【어떤 상태를 형용하는 것을 말한다】

방언소증

案「注」內‘挺挏’當作‘音挺挏之挏’. 『漢書·百官公卿表』: “更名家馬爲挏馬.[115]” 「注」晉灼曰: “挏音挺挏之挏.” 師古曰: “晉音, 是也. 挏, 音徒孔反.” 前卷六內有‘侹侗’,[116] 卷十內又有‘恫娗’.[117] 三處音同而字異, 且有先後之別. 凡雙聲多取音不取字, 姑仍其傳本之舊.

「주」 안에 ‘정동挺挏’은 마땅히 ‘음은 정동挺挏의 동挏이다’라고 해야 한다. 『한서·백관공경표』에 “가마의 이름을 동마라고 바꾸다”라는 문장의 주해에서 진작이 말하기를, “동挏은 정동挺挏의 동挏으로 발음한다”고 하였다. 안사고는 “진작이 말한 발음이 옳다. 동挏은 도공반徒孔反으로 발음한다”고 하였다. 앞의 제6권에는 정동侹侗이라는 말이 나오고, 제10권에는 통정恫娗이라는 말이 나온다. 이 세 곳에서 나오는 글자의 음은 같으나 글자는 다르며, 또한 선후의 차이가 있다. 대체로 쌍성은 글자에서 취하지 않고 음에서 취하는 경우가 많으니 차라리 전해오는 옛 판본에 따르겠다.

---

113 侗胴은 連綿辭로서, 어떤 형상을 형용하는 말이다. 문헌상의 용례는 잘 알 수 없다.

114 『方言疏證』의 지적에 따라 이와 같이 번역하였다.

115 『漢書·百官公卿表』: “武帝太初元年, 更名家馬爲挏馬, 初置路軨.”

116 『方言』 제6권의 11번째 항목을 참조할 것.

117 『方言』 제10권의 3번째 항목을 참조할 것.

역해

① 侗胴[통동] : 모양. 형상. 곽박 「주」에 侗의 발음은 他動反, 胴의 발음은 挺挏의 挏이라고 했는데, 이에 근거한 상고음은 [thuŋx], [*duŋ]이다.
② 狀[상] : 모양. 형태. 狀은 侗, 胴의 풀이어휘.

방언 27

𡮐[118]① · 杪②, 小③也.【樹細枝爲杪也】

절𡮐 · 초杪는 작다(소小)의 뜻이다.【나무의 가느다란 가지를 초杪라고 한다】

방언소증

案'𡮐'各本訛作'疋'. 『說文』: "𡮐, 從小, 乀聲[119]." 『廣雅』: "杪 · 𡮐, 小也[120]." 其義本之此條. 曹憲『音釋』: "𡮐, 子列反." 今據以訂正.

'절𡮐'을 각 판본에서는 '필疋'이라고 잘못 썼다. 『설문해자』에 "절𡮐은 소小를 부수로 하며, 불乀이라는 소리를 취한다"고 하였다. 『광아』에 "초杪 · 절𡮐은 작다(소小)의 뜻"이라고 하였으니, 그 의미는 이 조항에 근거한 것이다. 조헌의 『광아음석』에 "절𡮐은 자열반子列反"이

118 『四部叢刊』本에는 '疋'이라고 되어 있으나, 戴震은 '𡮐'로 고쳤다.
119 『說文解字』 小部 : "𡮐, 少也. 從小, 乀聲. 讀若輟."
120 『廣雅 · 釋詁』 : "㜸 · 筆 · 拏 · 摻 · 蠽 · 稗 · 細 · 纖 · 微 · 紗 · 麽 · 懱 · 私 · 蔝 · 葼 · 㑌 · 蓩 · 杪 · 肖 · 𡮐 · 區 · 眇 · 鄙, 小也."

라고 하였으니, 지금 거기에 근거하여 바르게 고친다.

역해

① 尐[절] : 작다.
② 杪[초] : 작다. 사소하다. 곽박 「주」에 나무의 가느다란 가지를 杪라고 한다고 함.
③ 小[소] : 작다. 小는 尐, 杪의 풀이어휘.

방언 28

屑① · 往②, 勞③也.【屑屑 · 往來, 皆劬勞也】屑④ · 惟⑤【王相】, 獪⑥也.【市獪[121]】

설屑[122] · 왕往은 힘쓰다(로勞)의 뜻이다.【설설屑屑 · 왕래往來란 모두 수고로이 힘쓴다는 뜻이다】설屑 · 왕惟[123]【음은 왕상王相의 왕王이다[124]】은 교활하다(회獪)의 뜻이다.【음은 시회市獪의 회獪다[125]】

---

121 『四部叢刊』本에는 '儈'라고 되어 있으나, 戴震은 '獪'로 고쳤다.
122 華學誠은 "짧게 말하면 '屑'이고, 중첩하여 말하면 '屑屑'이다. 『方言』 제10권의 20번째 항목에 보인다"라고 하였다.
123 錢繹의 『方言箋疏』에서 "狂은 惟과 같다. …… 誑과 惟은 古今字의 관계다"라고 하였다.
124 본래 郭璞의 「注」에는 '王相'이라고 되어 있으나 戴震의 설에 따라 이와 같이 번역하였다.
125 본래 郭璞의 「注」에는 '市儈'라고 되어 있고, 戴震도 이에 대해서는 아무런 언급도 하지 않았으나, 발음에 대한 설명이 분명하기 때문에 이와 같이 번역하였다.

방언소증

案『廣雅』: "屑・往, 勞也[126]." 義本此. 㑌, 『廣韻』作'俇'云, "誤人", 與'旺'同音. 「注」內'王相'當作'音王相之王'.

『광아』에 "설屑・왕往은 힘쓰다(로勞)의 뜻"이라고 하였는데, 그 의미는 여기에 근거한다. 왕㑌을 『광운』에서는 '광俇'이라고 쓰고서 말하기를 "도리에 어긋난 사람"이라고 했다. '왕旺'과 같은 음이다. 곽박의 「주」 안에 '왕상王相'은 마땅히 '음은 왕상王相의 왕王이다'라고 해야 한다.

역해

① 屑[설] : 부지런히 애쓰는 모양.
② 往[왕] : 수고하다. 노력하다. 곽박 「주」에 발음은 王相의 王이라고 했는데, 이에 근거한 상고음은 [*gwjaŋ]이다.
③ 勞[로] : 힘쓰다. 노력하다. 勞는 屑, 往의 풀이어휘.
④ 屑[설] : 교활하다.
⑤ 㑌[왕] : 교활하다.
⑥ 獪[회] : 교활하다. 간교하다. 獪는 屑, 㑌의 풀이어휘. 곽박 「주」에 발음은 市獪의 獪라고 했는데, 이에 근거한 상고음은 [*kwadh]이다.

126 『廣雅・釋詁』: "罷・券・煩・御・賢・犒・勳・屑・祕・往, 勞也."

방언 29

效①【音皎】·烓②【口類反[127]】, 明③也.

효效[128]【음은 교皎다】·계烓【음은 구류반口類反이다】는 밝다(명明)의 뜻이다.

방언소증

案效, 『廣雅』作'皎'云: "皎·烓, 明也[129]." 義本此.

효效를 『광아』에서는 '교皎'라고 쓰고서 말하기를, "교皎·계烓는 밝다(명明)의 뜻"이라고 하였으니, 그 의미는 여기에 근거한다.

---

127 劉台拱의 『方言補校』에 "『玉篇』과 『廣韻』에서는 '口迥'과 '烏圭'의 두 가지 반절이 있을 뿐이고, 曹憲의 『廣雅·注』에는 烏攜·烏缺·圭惠·口井이라는 네 음이 있는데, 여전히 '口類反'으로 읽히는 것은 없다. 이 口類反은 분명 口熲反의 오류다"라고 하였다. 華學誠은 劉台拱의 교정이 옳다고 하며, 『爾雅·釋文』에서 『字林』을 인용한 부분에서도 口熲反으로 썼으며, 마땅히 이와 같이 써야 한다고 하였다. 여기에서는 戴震의 판본에 따라 口類反으로 하였다.

128 盧文弨의 『重校方言』에서는 이 글자를 '皦'라고 고쳐 썼으며, "각 판본에서 效라고 썼지만, 나는 지금 宋代의 판본과 『廣雅』에서 '皎'라고 한 것에 따랐다"라고 하였다. 華學誠은 '效'라는 글자에는 오류가 없다고 하면서 盧文弨가 고친 것이 옳지 않다고 했다. 다시 말하면 본래 效라는 글자는 明 혹은 顯으로 풀이된다는 것이다. 또한 王念孫이 『廣雅疏證』에서 '皎'에 대해 『方言』을 인용하지 않았던 것은 王念孫 역시 『廣雅』의 '皎'가 『方言』에 근원을 두고 있지 않다고 보았기 때문이라고 하였다.

129 『廣雅·釋詁』: "旪·曙·昕·昞·較·發·卓·離·炅·晫·炤·燿·囧·烜·晝·光·顯·耿·晀·俾·皎·彰·朏·曉·睪·快·視·晰·昱·曠·昭·晤·昀·旭·徵·煒·闓·陽·杲·烓·堂·彰·著, 明也."

역해

① 效[효] : 밝다. 명백하다. 곽박 「주」에 발음은 皎라고 했는데, 이에 근거한 상고음은 [*kiagwx]이다.
② 烓[계] : 밝다. 빛나다. 곽박 「주」에 발음은 口類反이라고 했는데, 이에 근거한 상고음은 [*khjiigh, *khigh]이다.
③ 明[명] : 밝다. 明은 效, 烓의 풀이어휘.

방언 30

潹① · 將②, 威③也.

주潹[130] · 장將[131]은 위엄이 있다(위威)의 뜻이다.

방언소증

案'潹'今通作'湊'.

'주潹'는 지금은 모두 '주湊'라고 쓴다.

130 華學誠은 戴震이 쓴 '潹'라는 글자가 옳다고 생각했으며, 湊가 威로 풀이되는 것은 故訓 및 문헌상 분명하지 않다고 지적했다.
131 華學誠은 '將'이 威로 풀이되는 것 역시 故訓 및 문헌상 분명하지 않다고 지적했다.

역해

① 湊[주] : 湊와 같은 글자. 위엄.

② 將[장] : 위엄과 무력. 또는 위풍당당하다.

③ 威[위] : 위엄. 존엄하다. 무력. 威는 湊, 將의 풀이어휘.

방언 31

嬀①【居僞反】·娗②【音挺】, 㒟③也.【爛㒟, 健狡也. 博丹反】

규嬀[132]【음은 거위반居僞反이다】·정娗[133]【음은 정挺이다】은 속이다(변㒟[134])의 뜻이다.【난변爛㒟은 교만하게 속이는 것이다. 음은 박단반博丹反이다】

---

132 錢繹은 詭와 嬀는 소리도 서로 비슷하고 뜻도 같다고 하였다.

133 錢繹의 『方言箋疏』에 "앞의 제2권에 '獪, 楚鄭或曰婚'라는 구절이 있고, 주해에 '言黠婚也. 今建平郡人呼婚'라고 하였다. 또 제10권에 '婚, 獪也. 凡小兒多詐而獪', '或謂之婚. 婚, 娗也'라는 구절이 있고, 주해에 '言黠姡也'라고 하였고, 또 '眠娗, 欺謾之語也'라고 하였으니, 娗은 誕으로도 쓰인다"라고 하였다.

134 戴震은 '㒟'이라고 했지만, 劉台拱의 『方言補校』에서는 "『集韻』에서 이 조항을 두 번 인용하였는데, 모두 僈으로 적었다"라고 하였다. 周祖謨의 『方言校箋』에서는 "戴震이 '㒟'이라고 한 것은 郭璞 「注」의 博丹反이라는 음과 상응한다. 『萬象名義』의 '娗'이라는 글자에 대한 설명에 '慢也'라고 되어 있는데, 이는 아마도 『方言』에 근거를 둔 것으로 보인다"라고 하였다. 華學誠은 郭璞의 博丹反이라는 음은 아마도 곽씨가 보았던 『方言』에 '㒟'으로 되어 있었기 때문일 테지만, '㒟'은 의미상으로는 취할 바가 없으며, 僈이 오히려 그 의미에 가깝다고 하였다.

방언소증

案'僊'各本訛作'傷', 今訂正.「注」內'爛僊'卽'孄媥'. '爛'讀如'蘭', 乃與'僊'爲疊韻, 或'孄'訛爲'爛'耳.

'변僊'은 각 판본에서는 '변傷'으로 잘못 썼는데, 지금 바르게 고친다. 곽박의 「주」 안에 있는 '란변爛僊'은 바로 '란반孄媥'이다. '란爛'은 '란蘭'과 같이 읽으니, '변僊'과는 첩운이 된다. 어떤 판본에서는 '란孄'을 '란爛'이라고 잘못 썼다.

역해

① 嬀[규] : 매우 교활하다. 곽박 「주」에 발음은 居僞反이라고 했는데, 이에 근거한 상고음은 [*kwjarh]다.
② 娗[정] : 속이다. 기만하다. 곽박 「주」에 발음은 挺이라고 했는데, 이에 근거한 상고음은 [*di ŋ]이다. 그러나 사전에는 娗의 발음이 '전'이라고 되어 있음.
③ 僊[변] : 속이다. 僊은 嬀, 娗의 풀이어휘. 곽박 「주」에 발음은 博丹反이라고 했는데, 이에 근거한 상고음은 [*pan]이다.

방언 32

儇① · 虔②, 謾③也.【謂慧[135]黠也. 莫錢反】

---

135 『四部叢刊』本에는 '惠'로 되어 있으나, 戴震은 '慧'로 고쳤다.

현儇・건虔은 속이다(만謾)의 뜻이다[136].【혜힐慧黠을 말한다. 음은 막전반莫錢反이다】

방언소증

案虔・儇, 慧也. 秦謂之謾. 已見前卷一內,[137] 此申重言之也.

건虔・현儇은 간교하다(혜慧)의 뜻이다. 진秦 지역에서는 만謾이라고 한다. 제1권 안에 이미 나왔는데, 이는 중복하여 말한 것이다.

역해

① 儇[현] : 간사하다. 교활하다.
② 虔[건] : 간교하다.
③ 謾[만] : 속이다. 謾은 儇, 虔의 풀이어휘. 곽박 「주」에 발음은 莫錢反이라고 했는데, 이에 근거한 상고음은 [*mjan, *mjanx]이다.

방언 33

佻①, 疾②也.【謂輕疾也. 音糶】

---

136 戴震이 말했듯이 『方言』 제1권의 2번째 조항에 "虔・儇, 慧也"라는 구절이 있다. 儇・虔・謾의 각 글자에 대해서는 그 설명을 참조할 것.
137 『方言』 제1권 2번째 조항을 말한다.

조佻[138]는 빠르다(질疾)의 뜻이다.【경질輕疾을 말한다. 음은 조糶다】

방언소증

案『詩·小雅』: "佻佻公子, 行彼周行.[139]" 『毛傳』: "佻佻, 獨行貌." 『爾雅·釋訓』: "佻佻·契契, 愈遐急也.[140]" 與此訓疾意合. 左思「吳都賦」: "儇佻坌並.[141]" 劉逵「注」引『方言』: "儇·佻, 疾也." 『廣雅』: "挑, 疾也[142]." 義本此. '挑'當作'佻'.

『시경·소아·대동』에 "경박한 공자들은 저 큰 길을 밟고 지나가는데"라는 구절이 있는데, 『모전』에 "조조佻佻는 홀로 가는 모습"이라고 하였다. 『이아·석훈』에 "조조佻佻, 계계契契는 점점 더 급해지는 것"이라고 하였는데, 여기에서 질疾의 뜻으로 풀이한 것과 합치된다. 좌사의 「오도부」에 "재빠르게 줄지어 모여든다"라는 구절이 있는데, 유규의 「주」에서 『방언』의 "현儇·조佻는 빠르다(질疾)의 뜻이다"[143]라

---

138 錢繹은 『方言箋疏』에서 '佻'의 앞에 '儇'이라는 글자가 보충되어야 한다고 하면서 다음과 같이 말했다. "『荀子·非相篇』에 '鄉曲之儇子'라는 구절이 있는데, 楊倞의 「注」에서 『方言』을 인용하여 '儇, 疾也, 慧也'라고 하였다. …… 張衡의 「南都賦」에 '儇才齊敏'이라는 구절이 있는데, 李善의 「注」에서 『方言』을 인용하여 '儇, 急疾也', '呼緣切'이라고 하였다. 이는 今本에 '儇'字가 탈락되었다는 것을 보여주니, 지금 이에 근거하여 바르게 보충한다"라고 하였다. 華學誠은 王念孫이 『廣雅疏證』에서 이미 '佻'의 앞에 '儇'이라는 글자를 보충했음을 확인하고, 錢繹의 주장이 옳다고 하였다.

139 『詩經·小雅·大東』: "佻佻公子, 行彼周行."

140 『爾雅·釋訓』: "佻佻·契契, 愈遐急也."

141 『文選·賦丙·吳都賦』: "儇佻坌並, 銜枚無聲. 悠悠旆旌者, 相與聊浪乎昧莫之坰."

142 『廣雅·釋詁』: "敂·逞·徇·儳·趨·頛·儵·倏·倢·䠷·蹂·躁·駛·獧·挑·搖·扇·拊·舞·勮·轣·汩·慫·颼·赽·鶩·䟃·越·齊, 疾也."

143 『方言』을 인용하였다고 했으므로, "佻는 疾"이라고 해야 옳다.

는 구절을 인용하였다. 『광아』에 "조挑는 빠르다(질疾)의 뜻"이라고 하였는데, 그 의미는 여기에 근거한다. 『광아』에서 '조挑'는 마땅히 '조佻'라고 해야 할 것이다.

역해

① 佻[조] : 날쌔다. 재빠르다. 곽박 「주」에 발음은 糶라고 했는데, 이에 근거한 상고음은 [*thiagwh]이다.
② 疾[질] : 민첩하다. 날렵하다. 빠르다. 疾은 佻의 풀이어휘.

방언 34

鞅① · 侼②,【音勃[144]】 强③也.【謂强戾也】 鞅④ · 侼⑤, 懟⑥也.【今[145]爲怨懟. 鞅猶怏也】

앙鞅[146] · 발侼[147]은 억지로 하다(강强)의 뜻이다.【강하고 사나운 것을 말한

144 『四部叢刊』本에는 '敎'로 되어 있으나, 『方言疏證』本에는 '勃'로 되어 있다.

145 『四部叢刊』本에는 '亦'으로 되어 있으나, 『方言疏證』本에는 '今'으로 되어 있다.

146 錢繹의 『方言箋疏』에 "鞅을 『說文解字』에서는 怏으로 쓰고서 말하기를, '不服也'라고 하였다. 不服이란 强이라는 뜻"이라고 하였다. 華學誠은 "鞅의 음은 昂이다. 오늘날 江, 淮의 방언지역, 예컨대 興化, 東臺 일대에서는 여전히 사람이 고집 세고 복종하지 않는 상황을 가리켜 頭昂昂的이라고 한다. 章炳麟의 『新方言 · 釋言』에 '오늘날 사람이 원하지 않는데도 억지로 청하는 것을 詇求라고 하는데, 詇은 鞅을 말한다'고 하였다. 이는 『方言』의 뜻과는 다소 차이가 있지만 참고할 만하다"고 지적하였다.

147 錢繹의 『方言箋疏』에 "悖와 侼은 같다. 『方言』 제10권에 '㥽, 惛也'라는 항목이 있으며, 楚揚에서는 惛을 㥽이라고 하는데, 발음은 勃이라고 한다. 㥽과

다. 음은 발㪍이다】 앙鞅・발悖은 원망하다(대懟)의 뜻이다.【지금(곽박 당시)의 원망하고 원한을 품는다라는 뜻의 원대怨懟다. 앙鞅은 앙怏과 같다】

방언소증

案『史記・伍子胥列傳』: "常鞅鞅怨望.[148]" 「淮陰侯列傳」: "由此日怨望, 居常鞅鞅, 羞與絳灌等列.[149]" 又「高祖本紀」: "此常快快, 今乃事少主.[150]" 「絳侯世家」: "此怏怏者, 非少主臣也.[151]" 『漢書』皆作'鞅鞅'. 顏師古「注」云: "鞅鞅, 不滿足也." 『廣雅』: "倖・怏, 强也[152]", "勃・怏, 懟也[153]." 義皆本此. '鞅''怏', '倖''勃', 古通用.

『사기・오자서열전』에 "항시 불평과 원망을 품고 있다"는 구절이 있고, 『사기・회음후열전』에는 "이로부터 밤낮으로 원망하며[154], 늘

悖은 소리가 같고 의미 역시 서로 가깝다"라고 하였다. 『方言』 제10권의 31항목을 참조할 것.

148 『史記・伍子胥列傳』: "夫爲人臣, 內不得意, 外倚諸侯, 自以爲先王之謀臣, 今不見用, 常鞅鞅怨望. 原王早圖之."

149 『史記・淮陰侯列傳』: "信知漢王畏惡其能, 常稱病不朝從. 信由此日夜怨望, 居常鞅鞅, 羞與絳灌等列." 戴震은 이곳을 인용하면서 한 글자를 빠뜨렸다. 『史記』의 원문에는 '由此日夜怨望'인데 戴震은 인용하면서 '夜'라는 글자를 빠뜨려서, 본래는 '이로부터 밤낮으로 원망한다'라는 뜻인데, 마치 '이 날로부터 원망한다'는 뜻으로 해석된다.

150 『史記・高祖本紀』: "諸將與帝爲編戶民, 今北面爲臣, 此常怏怏, 今乃事少主, 非盡族是, 天下不安."

151 『史記・絳侯周勃世家』: "景帝以目送之, 曰: 此怏怏者, 非少主臣也! 居無何, 條侯子爲父買工官尙方甲楯五百被可以葬者."

152 『廣雅・釋詁』: "駊・勁・堅・剛・耆・韇・勥・牞・莫・憚憸・摘・鈔・倞・悖・怏, 强也."

153 『廣雅・釋言』: "勃・怏, 懟也."

154 戴震이 『史記・淮陰侯列傳』을 인용할 때 탈자가 있었으므로, 그것을 바로잡아 '夜'를 넣어 번역하였다.

불만을 품고, 강후(絳侯)와 관영(灌嬰)과 같은 열에 있는 것을 부끄럽게 여겼다"는 구절이 있다. 또 『사기 · 고조본기』에 "이들은 항상 불만을 품고 있다. 이제 나이 어린 군주를 모시게 되었다"라는 구절이 있고, 『사기 · 강후세가』에는 "이 불평 많은 사람은 나이 어린 군주의 신하가 아니다"라는 구절이 있다. 『한서』에서는 모두 '앙앙鞅鞅'이라고 썼다. 안사고의 「주」에 말하기를 "앙앙鞅鞅은 만족하지 못한다는 뜻"이라고 하였다. 『광아』에 "발侼 · 앙怏은 억지로 하다(강强)의 뜻"이라고 하였고, 또 "발勃 · 앙怏은 원망하다(대懟)의 뜻"이라고 하였는데, 그 의미는 모두 여기에 근거한다. '앙鞅'과 '앙怏', '발侼'과 '발勃'은 옛날에는 서로 통용되었다.

역해

① 鞅[앙] : 승복하지 아니하다. 怏과 통용.
② 侼[발] : 굳세다. 패려궂다. 곽박 「주」에 발음은 教이라고 했는데, 이에 근거한 상고음은 [*bədh]이다.
③ 强[강] : 강하다. 强은 鞅, 侼의 풀이어휘.
④ 鞅[앙] : 불만스러워 하다.
⑤ 侼[발] : 원망하다. 원한을 품다.
⑥ 懟[대] : 원망하다. 懟는 鞅, 侼의 풀이어휘.

방언 35

追① · 末②, 隨③也.

추追[155] · 말末[156]은 따르다(수隨)의 뜻이다.

방언소증

案'末'各本訛作'未'. 『廣雅』: "追 · 末 · 隨, 逐也."[157] 義本此. 今據以訂正.

'말末'을 각 판본에서는 '미未'라고 잘못 썼다. 『광아』에 "추追 · 말末 · 수隨는 따르다(축逐)의 뜻"이라고 하였는데, 그 의미는 여기에 근거한다. 지금 그에 의거하여 바르게 고친다.

역해

① 追[추] : 뒤따르다. 추격하다.
② 末[말] : 따르다.
③ 隨[수] : 추종하다. 따르다. 隨는 追, 末의 풀이어휘.

---

155 華學誠은 追를 逐이라고 풀이하는 것이 그 본래적인 의미이고, 追를 隨라고 풀이하는 것은 逐의 뜻으로부터 引伸된 의미다. 追赶, 隨從은 의미가 서로 의존적인 관계라고 하였다.

156 戴震이 '末'이라고 한 것을 盧文弨와 錢繹은 모두 그대로 따랐으나, 吳予天의 『方言注商 · 補遺』에서 "未는 尾의 語轉이므로 隨라고 풀이된다. …… 戴震이 『廣雅』에 의거하여 末이라고 고친 것을 錢繹의 『方言箋疏』에서 그대로 따랐는데, 이들은 모두 틀렸다"라고 하였다. 華學誠은 吳予天의 주장이 옳다고 하였다. 『方言』 제1권의 26번 조항의 '未'라는 글자에 대한 설명을 참조할 것.

157 『廣雅 · 釋詁』: "追 · 駟 · 末 · 隨, 逐也."

방언 36

僉① · 怚②, 劇③也.【謂勤劇, 音驕怚也】 僉④, 夥⑤也.【僉者同, 故爲夥[158]. 音禍】

첨僉[159] · 저怚[160]는 힘쓰는 것이 지나치다(극劇[161])의 뜻이다.【부지런하고 힘들다(근극勤劇)는 것을 말하며, 음은 교저驕怚다】 첨僉은 많다(화夥)의 뜻이다.【첨이란 같다(동同)는 뜻이므로 많다는 뜻이 된다. 음은 화禍다】

방언소증

案「注」內‘驕怚’, 昔人有是語. 『說文』云 : “怚, 驕也[162].” ‘故爲夥’之‘夥’各本訛作‘多’, 今改正.

곽박의 「주」 안에 ‘교저驕怚’라고 했는데, 옛 사람들에게 이런 말이 있었다. 『설문해자』에 말하기를 “저怚는 교驕다”라고 하였다. “그래서 화라고 한다(故爲夥)”라고 할 때의 ‘화夥’는 각 판본에서 ‘다多’라고 잘못

158 『四部叢刊』本에는 ‘多’라고 되어 있으나, 戴震은 ‘夥’로 고쳤다.

159 錢繹의 『方言箋疏』에서 “『方言』 제1권에서 ‘自關而西秦晉之間凡人語而過’, ‘或曰僉’이라고 하였는데, 역시 심하다는 뜻”이라고 하였다.

160 錢繹의 『方言箋疏』에서는 戴震이 『說文解字』에서 인용한 “怚, 驕也” 외에 “驕, 野馬也”라는 구절을 인용하면서 野馬의 성질은 늘 버릇없고 제멋대로이므로(驕恣), 그 의미가 劇과 같다고 하였다.

161 錢繹의 『方言箋疏』에서 “『玉篇』에 ‘巨戟切, 甚也’라고 하였다. …… 그런데 여기에서는 ‘劇, 務也’가 되고 음은 ‘其據切’이다. 내가 생각하기에, 務(힘쓰다)는 趣(다다르다)라는 뜻이니, 힘쓰는 바가 더욱 심하다. 『廣韻』에 ‘勮, 勤務也’라고 하였는데, 勮과 劇은 고금자의 관계로, 聲轉體異일 뿐”이라고 하였다.

162 『說文解字』 心部 : “怚, 驕也.”

썼는데, 지금 바르게 고친다.

역해

① 僉[첨] : 지나치다.
② 怚[저] : 심하다.
③ 劇[극] : 지나치다. 심하다. 劇은 僉, 怚의 풀이어휘.
④ 僉[첨] : 많다. 과다하다.
⑤ 夥[화] : 많다. 夥는 僉의 풀이어휘. 곽박 「주」에 발음은 禍라고 했는데, 이에 근거한 상고음은 [*guarx]이다.

방언 37

夸① · 烝②, 婬[163]③也.【上婬爲烝[164]】

과夸[165] · 증烝은 음란하다(음婬)의 뜻이다.(촌수가 높은 여자와 간음하는 것을 증烝이라고 한다)

---

163 『四部叢刊』本에는 '媱'로 되어 있으나, 戴震은 '婬'으로 고쳤다.
164 『四部叢刊』本에는 '蒸'으로 되어 있으나, 戴震은 '烝'으로 고쳤다.
165 錢繹의 『方言箋疏』에 "夸의 음은 誇다. 荒婬悖亂을 夸라고 하는데, 마치 大言無實을 誇라고 하는 것과 유사하다"라고 하였다.

방언소증

案'婬'各本訛作'媱', 「注」內同, 今改正. 『廣雅』: "夸・烝, 婬也.[166]" 本此. 『春秋』桓公十六年『左傳』: "初, 衛宣公烝於夷姜.[167]" 杜預「注」云: "上淫曰烝." '淫''婬', 古通用.

'음婬'을 각 판본에서 '요媱'라고 잘못 썼고, 「주」 안에서도 마찬가지인데, 지금 바르게 고친다. 『광아』에 "과夸・증烝은 음란하다(음婬)의 뜻"이라고 한 것은 여기에 근거한다. 『춘추』 환공 16년의 『좌전』에 "이전에 위나라 군주 선공은 촌수가 높은 여자인 이강과 간음을 하였다"는 구절이 있는데, 두예의 「주」에 말하기를 "촌수가 높은 여자와 간음을 하는 것을 증烝이라 한다"고 하였다. '음淫'과 '음婬'은 옛날에는 통용되었다.

역해

① 夸[과] : 행위가 법도에 지나치다. 벗어나다.
② 烝[증] : 손윗사람과 간통하다. 어머니뻘 되는 여자와 간통함을 이른다. 곽박 「주」에 윗사람과 간통하는 것을 烝이라고 함.
③ 婬[음] : 음탕하다. 음란하다. 婬은 誇, 烝의 풀이어휘.

---

166 『廣雅・釋詁』: "誇・蒸・通・媱・窕・劮婸・報, 婬也."
167 『春秋左傳』桓公 十六年: "初, 衛宣公烝於夷姜, 生急子, 屬諸右公子. 爲之娶於齊而美, 公取之, 生壽及朔, 屬壽於左公子."

방언 38

䏶① · 顮②【音頻】, 懣③ 也.【謂憤[168]懣也】

비䏶[169] · 빈顮【음은 빈頻이다】은 분개하다(만懣)의 뜻이다.【분노가 가득한 것을 말한다】

방언소증

案『廣雅』: "䏶 · 顮, 懣也[170]." 義本此. 顮, 『說文』作'顰'云 : "涉水顰蹙[171]."

『광아』에 "비䏶 · 빈顮은 분개하다(만懣)의 뜻"이라고 되어 있는데, 그 의미는 여기에 근거한 것이다. 빈顮을 『설문해자』에서는 '빈顰'이라고 쓰고서 말하기를, "물을 건너면서 얼굴을 찌푸리는 것이다"라고 하였다.

역해

① 䏶[비] : 불만을 품다. 불만스러워 하다.

② 顮[빈] : 번민하다. 곽박 「주」에 발음은 頻이라고 했는데, 이에 근거한

---

168 『四部叢刊』本에는 '憒'로 되어 있으나, 戴震은 '憤'으로 고쳤다.

169 華學誠은 䏶와 顮는 雙聲韻轉이라고 하였으며, 글자는 다르지만 의미는 서로 가깝다고 하였다.

170 『廣雅 · 釋詁』: "䟆顮 · 漢漫 · 惆, 懣也."

171 『說文解字』 瀕部 : "顰, 涉水顰蹙. 從頻卑聲."

상고음은 [*bjin]이다.

③ 濍[만] : 번민하다. 분개하다. 濍은 衂, 顮의 풀이어휘.

방언 39

熒① · 激②, 清③也.

경熒 · 격激은 물이 맑다(청清)의 뜻이다.

방언소증

案『說文』: "熒, 回疾也[172]", "激, 水礙衺疾波也[173]." 故皆爲清急之義.

『설문해자』에 "경熒은 빠르게 돌다(회질回疾)의 뜻"이라고 하였으며, 또 "격激은 물길의 흐름이 막히거나 비껴가는 틈으로 물살이 이는 것이다"라고 하였다. 그러므로 모두 물이 맑고 흐름이 빠르다는 뜻이 된다.

역해

① 熒[경] : 물이 맑고 흐름이 빠르다.

---

172 『說文解字』 卂部 : "熒, 回疾也. 從卂營省聲."

173 『說文解字』 水部 : "激, 水礙衺疾波也. 從水敫聲. 一曰半遮也."

② 激[격] : 물결이 솟구치다. 몹시 빠르다.

③ 清[청] : 물이 맑다. 淸은 濴, 激의 풀이어휘.

방언 40

紓①【音舒】 · 退②, 緩③也.【謂寬緩也】

서紓【음은 서舒다】 · 퇴退는 느슨하다(완緩)의 뜻이다.【넓고 느린 것을 말한다】

방언소증

案『詩 · 小雅』: "匪紓.[174]" 『毛傳』: "紓, 緩也." 『春秋』莊公三十年『左傳』: "以紓楚國之難.[175]" 杜預「注」云 : "紓, 緩也." 『禮記 · 檀弓篇』: "文子其中退然如不勝衣.[176]" 鄭「注」云 : "退, 柔和貌." 『廣雅』: "退, 緩也[177]." '退', 古'退'字.

『시경 · 소아』에 "느슨하지 않다"라는 구절이 있는데, 『모전』에 "서紓는 느슨하다(緩)의 뜻"이라고 했다. 『춘추』 장공 30년 『좌전』에 "초나라의 어려움을 구했다"라는 구절이 있는데, 두예의 「주」에 말하기

174 『詩經 · 小雅 · 采菽』: "彼交匪紓, 天子所予."

175 『春秋左傳』 莊公 三十年 : "秋, 申公鬥班殺子元, 鬥穀於菟爲令尹, 自毁其家, 以紓楚國之難."

176 『禮記 · 檀弓篇』: "晉人謂文子知人. 文子其中退然如不勝衣, 其言吶吶然如不出諸其口; 所擧於晉國管庫之士七十有餘家, 生不交利, 死不屬其子焉."

177 『廣雅 · 釋詁』: "懈 · 慢 · 㥞 · 緩 · 紿 · 遲 · 繟 · 譠謾 · 挺 · 緂 · 弛 · 退 · 甘 · 韜, 緩也."

를 "서紓는 느슨하다(완緩)의 뜻"이라고 하였다. 『예기·단궁편』에 "문자는 그 몸이 부드럽고 유약하여 마치 옷을 이기지 못하는 듯"이라는 구절이 있는데, 정현의 「주」에 "퇴退는 부드럽고 온유한 모습"이라고 하였다. 『광아』에 "퇴逻는 느슨하다(緩)의 뜻"이라고 하였다. '퇴逻'는 '퇴退'의 옛 글자다.

역해

① 紓[서] : 느슨하다. 늦추다. 완만하다. 곽박 「주」에 발음은 舒라고 했는데, 이에 근거한 상고음은 [*hrjag]이다.
② 逻[퇴] : 退의 古字. 줄어들다. 감퇴하다. 멈추다.
③ 緩[완] : 느슨하다. 느리다. 緩은 紓, 退의 풀이어휘.

방언 41

清① · 躡②, 急③也.

청清 · 섭躡은 몹시 빠르다(급急)의 뜻이다.

방언소증

案『廣雅』: "清 · 躡, 急也[178]." 義本此.

178 『廣雅 · 釋詁』: "絅 · 獧 · 懊 · 疾 · 陵 · 陗 · 怦 · 窘 · 趕 · 迫 · 遒 · 鼈 · 矜 · 苦 · 揤 · 亟 · 緊 · 清 · 躡, 急也."

『광아』에 "청淸·섭躡은 몹시 빠르다(급急)의 뜻"이라고 하였는데, 그 의미는 여기에 근거한다.

역해

① 淸[청] : 급하다.
② 躡[섭] : 급하다.
③ 急[급] : 몹시 빠르다. 위급하다. 急은 淸, 躡의 풀이어휘.

방언 42

抒①【抒井】·瘛②【胡計反】, 解③也. 蒇④【音展】·逞⑤, 解⑥也.【蒇訓勑[179], 復言解, 錯用其義】

서抒【음은 서정抒井의 서抒다[180]】·혜瘛【음은 호계반胡計反이다】는 풀다, 풀어지다(해解)의 뜻이다. 천蒇【음은 전展이다】·령(정)逞은 해결하다(해解)의 뜻이다.【천蒇은 타이르다(칙勑)라고 풀이하며, 또 풀다, 해결하다(解)라고 하였는데 그 의미를 잘못 사용하였다】

---

179 明刻本에는 勑이라는 글자가 敕으로 되어 있다. 錢繹의 『方言箋疏』에서 "다음 권, 즉 『方言』 제13권에 '蒇·敕, 備也'라는 조항이 있고, 그 주해에 '蒇, 亦訓敕'이라고 되어 있다. 내가 생각하기에 蒇과 敕은 一聲之轉이다"라고 하였다.

180 郭璞의 「注」에는 '抒井'이라고 되어 있으나, 戴震의 『方言疏證』에 따라서 이와 같이 번역하였다.

방언소증

案'抒'各本訛作'杼', 今訂正. 『春秋』文公六年『左傳』: "難必抒矣.[181]" 杜預「注」云: "抒, 除也." 隱公九年, 成公元年兩言'乃可以逞', 杜「注」並云: "解也." 『廣雅』: "紓・蕆・呈, 解也[182]." '紓'當作'抒', '呈'卽'逞'之訛. 「注」內'抒井'當作'音抒井之抒'. 『廣韻』'抒'字「注」云: "渫水, 俗作汿."

'서抒'를 각 판본에서 '저杼'라고 잘못 썼는데, 지금 바르게 고친다. 『춘추』 문공文公 6년의 『좌전』에 "어려움(난難)은 반드시 제거될 수 있을 것이다"라는 구절이 있는데, 두예의 「주」에 "서抒는 제거하다(除)의 뜻"이라고 했다. 은공 9년과 성공 원년에 두 곳 모두 '비로소 해결할 수 있을 것이다'라고 했으며, 두예의 「주」에 모두 "해결하다(解)의 뜻"이라고 했다. 『광아』에 "서紓・천蕆・정呈은 해결하다(해解)의 뜻"이라고 되어 있는데, '서紓'는 마땅히 '서抒'로 써야 하고, '정呈'은 '령(정)逞'의 오류이다. 「주」 안에 '서정抒井'이라고 되어 있는 것은 마땅히 '음은 서정抒井의 서抒다'라고 해야 한다. 『광운』에 '서抒'라는 글자의 「주」에서 말하기를, "설수渫水를 일반적으로는 서汿라고 쓴다"라고 하였다.

역해

① 抒[서]: 느슨하게 풀다. 곽박 「주」에 발음은 抒井의 抒라고 했는데, 이에 근거한 상고음은 [*rjagx]이다.

② 瘛[계]: 풀다. 풀어지다. 곽박 「주」에 발음은 胡計反이라고 했는데, 이

181 『春秋左傳』 文公 六年: "有此四德者, 難必抒矣."

182 『廣雅・釋詁』: "紓・摯・蕆・呈・俙・屬・蜕・毻・劃・袒, 解也."

에 근거한 상고음은 [*gidh]이다.

③ 解[해] : 풀다. 벗다. 解는 抒, 瘛의 풀이어휘.

④ 蕆[천] : 마치다. 해결하다. 곽박 「주」에 발음은 展이라고 했는데, 이에 근거한 상고음은 [*trjanx]이다.

⑤ 逞[령(정)] : 풀다. 누그러트리다.

⑥ 解[해] : 풀다. 解는 蕆, 逞의 풀이어휘.

방언 43

抵[183]①【音觸抵】·柲②, 刺③也.【皆矛戟之矜, 所以刺物者也】

저抵【음은 촉저觸抵다】·비柲는 찌르다(자, 척刺)의 뜻이다.【모두 창의 날을 말하며, 물건을 찌르는 것이다】

방언소증

案'抵'各本訛作'柢', 今訂正. '柲'亦作'拯'. 『廣雅』 : "扭·拯, 刺也[184]." 義本此. '扭'卽'抵'之訛. 『廣韻』'揰'字「注」云 : "『方言』, 刺也. 亦作拯.[185]" 所引卽此條, 字異音義同.

각 판본에서는 '저柢'라고 잘못 썼는데, 지금 바르게 고친다. '비柲'

183 『四部叢刊』本에는 '柢'라고 되어 있으나, 戴震은 '抵'로 고쳤다.

184 『廣雅·釋詁』 : "揨·撞·鈌·挃·剸·狃·独·擣·钊·扰·築·劃·揿·抵·拯·挣·鍼, 刺也."

185 『廣韻』 入聲 : "揰, 『方言』 : 刺也. 亦作拯."

는 '비柲'라고도 쓴다. 『광아』에 "저抵 · 비柲는 찌르다(자, 척刺)의 뜻"이라고 했는데, 그 뜻은 여기에 근거한다. '저抵'는 '저抵'를 잘못 쓴 것이다. 『광운』에 '필撶'이라는 글자의 「주」에 말하기를, "『방언』에서는 찌르다(자, 척刺)의 뜻이라고 했으며, 비柲라고도 한다"고 하였다. 여기에서 인용한 것이 바로 이 항목인데, 글자는 다르지만 음과 뜻은 같다.

역해

① 抵[저] : 저촉하다. 곽박 「주」에 발음은 觸抵의 抵라고 했는데, 이에 근거한 상고음은 [*tidx]다.
② 柲[비] : 찌르다.
③ 刺[자(척)] : 찌르다. 刺는 抵, 柲의 풀이어휘.

방언 44

倩① · 荼②, 借③也.【荼猶徒也】

천倩 · 도荼[186]는 빌리다(차借)의 뜻이다.【도荼는 도徒와 같다】

---

186 王念孫은 『廣雅疏證』에서 "도荼는 대개 사賒(외상으로 사다)의 借字이며, 賒와 荼는 古聲이 서로 비슷하다. 『說文解字』에 '賒, 貰賣也', '貰, 貸也'라는 구절이 있다. 賒와 貸는 같은 뜻을 가지고 있으므로 모두 빌리다(借)라고 풀이된다. 또한 借와 발음도 서로 비슷하다"라고 하였다.

방언소증

案前卷三'壻謂之倩'[187], 「注」云 : "言可借倩也." 『廣雅』 : "賃・荼・差・且・假・貸, 僣也[188]." '僣'卽'借'之訛.

앞의 제3권에 "서壻를 천倩이라고 한다"라는 항목이 있는데, 그 「주」에서 말하기를, "빌릴 수 있음을 말한다"고 하였다. 『광아』에 "임賃・도荼・차差・차且・가假・대貸는 참僣"이라고 하였는데, '참僣'은 '차借'의 오류다.

역해

① 倩[천] : 빌다. 빌리다.
② 荼[도] : 빌리다. 곽박 「주」에 荼는 徒와 같다고 함.
③ 借[차] : 빌다. 빌리다. 꾸다. 借는 倩, 荼의 풀이어휘.

방언 45

䴙朴①【劈歷, 打撲二音】, 猝②也.【謂急速也】

벽박䴙朴【음은 벽력劈歷의 벽劈, 타박打撲의 박撲이다】은 황급하다(졸猝)의 뜻이다.【급하고 빠르다는 것을 말한다】

---

187 『方言』 제3권의 2번째 항목을 참조할 것.
188 『廣雅・釋詁』 : "賃・荼・𢓜・且・假・貸, 僣也."

방언소증

案憵朴雙聲, 形容急速之意. 『廣雅』: “憵朴, 猝也[189].” 義本此.

벽박憵朴은 쌍성雙聲으로, 급하고 빠름을 형용한다는 뜻이다. 『광아』에 “벽박憵朴은 황급하다(졸猝)의 뜻”이라고 하였는데, 그 의미는 여기에 근거한다.

역해

① 憵朴[벽박] : 빠르다. 곽박 「주」에 발음은 劈歷의 劈, 打撲의 撲이라고 했는데, 이에 근거한 상고음은 [*phik], [*phuk]이다.
② 猝[졸] : 황급하다. 급작스럽다. 猝은 憵朴의 풀이어휘.

방언 46

麋① · 黎[190]②, 老③也.【麋猶眉也】

미麋[191] · 려黎는 늙다(노老)의 뜻이다.【미麋는 미眉와 같다】

---

189 『廣雅 · 釋詁』: “憵樸 · 鹽雜 · 趀 · 屌 · 造 · 桀 · 突 · 暴 · 暫, 猝也.”
190 『四部叢刊』本에는 ‘棃’라고 되어 있으나 『方言疏證』本에는 ‘黎’라고 되어 있다.
191 郭璞의 「注」에 “麋猶眉也”라는 구절이 있는데, 眉에 관해서는 『方言』 제1권에 “眉, 老也. 東齊曰眉”라는 대목이 있다.

방언소증

案前卷一內作'眉·棃',[192] 古字'眉'通用'麋'. 『廣雅』: "眉·黎, 老也[193]."

앞의 제1권 안에는 '미眉·리棃'라는 구절이 있는데, 옛 글자에서 '미眉'는 '미麋'와 통용되었다. 『광아』에 "미眉·려黎는 늙다(노老)의 뜻"이라고 하였다.

역해

① 麋[미] : 눈썹. 眉와 통용.
② 黎[려] : 나이가 많다. 연로하다. 권1-18에는 棃[리]로 되어 있다.
③ 老[로] : 늙다. 나이가 많다. 老는 麋, 黎의 풀이어휘.

방언 47

萃① · 離②, 待[194]③也.

췌萃 · 리離는 기다리다(대待)의 뜻이다.

---

192 『方言』 제1권의 18번째 항목을 참조할 것.

193 『廣雅·釋詁』: "耆·棃·傻·艾·耆·長·耇·耇·期·頤, 老也."

194 『四部叢刊』本에는 '時'라고 되어 있으나, 戴震은 『廣雅』에 의거하여 '待'로 고쳤다. 그러나 王念孫은 『廣雅疏證』에서 時와 待는 서로 통한다고 하였으며, 王引之는 『經義述聞』의 제6권 「毛詩」에서 待와 時는 소리도 비슷하고 의미도 같다고 지적하였다.

방언소증

案'萃'亦作'崪', '待'各本訛作'時'. 『廣雅』: "崪・離, 待也[195]." 義本此. 今據以訂正.

'췌萃'는 '취崪'라고도 쓴다. '대待'를 각 판본에서 '시時'라고 잘못 썼다. 『광아』에 "취崪・리離는 기다리다(대待)의 뜻"이라고 했는데, 그 의미는 여기에 근거한다. 지금 이에 의거하여 바르게 고친다.

역해

① 萃[취] : 崪[취]와 같음. 기다리다. 그치다. 멈추다.
② 離[리] : 기다리다.
③ 待[대] : 기다리다. 待는 萃, 離의 풀이어휘.

방언 48

漢① ・ 赫[196]②, 怒③也. 赫④, 發⑤也.

한漢[197] ・ 혁赫은 분노하다(노怒)의 뜻이다. 혁赫은 화를 내다(발發)의

---

195 『廣雅・釋詁』: "崪・離・空・稗・臺, 待也."

196 『四部叢刊』本에는 '𧹞'으로 되어 있으나 戴震은 『廣雅』에 의거하여 '赫'으로 고쳤다. 그러나 盧文弨는 『重校方言』에서 𧹞은 赫의 다른 글자체라고 하였으며 그대로 두어도 무방하다고 하였다. 華學誠 역시 盧文弨의 말이 옳다고 하며 𧹞은 赫와 같은 글자로, 赫의 오류가 아니라고 하였다.

197 錢繹은 『方言箋疏』에서 "漢은 暵을 말하며, 즉 熯이다. …… 노기가 불과 같

뜻이다.

방언소증

案'赫'各本訛作'茦', 今訂正. 「大雅」: "王赫斯怒.[198]" 鄭「箋」云: "赫, 怒意也." 『廣雅』: "漢·赫, 怒也.[199]", "赫赫, 發也." 義皆本此.

'혁赫'이라는 글자를 각 판본에서는 '혁茦'이라고 잘못 썼는데, 지금 바르게 고친다. 『시경·대아』에 "임금께서 분연히 성내어"라는 구절이 있는데, 정현의 『모시전』에 말하기를, "혁赫이란 노했다는 뜻"이라고 하였다. 『광아』에 "한漢·혁赫은 분노하다(노怒)의 뜻"이라고 하였고, 또 "혁혁赫赫은 화를 내다(발發)의 뜻"이라고 하였는데, 그 의미는 모두 여기에 근거한다.

역해

① 漢[한]: 분노하다.

② 赫[혁]: 몹시 성내는 모양.

③ 怒[노]: 분노하다. 화내다. 怒는 漢, 赫의 풀이어휘.

은 것을 熯이라고 한다. 그러므로 暵이라고 한다"라고 하였다. 그러나 華學誠은 錢繹의 견해가 지나친 면이 있다고 하며, 漢과 茦(이를 戴震은 赫으로 고쳤다)은 모두 성내는 소리라고 하였다.

198 『詩經·大雅·皇矣』: "王赫斯怒, 爰整其旅."

199 『廣雅·釋詁』: "馮·齘·苛·嫳·婴盈·戲·憚·忿·慍·譲·怖·漢·赫·顛·悖·恚·俟·婇·怟·訮·訶·琥·嘞·諸·訦·誀·哩·喤·譴·讀, 怒也."

④ 赫[혁] : 몹시 성을 내는 모양.

⑤ 發[발] : 짜증을 내다. 화를 내다. 發은 赫의 풀이어휘.

방언 49

誇①【呼瓜反】·吁②【音于】, 然③也.【皆應聲也】

화誇[200]【음은 호과반呼瓜反이다】·우吁【음은 우于다】는 그러하다(연然)의 뜻이다.【모두 응답하는 소리다】

방언소증

案『廣雅』: "誇·吁·然, 譍也[201]." 曹憲『音釋』: "籲, 虛於反. 又音于."

『광아』에 "화誇·우吁·연然은 응(응譍)한다는 뜻"이라고 하였고, 조헌의 『광아음석』에 "우吁는 허우반虛於反이고, 또 우於라고도 발음한다"고 하였다.

---

200 華學誠은 郭璞의 음인 呼瓜反과 吁의 古音은 모두 曉母魚部에 속한다고 하였다. 丁惟汾은 『方言音釋』에서 "모두 諾의 疊韻音轉이다. 諾의 古音은 奴처럼 읽는다"라고 하였다.

201 『廣雅·釋詁』: "誇·籲·款·譻·唯·諾·然·訏, 譍也."

역해

① 譁[화] : 응답하는 소리. 곽박 「주」에 발음은 呼瓜反이라고 했는데, 이에 근거한 상고음은 [*hwrag]이다.

② 吁[우] : 응답하는 소리. 곽박 「주」에 발음은 于라고 했는데, 이에 근거한 상고음은 [*ʔag]이다.

③ 然[연] : 그러하다. 인정하다. 然은 譁, 籲의 풀이어휘.

방언 50

猜①·㤉②, 恨③也.

시(채)猜·개㤉는 원망하다(한恨)의 뜻이다.

방언소증

案潘嶽「馬汧督誄」: "忘爾大勞, 猜爾小利.[202]" 李善「注」引『方言』: "猜, 恨也." 『廣雅』: "㤉, 恨也[203]." 義本此.

반악의 「마견독뢰」에 "그대의 큰 수고를 잊고서, 그대의 자그마한 이득을 시샘하는구나"라는 구절이 있는데, 이선의 「주」에서 『방언』의 "시(채)猜는 원망하다(한恨)의 뜻"이라는 구절을 인용하였다. 『광아』에 "개㤉는 원망하다(한恨)의 뜻"이라고 하였는데, 그 의미는 여기에 근거

202 『文選·誄·馬汧督誄』: "忘爾大勞, 猜爾小利. 苟莫開懷, 於何不至?"

203 『廣雅·釋詁』: "悖·怨·悼·像·㥀·㤉·悔·吝·懟·憾·很, 恨也."

한다.

역해

① 猜[시(채)] : 혐오하다. 시기하다. 원망하다.
② 㤳[개] : 원망하다.
③ 恨[한] : 한하다. 원망하다. 恨은 猜, 㤳의 풀이어휘.

방언 51

艮① · 磑②【五碓反】, 堅③也.【艮 · 磑皆名石物[204]也】

간艮 · 애磑【음은 오대반五碓反이다】는 견고하다(견堅)의 뜻이다.【간艮과 애磑는 모두 돌로 된 것을 이르는 말이다】

방언소증

案宋玉「高唐賦」: "振陳磑磑.[205]" 張衡「思玄賦」: "行積冰之磑磑兮.[206]" 李善「注」皆引『方言』: "磑, 堅也." 『易 · 說卦』: "艮爲小石.[207]" 『說文』:

204 『四部叢刊』本에는 '石名物'로 되어 있으나, 戴震이 '名石物'로 고쳤다.
205 『文選 · 賦癸 · 高唐賦』: "盤岸巑岏, 裖陳磑磑. 磐石險峻, 傾崎崖隤. 巖嶇參差, 從横相追."
206 『文選 · 賦辛 · 思玄賦』: "行積冰之磑磑兮, 淸泉沍而不流. 寒風淒其永至兮, 拂穹岫之騷騷."
207 『周易 · 說卦傳』: "艮爲山 · 爲徑路 · 爲小石 · 爲門闕 · 爲果蓏 · 爲閽寺 · 爲

"磑, 䃯也[208]." 故「注」云: "艮磑皆名石物也." '石'字各本訛在'名'上, 今訂正.

송옥의 「고당부」에 "떨쳐 일어나 높이 쌓아올리네"라는 구절이 있고, 장형의 「사현부」에 "돌아다니며 얼음을 높이 쌓아올리네"라는 구절이 있는데, 이선의 「주」에서 모두 『방언』을 인용하여 "애磑는 견고하다(견堅)의 뜻"이라고 했다. 『주역·설괘』에 "간艮은 작은 돌"이라고 하였고, 『설문해자』에 "애磑는 맷돌(마䃯)의 뜻"이라고 하였다. 그러므로 곽박의 「주」에서 "간艮과 애磑는 모두 돌로 된 것을 이르는 말"이라고 한 것이다. '석石'이라는 글자를 각 판본에서는 글자의 윗부분을 잘못 써서 '명名'이라고 하였는데, 지금 바르게 고친다.

역해

① 艮[간]: 단단하다. 견고하다.
② 磑[애]: 맷돌. 갈다. 곽박 「주」에 발음은 五碓反이라고 했는데, 이에 근거한 상고음은 [* ŋ wədh]이다.
③ 堅[견]: 견고하다. 堅은 艮, 磑의 풀이어휘.

방언 52

炗[209]①【音淫[210]】·眼②, 明③也.【炗光也】

指·爲狗·爲鼠·爲黔喙之屬·其於木也爲堅多節."

208 『說文解字』 石部: "䃯, 石磑也."

209 『四部叢刊』本에는 '炗'라고 되어 있으나, 戴震은 이 글자가 字書에 없으니

임烎【음은 음淫이다】・량䀶[211]은 밝다(명明)의 뜻이다.【음炗은 빛나다(光)의 뜻이다】

방언소증

案'烎'各本訛作'炗'.『廣雅』:"烎, 明也[212]." 曹憲音'淫', 今據以訂正. 䀶, 音亮, 諸刻訛作'眼', 今從『永樂大典』本.

'임烎'을 각 판본에서는 '음炗'이라고 잘못 썼다.『광아』에 "임烎은 밝다(명明)의 뜻"이라고 하였고 조헌의 음은 '음淫'이므로, 지금 이에 의거하여 바르게 고친다. 량䀶의 발음은 량亮이다. 여러 판본에서는 '안眼'이라고 잘못 썼는데, 지금『영락대전』본에 따른다.

역해

① 烎[임] : 빛나다. 곽박「주」에 발음은 淫이라고 했는데, 이에 근거한 상

잘못된 글자임이 분명하며, 烎를 잘못 쓴 것이라고 하였다. 그 근거로『廣雅』에 烎를 明이라고 풀이한 것은『方言』에 의거한 것이라고 했다. 華學誠은 戴震의 견해에 따라 바르게 고쳐야 한다고 했다.

210 『四部叢刊』本에는 '滛'라고 되어 있으나, 戴震은 '淫'으로 고쳤다.

211 劉台拱의『方言補校』에서 "䀶은 눈병을 의미하는 것이므로 明으로 풀이되지 않는다. 朖이라는 글자로 쓰는 것이 더 맞을 것"이라고 하였다. 華學誠은 劉台拱의 견해에 동의하며, 만약에 본래 䀶이었다면 郭璞이 마땅히 그 음에 대해서 주해를 하였을 것이나, 朖는 바로 朗과 같은 글자이므로 주해를 붙이지 않았던 것이라고 하였다.

212 『廣雅・釋詁』:"朗・曙・昕・晒・較・發・卓・離・烎・晫・炤・燿・囧・烜・晝・光・顯・耿・晀・俾・晈・彰・朏・曉・睪・曳・視・晣・昱・曠・昭・晤・的・旭・徵・燇・闓・陽・杲・烓・堂・彰・著, 明也."

고음은 [*rəm]이다.

② 眼[랑] : 밝다.

③ 明[명] : 밝다. 明은 昊, 眼의 풀이어휘.

방언 53

忸愉①, 悅②也.【忸愉猶呴愉也. 音敷】

부유忸愉는 기쁘다(열悅)의 뜻이다.【부유忸愉는 구유呴愉와 같다. 음은 부敷다】

방언소증

案'忸'亦作'敷'. 漢瑟調曲「隴西行」: "好婦出迎客, 顏色正敷愉.[213]" 敷愉, 雙聲形容之辭. 『廣雅』: "忸愉, 說也.[214]" '說'卽'悅'. 又: "忸愉, 喜也[215]."

'부忸'는 '부敷'라고도 쓴다. 한대의 슬조곡瑟調曲인 「농서행」에 "아름다운 며느리가 나아가 손님을 맞아들이니, 안색이 바르고 기쁜 빛을 띠네"라는 구절이 있는데, 부유敷愉는 쌍성으로 형용하는 말이다. 『광아』에 "부유忸愉는 기쁘다(설說)의 뜻"이라고 하였으니, 설說은 바로 열悅이며, 또 "부유忸愉는 기쁘다(희喜)의 뜻"이라고 하였다.

---

213 『玉臺新詠·樂府詩集·瑟調曲·隴西行』: "顧視世間人, 爲樂甚獨殊. 好婦出迎客, 顏色正敷愉. 伸腰再拜跪, 問客平安不."

214 『廣雅·釋詁』: "忸愉·兌·解, 說也."

215 『廣雅·釋詁』: "嬹·悅·忸愉·憙·欯·謳·妟·歡·欣·休·禔·紛怡, 喜也."

역해

① 怤愉[부유] : 기뻐하다. 즐겁다. 기쁘다. 곽박 「주」에 怤의 발음은 敷라고 했는데, 이에 근거한 상고음은 [*phjag]이다.
② 悅[열] : 기쁘다. 즐겁다. 悅은 怤愉의 풀이어휘.

방언 54

郇① · 圍②, 就③也[216]. 郇④, 半⑤也.【即一作助】

즉郇 · 위圍는 다가가다(취就)의 뜻이다. 즉郇은 반(반半)의 뜻이다[217].
【즉郇은 조助라고도 쓴다[218]】

방언소증

案各本'就'下脫'也'字, 今補. 『廣雅』: "郇, 就也.[219]" 『玉篇』云: "圍, 就也." 『廣韻』: "郇, 就也. 半也.[220]" 義皆本此.

각 판본에 '취就'라는 글자 아래 '야也'라는 글자가 탈락되었는데, 지

216 『四部叢刊』本에는 '也'가 없는데, 戴震은 '也'를 보충했다.
217 華學誠은 郇을 半으로 풀이하는 것에 대해서 華學誠은 그것이 근거한 바가 있겠으나, 문헌상으로는 자세히 알 수가 없다고 말했다.
218 華學誠은 '郇一作助'는 아마도 校書하는 사람들이 기록한 것이었으나 郭璞의 「注」 안으로 잘못 들어갔던 것이므로, 마땅히 삭제해야 한다고 하였다.
219 『廣雅 · 釋詁』: "傳 · 讙 · 郇 · 因 · 度 · 集 · 從 · 圍 · 酉 · 歸 · 孝, 就也."
220 『廣韻』入聲: "郇, 就也. 今也. 舍也. 半也. 『說文』作郇, 食也. 亦姓. 『風俗通』有單父令郇賣. 又漢複姓有城陽相, 齊人郇墨成, 子力切."

금 보충한다. 『광아』에 "즉卽은 다가가다(취就)의 뜻"이라고 하였고, 『옥편』에 "위圍는 나아가다(취就)의 뜻"이라고 하였다. 『광운』에는 "즉卽은 나아가다(취就)의 뜻, 반(반半)의 뜻"이라고 하였으니, 그 의미는 모두 여기에 근거한다.

역해

① 卽[즉] : 나아가다. 다가가다. 접근하다. 반. 절반.
② 圍[위] : 나아가다.
③ 就[취] : 나아가다. 향하다. 가다. 다가가다. 就는 卽, 圍의 풀이어휘.
④ 即[즉] : 卽과 같다. 반. 절반.
⑤ 半[반] : 반. 절반. 半은 卽의 풀이어휘.

방언 55

惙①・怞②, 中③也.【中宜[221]爲忡忡, 惱怖意也】

철惙・출(줄)怞은 근심하다(중中)의 뜻이다.【중中은 마땅히 충충忡忡이다. 근심하고 걱정하다(뇌포惱怖)라는 뜻이다】

---

221 『四部叢刊』本에는 '中宜'이라고 되어 있지만, 戴震은 '中宜'로 고쳤다. 華學誠도 戴震의 견해가 옳다고 보았다.

방언소증

案『詩・周南』: "憂心忡忡"[222], "憂心惙惙.[223]" 『毛傳』: "忡忡猶衝衝也", "惙惙, 憂也." 『爾雅・釋訓』: "忡忡・惙惙, 憂也.[224]" 『玉篇』云: "怞, 憂心也.[225]"

『시경・주남』에 "이 마음 뒤숭숭하네", "내 마음 어수선하네"라는 구절이 있는데, 『모전』에 "충충忡忡은 충충衝衝과 같다"고 하였으며, 또 "철철惙惙은 근심하다(우憂)의 뜻"이라고 하였다. 『이아・석훈』에 "충충忡忡・철철惙惙은 근심하다(우憂)의 뜻"이라고 하였으며, 『옥편』에는 "출(줄)怞은 근심하다(우심憂心)의 뜻"이라고 하였다.

역해

① 惙[철] : 근심하다. 걱정하다.
② 怞[출(줄)] : 근심하다. 걱정하다.
③ 中[중] : 근심하다. 걱정하다. 中은 惙, 怞의 풀이어휘. 곽박 「주」에 中은 마땅히 忡忡이라고 해야 하며, 惱怖의 뜻이라고 함.

---

222 『詩經・國風・召南・草蟲』: "未見君子, 憂心忡忡; 亦旣見止, 亦旣覯止, 我心則降."

223 『詩經・國風・召南・草蟲』: "未見君子, 憂心惙惙; 亦旣見止, 亦旣覯止, 我心則說."

224 『爾雅・釋訓』: "仇仇・敖敖, 傲也. 佌佌・瑣瑣, 小也. 悄悄・慘慘, 慍也. 痯痯・瘐瘐, 病也. 殷殷・惸惸・忉忉・慱慱・欽欽・京京・忡忡・惙惙・怲怲・弈弈, 憂也. 畇畇, 田也. 畟畟, 耜也. 郝郝, 耕也."

225 『玉篇』心部: "怞, 竹律切. 憂心也. 又醜律切."

방언 56

薵① · 蒙②, 覆③也.[226] 薵[227], 戴④也.【此義之反覆兩通者, 字或作燾[228], 音俱波濤也】

주薵 · 몽蒙은 덮다(복覆)의 뜻이다. 주薵는 머리에 이다(대戴)의 뜻이다.【이 의미가 '원래 상태로 되돌려 덮다'의 의미와 서로 통하는 경우, 글자를 도燾라고 쓰기도 한다. 음은 모두 파도波濤의 도濤다[229]】

방언소증

案'薵'亦作'幬', '蒙'亦作'幪'.『廣雅』: "幬 · 幪, 覆也[230]." 義本此. '幬'今作'幬'.『中庸』: "無不覆幬.[231]"「注」云: "幬亦覆也." 或作'燾'.『春秋』襄公十年『左傳』: "建大車之輪, 而蒙之以甲, 以爲櫓.[232]" 杜預「注」云: "蒙, 覆也."『說文』本作'冡', 云: "覆也."[233]

'주薵'는 '주幬'라고도 쓰고, '몽蒙'은 또 '몽幪'이라고도 쓴다.『광아』에 "주幬 · 몽幪은 덮다(복覆)의 뜻"이라고 하였는데, 그 의미는 여기

226 『四部叢刊』本에는 뒷부분이 다른 별도의 조항으로 분리되어 있다.
227 『四部叢刊』本에는 '籌'로 되어 있으나『方言疏證』본에는 '薵'라고 했다.
228 『四部叢刊』本에는 '壽'로 되어 있으나『方言疏證』본에는 '燾'라고 했다.
229 郭璞의「注」에는 "音俱波濤也"라고 되어 있는데, 발음을 설명하고 있는 구절이므로 역자가 의미상 이같이 번역하였다.
230 『廣雅 · 釋詁』: "幬 · 幪 · 幎 · 幔 · 帡 · 幕 · 茨 · 葺 · 蔓 · 燾 · 幠 · 賵 · 弇 · 冒, 覆也."
231 『禮記 · 中庸』: "辟如天地之無不持載, 無不覆幬."
232 『春秋左傳』 襄公 二年: "狄虒彌建大車之輪 · 而蒙之以甲 · 以爲櫓 · 狄虒彌 · 魯人也."
233 『說文解字』 冃部: "冡, 覆也. 從冃, 豕."

에 근거한다. '주幬'를 여기에서는 '주幬'라고 썼다. 『중용』에 "덮지 않는 것이 없다"는 구절이 있는데, 「주」에서 말하기를, "주幬는 덮다(복覆)의 뜻"이라고 하였다. '도幬'를 '도燾'라고도 쓴다. 『춘추』 양공 10년 『좌전』에 "큰 수레바퀴를 세워 갑옷을 뒤집어 씌워 방패로 삼는다"라는 구절이 있는데, 두예의 「주」에서 말하기를, "몽蒙은 덮다(복覆)의 뜻"이라고 하였다. 『설문해자』에 본래 '몽冡'이라고 쓰고서 말하기를, "덮다(복覆)의 뜻"이라고 하였다.

역해

① 薵[주] : 덮다. 곽박 「주」에 燾로도 쓰며, 발음은 波濤의 濤라고 했는데, 이에 근거한 상고음은 [*dəgw]이다.
② 蒙[몽] : 덮다. 가리다.
③ 覆[부] : 가리다. 덮다. 감추다. 覆는 薵, 蒙의 풀이어휘.
④ 戴[대] : 위에 얹다. 씌우다. 戴는 薵의 풀이어휘.

방언 57

堪① · 輂②【音釘鋦】, 載③也.【輂輿[234]亦載物者也】

감堪 · 국輂【음은 정국釘鋦의 국鋦이다[235]】은 싣다(대載)의 뜻이다.【국여輂輿도 또한 물건을 싣는 것이다】

234 『四部叢刊』本에는 '轝'라고 되어 있으나, 『方言疏證』本에는 '輿'라고 했다.
235 郭璞의 「注」에는 "音釘鋦"이라고 되어 있는데, 발음을 설명하고 있는 구절이므로 역자가 의미상 이같이 번역하였다.

방언소증

案『廣雅』: "堪·輂, 載也[236]." 義本此. 曹憲『音釋』: "輂, 恭錄反." 「注」內'音釘鋦', 『玉篇』'鋦'字「注」云: "以鐵縛物.[237]" 故有釘鋦之語.

『광아』에 "감堪·국輂은 싣다(대載)의 뜻"이라고 하였는데, 그 의미는 여기에 근거한다. 조헌의 『광아음석』에 "국輂의 음은 공록반恭錄反"이라고 하였다. 곽박의 「주」 안에 '음은 정국釘鋦이다'라는 말이 있는데, 『옥편』에서 '국鋦'이라는 글자의 「주」에 말하기를 "쇠로 물건을 고정시키는 것이다"라고 하였다. 그러므로 정국釘鋦이라는 말이 나온 것이다.

역해

① 堪[감]: 맡아할 수 있다. 견디어내다.
② 輂[국]: 싣다. 곽박 「주」에 발음은 釘鋦의 鋦이라고 했는데, 이에 근거한 상고음은 [*kjuk]이다.
③ 載[재]: 실어 나르다. 타다. 載는 堪, 輂의 풀이어휘.

방언 58

搖①·祖②, 上③也.[238] 祖, 搖也.[239] 祖, 轉④也.【互相釋也. 動搖則[240]

236 『廣雅·釋詁』: "䟓·閣·堪·輂·加·輿, 載也."
237 『玉篇』 金部: "鋦, 君玉切. 以鐵縛物."
238 『四部叢刊』本에는 뒷부분이 별도의 조항으로 분리되어 있다.

轉矣】

요搖・조䄿는 올라가다(상上)의 뜻이다. 조䄿는 휘날리다(요搖)의 뜻이다. 조䄿는 돌아가다(전轉)의 뜻이다.【상호 뜻풀이를 한다. 동요動搖는 즉 전轉이다】

방언소증

案『廣雅』: "搖・䄿, 上也[241]." 義本此.

『광아』에 "요搖・조䄿는 올라가다(상上)의 뜻"이라고 하였으니, 그 의미는 여기에 근거한다.

역해

① 搖[요] : 올라가다. 휘날리다. 搖는 䄿의 풀이어휘.
② 䄿[조] : 빙빙 돌며 올라가다.
③ 上[상] : 올라가다. 上은 搖, 䄿의 풀이어휘.
④ 轉[전] : 돌다. 회전하다. 전달하다. 轉은 䄿의 풀이어휘.

239 『四部叢刊』本에는 뒷부분이 별도의 조항으로 분리되어 있다.
240 『四部叢刊』本에는 '卽'으로 되어 있다.
241 『廣雅・釋詁』: "高・厲・竦・踴・騰・躍・陞・跳・搖・䄿・潛・貢・顚・頂・彁・尙・營, 上也."

방언 59

括①【音适[242]】・關②, 閉③也【『易』曰 : 括囊無咎】.

괄括【음은 괄适이다】・관關은 닫다(폐閉)의 뜻이다.【『역』에 말하기를, "주머니를 여미듯이 하면 허물이 없다(括囊無咎)"고 하였다】

방언소증

案『易・坤六四』: "括囊, 无咎无譽." 『釋文』引『方言』云 : "括, 閉也." 『廣雅』: "關・括・閉, 塞也[243]."

『주역』의 곤괘 육사효에 "주머니를 여미듯이 하면 허물도 없고 명예도 없을 것이다"라는 말이 있는데, 『경전석문』에서는 『방언』의 "괄括은 닫다(폐閉)의 뜻"이라는 말을 인용하였다. 『광아』에 "관關・괄括・폐閉는 막다(색塞)의 뜻"이라고 하였다.

역해

① 括[괄] : 막히다. 묶다. 구속하다. 곽박 「주」에 발음은 活이라고 했는데, 이에 근거한 상고음은 [*kuat]이다.
② 關[관] : 닫다. 잠그다.

---

242 『四部叢刊』本에는 '活'로 되어 있으나, 戴震은 '适'로 고쳤다.
243 『廣雅・釋詁』: "竇・葦・闌・括・塿・充・實・斂・閉・昏・綮・竅・晤・堙, 塞也."

③ 閉[폐] : 덮다. 막다. 닫다. 閉는 括, 關의 풀이어휘.

방언 60

衝①·俶②, 動③也.

충衝·숙俶[244]은 움직이다(동動)의 뜻이다.

방언소증

案『廣雅』: "衝·佅, 動也[245]." 義本此. '衝佅'卽'衝俶'.

『광아』에 "충衝·숙佅은 움직이다(동動)의 뜻"이라고 하였으니, 그 의미는 여기에서 근거한다. '충衝숙佅'은 곧 '충衝숙俶'이다.

역해

① 衝[충] : 움직이다.

244 王念孫은 『廣雅疏證』에서 "衝의 소리가 轉하여 俶이 된다. 『爾雅』에 '動·俶, 作也'라고 되어 있는데, 俶과 動은 같은 뜻이다. 『說文解字』에 '埱은 氣가 흙(土)으로부터 나오는 것이다'라고 하였는데, 그 의미는 역시 俶과 같다. 『孟子·梁惠王』편에 '於我心有戚戚焉'이라는 구절이 있는데, 趙岐의 「注」에 '戚戚然心有動也'라고 하였다. 戚과 俶 역시 소리가 비슷하고 뜻이 같다"라고 하였다.

245 『廣雅·釋詁』: "鎮傪·振訊·搖·扤·瀥·遈·奮·勨·撼·挍·擡·揌·掉·捎·扮·揣·撡·抌·搈·衝·佅·賦·蝡·東·風, 動也."

② 俶[숙] : 움직이다.

③ 動[동] : 움직이다. 動은 衝, 俶의 풀이어휘.

방언 61

羞① · 厲②, 熟③也【熟食爲羞】.[246] 厲④, 今[247]⑤也.

수羞 · 려厲는 익히다(숙熟)의 뜻이다.【익힌 음식을 수羞라고 한다】 려厲는 위태롭다(긍矜[248])의 뜻이다.

방언소증

案張衡「南都賦」: "珍羞琅玕.[249]" 李善「注」引『方言』: "羞, 熟也." '厲'亦作'礪'. 『廣雅』: "羞 · 礪, 䵂也[250]." 義本此. '今'當爲'矜'. 「月令」: "天子乃厲飾.[251]" 鄭「注」云: "厲飾謂戎服, 尙威武也." 『春秋』僖公九年『公羊傳』: "葵丘之會, 桓公震而矜之.[252]", "矜之者何? 猶曰莫我若也.[253]" 何休「注」云: "色自美大之貌." '厲'與'矜'又皆爲危. 『春秋』定公元年『穀梁傳』: "踰年卽位, 厲也.[254]" 范寧「注」云: "厲, 危也." 『詩 · 小

246 『四部叢刊』本에는 뒷부분이 다른 별도의 조항으로 분리되어 있다.

247 戴震은 마땅히 矜이라고 해야 한다고 했다.

248 『方言疏證』에 따라 이와 같이 번역하였다.

249 『文選 · 賦乙 · 南都賦』: "珍羞琅玕, 充溢圓方."

250 『廣雅 · 釋詁』: "饕 · 孄 · 鬻 · 胹 · 飪 · 饐 · 稓 · 酓 · 羞 · 礪 · 檕, 䵂也."

251 『禮記 · 月令』: "北面誓之. 天子乃厲飾. 執弓挾矢以獵. 命主祠祭禽於四方."

252 『春秋公羊傳』 僖公 九年: "葵丘之會, 桓公震而矜之, 叛者九國, 言叛者衆, 非實有九國也.

253 『春秋公羊傳』 僖公 九年: "矜之者何? 猶曰莫若我也."

雅』: “居以凶矜.[255]” 「毛傳」: “矜, 危也.” 鄭「箋」云 : “居我以凶危之地.” 『廣雅』: “矜・厲, 危也[256].”

장형의 「남도부」에 “온갖 보배들이 아름다운 옥돌과 같이 드리워져 있네”라는 구절이 있는데, 이선의 「주」에서 『방언』을 인용하여 “수羞는 익히다(숙熟)의 뜻”이라고 하였다. ‘려厲’는 ‘려礪’라고도 쓴다. 『광아』에 “수羞・려礪는 익히다(飘)의 뜻”이라고 하였는데, 그 의미는 여기에 근거한다. 금今은 마땅히 긍矜이라고 해야 한다. 『예기・월령』에 “천자가 이에 융복戎服으로 그 위엄을 준엄하게 꾸미다”라는 구절이 있는데, 정현의 「주」에 “여식厲飾은 융복戎服을 말하며, 위엄을 나타낸다”라고 했다. 『춘추』 희공僖公 9년의 『공양전』에 “구규葵丘의 회맹會盟에는 환공桓公이 권위를 떨치려 하고 교만하게 하였다”라는 구절이 있고, “교만하였다는 것은 무엇인가? 아무도 나만 못하다고 말하는 것과 같은 것이다”라는 구절이 있는데, 하휴의 「주」에 말하기를, “스스로 잘나고 대단하다고 여기는 기색”이라고 했다. 려厲와 긍矜은 모두 위태롭다(危)의 뜻이다. 『춘추』 정공 원년 『곡량전』에 “해를 넘겨 즉위卽位하여 위태롭다”라는 구절이 있는데, 범녕의 「주」에 말하기를, “려厲는 위태롭다(危)의 뜻”이라고 했다. 『시경・소아・완류』에 “다만 흉한 일을 만나 가련하다네”라는 구절이 있다. 『모전』에서는 “긍矜은 위태롭다(危)의 뜻”이라고 했고, 정현의 『모시전』에서는 “내가 흉하고 위태로운 지경에 처한다는 것이다”라고 했다. 『광아』에 “긍矜・려厲는 위태롭다(위危)의 뜻”이라고 하였다.

---

254 『春秋穀梁傳』 定公 元年 : “此則其日何也? 著之也. 何著焉? 踰年卽位, 厲也. 於厲之中, 又有義焉.”

255 『詩經・小雅・菀柳』: “曷予靖之, 居以凶矜.”

256 『廣雅・釋詁』: “幾・矜・隍・厲・阽・刖・殆・傒醢・䟫鐮, 危也.”

역해

① 羞[수] : 익힌 음식물.
② 厲[려] : 익다. 여물다.
③ 熟[숙] : 음식을 익히다. 熟은 羞, 厲의 풀이어휘.
④ 厲[려] : 위태하다. 위험하다.
⑤ 矜[긍] : 위험하다. 위태롭다. 矜은 厲의 풀이어휘.

방언 62

備① · 該②, 咸③也.【咸猶皆也】

비備[257] · 해該는 모두(함咸)의 뜻이다.【함咸은 개皆와 같다】

방언소증

案'該'亦作'晐'. 『廣雅』: "備 · 晐, 鹹也[258]." 義本此.

'해該'는 '해晐'라고도 쓴다. 『광아』에 "비備 · 해晐는 모두(함咸)의 뜻"이라고 하였는데, 그 의미는 여기에 근거한다.

---

257 華學誠은 『廣韻』의 至韻에 "備, 具也"라는 구절이 있는데, 備는 모두 갖추었다는 것을 말한다고 하였다. 이런 의미가 引伸하여 咸이라는 의미를 갖게 되었는데, 그 뜻은 盡이나 皆와 같다고 하였다.

258 『廣雅 · 釋言』: "備 · 晐, 鹹也."

역해

① 備[비] : 다. 모두.

② 該[해] : 전부. 모두. 다.

③ 咸[함] : 다. 모두. 전부.(『광아』에는 '鹹'으로 되어 있다) 咸은 備, 該의 풀이어휘.

방언 63

噬①, 食②也.[259] 噬③, 憂④也.

서噬[260]는 먹다, 씹다(식食)의 뜻이다. 서噬는 걱정하다(우憂)의 뜻이다.[261]

방언소증

案左思「蜀都賦」: "射噬毒之鹿.[262]" 李善「注」引『方言』: "噬, 食也." 『廣雅』: "噬, 食也.[263]", "噬, 憂也.[264]" 義皆本此.

---

259 『四部叢刊』本에는 뒷부분이 다른 별도의 조항으로 분리되어 있다.

260 華學誠은 噬는 食(먹는다)을 말하며, 오늘날 喫(먹다), 咬(씹다)라고 말하는 것과 같다고 하였다.

261 華學誠은 噬가 憂로 풀이되는 것에 대해서는 문헌상 아무런 증거가 없으며 상세히 알 수 없다고 말했다.

262 『文選・賦乙・蜀都賦』: "戟食鐵之獸, 射噬毒之鹿. 皛貙氓於葽草, 彈言鳥於森木."

263 『廣雅・釋詁』: "餥・飵・飴・啖・噬・饐饐・湌・餔・啜・嘗・餉・饔・茹・嘰, 食也."

좌사의 「촉도부」에 "독을 씹어 삼킨 사슴을 활로 쏘아 맞추다"라는 구절이 있는데, 이선의 「주」에서 『방언』을 인용하여 "서噬는 먹다(식食)의 뜻"이라고 하였다. 『광아』에 "서噬는 먹다(식食)의 뜻"이며, "서噬는 걱정하다(우憂)의 뜻"이라고 하였는데, 그 의미는 모두 여기에 근거한다.

역해

① 噬[서] : 씹다. 먹다.
② 食[식] : 먹다. 食은 噬의 풀이어휘.
③ 噬[서] : 근심하다.
④ 憂[우] : 근심하다. 걱정하다. 憂는 噬의 풀이어휘.

방언 64

惈①, 悸②也【謂悚悸也】.

구惈[265]는 가슴이 두근거리다(계悸)의 뜻이다.【당황하고 두려워하는 것을 말한다】

---

264 『廣雅・釋詁』: "湣・師・慛・噬・僰・悴・愁・患・慼・桓・愼・怛・惴・恸・悺・忦・慈・慯・惂・慁・愁・瞢・濟・惄・溼, 憂也."

265 錢繹의 『方言箋疏』에서 惈와 悸는 모두 그 소리로써 의미를 삼은 것이라고 하였다.

방언소증

案『說文』云 : "悸, 心動也[266]." 『玉篇』云 : "𢜬, 悸也. 悚也. 祇佳, 祇癸二切.[267]"

『설문해자』에 "계悸는 가슴이 뛰는 것"이라고 하였다. 『옥편』에 "구𢜬는 가슴이 두근거리다(계悸)의 뜻이며, 또 두려워하다(송悚)의 뜻이다. 기가절祇佳切과 기계절祇癸切의 두 음이 있다"라고 하였다.

역해

① 𢜬[구] : 가슴이 두근거리다. 두려워하다.
② 悸[계] : 가슴이 두근거리다. 悸는 𢜬의 풀이어휘.

방언 65

虜① · 鈔②, 强③也【皆强取物也】.[268] 鹵④, 奪⑤也.

로虜[269] · 초鈔는 강탈하다(강强)의 뜻이다.【모두 강제로 물건을 취하는 것

266 『說文解字』 心部 : "悸, 心動也."
267 『玉篇』 心部 : "𢜬, 祇佳, 祇癸二切. 悸也. 悚也."
268 『四部叢刊』本에는 뒷부분이 다른 별도의 조항으로 분리되어 있다.
269 華學誠은 "『說文解字』의 毋部에 '虜, 獲也'라는 구절이 있고, 玄應의 『一切經音義』 제15권에 '虜, 獲取也. 戰而俘獲也'라는 구절이 있다. 俘獲이라는 뜻에서 引伸되어 搶掠이라는 뜻이 되었는데, 이것이 바로 郭璞의 「注」에서 말한 '강제로 물건을 취하다(强取物)'라는 뜻이다. 『史記 · 韓長儒列傳』에 '흉노가 천여 명의 사람과 축산물을 노략질해갔다(匈奴虜略千餘人及畜産而去)'라는

이다】 로鹵는 빼앗다(탈奪)의 뜻이다.

방언소증

案'擄''鹵', 古通用. 亦用'攎'. 『廣雅』: "鈔, 强也.[270]" 義本此.

'로擄'와 '로鹵'는 옛날에는 통용되었으며, 또 '로攎'라고도 쓴다. 『광아』에 "초鈔는 강탈하다(강强)의 뜻"이라고 하였는데, 그 의미는 여기에 근거한다.

역해

① 擄[로] : 약탈하다. 강탈하다.
② 鈔[초] : 갈취하다. 강탈하다.
③ 强[강] : 거칠고 사납다. 强은 擄, 鈔의 풀이어휘.
④ 鹵[로] : 약탈하다. 포로로 잡다. 사로잡다.
⑤ 奪[탈] : 빼앗다. 박탈하다. 奪은 鹵의 풀이어휘.

방언 66

鑈①【奴俠反】, 正②也.【謂堅正也】

구절이 있는데, 바로 이러한 뜻이다"라고 하였다.

270 『廣雅・釋詁』: "駁・勁・堅・剛・耆・韇・務・犳・莫・僤愌・攎・鈔・倞・悖・怏, 强也."

니鑈【음은 노협반奴俠反이다】는 바르다(정正)의 뜻이다.[271]【견고하고 바른 것을 말한다】

방언소증

案『廣雅』: "鑈, 正也[272]." 義本此.

『광아』에 "니鑈는 바르다(정正)의 뜻"이라고 하였는데, 그 의미는 여기에 근거한다.

역해

① 鑈[녑] : 바르다. 곽박 「주」에 발음은 奴俠反이라고 했는데, 이에 근거한 상고음은 [*niap]이다.
② 正[정] : 바르다. 正은 鑈의 풀이어휘.

방언 67

蒔① · 植[273]②, 立③也.[274] 蒔④, 更⑤也.【謂[275]更種也. 音侍】

271 華學誠은 "『廣雅』의 '鑈, 正也'라는 구절은 『方言』에 의거한 것이고, 『玉篇』 金部에서 '堅正也'라고 풀이한 것은 郭璞의 「注」에 근거한 것이다. 이 외의 문헌적 근거는 알 수가 없다"라고 하였다.

272 『廣雅 · 釋詁』: "端 · 直 · 鑰 · 危 · 質 · 敵 · 公 · 方 · 閑 · 諫 · 刑 · 政 · 貞 · 榦 · 集 · 殷 · 矢, 正也."

273 『四部叢刊』本에는 '殖'이라고 되어 있으나, 戴震은 '植'으로 고쳤다.

시蒔·식植은 서다, 세우다(립立)의 뜻이다. 시蒔는 이식하다, 옮겨 심다(경, 갱更)의 뜻이다.【옮겨 심는 것을 말한다. 음은 시侍다】

방언소증

案'植'各本多訛作'殖', 曹毅之本不誤. 又作'莿'. 『廣雅』: "莿·蒔, 立也[276]", "蒔, 種也[277]." '種'卽'種'. 左思「魏都賦」: "陸蒔稷黍."[278] 李善「注」云: "『方言』曰, 蒔, 更也. 郭璞曰, 謂更種也." 今「注」內'謂'訛作'爲', 據此所引改正.

'식植'을 각 판본에서는 '식殖'으로 잘못 쓴 경우가 많다. 조의지의 판본에서는 틀리지 않았다. 또 '식植'을 식莿이라고도 쓴다. 『광아』에 "식莿·시蒔는 서다(립立)의 뜻"이라고 하였고, 또 "시蒔는 옮겨 심다(種)의 뜻"이라고도 하였다. 종種은 곧 심다(종種)의 뜻이다. 좌사의 「위도부」에 "언덕에서 기장의 모종을 내네"라는 구절이 있는데, 이선의 「주」에 "『방언』에서는 시蒔는 옮겨 심다(경, 갱更)의 뜻이라고 하였으며, 곽박은 다시 심다(更種)의 뜻이라고 하였다"라고 말했다. 지금 곽박의 「주」 안에 '위謂'는 '위爲'라고 잘못 썼는데, 이곳에서 인용한 문장에 의거하여 바르게 고친다.

---

274 『四部叢刊』本에는 뒷부분이 다른 별도의 조항으로 분리되어 있다.

275 『四部叢刊』本에는 '爲'라고 되어 있으나, 戴震은 '謂'로 고쳤다.

276 『廣雅·釋詁』: "倚·竪·建·封·殖·蒔·置·隑·仚·起, 立也."

277 『廣雅·釋地』(石之次玉): "稍·耰·稷·穛·穐·穑·埶·植·樹·秿·䆉·投·蒔, 種也."

278 『文選·賦丙·魏都賦』: "水澍粳稌, 陸蒔稷黍. 黝黝桑柘, 油油麻紵."

역해

① 蒔[시] : 세우다. 곽박 「주」에 발음은 侍라고 했는데, 이에 근거한 상고음은 [*djəgh]이다.

② 植[식] : 세우다. 수립하다.

③ 立[립] : 서다. 立은 蒔, 植의 풀이어휘.

④ 蒔[시] : 옮겨 심다. 모종하다.

⑤ 更[경(갱)] : 바꾸다. 更은 蒔의 풀이어휘.

방언 68

鬌[279]① · 尾② · 梢[280]③, 盡④也.【鬌, 毛物漸落去之名. 除爲反】[281] 尾⑤, 梢⑥也.

추鬌 · 미尾 · 초梢는 다하다(진盡)의 뜻이다.【추鬌는 털이 있는 것이 점차 빠져 떨어지는 것을 말한다. 음은 추위반除爲反이다】 미尾는 끝, 말단(초梢)의 뜻이다.

방언소증

案'鬌'各本訛作'鬐', 今訂正. 『說文』云 : "鬌, 髮隋也." 『廣韻』'鬌'字「注」云 : "髮落. 直垂切.[282]" 亦作'鬜'. 『廣雅』 : "鬜 · 梢, 盡也.[283]" 義本此.

279 『四部叢刊』本에는 '鬐'라고 되어 있으나, 戴震은 '鬌'로 고쳤다.
280 『四部叢刊』本에는 '稍'라고 되어 있으나, 戴震은 '梢'로 고쳤다.
281 『四部叢刊』本에는 뒷부분이 다른 별도의 조항으로 분리되어 있다.

'추鬌'를 각 판본에서는 '기鬐'라고 잘못 썼는데, 지금 바르게 고친다. 『설문해자』에 "추鬌는 털이 빠지다(발수髮隋)의 뜻"이라고 하였다. 『광운』에서 '추鬌'라는 글자의 「주」에서 말하기를, "터럭이 떨어지는 것이다. 음은 직수절直垂切이다"라고 했다. '추鬌'를 '추𨲵'라고도 쓴다. 『광아』에 "추𨲵 · 초梢는 다하다(진盡)의 뜻"이라고 하였으니, 그 의미는 여기에 근거한다.

역해

① 鬌[추] : 다하다. 곽박 「주」에 발음은 除爲反이라고 했는데, 이에 근거한 상고음은 [*drjar, *drjarh]이다.
② 尾[미] : 마치다. 끝내다.
③ 梢[초] : 사물의 끄트머리나 시간의 마지막.
④ 盡[진] : 다하다. 盡은 鬌, 尾, 梢의 풀이어휘.
⑤ 尾[미] : 꼬리, 끝.
⑥ 梢[초] : 말단, 끝. 梢는 尾의 풀이어휘.

방언 69

殔① · 㣼[284]②, 傍③也【今江東呼極爲殔, 音喙[285]. 外傳曰 : 余病殔矣】.

---

282 『廣韻』 上平聲 : "鬌, 髮落. 直垂切. 又大果切."
283 『廣雅 · 釋詁』 : "殫 · 索 · 旣 · 滲 · 溘 · 涸 · 急 · 汽 · 熇 · 湫 · 澌 · 湆 · 釂 · 殧 · 𢄐 · 寫 · 鬌 · 𤆵 · 鋌 · 央, 盡也."
284 『四部叢刊』本에는 '㑑'이라고 되어 있으나, 戴震은 '㣼'으로 고쳤다.
285 『四部叢刊』本에는 '劇'이라고 되어 있으나, 戴震은 '喙'로 고쳤다.

훼殧・각(극)𠑇은 지치다(㑳)의 뜻이다.【오늘날 강동江東에서는 극極을 훼殧이라고 한다. 음은 훼喙다. 외전外傳에 "그 나머지는 병들고 지쳐있네"라고 했다】

방언소증

案「注」內'音喙'各本多訛作'音劇', 從曹毅之本. '𠑇'各本訛作'倻', 今訂正. 『史記・司馬相如列傳』: "徼谻受屈.[286]" 裴駰『集解』云: "谻, 音劇. 駰案, 郭璞曰, 谻, 疲極也. 言獸有倦遊者, 則徼而取之." 『索隱』司馬彪云: "谻, 倦也. 謂遮其倦者. 『說文』云, 谻, 勞也. 燕人謂勞爲谻." 『漢書・注』穌林曰: "谻, 音倦谻之谻." 又"與其窮極倦谻." 『漢書・注』引郭璞云: "窮極倦谻. 疲憊也." 『說文』丮部: "谻, 相踦谻也[287]." 徐鍇『繫傳』云: "「上林賦」, 徼谻受屈[288], 謂以力相踦角徼要極而受屈也." 人部: "㑴, 徼㑴受屈也." 『繫傳』云: "㑴, 困劇也. 言見徼遮困劇則受屈也." 心部: "㤿, 勞也." 卽『索隱』所引此三字, 應以'谻'爲本字. '㑴''㤿'皆其別體. 『方言』因'谻'加人旁作'㑴', 猶'劵'加人旁作'㑳'耳. '𠑇'之於'㑴''㤿', 亦猶'㑳'之於'倦'. 『廣雅』: "殧・劵・㑴, 極也.[289]"

「주」 안에 '음은 훼喙다'라고 한 부분을 각 판본에서는 '음은 극劇이다'라고 잘못 쓴 경우가 많은데, 여기에서 나는 조의지의 판본을 따른다. '각(극)𠑇'은 각 판본에서 '각倻'으로 잘못 되어 있는데, 지금 바

286 『史記・司馬相如列傳』: "於是楚王乃弭節徘徊, 翱翔容與, 覽乎陰林, 觀壯士之暴怒, 與猛獸之恐懼, 徼谻受屈, 殫睹衆物之變態."

287 『說文解字』 丮部: "谻: 相踦之也. 從丮谷聲."

288 「上林賦」의 원문에는 "徼谻受詘"이라고 되어 있는데 徐鍇는 『說文解字繫傳』에서 "傲谻受屈"이라고 잘못 인용하였고, 戴震은 또다시 "徼谻受屈"이라고 인용하고 있다. 역자는 번역문에서는 이 글자를 고치고 번역하였다.

289 『廣雅・釋詁』: "㱥・殧・困・㯏・殃・殀・𤺺𤸱・㱩・殟・歺・亢・疲・羸・劵・㑴・㰦・窮・乎・終・㥹, 極也."

로잡는다. 『사기·사마상여열전』에 "피로한 짐승의 앞을 가로막아 지쳐 힘이 다한 것을 잡는다"라는 구절이 있는데, 배인의 『사기집해』에서 "각谻은 음이 극劇이다. 곽박은 '각谻은 피로가 극에 달한 것을 말한다. 짐승을 지치도록 하여 일격을 가해 그것을 잡는다'고 말했다"고 하였다. 『사기색은』에서 사마표는 "각谻은 피로하다(倦)의 뜻이며, 지친 것을 침범하는 것을 말한다. 『설문해자』에 '각谻은 힘쓰다(로勞)의 뜻이다. 연나라 사람들은 로勞를 각谻이라고 한다'고 말했다"고 하였다. 『한서·주』에서 소림은 "각谻은 음이 권각倦谻의 각谻이다"라고 하였다. 또 "피로가 극에 도달하게 하다"라는 말에 대하여 『한서·주』에서는 "곽박이 '권각倦谻이 극에 달하면 지치고 힘들다'고 하였다"는 말을 인용하였다. 『설문해자』의 극부丮部에 "각谻은 (발의) 모습이 짝짝이로서 절뚝인다는 뜻"이라고 하였다. 서개의 『설문해자계전』에 "「상림부」에 '(짐승을) 지치게 하여 힘이 다한 것을 잡는다'라는 구절이 있는데, 이는 힘으로써 다리를 절뚝이게 하고 뿔이 흔들리는 것이 극에 달하게 하여 굴복받는 것을 말한다"고 하였다. 『설문해자』 인부人部에 "각御은 지치게 하게 굴복을 받는다"라고 했다. 『설문해자계전』에서 "각御은 피곤이 극에 달한 것이다. 지치고 피로한 것이 극에 달하는 것을 보면 굴복을 받는다는 것을 말한다"고 하였다. 『설문해자』의 심부心部에 "각㦜은 로勞(힘쓰다)다"라고 했다. 즉 『사기색은』에서 인용한 이 세 글자는 응당 '각谻'이 본래 글자다. '각御'과 '각㦜'은 모두 그 글자의 별체別體다. 『방언』에서는 '각谻'에 인방人旁을 더해 '각御'으로 되어 있는데, 이는 마치 '권券'에 인방人旁을 더해 '권㑭'으로 되어 있는 것과 같다. '각御'과 '각㦜'이 같은 것은 '권㑭'과 '권倦'이 같은 것과 같다. 『광아』에 "훼㱩·권券·각御은 다하다(극極)의 뜻"이라고 했다.

역해

① 殧[훼] : 지치다. 피곤하다. 곽박 「주」에 발음은 喙라고 했는데, 이에 근거한 상고음은 [*hjuadh]이다.

② 倂[각(극)] : 御[각(극)]과 같다. 지치다. 게을러지게 되다.

③ 倦[권] : 고달프다. 피곤하다. 倦은 殧, 倂의 풀이어휘.

방언 70

鼃①【音蛙】· 律②, 始③也.

와鼃[290]【음은 와蛙다】· 률律[291]은 시작(시始)의 뜻이다.

---

290 洪頤煊의 『讀書叢錄』 제9권에, "혹자는 鼃는 마땅히 鼀으로 써야 한다고 말한다. 『說文解字』에 '鼀, 詹諸也. 從黽先. 先亦聲'이라고 되어 있는데, 鼀와 造는 같은 소리의 글자다. 鼃와 鼀도 역시 聲之轉"이라고 하였다. 周祖謨의 『方言校箋』에서는 "鼃는 마땅히 鼀으로 써야 한다는 주장이 옳다. 『廣雅·釋詁』에 '造는 始다'라는 말이 있는데, 鼀와 造는 소리가 유사하고 뜻이 서로 통한다"고 하였다. 華學誠은 "『廣雅』에 鼃·葎라는 두 글자가 있는데, 葎는 律과 상통하며, 『方言』으로부터 왔다는 것은 의심할 바가 없다. 다만 造와 鼃 사이에는 여섯 글자가 끼어 있다.(이 말은 바로 다음의 주해를 보면 이해할 수 있다. 造와 鼃 사이에 朔·萌·芽·本·根·櫱라는 여섯 글자가 있다) 『方言』의 이 조항의 郭璞 「注」에 '음은 蛙다'라고 되어 있는데, 이는 鼃의 음에서 온 것이며, 郭璞이 보았던 『方言』에는 바로 鼃라는 글자로 되어 있었다. 이로 미루어보자면, 鼀가 鼃로 잘못 쓰인 것은 틀림없이 魏晉 시대 이전의 일이라는 것을 알 수 있다. 鼀와 造는 소리가 유사하고 뜻이 서로 통하지만, 鼃를 始라고 풀이하는 것은 심히 이해하기 어렵다"라고 하였다.

291 華學誠은 『太玄經·太瑩』에 "六始爲律"이라는 구절이 있는데, 이때의 律도 역시 始의 뜻이라고 하였다.

방언소증

案'律'亦作'葎'. 『廣雅』: "𪓰·葎, 始也.[292]" 義本此. 曹憲『音釋』: "葎, 音律."

'률律'을 '률葎'이라고도 쓴다. 『광아』에 "와𪓰·률葎은 시작(시始)의 뜻"이라고 하였으니, 그 의미는 여기에 근거한다. 조헌의 『광아음석』에 "률葎의 음은 률律"이라고 하였다.

역해

① 𪓰[와]: 처음. 시초. 시작하다. 곽박 「주」에 발음은 蛙라고 했는데, 이에 근거한 상고음은 [*ʔwrag]다.
② 律[률]: 비롯하다.
③ 始[시]: 시작하다. 비롯하다. 始는 𪓰, 律의 풀이어휘.

방언 71

蓐① · 臧②, 厚③也.

욕蓐 · 장臧은 두텁다(후厚)의 뜻이다.

292 『廣雅·釋詁』: "古·昝·先·創·方·作·造·朔·萌·芽·本·根·櫱·𪓰·葎·昌·孟·鼻·業, 始也."

방언소증

案『廣雅』: "蓐・臧, 厚也.[293]" 義本此.

『광아』에 "욕蓐・장臧은 두텁다(후厚)의 뜻"이라고 하였으니, 그 의미는 여기에 근거한다.

역해

① 蓐[욕] : 두텁다. 빽빽하다.
② 臧[장] : 두텁다.
③ 厚[후] : 두텁다. 두껍다. 厚는 蓐, 臧의 풀이어휘.

방언 72

遵①・遂②, 行③也.【遂遂, 行貌也. 魚晩反】

준遵[294]・언遂[295]은 가다(행行)의 뜻이다.【걷는 모습이다. 음은 어만반魚晩反이다】

---

293 『廣雅・釋詁』: "篤・壘・蓐・臧・醇・醲・渥・陸・頷, 厚也."

294 錢繹의 『方言箋疏』에서 "『說文解字』에 '遵, 循也.' '循, 行也'라는 말이 있고, 『太玄經』 晦首의 次七에 말하기를, '或遵之行, 測曰, 將遵行也'라는 말이 있다"고 하였다.

295 華學誠은 "郭璞은 疊音詞로 풀이하면서 걷는 모습이라고 하였는데, 아마도 당시 말에는 있었을 것이다. 문헌상의 용례는 알 수가 없다"라고 하였다.

방언소증

案『廣雅』: "遵・遂, 行也.[296]" 義本此.

『광아』에 "준遵・언遂은 가다(행行)의 뜻"이라고 하였으니, 그 의미는 여기에 근거한다.

역해

① 遵[준]: 좇다. 뒤를 밟아 따르다.
② 遂[언]: 걸어가는 모양. 곽박 「주」에 발음은 魚晚反이라고 했는데, 이에 근거한 상고음은 [*ŋjanx]이다.
③ 行[행]: 가다. 行은 遵, 遂의 풀이어휘.

방언 73

饢①【音攜】・餟②【祭醊】, 餽③也.【音愧】

휴饢【음은 휴攜다】・체餟【음은 제철祭醊의 철醊이다[297]】는 제사를 지내다(궤餽)의 뜻이다.【음은 괴愧다】

---

296 『廣雅・釋詁』: "躔・歷・逝・去・趨・�・流・步・遵・遂・蹠・遂・般・從・邌・轉・隨・巡・充・略・將・進・由・駕・帶・貫・躰・逭・逌・踚・遡・吉, 行也."
297 郭璞의 「注」에는 '祭醊'이라고 되어 있지만, 戴震의 『方言疏證』에 따라 이와 같이 번역하였다.

방언소증

案'饋餟'諸刻訛作'鐫錣'. 「注」內'祭醊'當云'音祭醊之醊', 諸刻'醊'訛作'餟', 今並從『永樂大典』本.

'휴饋'와 '체餟'를 여러 판각본에서는 '휴鐫'와 '철錣'로 잘못 썼다. 곽박의 「주」 안에 '제철祭醊'이라고 되어 있는 것은 마땅히 '음은 제철祭醊의 철醊이다'라고 해야 한다. 여러 판각본에서 '철醊'을 '철餟'이라고 잘못 썼다. 지금 이 오류들을 『영락대전』본에 따라 바르게 고친다.

역해

① 饋[휴] : 술을 땅에 부어 강신하다. 곽박 「주」에 발음은 攜라고 했는데, 이에 근거한 상고음은 [*gwig]이다.
② 餟[체] : 제사를 지낼 때 술을 땅에 부어 강신하다. 醊과 같다. 곽박 「주」에 발음은 祭醊의 醊라고 했는데, 이에 근거한 상고음은 [*trjuadh]이다.
③ 餽[궤] : 제사를 지내다. 餽는 饋, 餟의 풀이어휘. 곽박 「주」에 발음은 愧라고 했는데, 이에 근거한 상고음은 [*kwjiədh]이다.

방언 74

餼①【香既反】· 餘②【音映】, 飽③也.

희餼[298]【음은 향기반香既反이다】· 영餘[299]【음은 영映이다】은 배부르다(포飽)의 뜻이다.

방언소증

案'饋'諸刻訛作'鏍'. 今從『永樂大典』本. 『廣雅』: "鏍, 飽也." 義本此.

'영饋'을 여러 판각본에서 '영鏍'이라고 잘못 썼다. 지금 『영락대전』본을 따라 고친다. 『광아』에 "영鏍은 배부르다(포飽)의 뜻"이라고 하였는데, 그 의미는 여기에 근거한다.

역해

① 餼[희] : 배부르다. 곽박 「주」에 발음은 香既反이라고 했는데, 이에 근거한 상고음은 [*hjədh]이다.
② 饋[영] : 배부르다. 가득하다. 곽박 「주」에 발음은 映이라고 했는데, 이에 근거한 상고음은 [*ʔaŋx]이다.
③ 飽[포] : 배부르다. 배불리 먹이다. 飽는 餼, 饋의 풀이어휘.

---

298 錢繹의 『方言箋疏』에서 "무릇 사람이란 기쁘면 기가 열려 펼쳐지고, 분노하면 기가 꽉 차게 된다. 음식을 배불리 먹은 것을 餼라고 하고 饋이라고도 하며, 기가 꽉 찬 것을 餼라고 하고, 역시 饋이라고도 하는데, 그 의미는 같다"라고 하였다.

299 錢繹의 『方言箋疏』에서 "『玉篇』에 '饋, 飽滿也'라고 하였는데, 餱이라고도 쓰며, 서로 같다. 합하여 도치하여 말하면 곧 饋餼다. 제1권에서 '凡陳楚之郊南楚之外相謁而飧'이라고 하였고, 또 '秦晉之際, 河陰之間曰饐饋'이라고 하였다. 郭璞의 「注」에서 말하기를 '今關西人呼食欲飽爲饐饋'이라고 하였다. 饐饋와 饋餼는 소리도 비슷하고 뜻도 같다"라고 하였다.

방언 75

惵①【度協反】·耇②【音垢】, 羸③也.【音盈】

접惵[300]【음은 도협반度協反이다】·구耇[301]【음은 구垢다】는 가득 차다(영羸[302])의 뜻이다.【음은 영盈이다】

방언소증

案'羸'與'盈'通. 『玉篇』云 : "惵, 盈也." 義本此.

'영羸'은 '영盈'과 통한다. 『옥편』에 말하기를 "접惵은 가득 차다(영盈)의 뜻"이라고 하였는데, 그 의미는 여기에 근거한다.

---

300 華學誠은 惵을 羸이라고 풀이하는 것은 문헌상으로는 증거가 없다. 아마도 惵을 耋이라고 말하는 것은 耋을 老라고 풀이하기 때문일 것이라고 하였다.

301 錢繹은 耇를 够 및 多와 관련지어 풀이했지만 華學誠은 錢繹의 주장은 옳지 않다고 하면서 耇는 곧 老라고 하였다.

302 『說文解字』 羊部에 있는 '羸, 瘦也'에 대해 朱駿聲의 『說文通訓定聲』에 말하기를, '본래의 풀이는 살이 없어 여윈 양일 것이나, 轉하여 사람을 가리키게 된 것이다'라고 하였다. 야위었다는 말에서 인신하여 쇠약하다는 의미가 되었고, 대개는 노인들의 신체 상태를 형용하는 말이 되었다고 한다. 耇를 老라고 풀이하는 것은 『方言』 제1권의 18번째 항목에 "秦晉之郊, 陳兗之會曰耇鮐"라는 구절이 있고, 『方言』 제10권 40번 조항에 "耇, 老也"라는 구절이 있다. 이 羸와 老는 뜻이 서로 가깝고, 모두 耇라고 풀이된다. 惵은 耋을 말하는데, 『方言』 제1권 18번째 항목에, "耋, 老也. …… 宋衛兗豫之內曰耋"라는 대목이 있고, 郭璞의 주해에 "八十爲耋"라는 말이 있다. 위와 같은 사실들로 미루어보자면, 羸은 마땅히 羸이 되어야 한다. 그런데 郭璞의 음에서 '盈'이라고 했으니, 이는 羸이 羸으로 잘못 쓰인 것이 郭璞이 주해를 하기 이전의 일이고, 郭璞은 羸이 잘못된 글자라는 것을 몰랐을 것이다.

역해

① 惵[접] : 가득하다. 남다. 곽박 「주」에 발음은 度協反이라고 했는데, 이에 근거한 상고음은 [*diap]이다.

② 耇[구] : 늙다. 장수하다. 경험이 많고 노련한 사람. 곽박 「주」에 발음은 垢라고 했는데, 이에 근거한 상고음은 [*kugx]다.

③ 羸[영] : 남다. 가득 차다. 羸은 惵, 耇의 풀이어휘. 곽박 「주」에 발음은 盈이라고 했는데, 이에 근거한 상고음은 [*riŋ]이다.

방언 76

趙① · 肖②, 小③也.

조趙[303] · 초肖[304]는 작다(소小)의 뜻이다.

방언소증

案『廣雅』: "肖, 小也.[305]" 義本此.

『광아』에 "초肖는 작다(소小)의 뜻"이라고 하였는데, 그 의미는 여기에 근거한다.

303 趙는 肖의 소리를 따른 것이며, 肖는 小라고 풀이된다.

304 華學誠은 肖는 小의 소리를 따르고, 肖는 小라고 풀이되므로, 소리로써 의미를 얻은 것이라고 했다.

305 『廣雅 · 釋詁』: "嫢 · 笙 · 揫 · 掺 · 䜋 · 稗 · 細 · 纖 · 微 · 纱 · 麼 · 㦒 · 私 · 茦 · 葼 · 㑭 · 蕟 · 杪 · 肖 · 尐 · 區 · 眇 · 鄙, 小也."

역해

① 趙[조] : 작다.
② 肖[초] : 작다. 미세하다.
③ 小[소] : 작다. 小는 趙, 肖의 풀이어휘.

방언 77

蚩① · 愮②【音遙】, 悖③也.【謂悖惑也】

치蚩 · 요愮【음은 요遙다】는 정신이 미혹되다, 어지럽다(悖)의 뜻이다.【패혹悖惑, 즉 무언가 어그러진 느낌, 어지러운 느낌을 말한다】

방언소증

案『後漢書 · 袁紹列傳』: "揚雄有言, 六國蚩蚩.[306]" 「注」引『方言』: "蚩, 悖." 『廣雅』: "蚩 · 愮, 亂也.[307]"

『후한서 · 원소열전』에 "양웅이 말하기를, 육국이 어지럽다"라고 했는데, 「주」에서 『방언』을 인용하여 "치蚩는 정신이 미혹되다(패悖)의 뜻"이라고 했다. 『광아』에 "치蚩 · 요愮는 어지럽다(란亂)의 뜻"이라고 하였다.

---

306 『後漢書 · 袁紹劉表列傳』: "揚雄有言 : '六國蚩蚩, 爲嬴弱姬' 今之謂也."

307 『廣雅 · 釋詁』: "惃 · 愸 · 頓湣 · 眠眩 · 惑 · 蚩 · 愮 · 擾 · 撓 · 慁 · 攪 · 猾 · 紛 · 縕 · 惷 · 妛 · 怓 · 憒 · 叛 · 殽 · 逆, 亂也."

역해

① 蚩[치] : 어리석다. 소란스럽다.
② 愮[요] : 현혹하다. 미혹하다. 곽박 「주」에 발음은 遙라고 했는데, 이에 근거한 상고음은 [*grjagw]이다.
③ 悖[패] : 마음이 어지럽다. 정신이 미혹되다. 悖는 蚩, 愮의 풀이어휘.

방언 78

吹①・扇②, 助③也.【吹嘘, 扇拂[308], 相佐助也】

취吹[309]・선扇은 돕다(조助)의 뜻이다.【취허吹嘘와 선불扇拂은 서로 돕는 것이다】

방언소증

案『廣雅』: "吹・扇, 助也.[310]" 義本此.

『광아』에 "취吹・선扇은 돕다(조助)의 뜻"이라고 하였는데, 그 의미는 여기에 근거한다.

---

308 『四部叢刊』本에는 '佛'이라고 되어 있다.
309 丁惟汾은 『方言音釋』에서 "助는 助長이며, 吹와 扇은 모두 助長하는 바가 된다. 그러므로 助라고 하였다"라고 했다.
310 『廣雅・釋詁』: "儹・由・胥・佐・佑・虞・護・勸・救・吹・扇・埤・役・賻, 助也."

역해

① 吹[취] : 돕다.
② 扇[선] : 부채질하다.
③ 助[조] : 돕다. 助는 吹, 扇의 풀이어휘.

방언 79

焜① · 曅②, 晠③也【韓曅焜燿, 晠貌也】.

혼焜 · 엽曅[311]는 밝다(성晠)의 뜻이다.【韓曅焜燿는 밝게 빛나는 모습이다】

방언소증

案'焜'亦作'昆', '曅'亦作'燁', '晠'亦作'盛'. 『廣雅』: "燁 · 昆, 盛也."

'혼焜'은 '곤昆'이라고도 쓰고, '엽曅'은 '엽燁'이라고도 쓰며, '성晠'은 또 '성盛'이라고도 쓴다. 『광아』에 "엽燁 · 곤昆은 성하다(성盛)의 뜻"이라고 하였다.

311 華學誠은 曅은 曄과 같다고 하였고, 曄은 본래 광명 찬란한 모습으로, 그 引伸意는 성한 모습이 된다고 하였다.

역해

① 焜[혼] : 환하게 밝다. 환히 비추다.
② 曅[엽] : 曄의 本字. 밝다. 빛나다.
③ 晠[성] : 밝다. 晠은 焜, 曅의 풀이어휘.

방언 80

苦①・翕②, 熾③也.

고苦・흡翕은 흥성하다(치熾)의 뜻이다.

방언소증

案『廣雅』: "苦・翕, 熾也.[312]" 義本此.

『광아』에 "고苦・흡翕은 흥성하다(치熾)의 뜻"이라고 하였는데, 그 의미는 여기에 근거한다.

역해

① 苦[고] : 몹시. 매우.
② 翕[흡] : 왕성하다.

312 『廣雅・釋詁』: "苦・翕・焕・煜・熺, 熾也."

③ 熾[치] : 흥성하다. 번창하다. 熾는 苦, 翕의 풀이어휘.

방언 81

蘊①, 崇②也.[313] 蘊③·嗇④, 積⑤也【嗇者貪, 故爲積】.[314] 嗇⑥·覵[315]⑦, 合⑧也.

온蘊[316]은 숭배하다(숭崇)의 뜻이다. 온蘊·색嗇은 쌓아두다(적積)의 뜻이다.【인색한 자는 무언가를 탐하여 쌓아두다(적積)의 뜻이 된다】 색嗇·미覵는 합하다(합合)의 뜻이다.

방언소증

案任昉「百辟勸進今上牋」: "近以朝命蘊策.[317]" 李善「注」云 : "『方言』曰, 蘊, 崇也. 謂尊崇而加策命也." 左思「魏都賦」: "雖踰千祀而懷舊蘊於遐年.[318]" 江淹「雜體詩」: "悠悠蘊眞趣.[319]" 李善「注」皆引『方言』: "蘊, 積也." '嗇'通作'嗇', 亦作'繬'. '覵'各本訛作'殄'. 今'覵'通作'瓕', 省作'弥', 遂訛而爲'殄'耳. '蘊'亦作'薀'. 『廣雅』: "薀·崇·嗇, 積也.[320]", "繬·瓕, 合也." 義皆本此.

---

313 『四部叢刊』本에는 뒷부분이 별도의 조항으로 분리되어 있다.

314 『四部叢刊』本에는 뒷부분이 별도의 조항으로 분리되어 있다.

315 『四部叢刊』本에는 '殄'이라고 되어 있으나, 戴震은 '覵'로 고쳤다.

316 華學誠은 崇과 積의 뜻이 서로 관련이 있다고 하였다.

317 『文選·牋·百辟勸進今上牋』: "近以朝命蘊策, 冒奏丹誠, 奉被還令."

318 『文選·賦丙·魏都賦』: "雖則衰世, 而盛德形於管絃. 雖踰千祀, 而懷舊蘊於遐年. 爾其疆域, 則旁極齊秦, 結湊冀道."

319 『文選·詩庚·雜體詩』: "晨遊任所萃, 悠悠蘊眞趣. 雲天亦遼亮, 時與賞心遇."

임방의 「백벽권진금상전」에 "가까이 아침에 명을 받아 존숭하여 책명을 더해준다"라는 구절이 있는데, 이선의 「주」에 말하기를 "『방언』에 온蘊은 숭배하다(숭崇)의 뜻이라고 하였다. 존숭하여 책명을 더해준다는 것을 말한다"라고 하였다. 좌사의 「위도부」에 "비록 천 년의 제사를 뛰어넘어 옛 정은 저 오랜 세월 전에 쌓아두어도"라는 구절이 있고, 강엄의 「잡체시」에 "저 멀리 참된 흥취를 쌓아두네"라는 구절이 있는데, 이선의 「주」에서 모두 『방언』을 인용하여 "온蘊은 쌓이다(적積)의 뜻"이라고 하였다. '색嗇'은 일반적으로 '색啬'으로도 쓰이며, 또한 '색繬'으로도 쓰인다. '미䤉'는 각 판본에서 '진殄'이라고 잘못 썼다. 이 '미䤉'는 일반적으로 '미彌'라고 쓰며, 생략된 형태로는 '미弥'라고 쓰는데, 이것이 잘못 되어 '진殄'이 되었을 것이다. '온蘊'은 또한 '온薀'이라고도 쓴다. 『광아』에 "온薀·숭崇·색嗇은 쌓이다(적積)의 뜻"이라고 하였고, "색繬·미彌는 합하다(합合)의 뜻"이라고 하였는데, 그 의미는 모두 여기에 근거한다.

역해

① 蘊[온] : 존숭하다.

② 崇[숭] : 숭배하다. 받들다. 崇은 蘊의 풀이어휘.

③ 蘊[온] : 쌓다. 축적하다.

④ 嗇[색] : 쌓다. 저축하다.

⑤ 積[적] : 모아서 쌓아두다. 積은 蘊, 嗇의 풀이어휘.

⑥ 嗇[색] : 봉합하다. 꿰매다.

⑦ 䤉[미] : 뒤섞이다. 의식을 잃다.

---

320 『廣雅·釋詁』: "薀·崇·委·冣·嗇·茨·壘·積·浸·殖·揲·秭·稙·穄·貯, 積也."

⑧ 合[합] : 합하다. 合은 嗇, 䦘의 풀이어휘.

방언 82

翬①【音揮】·翿②, 飛③也.【翬翬, 飛貌也】

휘翬【음은 휘揮다】·교翿은 날다(비飛)의 뜻이다.【휘휘翬翬는 나는 모습이다】

방언소증

案'翿''獢', 古通用. 孫綽「遊天台山賦」: "整輕翮而思獢.[321]" 李善「注」引『方言』: "獢, 飛也." 『廣雅』: "翬·獢, 飛也.[322]" 義本此.

'교翿'와 '교獢'는 옛날에는 서로 통용되었다. 손작의 「유천태산부」에 "가벼운 새의 깃털을 타고 생각이 날아간다"라는 구절이 있는데, 이선의 「주」에서 『방언』을 인용하여 "교獢는 날다(비飛)의 뜻"이라고 하였다. 『광아』에 "휘翬·교獢는 날다(비飛)의 뜻"이라고 하였는데, 그 의미는 여기에 근거한다.

321 『文選·賦己·遊天台山賦』: "哂夏蟲之疑冰, 整輕翮而思獢."

322 『廣雅·釋詁』: "翬·鶱·翾·翥·翊·翷·翄·翁·䎃·翍·翺·翐翑·鴥·翿·獢, 飛也."

역해

① 翬[휘] : 빠르게 날다. 곽박 「주」에 발음은 揮라고 했는데, 이에 근거한 상고음은 [*hwjəd]다.

② 翻[교] : 날다.

③ 飛[비] : 날다. 飛는 翬, 翻의 풀이어휘.

방언 83

憤① · 自[323]②, 盈③也.

분憤 · 자自는 가득 차다(영盈)의 뜻이다.

방언소증

案『樂記』: "粗厲 · 猛起 · 奮末 · 廣賁之音作, 而民剛毅.[324]" 鄭「注」云 : "賁, 讀憤. 憤, 怒氣充實也." 『周語』: "陽癉憤盈.[325]" 韋昭「注」云 : "憤, 積也." 『廣雅』: "憤, 盈也.[326]"

『예기 · 악기』에 "거칠고 사납게, 맹렬히 일어나며, 끝까지 분발하고, 크게 분개하는 음이 일어나면 백성은 강해지고 굳세어진다"라는

---

323 『四部叢刊』本에는 '目'으로 되어 있으나, 戴震은 '自'로 고쳤다.

324 『禮記 · 樂記』: "粗厲, 猛起, 奮末, 廣賁之音作, 而民剛毅, 廉直, 勁正."

325 『國語 · 周語』: "古者, 太史順時覛土, 陽癉憤盈, 土氣震發, 農祥晨正, 日月底於天廟, 土乃脈發."

326 『廣雅 · 釋詁』: "貳 · 福 · 蓮 · 倅 · 憤, 盈也."

구절이 있는데, 정현의 「주」에 "분賁은 분憤이라고 읽는다. 분憤은 노기怒氣가 충만하여 가득한 것을 이른다"라고 하였다. 『국어 · 주어』에 "일조 시간이 점차 증가하여 양기가 복받쳐 가득해지다"라는 구절이 있는데, 위소의 「주」에 "분憤은 쌓이다(積)의 뜻"이라고 하였다. 『광아』에 "분憤은 가득차다(영盈)의 뜻"이라고 하였다.

역해

① 憤[분] : 가득 쌓임. 충만하다. 왕성하다.
② 自[재] : 가득 차다.
③ 盈[영] : 가득 차다. 넘치다. 盈은 憤, 自의 풀이어휘.

방언 84

譟①【喚譟】 · 諻②【從橫】, 音③也.

조譟【음은 환조喚譟의 조譟다[327]】 · 횡諻【음은 종횡從橫의 횡橫이다[328]】은 말소리, 소리(음音)의 뜻이다.

---

327 郭璞의 「注」에는 '喚譟'라고 되어 있으나, 戴震의 『方言疏證』에 따라 이와 같이 번역하였다.

328 郭璞의 「注」에는 '從橫'이라고 되어 있으나, 戴震의 『方言疏證』에 따라 이와 같이 번역하였다.

방언소증

案左思「吳都賦」: “諠譁喤呷.[329]” 李善「注」引『方言』: “諻, 音也.” ‘喤’ ‘諻’通. 『玉篇』云: “譟, 羣呼煩擾也.[330]”, “諻, 音也.[331]” 「注」內‘喚譟’, ‘從橫’當作‘音喚譟之喚’, ‘音從橫之橫’.

좌사의 「오도부」에 “어린아이들의 울음소리가 시끄럽게 울리다”라는 구절이 있는데, 이선의 「주」에서 『방언』을 인용하여 “횡諻은 소리(音)의 뜻”이라고 했다. ‘황喤’과 ‘횡諻’은 통한다. 『옥편』에 “조譟는 무리가 소리치고 시끄럽게 떠드는 것이다.” 또 “횡諻은 소리(音)의 뜻”이라고 했다. 「주」의 ‘환조喚譟’와 ‘종횡從橫’은 마땅히 ‘음은 환조喚譟의 환喚이다.’ 또 ‘음은 종횡從橫의 횡橫이다’라고 해야 한다.

역해

① 譟[조]: 고함치다. 떠들썩하다. 곽박 「주」에 발음은 喚譟의 譟라고 했는데, 이에 근거한 상고음은 [*sagwh]이다.
② 諻[횡]: 말소리. 곽박 「주」에 발음은 從橫의 橫이라고 했는데, 이에 근거한 상고음은 [*kwaŋ]이다.
③ 音[음]: 소리. 音은 譟, 諻의 풀이어휘.

---

329 『文選·賦丙·吳都賦』: “諠譁喤呷, 芬葩蔭映.”
330 『玉篇』 言部: “譟, 桑到切. 羣呼煩擾也.”
331 『玉篇』 言部: “諻, 呼橫反. 『方言』: ‘諻, 音也.’ 『蒼頡篇』: ‘諻, 樂也.’”

방언 85

攎①【音盧[332]】·遫②【音敕】, 張③也.

로攎【음은 로盧다】·칙遫【음은 칙敕이다】은 펴다(장張)의 뜻이다.

방언소증

案『廣雅』:"遫, 張也.[333]"『玉篇』云:"攎, 張也.[334]" 皆本此.

『광아』에 "칙遫은 펴다(장張)의 뜻"이라고 하였으며,『옥편』에서 "로攎는 펴다(장張)의 뜻"이라고 하였는데, 모두 여기에 근거한다.

역해

① 攎[로]: 당기다. 끌다. 곽박「주」에 발음은 盧라고 했는데, 이에 근거한 상고음은 [*lag]다.
② 遫[칙]: 펼치다. 곽박「주」에 발음은 敕이라고 했는데, 이에 근거한 상고음은 [*thrjək]이다.
③ 張[장]: 펴다. 張은 攎, 遫의 풀이어휘.

---

332 『四部叢刊』本에는 '攎'로 되어 있으나『方言疏證』本에는 '盧'라고 되어 있다.
333 『廣雅·釋詁』:"抗·彉·幠·磔·㲉·彉·披·攄·遫·瞋, 張也."(卷第一上)
334 『玉篇』手部:"攎, 力胡切. 張也."

방언 86

岑① · 㝈②, 大③也.[335] 岑④, 高⑤也【岑崟, 峻貌也】.

잠岑[336] · 인㝈[337]은 크다(대大)의 뜻이다. 잠岑은 높다(고高)의 뜻이다.
【잠음岑崟은 산이 높은 모습이다】

방언소증

案『廣雅』: "岑 · 㝈, 大也.[338]", "岑, 高也." 皆本此. 江淹「雜體詩」: "岑崟還相蔽.[339]" 李善「注」云: "郭璞注『方言』曰, 岑崟, 峻貌."

『광아』에 "잠岑 · 인㝈은 크다(대大)의 뜻"이라고 하였고, 또 "잠岑은 높다(고高)의 뜻"이라고 하였는데, 모두 여기에 근거한 것이다. 강엄의 「잡체시」에 "험준한 산봉우리들이 서로 뒤덮고 있네"라는 구절이 있는데, 이선의 「주」에, "곽박이 『방언』을 주해하면서 말하기를, 잠음岑崟은 산이 높은 모습이라고 하였다"고 말했다.

---

335 『四部叢刊』本에는 뒷부분이 다른 별도의 조항으로 분리되어 있다.

336 丁惟汾의 『方言音釋』에 "岑은 높은 것이 크다는 뜻이다. 『爾雅 · 釋山』에 '산이 작으나 높은 것을 岑이라고 한다'고 하였다"는 말이 있다.

337 『廣雅 · 釋詁』에 '㝈, 大也'라는 구절이 있다. 王念孫의 『廣雅疏證』에 "『淮南子 · 地形』편에 '九州之外, 乃有八㝈'라는 구절이 있고, 高誘의 「注」에 '㝈은 遠과 같다'라고 하였는데, 遠은 또한 크다(大)는 뜻이다"라고 하였다.

338 『廣雅 · 釋詁』: "道 · 天 · 地 · 王 · 皇 · 亹 · 緐 · 博 · 殷 · 粗 · 兄 · 㕦 · 沛 · 祏 · 龄 · 衍 · 臨 · 巨 · 佳 · 方 · 誇 · 匯 · 凱 · 般 · 張 · 覺 · 封 · 奘 · 太 · 賢 · 胡 · 㢊 · 廣 · 旁 · 奄 · 㔉 · 㔦 · 樸 · 魁 · 訏 · 沈 · 岑 · 㝈 · 誧 · 䩶 · 䪽 · 䫈 · 鼊 · 𣪘 · 芋 · 䛓 · 袤 · 頪 · 萬 · 艣 · 駿 · 都, 大也."

339 『文選 · 詩庚 · 雜體詩』: "岊嶭轉奇秀, 崟岑還相蔽. 赤玉隱瑤溪. 雲錦被沙汭."

역해

① 岑[잠] : 크다.
② 夤[인] : 크다.
③ 大[대] : 크다. 大는 岑, 夤의 풀이어휘.
④ 岑[잠] : 높고 뾰족하다.
⑤ 高[고] : 높다. 高는 岑의 풀이어휘.

방언 87

效① · 㫚②【音戶】, 文③也.【㫚㫚, 文采貌也】

효效 · 호㫚【음은 호戶다】는 문채(문文)의 뜻이다.【호호㫚㫚는 문채가 있는 모습이다】

방언소증

案『廣雅』: "㫚, 文也.[340]" 義本此.

『광아』에 "호㫚는 문채(문文)의 뜻"이라고 하였는데, 그 의미는 여기에 근거한다.

340 『廣雅 · 釋詁』: "粲 · 彰 · 彪 · 辬 · 璘 · 虨 · 彬 · 彧 · 㫚 · 純, 文也."(卷第三上)

역해

① 效[효] : 문채. 무늬.
② 昈[호] : 문채가 찬란한 모양. 꾸미다. 수식하다. 곽박 「주」에 발음은 戶라고 했는데, 이에 근거한 상고음은 [*gagx]다.
③ 文[문] : 문채. 무늬. 文은 效, 昈의 풀이어휘.

방언 88

鈵①【音柄】・董②, 固[341]③也【謂堅固也】.

병鈵[342]【음은 병柄이다】・동董[343]은 견고하다(고固)의 뜻이다.【견고한 것을 말한다】

방언소증

案'固'各本訛作'錮'. 『廣雅』: "鈵・董, 固也.[344]" 『玉篇』於'鈵'字, '董'字並云 : "固也.[345]" 與此「注」合, 今據以訂正.

---

341 『四部叢刊』本에는 '錮'라고 되어 있으나, 戴震은 '固'로 고쳤다.
342 『廣雅・釋詁』와 『玉篇』 金部에 모두 "固也"라고 되어 있는데, 문헌상의 용례는 상세히 알 수 없다.
343 『廣雅・釋詁』와 『廣韻・董韻』에서 "固也"라고 하였는데, 문헌상의 용례는 상세히 알 수 없다.
344 『廣雅・釋詁』: "掔・掑・鈵・董, 固也."
345 『玉篇』 金部 : "鈵, 彼病切. 固也."

'고固'는 각 판본에 '고錮'라고 잘못 썼다. 『광아』에 "병鈵·동董은 견고하다(고固)의 뜻"이라고 하였고, 『옥편』의 '병鈵'이라는 글자와 '동董'이라는 글자에 모두 말하기를, "견고하다(고固)의 뜻"이라고 하였으니 이 주해와 부합된다. 지금 거기에 근거하여 바르게 고친다.

역해

① 鈵[병] : 견고하다. 곽박 「주」에 발음은 柄이라고 했는데, 이에 근거한 상고음은 [*pjia ŋ x]이다.
② 董[동] : 바르다. 감독하다.
③ 固[고] : 단단하다. 견고하다. 확고하다. 固는 鈵, 董의 풀이어휘.

방언 89

抙[346]① · 搷②【音填】, 揚③也【謂播揚也】.

한抙 · 전搷【음은 전填이다】은 널리 퍼뜨리다(양揚)의 뜻이다.【파양播揚을 말한다】

346 『四部叢刊』本에는 '扞'으로 되어 있으나, 戴震은 '抙'으로 고쳤다. 華學誠은 '抙'을 楷書에서는 '扞'라고 쓰는데, 이것과 글자의 모습이 비슷하기 때문에 '扞'으로 잘못 썼다고 했다.

방언소증

'扞'各本訛作'扜', 今訂正. 『說文』: "扞, 指麾也."[347] 『廣韻』: "扞, 揚也."[348] 『玉篇』: "搷, 揚也."[349] 『廣雅』作'扜・搷[350], 揚也.'[351] 二字並訛.

'한扞'은 각 판본에 한'扜'이라고 잘못 되어 있는데 지금 바르게 고친다. 『설문해자』에 "한扞은 지휘하다의 뜻"이라고 하였고, 『광운』에 "한扞은 널리 퍼뜨리다(양揚)의 뜻"이라고 하였으며, 『옥편』에 "전搷은 퍼뜨리다(양揚)의 뜻"이라고 하였다. 『광아』에서는 "한扜・전搷은 널리 퍼뜨리다(양揚)의 뜻"이라고 하였는데, 이 두 글자를 합해 놓은 것은 틀렸다.

역해

① 扞[한] : 펴다. 펼치다.

② 搷[전] : 퍼뜨리다. 곽박 「주」에 발음은 填이라고 했는데, 이에 근거한 상고음은 [*din]이다.

③ 揚[양] : 드러내다. 널리 퍼뜨리다. 揚은 扞, 搷의 풀이어휘.

---

347 『說文解字』 手部 : "扜, 指麾也. 從手虧聲."

348 『廣韻』 上平聲 : "扞, 揚也."

349 『玉篇』 手部 : "搷, 達年切. 揚也."

350 『廣雅』에는 '搷'이라고 되어 있으나 戴震은 '揁'이라고 인용하여 이를 바로잡았다.

351 『廣雅・釋詁』 : "扜・搷・對, 揚也."

방언 90

水中可居[352]爲洲①. 三輔謂之淤.②【音血淤[353]. 「上林賦」曰 : "行乎洲淤之浦也."】 蜀漢謂之𣷾[354].③【手臂】

물 가운데에 사람이 거주할 수 있는 곳을 주洲라고 하고, 삼보三輔 지역에서는 어淤라고 한다.【음은 혈어血瘀의 瘀다.[355] 「상림부」에 "섬의 물기슭에 이르다"라고 했다】 촉한蜀漢 지역에서는 비𣷾[356]【수비手臂】라고 한다.

방언소증

案『史記・司馬相如列傳』: "行乎洲淤之浦.[357]" 『集解』: "郭璞曰 : 淤亦州名, 蜀人云, 見『方言』." 李善注「上林賦」云 : "『方言』曰, 水中可居者曰洲, 三輔謂之淤也." '𣷾'各本訛作'𤃿'. 『玉篇』: "𣷾, 水洲也.[358]" 『廣韻』於'𣷾'字云 : "蜀漢人呼水洲曰𣷾.[359]" 皆本此. 今據以訂正.

---

352 周祖謨의 『方言校箋』에 "『玉篇』의 '淤'라는 글자에서 『文選』「上林賦」의 李善의 「注」 및 『太平御覽』의 제69권에서 인용한 구절에 '水中可居'의 뒤에 '者'가 있으므로, 마땅히 보충해 넣어야 한다"라고 하였다. 華學誠도 周祖謨의 교정이 옳다고 하며, 『爾雅・釋水』에도 '居' 다음에 '者'가 있다는 점을 지적하였다.

353 『四部叢刊』本에는 '瘀'로 되어 있고 『方言疏證』본에는 '淤'로 되어 있다.

354 『四部叢刊』本에는 '𤃿'로 되어 있으나, 戴震은 '𣷾'로 고쳤다.

355 『方言疏證』本에는 "血淤"로 되어 있었지만, 淤의 음을 설명하는 것이므로 이와 같이 번역하였다.

356 華學誠은 𣷾로 洲를 풀이하는 것은 문헌상으로는 자세히 알 수가 없다고 하였다.

357 『史記・司馬相如列傳』: "東西南北, 馳騖往來, 出乎椒丘之闕, 行乎洲淤之浦, 徑乎桂林之中, 過乎泱莽之野."

358 『玉篇』 水部 : "𣷾, 俾義切. 水洲也."

359 『廣韻』 去聲 : "𣷾, 蜀漢人呼水洲曰𣷾."

『사기·사마상여열전』에 "섬의 물기슭에 이르러"라는 구절이 있는데, 『사기집해』에 "곽박이 말하기를 어淤는 또한 주州라는 뜻의 글자이며, 촉蜀 지역의 사람들의 말로, 『방언』에 보인다"고 하였다. 이선이 「상림부」를 주해하면서 "『방언』에 '물 가운데에 사람이 거주할 수 있는 곳을 주洲라고 하고, 삼보三輔 지역에서는 어淤'라고 하였다"고 말했다. '비檗'는 각 판본에 '폐嬖'라고 잘못 되어 있다. 『옥편』에 "비檗는 물 가운데 사람이 거주할 수 있는 곳(수주水洲)"이라고 하였고, 『광운』에서는 '비檗'라는 글자에 대하여 말하기를, "촉한蜀漢 지역의 사람들은 수주水洲를 비檗라고 말한다"고 하였는데, 모두 여기에 근거한다. 지금 이에 의거하여 바르게 고친다.

역해

① 洲[주] : 물 가운데 있는 육지. 물 가운데 살 수 있는 곳을 洲라고 함.
② 淤[어] : 물속의 진흙이 쌓여서 이루어진 작은 섬. 三輔를 淤라고 함. 곽박 「주」에 발음은 血瘀의 瘀라고 했는데, 이에 근거한 상고음은 [*?jagh]다.
③ 檗[비] : 물 가운데 있는 땅. 蜀漢에서는 檗라고 함. 곽박 「주」에 발음은 手臂의 臂라고 했는데, 이에 근거한 상고음은 [*pjigh]다.

방언 91

殹①【音醫】, 幕②也.【謂蒙幕也】

예殹【음은 의醫다】는 가리다(막幕)의 뜻이다.【몽막蒙幕[360]을 말한다】

방언소증

案'㱯'卽'翳', 音輕重異耳.

'예㱯'는 곧 '예翳'다. 음의 경중이 다를 뿐이다.

역해

① 㱯[예] : 가리다. 곽박 「주」에 발음은 醫라고 했는데, 이에 근거한 상고음은 [*ʔidh]다.
② 幕[막] : 덮다. 가리다. 幕은 㱯의 풀이어휘.

방언 92

刳①【音枯】, 狄②也.【宜音剔】

고刳【음은 고枯다】는 도려내다, 제거하다(적狄[361])의 뜻이다.【발음은 마땅

360 劉台拱의 『方言補校』에 "蒙과 幕은 모두 覆으로 풀이되며, 또한 쌍성"이라고 하였다. 錢繹의 『方言箋疏』에서 "『說文解字』에 '帷이 위에 있는 것을 幕이라고 하며, 식탁을 덮는 것도 역시 幕이라고 한다.' 앞의 문장에서 '幕, 覆也'라고 하였고, 또 '蒙, 覆也'라고 하였다. 이 蒙幕은 覆蔽라고 말하는 것과 같다"라고 하였다.

361 劉台拱의 『方言補校』에서 "狄은 마땅히 剔이라고 써야 한다"고 하였다. 王念孫의 『廣雅疏證』에서도 『方言』을 인용할 때 '剔'이라고 썼다. 華學誠은 "『廣雅・釋詁』에 剔과 刳는 모두 찢다(도屠)의 뜻으로 풀이되고 있다. 玄應의 『一切經音義』 제14권, 20권의 인용에서 모두 剔으로 썼으며, 慧琳의 『一切經音義』 제33권, 46권, 59권, 64권, 78권, 94권의 인용에서도 역시 剔라고 썼고, 제83권의 인용문에서는 鬄으로 썼다. 『玉篇』 刀部에 '鬄은 뼈를 가르는 것이

히 척剔이라고 해야 한다】

방언소증

案'狄''剔', 古亦通用. 『詩・魯頌』: "狄彼東南.[362]" 鄭「箋」云: "狄, 當作剔. 剔, 治也." 『釋文』引『韓詩』作'鬄', 云: "鬄, 除也."

'적狄'과 '척剔'은 옛날에는 통용되었다. 『시경・노송』에 "저 동남 오랑캐 평정했다"라는 구절이 있는데, 정현의 『모시전』에 말하기를, "적狄은 마땅히 척剔이라고 해야 한다. 척剔은 다스리다, 평정하다(치治)의 뜻"이라고 하였다. 『경전석문』에서는 『한시』에 '체鬄'라고 했던 것을 인용하면서, "체鬄는 제거하다(제除)의 뜻"이라고 하였다.

역해

① 刳[고]: 긁어내다. 씻어내다. 깨끗이 제거하다. 곽박「주」에 발음은 枯라고 했는데, 이에 근거한 상고음은 [*khag]이다.
② 狄[적]: 도려내다. 狄은 刳의 풀이어휘. 곽박「주」에 발음은 剔이라고 했는데, 이에 근거한 상고음은 [*thik]이다.

다'라고 하였고, 㢋라는 글자에 대해서도 같다고 하였다. 이 글자는 마땅히 '㢋'"이라고 하였다.

362 『詩經・魯頌・駉之什』: "濟濟多士, 克廣德心. 桓桓於征, 狄彼東南. 烝烝皇皇, 不吳不揚."

방언 93

度高爲揣.① 【常[363]絹反】

높이를 재다(도고度高)는 단揣[364]이라고 한다.【음은 상견반常絹反이다】

방언소증

案『孟子』: "不揣其本, 而齊其末, 方寸之木, 可使高於岑樓."[365] 『春秋』昭公三十二年『左傳』: "揣高卑"[366], 杜預「注」云 ; "度高曰揣, 度深曰仞."

『맹자』에 "근본이 되는 것을 헤아려 놓지 않고서 말단적인 것을 동등하게 다룬다면, 사방 한 치 되는 나무로써도 누각보다 높게 만들 수 있는 것이다"라는 구절이 있다. 『춘추』 소공 32년의 『좌전』에 "높낮이를 헤아린다"는 구절이 있는데, 두예의 「주」에 말하기를, "높이를 헤아리는 것을 단揣라고 하고, 깊이를 헤아리는 것을 인仞이라고 한다"고 하였다.

---

363 『四部叢刊』本에는 '裳'으로 되어 있고 『方言疏證』본에는 '裳'으로 되어 있다.

364 華學誠은 "『說文解字』 手部에 '揣은 헤아리다. 높이를 재는 것을 揣이라고 한다'고 했다. 높이를 재는 것을 揣이라고 하며, 낮은 것을 재는 것 역시 揣이라고 한다. 이 揣은 높낮이를 헤아리는 것을 말한다……"라고 하였다. 錢繹은 『方言箋疏』에서 "여기에서는 높이를 헤아리는 것만을 말했다. 높이를 들어 말했지만 낮은 것을 재는 것도 역시 통용된다"라고 하였다.

365 『孟子・告子(下)』: "不揣其本, 而齊其末, 方寸之木, 可使高於岑樓."

366 『春秋左傳』 昭公 三十二年 : "秋八月 …… 己醜, 士彌牟營成周, 計丈數, 揣高卑, 度厚薄,"

역해

① 揣[단] : 측량하다. 재다. 헤아리다. 높이를 재는 것을 揣라고 함. 곽박 「주」에 발음은 常絹反이라고 했는데, 이에 근거한 상고음은 [*djianh]이다. 그러나 사전에는 '췌'라고 되어 있음.

방언 94

半步爲跬.①【羌[367]箠反】

반걸음(반보半步)은 규跬다.【음은 강추반羌箠反이다】

방언소증

案『荀子・勸學篇』: "故不積蹞步, 無以至千里."[368] 楊倞「注」云 : "半步曰蹞." '蹞'與'跬'同. 『漢書・息夫躬傳』: "未有能窺左足"[369], 「注」: "蘇林曰, 窺, 音跬. 師古曰, 跬, 半步也, 言一擧足也." 『說文』作'趌', 云 : "半步也."[370]

『순자・권학편』에 "그래서 반걸음이 쌓이지 않으면 천리에 이를 수 없다"라는 구절이 있는데, 양경의 「주」에 말하기를, "반걸음을 규

367 『四部叢刊』本에는 '差'라고 되어 있으나, 『方言疏證』本에는 '羌'으로 되어 있다.

368 『荀子・勸學篇』: "故不積蹞步, 無以至千裏, 不積小流, 無以成江海."

369 『漢書・息夫躬傳』: "未有能窺左足而先應者也."

370 『說文解字』 走部 : "趌, 半步也. 從走圭聲. 讀若跬同."

顚라고 하며, 규顚는 규跬와 같다"고 하였다. 『한서 · 식부궁전』에 "왼쪽 발걸음의 반걸음을 뗄 수 있는 자가 없다[371]"라는 구절이 있는데, 「주」에는 "소림蘇林이 말하기를, 규窺의 음은 규跬다. 안사고가 말하기를 규跬는 반걸음이다. 한 번 다리를 들어 발걸음을 옮기는 것"이라고 하였다. 『설문해자』에서는 규趌라고 쓰고서 말하기를 "반걸음"이라고 하였다.

역해

① 跬[규] : 반걸음. 반걸음을 跬라고 함. 곽박 「주」에 발음은 羌箠反이라고 했는데, 이에 근거한 상고음은 [*khwjigx]다.

방언 95

半盲爲睺.①【呼鉤反. 一音猴】

반맹半盲은 후睺다.【음은 호구반呼鉤反이며, 후猴라고도 읽는다】

방언소증

案『玉篇』云 : "半盲爲睺.[372]" 本此.

---

371 인용문의 문장은 "未有能窺左足而先應者也"이므로 "왼쪽 발걸음의 반걸음이라도 떼어서 먼저 응할 수 있는 자가 없다"라고 해석이 되지만, 戴震은 이 인용문의 중간까지만 이곳에서 인용하고 있기 때문에 해석이 달라졌다.

『옥편』에 "반맹半盲은 후睺다"라고 한 것은 여기에 근거한다.

역해

① 睺[후] : 애꾸. 애꾸눈. 半盲을 睺라고 함. 곽박 「주」에 발음은 呼鉤反, 또 다른 음은 猴라고 했는데, 이에 근거한 상고음은 [*hug], [*gug]이다.

방언 96

未陞天[373]龍謂之蟠龍.①

아직 하늘에 오르지 못한 용을 반룡蟠龍이라고 한다.

방언소증

案『後漢書・張衡傳』: "龍德泥蟠.[374]" 「注」云 : "揚雄『方言』曰, 未升天龍謂之蟠." 脫一'龍'字. 左思「蜀都賦」: "潛龍蟠於沮澤.[375]" 王延壽「魯靈光殿賦」: "蟠螭宛轉而承楣.[376]" 袁宏「三國名臣序贊」: "初九龍

372 『玉篇』 目部 : "睺, 胡鉤, 胡遘二切. 半盲爲睺."

373 『文選』에 실린 袁宏의 「三國名臣序贊」에 "初九龍盤"이라는 구절이 있는데, 李善의 「注」에서 인용하고 있는 『方言』에는 天 다음에 '之'라는 글자가 들어가 있다. 즉, "『方言』曰, '未升天之龍, 謂之蟠龍'이라고 되어 있다.

374 『後漢書・張衡傳』 : "中遭傾覆, 龍德泥蟠. 今乘雲高躋, 磐桓天位, 誠所謂將隆大位, 必先倥傯之也."

375 『文選・賦乙・蜀都賦』 : "潛龍蟠於沮澤, 應鳴鼓而興雨. 丹沙赩熾出其阪, 蜜房鬱毓被其阜."

蟠.[377]" 李善「注」並引『方言』: "未升天龍謂之蟠龍." '升''陞'通.

『후한서·장형전』에 "용의 덕(제왕의 덕)을 가진 자가 진흙탕에 엎드려 있다"라는 구절이 있다. 「주」에서 말하기를, "양웅의 『방언』에 하늘로 아직 오르지 못한 용을 반蟠이라고 한다"고 하였는데, 용龍이라는 글자가 빠졌다.[378] 좌사의 「촉도부」에 "물에 잠겨 있는 용이 (하늘에 오르지 못하고) 막힌 못에 몸을 감고 있다"라는 구절이 있고, 왕연수의 「노영광전부」에 "몸을 감고 엎드린 교룡이 둥글게 구르며 처마를 타고 있다"라는 구절이 있으며, 원굉의 「삼국명신서찬」에 "초구에는 용이 엎드려 있다"라는 구절이 있는데, 이선의 「주」에서도 역시 『방언』을 인용하여 "아직 하늘에 오르지 못한 용을 반룡이라고 한다"고 하였다. '승升'과 '승陞'은 서로 통한다.

역해

① 蟠龍[반룡]: 서리고 있는 용. 아직 승천하지 못한 용을 蟠龍이라고 함.

방언 97

裔①, 夷狄之總[379]名.【邊地爲裔, 亦四夷通以爲號也】

---

376 『文選·賦己·魯靈光殿賦』: "白鹿孑蜺於欂櫨, 蟠螭宛轉而承楣. 狡兎跧伏於柎側, 猿狖攀椽而相追."

377 『文選·贊·三國名臣序贊』: "初九龍盤, 雅志彌確. 百六道喪, 幹戈迭用."

378 즉, 蟠龍이라고 해야 하는데, 龍이라는 글자를 빠뜨리고 그냥 蟠이라고만 썼다는 것이다.

379 『四部叢刊』本에는 '摠'으로 되어 있고 『方言疏證』本에는 '總'으로 되어 있다.

예裔는 이적夷狄의 총칭이다.【변두리 지역을 예裔라고 한다. 또한 사방의 오랑캐들을 통틀어 부르는 호칭이다】

방언소증

案『春秋』文公十八年『左傳』: "投諸四裔.[380]" 杜預「注」云 : "裔, 遠也."

『춘추』 문공 18년의 『좌전』 기사에 "사방의 맨 끝까지 추방하다"라는 구절이 있는데, 두예의 「주」에 말하기를, "예裔는 멀다(원遠)의 뜻"이라고 하였다.

역해

① 裔[예] : 변방지역에 사는 민족의 총칭. 裔는 夷狄의 총칭이다.

방언 98

考①, 引②也.

고考는 연장하다, 이끌다(인引)의 뜻이다.

380 『春秋左傳』 文公 十八年 : "投諸四裔, 以禦螭魅."

방언소증

案『玉篇』云 : "考・壽考, 延年也.[381]" 『廣韻』: "考, 引也.[382]" 義本此.

『옥편』에 "고考・수고壽考는 목숨을 연장하는 것"이라고 하였다. 『광운』에 "고考는 연장하다(인引)의 뜻"이라고 하였으니, 그 의미는 여기에 근거한다.

역해

① 考[고] : 맞이하다. 불러들이다. 늙다. 오래 살다.
② 引[인] : 인도하다. 이끌다. 연장하다. 引은 考의 풀이어휘.

방언 99

弼①, 高②也.

필弼은 높다(고高)의 뜻이다.

---

381 『玉篇』 老部 : "考, 口老切. 壽考延年也. 亦瑕釁. 『淮南子』云 : 夏後之璜不能無考. 『釋名』云 : 父死曰考."

382 『廣韻』 上聲 : "考, 校也. 成也. 引也. 亦瑕釁."

방언소증

案『廣雅』: "弼, 高也.[383]" 義本此, '弼'即'弻'.

『광아』에 "필弼은 높다(고高)의 뜻"이라고 하였는데, 그 의미는 여기에 근거한다. '필弼'은 바로 '필弻'이다.

역해

① 弻[필] : 높다. 弼와 동자.
② 高[고] : 높다. 高는 弻의 풀이어휘.

방언 100

上①, 重②也.

상上은 중시하다(중重)의 뜻이다.

방언소증

案『漢書 · 匡衡傳』: "治天下者, 審所上而已.[384]" 顏師古「注」云: "上

383 『廣雅 · 釋詁』: "巉巖 · 岑崟 · 巑岏 · 嶕嶢 · 阢 · 嵬 · 嵯峩 · 顛巔 · 嶚 · 巢 · 陗 · 搋 · 卲 · 亢 · 喬 · 厲 · 尊 · 極 · 競 · 弼 · 尙 · 崒, 高也."

384 『漢書 · 匡張孔馬傳』: "由此觀之, 治天下者, 審所上而已. 今之僞薄忮害, 不讓

謂崇尙也.” ‘尙’‘上’義相通. 『春秋』襄公二十七年『左傳』: “尙矣哉.[385]” 杜預「注」云 : “尙, 上也.” 『禮記 · 緇衣篇』: “不重辭.[386]” 鄭「注」云 : “重猶尙也.”

『한서 · 광형전』에 “천하를 다스리는 자는 숭상하는 것, 즉 하늘을 소상히 살필 따름이다”라는 구절이 있는데, 안사고의 「주」에 말하기를 “상上이란 숭상하는 것을 말한다”고 하였다. ‘상尙’과 ‘상上’의 뜻은 서로 통한다. 『춘추』 양공 27년 『좌전』에 “숭상할 만하도다!”라는 구절이 있는데, 두예의 「주」에 “상尙은 숭상하다(상上)의 뜻”이라고 하였다. 『예기 · 치의편』에 “숭상하는 것은 말하는 데 있지 않다”는 말이 있는데, 정현의 「주」에 말하기를, “중重이란 상尙과 같다”고 하였다.

역해

① 上[상] : 소중히 여기다. 숭상하다.
② 重[중] : 중시하다. 숭상하다. 숭배하다. 重은 上의 풀이어휘.

방언 101

箇①【古餓反】, 枚②也.【謂[387]枚數也】

極矣.”

385 『春秋左傳』 襄公 二十七年 : “王曰 : 尙矣哉! 能歆神人, 宜其光輔五君以爲盟主也.”

386 『禮記 · 緇衣』 : “愼惡以禦民之淫. 則民不惑矣. 臣儀行. 不重辭. 不援其所不及. 不煩其所不知. 則君不勞矣.”

387 『四部叢刊』本에는 ‘爲’로 되어 있고 『方言疏證』본에는 ‘謂’로 되어 있다.

개箇【음은 고아반古餓反이다】는 나무줄기(매枚)의 뜻이다.【매수枚數를 말한다】

방언소증

案'箇'古作'个', 亦作'個'. 「大射儀」: "搢三挾一个.[388]" 鄭「注」云: "个猶枚也." 「士虞禮」: "俎釋三个.[389]" 「注」云: "个猶枚也. 今俗或名枚曰個, 音相近." 「特牲饋食禮」「注」云: "个猶枚也. 今俗言物數有云若幹个者, 此讀然." 『漢書 · 刑法志』: "負矢五十个.[390]" 顏師古「注」云: "个讀曰箇. 箇, 枚也." 『說文』云: "箇, 竹枚也[391]." 『玉篇』云: "箇, 數之一枚也.[392]"

'개箇'는 옛날에는 '개个'라고 썼으며, 또 '개個'라고도 썼다. 『의례 · 대사의』에 "세 개를 꽂아서 한 개를 끼우다"라는 구절이 있는데, 정현의 「주」에 "개個는 매枚와 같다"고 했다. 『의례 · 사우례』에 "희생을 놓는 제대 세 개에 펼쳐놓다"라는 구절이 있는데, 「주」에 "개個는 매枚와 같다. 오늘날 민간에서는 매枚를 개個라고도 한다. 발음이 서로 비슷하다"라고 하였다. 『의례 · 특생궤식례』의 「주」에 "개個는 매枚와 같다. 요사이 일반적으로 사용하는 속어에서 물건의 수를 말할 때 약간개若幹個라고 하는데, 이 역시 그렇게 읽는다"고 하였다. 『한서 · 형법지』에 "화살 오십 개를 등에 짊어지다"라는 구절이 있는데, 안사고

388 『儀禮 · 大射』: "司射入於次, 搢三挾一个, 出於次, 西面揖, 當階北面揖, 及階揖, 升堂揖, 當物北面揖"

389 『儀禮 · 士虞禮』: "擧魚腊俎, 俎釋三个."

390 『漢書 · 刑法志』: "魏氏武卒衣三屬之甲, 操十二石之弩, 負矢五十, 置戈其上, 冠冑帶劍, 贏三日之糧, 日中而趨百裏, 中試則復其戶, 利其田宅."

391 『說文解字』 竹部: "箇, 竹枚也. 從竹固聲."

392 『玉篇』 竹部: "箇, 古賀切. 凡竹筊也. 數之一枚也."

의 「주」에 말하기를, "개個의 독음은 개箇다. 개箇는 매枚다"라고 하였다. 『설문해자』에 말하기를, "개箇는 대나무의 가지다"라고 하였고, 『옥편』에 말하기를 "개箇는 수를 세는 하나의 매枚다"라고 하였다.

역해

① 箇[개] : 대나무 가지. 댓개비. 곽박 「주」에 발음은 古餓反이라고 했는데, 이에 근거한 상고음은 [*karh]다.
② 枚[매] : 나무줄기. 枚는 箇의 풀이어휘.

방언 102

一①, 蜀②也.[393] 南楚謂之蜀[394].【蜀猶獨耳】

일一은 단독(촉蜀[395])의 뜻이다. 남초南楚에서는 촉蜀이라고 한다.【촉蜀

---

393 王念孫의 『廣雅疏證』에서는 『方言』을 인용하면서 이 "一, 蜀也."를 "蜀, 一也"로 썼다. 錢繹의 『方言箋疏』에서도 역시 "蜀, 一也"로 쓰고서 말하기를, "옛 판본에서는 '一, 蜀也'이라고도 하고 또 '蜀, 一也'라고도 하였다. 내가 생각하기에 마땅히 '一'을 가지고 '蜀'을 풀이해야지, '蜀'을 가지고 '一'을 풀이해서는 안 된다. 『廣雅』에 '蜀은 弌이다'라고 하였는데, 弌은 古文의 一이다. 나는 이에 근거하여 바르게 고친다. 또 이어지는 『方言』의 문장에서 '南楚謂之獨'라고 하였으니, '蜀, 一也'라고 쓰는 것이 본서 전체의 예와 바로 부합된다. 戴震의 판본에서는 마지막 구절의 '獨'을 '蜀'이라고 했는데, 이는 문장 앞 구절의 잘못된 도치를 취했기 때문이니. 옳지 않다"라고 하였다. 華學誠 역시 王念孫과 錢繹의 주장에 따라 "蜀, 一也"라고 고쳐야 한다고 말했다.

394 『四部叢刊』本에는 '獨'으로 되어 있고 『方言疏證』본에는 '蜀'으로 되어 있다.

395 華學誠은 蜀과 獨의 古音은 같으며, 一이라고 풀이한 것은 單獨, 獨一이라는 뜻이라고 하였다.

은 독獨과 같다】

방언소증

案『廣雅』: "蜀, 弌也.[396]" 『說文』云 : "弌, 古文一[397]." 『爾雅 · 釋山』: "獨者蜀.[398]" 郭璞「注」云 : "蜀亦孤獨."

『광아』에 "촉蜀은 일弌"이라고 하였으며, 『설문해자』에서 말하기를, "일弌이란 옛날 문자의 일一이다"라고 하였다. 『이아 · 석산』에 "독獨이란 촉蜀"이라고 하였고, 곽박의 「주」에서 말하기를 "촉蜀은 외로이 혼자인 것(고독孤獨)을 말한다"고 하였다.

역해

① 一[일] : 하나.
② 蜀[촉] : 하나. 단독. 蜀은 一의 풀이어휘. 南楚에서는 蜀이라고 함. 곽박 「주」에 蜀은 獨과 같다고 했다.

396 『廣雅 · 釋詁』: "稟 · 蜀 · 壹, 弌也."
397 『說文解字』 一部 : "弌, 古文一."
398 『爾雅 · 釋山』: "獨者蜀."